北京大學《儒藏》編纂與研究中心 編

《儒藏》精華編選刊

考槃集文錄

〔清〕方東樹 撰
唐明貴 張淑紅 校點

北京大學出版社
PEKING UNIVERSITY PRESS

圖書在版編目 (CIP) 數據

考槃集文録 / (清) 方東樹撰；北京大學《儒藏》編纂與研究中心編. —— 北京：北京大學出版社，2025. 9. ——（《儒藏》精華編選刊）. —— ISBN 978-7-301-36277-8

Ⅰ. Z126

中國國家版本館 CIP 數據核字第 2025F9T207 號

書　　名	考槃集文録 KAOPANJI WENLU
著作責任者	〔清〕方東樹　撰 唐明貴　張淑紅　校點 北京大學《儒藏》編纂與研究中心　編
策劃統籌	馬辛民
責任編輯	魏奕元
標準書號	ISBN 978-7-301-36277-8
出版發行	北京大學出版社
地　　址	北京市海淀區成府路 205 號　100871
網　　址	http://www.pup.cn　　新浪微博：@ 北京大學出版社
電子郵箱	編輯部 dj@pup.cn　總編室 zpup@pup.cn
電　　話	郵購部 010-62752015　發行部 010-62750672 編輯部 010-62756449
印 刷 者	三河市北燕印裝有限公司
經 銷 者	新華書店 650 毫米 ×980 毫米　16 開本　26.75 印張　288 千字 2025 年 9 月第 1 版　2025 年 9 月第 1 次印刷
定　　價	99.00 元

目録

考槃集文録卷四……一三三

考槃集文録卷五……一七二

書後　題跋……一七二

校點説明

方東樹（一七七二——一八五一），字植之，别號副墨子，安徽桐城人。他取蘧伯玉五十知非、衛武公耄而好學之意，以「儀衛」名軒，自號「儀衛老人」，後世學者偁儀衛先生。東樹幼承家範，聰穎好學，十一歲時仿效范雲，作《慎火樹》詩，鄉里前輩莫不驚異讚歎。稍長，問學於桐城派大師姚鼐，好爲深湛浩博之思，成爲姚氏得意門生。二十二歲時，入縣學補弟子員，幾年之後，又補增廣生，但屢試不第，遂棄舉業，客遊四方。輾轉於廬州、亳州、宿松、廉州、韶州、龍州等地講學，間或應人之邀參與編纂或校正文集、府志等事。

方氏一生的治學，大致可分爲四個階段：少年時期致力於詩文；青年時期師從姚鼐，學習古文；四十歲後改宗朱熹，講義理之學，兼及經史與文論；晚年齋戒，耽於佛老。其一生於詩文小學、浮屠老子、雜家之説，無不探賾發微，辨非審是，博而有要，約而不疏。其論著主要有《漢學商兑》《昭昧詹言》《考槃集文録》（包括《儀衛軒文集》在內）、《老子章義》《陶詩附考》等。

在清代學術史、思想史上，方東樹以反對漢學著偁，《考槃集文録》中《漢學商兑序》《漢學商兑後序》闡明了這一觀點。他認爲：「自是以來，漢學大盛，新編林立，聲氣扇和，專與宋儒爲水火。而其人，類皆以鴻名博學爲士林所重，馳騁筆舌，弗穿百家，遂使數十年間承學之士，耳目心思爲之大障。歷觀諸家之書，所以標宗旨，峻門户，上援通賢，下讋流俗，衆口一舌，不出於訓詁小學、名物制度，棄本貴末，違戾詆誣，於聖人躬行求仁、修齊治平之教，一切抹摋。名爲治經，實足亂經；名爲衛道，實則叛道。」（卷四《漢學商兑序》）又説：「逮於近世，爲漢學者其蔽益甚，其識益陋，其所挾惟取漢儒破碎穿鑿謬説，揚其波而汩其流，抵掌攘袂，明目張膽，惟以詆宋儒、攻朱子爲急務。要之，不知學之有統，道之有歸，聊相與逞志快意以鶩名而已。」（卷四《漢學商兑後序》）其對漢學之弊的揭露，可謂切中肯綮。

方東樹旨在提倡宋學，以爲：「及至宋代，程朱諸子出，始因其文字以求聖人之心，而有以得於其精微之際，語之無疵，行之無弊，然後周公、孔子之真體大用，如撥雲霧而睹日月。」（卷四《漢學商兑後序》）而提倡宋學，目的則在於「救時」，在於尋求「修己治人之方」。他説：「君子立言，爲足以救乎時而已，苟其時之敝不在是，則君子不言。

故同一言也，失其所以言之心，則言雖是而不足傳矣。」（卷一《辨道論》）又説：「天下皆言學，而學之本事益亡。本事者何？修己治人之方是已，舍是以爲學，非聖賢之學矣。」（卷三《待定録自序》）方東樹在論及文章之「本」時，强調古文要言之「有物」，往往把作文與「實」「用」「經濟」「功業」「政事」等聯繫在一起，並不空談「道」或「理」。集中如《化民正俗對》（卷二），針對鴉片泛濫問題，提出具體解決辦法；《治河書》（卷二）比較今古治河方略，爲當事者提供參考意見，均爲灼然有見之文。鴉片戰爭爆發時，方東樹蟄居家中，見國事日非，痛心切齒，憂憤而作《病榻罪言》（卷二），洋洋萬言，痛批投降派謬論，暢論制敵之策，從戰略方針到具體措施，從發動民衆到收服漢奸，慷慨激昂，直言無隱，雖亦不無迂腐之論，但字裏行間，卻處處可見愛國熱情。

方氏的文集有兩種：《儀衛軒文集》和《考槃集文録》，均爲十二卷。《儀衛軒文集》收文僅九十九篇，初刻于同治七年（一八六八）。《考槃集文録》搜求遺篇，收文二三九篇，因此大備於前。内容包括論二十八首，雜著二十首，序五十四首，書後、題跋三十首，書十五首，記十四首，贈序七首，壽序十五首，傳九首，墓誌十二首，墓表二首，祭文三首，族譜序、家傳、哀詞、終制十一首，駢體文十八首。其文醇茂昌明，言必有本，隨事闡發，皆關世教民生。管同説：「古偁立言不朽，惟先生近之。詩則窮源盡委，而沉雄堅實，卓然自成一家。」毛生甫偁讚方東樹：「學則淹博，理則明粹，沖强守道，百餘年來一人而已。」姚瑩説：「先生老而愈窮，見道愈篤，言義理粹密，有過元明諸儒者。」均可謂爲知言。

《考槃集文録》刻於光緒二十年（一八九四）。今《續修四庫全書》即以此本影印。此次校點，取《續修四庫全書》影印之《考槃集文録》爲底本，其中的一部分内容則以同治七年刻本《儀衛軒文集》校之。原書目録甚簡，僅標卷次、文體，此次整理補作了一個詳細的總目。文中多有避清諱及孔子諱處，如「玄」避作「元」、「弘」避作「宏」、「丘」避作「邱」等，今皆回改，不再一一出校。

校點者　唐明貴　張淑紅

考槃集文録自序

昔吾亡友管異之評吾文曰：「無不盡之意，無不達之辭，國朝名家無此境界。」吾則何敢自謂能然，然所以類是者，亦有故。蓋昔人論文章，不關世教，雖工無益。故吾爲文，務盡其事之理，而足乎人之心。竊希慕乎曾南豐、朱子論事説理之作，顧不善學之，遂流爲滑易好盡，發言平直，措意儒緩，行氣柔慢，而失其國能，於古人雄奇高渾、潔健深妙，波瀾意度全無。得失自明，固知不足以登於作者之籙。平生雅不欲存判，欲焚棄久矣。而友人毛生甫、姚石甫力謂吾不可棄之。及是戴生鈞衡强爲鈔録，❶乃收羅散佚，輯爲兹編。既成，視之，殊用内怍。姑以陳義辨物尚無失實誤世之謬，留之私示子孫，使知吾之志好如此焉可耳。道光壬寅十月十日方東樹題。

❶ 「衡」下，《儀衛軒文集》本有「從弟宗誠」四字。

儀衛方先生傳

門人蘇惇元撰

方先生諱東樹，字植之，世居桐城魯洪。曾祖諱澤，乾隆丁卯優貢生候選知縣，以詩文名於世。祖諱訓，父諱績，縣學生，皆以詩文名。先生幼穎敏，年十一效范雲作《慎火樹》詩，爲鄉前輩偁賞。二十二入縣學，爲弟子員，尋補增廣生，屢試於鄉，不售。年五十，遂不復應舉。

自少力學，泛覽經史諸子百家書，而獨契朱子之言。嘗學文於姚姬傳。先生爲文，好構深湛之思，博辨醇茂，而言必有物。詩則沈著堅勁，卓然成家。詩、文皆究極歷代源流，而文尤近江都、中壘、南豐、晦庵，詩尤近少陵、昌黎、山谷。

先生不欲徒以詩文鳴，而更研窮儒先義理之學，及老尤篤。每日雞初鳴即起，矻矻鉛槧，至漏下三十刻就寢。有得輒記之，或中夜攬衣起，書所記，名「待定録」，百餘卷。凡格致、修齊、治平之理，無不備。乾嘉閒，學者崇尚考證，專求訓詁名物之微，名曰漢學。穿鑿破碎，有害大道，名爲治經，實足以亂經，又復肆言攻詆朱子。道光初，其焰尤熾。先生憂之，乃箸《漢學商兑》，辨析其非。書出，遂漸熄。又箸《辨道論》、跋《南雷文定》，以砭姚江、山陰之疵。嘗論「儒者學聖人之道，徒正不及中，中必純粹以精，純粹以精必在於明辨晳」。又言「立身爲學，固以修德制行、内全天理爲極，而人世事理必講明貫通以待用」。老年益窮性道之歸，省察克治無閒。取蘧伯玉五十知非、衛武公耄而好學之意，以「儀衛」名軒，學者遂偁儀衛先生。家故貧，客游五十年，方伯連帥多争延之。歷主廬州、亳州、宿松、廉州、韶州等處書院，所至導諸生以學行，不徒課以文藝。晚年里居，誘掖後進。以詩文就正者，既告之法，且進以爲己之學。年八十，祁門令君延主東山書院，先生欣然往，抵祁，越兩月而卒，蓋咸豐元年五月二十四日也。

先生有至性，内行純篤，事祖母、父母甚孝，營葬三世七喪，竭盡心力。持己尤廉介剛直，不詭隨世俗。身雖未仕，常懷天下憂。凡遇國家大事，忠憤之氣見於顔色，或流涕如雨。族戚友朋之事，爲之憂戚喜忭，一如己事也。所箸書仍有《大意尊聞》《書林揚觶》《一得拳膺録》《進修譜》《未能録》《最後微言》《思適居鈐語》《病榻罪言》《山天衣聞》、文集、詩集、《昭昧詹言》等十數種。子二人：聞、戌。孫三人：濤、淵如、龍光。❶

蘇惇元曰：昔先生箸《漢學商兑》，既栞布，謂惇元曰：「士不能經世濟民，箸書維輓道教，或亦補不耕織而衣食之咎也。」先生少究經世學，而老於諸生，未能一試。其所箸書，多有功於道教，是流澤孔長矣。孔子曰：「是亦爲政，奚其爲爲政？」先生之學，亦猶此之謂與？惇元從游久，知先生生平最詳。令子聞、從弟宗誠既爲行略、行狀，惇元乃更次其要以爲傳。

❶「龍光」，《儀衛軒文集》作「綬」。

考槃集文録卷一

論

辨道論

佛不可闢乎？闢佛者，闢其足害乎世也。佛可闢乎？害乎世者，其人未可定也。世之闢佛者，夷佛於楊、墨矣。孟子之罪楊、墨也，爲其無父無君也，由無父無君而馴至弑父弑君，故曰辨之不可不早辨也。則以罪楊、墨者罪佛，亦將如是云爾。

春秋之事，可考而知矣。其時楊、墨猶未有也，而亂臣賊子已接迹於魯史之書矣，故孔子懼而作《春秋》也。商臣、趙盾、崔杼之禍，固非由楊、墨而致也。漢之事，可考而知矣。傳言明帝時佛法始入中國，而王莽已生乎其前矣。其後若董卓、若曹操，可謂無父無君之尤者矣，而莽與卓與操固不習乎佛之教也。今郡縣小者，不下數十萬人。此數十萬人貞邪不一，而極其行惡，至於無父無君、弑父弑君，蓋不多有焉。今謂不多有之無父無君之人之必在於學乎楊、墨與佛之人，而習儒者無不出於忠孝也，雖好爲異者，亦莫敢主其説。

漢高之甘心烹父以取天下也，以爲爲民，則固已倒矣；以爲爲富貴，則狗彘之不若也。其後若楊廣、若劉守光、若李彥珣，或手刃其父，或親集矢其母，皆漢高之實啓之，佛固不忍爲此矣。儒者不以風俗人心之壞罪漢高，而以蔽於佛，是謂真蔑其君父者爲可原，而以其迹之疑於是者爲必誅，此不知類之患也。

鄉有富人，積財貨萬億，阡陌廬舍不可籍紀。俄而富人死，其子弗能偏稽也。其奴之黠姦者，日相與蕩覆之。其子弗知其奴之所爲也，則以爲其鄰實盜之，而亦無以明其盜之實也，但以其迹也而疑之，因苦訟之。外盜之實不可定，而其奴之盜日益甚。士不明乎道，而以闢佛爲名者，皆富人之子之類也。君子者，理之平也。富人之奴蕩覆其主之財而無罪，而以刑書誅鄰人，非聖人之法也。

天下之物，有其極至者，則必有其次至者以與之爲對，月之與日是也。彼佛者，亦聖人之月也。莫得而加也，亦莫得而去也。

佛本西國王子，捐其位勢而弗貪，去其富貴而弗處，苦身積行，林棲木處，數十年以求至道。有大人之誠而不以立名，與天合而未始有物，鬼神無以與其能，帝王莫敢並其位。使聖人見之，亦且禮之，況未至於聖者乎？且佛之爲行甚苦，其爲教甚嚴，椎拍輐斷泠汰於物，故曰「非生人之行，而至死人之理」，非夫豪傑剛忍道德之士，莫能由也。今人頡滑，顛冥懾勢，榮利好色，雖佛招之，固莫從之，而奚待於闢？

山之東有國焉曰齊，山之西有國焉曰晉，江之南有國焉曰楚，關之中有國焉曰秦，其餘濟清河濁，裂采限封，各固疆圉。其水土不齊，其言語不齊，其風俗好尚政教不齊。自王者視之，皆以共理乎吾民而已。列國者，務相爭相寇，日尋於難，勢不能服，而兵爭不已。及至於秦，惡其爭也，悉罷其封建而郡縣之，然後天下統於一。老、莊、楊、墨、佛者，秦、楚、齊、晉也。言語風俗之不齊，則道術之各異也。自其一而言之，皆大道所分箸。而儒者，特爲罷封建之秦。然封建雖廢，天下雖一，而列國風俗、言語不齊如故也。天能覆而不能載也，地能載而不能覆也。耳目鼻口各有所明，不能相通，必欲比而同之，其勢固有所不可也。既天下皆知有王，則列國之俗各有所習，皆有所宜，固無庸革也。既學者皆知有聖，則百家之説，各有所明，時有所用，固無庸廢也。

曰：孟子曰：「能言距楊、墨者，聖人之徒也。」然則孟子非與？曰：孟子之時，世衰道微，邪説橫作，充塞仁義。楊、墨之道不熄，孔子之道不箸。譬齊、楚、秦、晉彊，而侵弱乎周也。諸侯彊，天子弱，其勢足使天下不知有王，故曰「吾爲此懼，閑先聖之道」，「豈好辨哉，不得已也」。由周而來，至於唐，千有餘歲，聖人之道不明。唐承魏、晉、梁、隋之敝，自天子公卿，皆不本儒術，士大夫之賢智者，惟佛、老之崇。韓子懷孟子之懼，而作《原道》，蓋猶之孟子之意也。及至五代，王道不行，君臣父子之綱幾絶。宋興，佛學方熾，聖教未明。歐陽子憂其及於後世也，故作《本論》以闢其教，蓋亦猶韓子之意也。故在戰國之世，不可無孟子，在程、朱之前，不可無韓子、歐陽子。今生程、朱之後，而猶執韓子、歐陽子之言以闢佛、老，必爲達者笑矣。故君子立言，爲足以救乎時而已，苟其時之敝不在是，則君子不言。故同一言也，失其所以言之心，則言雖是而不足傳矣。

故凡韓子、歐陽子之所爲闢乎佛者，闢其法也。吾今所爲闢乎佛者，闢其言也。其法不足以害乎時，其言足以害乎時也，則置其法而闢其言。其言亦不足以害乎時，而爲其言者，陽爲儒，陰爲佛，足以惑乎儒，害乎儒，其勢又將使程、朱之道亂而不復明也，則置其佛之言，而闢其立乎儒以攻乎儒之言。

以孔子爲歸，以六經爲宗，以德爲本，以理爲主，以道爲門，旁開聖則，蠢迪檢押，廣而不肆，周而不泰，學問之道有在於是者，程、朱以之。以孔子爲歸，以六經爲宗，以德爲本，以理爲主，以道爲門，以精爲心，以約爲紀，廣而肆，周而泰，學問之道有在於是者，陸、王以之。以六經爲宗，以章句爲本，以訓詁爲主，以博辨爲門，以同異爲攻，不概於道，不協於理，不顧其所安，騖名干澤，若飄風之還而不儻，亦闢乎佛，亦攻乎陸、王，而尤異端寇讐乎程、朱，今時之敝蓋有在於是者，名曰考證漢學。

其爲説以文害辭，以辭害意，弃心而任目，刓敝精神而無益於世用。其言盈天下，其離經畔道過於楊、墨、佛、老，然而吾姑置而不辨者，非爲其不足以陷溺乎人心也，以爲其説矗，其失易曉而不足辨也。使其人稍有所悟而反乎己，則必翻然厭之矣；翻然厭之，則必於陸、王是歸矣。何則？人心之蕩而無止，好爲異以矜己，迪知於道者寡，則苟以自多而已。方其爲漢學考證也，固以天下之方術爲無以加此矣，及其反己而知厭之也，必務鋭入於内。陸、王者，其説高而可悦，其言造之之方捷而易獲，人情好高而就易，又其道託於聖人，其爲理精妙而可喜。託於聖人，則以爲無詭於正，精妙可喜，則師心而入之也無窮，如此則見以爲天下之方術真無以易此矣。故曰人心溺於勢利者可回，而溺於意見者不可回也。吾爲辨乎陸、王之異，以伺其歸，如弋者之張羅於路歧也，會鳥之倦而還者，必入之矣。

曰：天下之是非亦無定矣，陸、王既以其道建於天下，而吾方從而是非之，其謂吾之是非爲足以定乎彼之説邪？雖定其説矣，庸詎有毫末增損於道乎哉。然而不得已而辨之者，君子之立言，爲救乎敝而已。揚雄有言：「吾於荀卿，見同門而異户也。」彼其非之，固莫同也，此其宗之，奚以異乎？孔子曰「天下同歸而殊塗，百慮而一致」，所從入之塗不齊，則不謀。故小人在利若水，君子在勢若水。水也者，其源異，其委一也。陸王、程朱同學乎聖，同明乎道，同欲有以立極於天下，然而不同者，則所從入有「頓」與「漸」之分也。

何謂「頓」「漸」？佛氏言化法四教有頓漸，猶箕子所云高明也、沈潛也。程朱者取於漸，陸王者取於頓，頓與漸互相非而不相入，而不知其原於三德也。人之生，得全於陰陽之性者，聖人耳。惟聖生知似頓，而不可以頓名也。其次不毗於陽則毗於陰。其性如火日之光而無不照也，而稍速，則毗於陽者也，是頓也；其性如金水之光而無不照也，而稍遲，則毗於陰者也，是漸也。則皆次如生知者也。《傳》曰：「自誠明謂之性，自明誠謂之教。」以其學而言，曰性、曰教，以其候而言，曰頓、曰漸。回其頓乎，參其漸乎。

然而孔子立教，頓非所以也，孔子立教，必以漸焉。《論語》曰：「吾十有五而志於學，三十而立，四十而不惑，五十而知天命，六十而耳順，七十而從心所欲不踰矩。」《中庸》曰：「君子之道，譬如行遠，必自邇；譬如登高，必自卑。」其列誠之目五，曰：博學之，審問之，慎思之，明辨之，篤行之。顔子之照，鄰於生知矣，而夫子教之，必曰「博文」，必曰「約禮」。及顔子既見卓爾，而追思得之之功，歎以爲「循循然善誘人」。則夫子立教，不惟「頓」之以，而惟「漸」之以，亦明矣。

並曾子而聞一貫者，惟子貢，而子貢之言夫子曰：「性與天道不可得而聞也。」故以實，則顔淵、子貢賢於陸、王，以迹，則陸、王賢於顔淵、子貢。且夫由顔淵、子貢而至陸氏，是千年而後生也，由陸氏而至王氏，是數百年而後見也。古今學者不絶於中，則漸之所磨以就者多也。漸者，上不至顔淵、子貢，而不至欲從而末由；下不至下愚，亦可攀援而幾及。是故程、朱之道爲接於孔孟之統者，惟其漸之足循而萬世無弊也。

且夫頓之所得者，心悟也。悟心之妙，上智之所難明。今爲衆人法，而以上智之所難明，則中人不得與焉矣。爲其德之弗明也，而教之以明德。今以德之不明而絶於明之望也，則其於教亦反矣。故聖人之教如天，陸、王之教亦如天。聖人之教如天云者，蒼蒼然，東面西面南面北面，立於地而無不見也。陸、王之教如天云者，天不可階而升，則將永爲凡民焉，以没世耳矣。

雖然，成陸、王之過者，孟子也。子貢之偁夫子曰：「夫子之不可及者，猶天之不可階而升也。」公孫丑之偁孟子曰：「道則高矣，美矣，宜若登天然，何不使彼爲可幾及而日孳孳也？」公孫丑之言則適得孔子之意，而孟子引而不發，余故曰成陸、王之過者，孟子也。

孟子學乎孔子而正其統，陸、王學乎孟子而流於佛。夫孟子於孔子不可謂有二道也，而其流已如此，則百家所從分之異路，往而不返，何怪其然也。「耳目之官不思，而蔽於物。物交物，則引之而已矣。心之官則思，思則得之，不思則不得也。此天之所與我者。先立乎其大者，則其小者不能奪也。」此孟子之言也，而陸氏之學執之以爲之術。「人之所不學而能者，其良能也，所不慮而知者，其良知也。孩提之童，無不知愛其親也，及其長也，無不知敬其兄也。親親，仁也，敬長，義也，無他，達之天下也。」亦孟子之言也，而王氏之學執之以爲之術。陸氏、王氏學乎孟子，則可不謂有大揚搉乎？奚遽入於佛？入於佛者，非允蹈之也，説不免焉。

夫有官而後有職，有職而後有事。事舉而職修，則立之説也，爲思言之也。今其言曰：「墟墓生哀，宗廟欽敬。」是奚待於思乎？而先立之，又非也。直指心體，先立乎此，然後下學，若是則知行之序已倒也。《易》曰：「知至至之，可與幾也；知終終之，可與存義也。」程子以知至爲致知之事，知之在先，故可與幾；知終爲力行之事，守之在後，故可與存義：此學之終始也。知食之足以已飢，而後農夫耕稼以繼之；知衣之足以禦寒，而後紅女織紝以繼之。陸氏「基址」之説是也，惜所以爲之基址者，非也。先行而後學，以補其知，故曰其序已倒也。且先明乎善，而後能實其善，《中庸》之指也。明乎心而無不明，而無事下學者，佛氏之教也。若夫明乎心，而猶有未明，猶待於下學，此陸氏之搠言，本於佛氏帶果修因之説，非《中庸》之指也。

《書》曰：「人心惟危，道心惟微。」「人心」「道心」並舉爲辭者，堯舜之言也。程子之言曰：「人心即人欲，道心即天理。」朱子之言曰：「道心常爲主，而人心聽命焉。」二子之言，一家之説耳。今王氏於程子則是之，於朱子則非之，是乎所是，吾既知其是矣，非乎所非，吾亦知其非也。嗚呼，是所謂未成乎心而有是非，將欲是其所非，而非其所是也。道心即天理，人心即人欲，道心、人心不容並立，故道心常爲主，而人心自聽命焉。今其言曰：「人心之得其正者爲道心，道心之失其正者爲人心。安有天理既爲主，而人欲復從而聽命？」嗚呼，是欲明人心、道心之非二，以就其轉識爲知之指，直所言之迂晦，有不可解耳。

儒者之於心也，見爲二而主於一，見爲二，故有聽命之説；佛氏之於心，亦主於一而見爲一，故有迷悟之言。王氏之於佛，則可謂同與。蓋佛之教，端末雖異於儒，至其論心之要，退羣妄，箸一真，精妙微審，非聖人弗能辨也。然則儒何以不由之？固不可也。且夫王氏之學既以全乎佛，而又必混於儒。全乎佛，而凡説之羽翼乎佛者，吾不復闢焉；混於儒，而凡説之冒乎儒、害乎儒者，吾方且論之。

人之情有七：曰喜，曰怒，曰哀，曰懼，曰愛，曰惡，曰欲。七者，一有不節，則失其中，失其中，而人心肆焉矣。故曰有所亡，有所甚，直情而行之也。聖人者，動而處乎中，賢人者，求而合其中，故曰雖有上聖，不能無人心，惟退而聽命焉，斯發而中節耳。且夫動而處中者，不數數也，古者謂之天而不人，今欲以此爲學者率，使天下法，則是性無三品也。夫不考性之有三品者，亦孟子之過也。何以明其然也？孟子曰：「人皆可以爲堯舜。」「人皆可以爲堯舜」云者，是瓦石亦有佛性之説也。

以實言之，孔孟及佛及陸王，其等不同，其皆得乎性之上也同。惟聖人知人性之不能皆上，亦不皆下，故不敢爲高論，而恆舉其中焉者以爲教，此所以爲中庸也。孟子、陸、王則不然。以己之資，謂人亦必爾，雖曰誘之以使其至，而不顧導之以成其狂。故觀於孟氏之門，檢押斧械蔑如也，攀龍坿鳳，巽以揚之益寡矣。陸氏方河決而天踔，其御心猶役奴隸也，然「扇訟發明，止於心之精神」一語，可謂率矣。及至王氏，一傳而離，再傳而放，不亦宜乎？故自孟子、陸、王至今，遠或千年，近者數百年，而不聞復有孟子及陸、王者，則孟子及陸、王固自由天授焉。夫以千年數百年而止有一孟子、陸、王，則是孟子及陸、王固不能人人皆爾，而孟子及陸、王必謂人皆可以爲己者，其意甚仁，而其實固莫得也，則皆過高而失中焉之過也。

陸氏、王氏其取於孟子也同，其流而入於佛也亦同，而王氏之失彌甚。惟其人心、道心之辨，執之者堅也。吾爲辨其異、指其失，而其是亦出焉，無任來者瞀乎以智孽爲雷同也。夫謂心惟一心，非有二心，佛氏之指不可謂非妙契也。斯而析之，古今之明，吾未見議之所止也。吾嘗致思焉，而略能語其故矣。夫所謂一心者，與生俱生，人皆有之，然固失之。六合之裏，四方之內，往古來今，放而不知求者，幾千年矣。堯舜也，孔孟也，程朱也，是迪明者也。若告子，若老莊，若佛及陸王，亦克尸而享之，因號而讀之。是故尊言之曰道心，實言之曰明德，要言之曰仁，質言之曰本心，徑言之曰生之謂性，悟言之曰本來面目，邂逅於墟廟而謂之基址，省識於親長而謂之良知，則皆此物也，則皆常親覿而有之也。顧孟子以上，所覿者有四端之物也，告子及佛所覿無一物者也，故一以爲義外，一以爲一絲不挂也，是以其説不可由也。孟子所覿，告子及佛終身不覿，告子及佛所覿，數千年覿之者，未數數也。陸、王者，有以及於告子及佛所覿矣，而又望見聖人而未審，故猶影響未底於真也。

雖然，又有辨。孟子言本心云者，指道心而言之也。其言放而不知求，則人心也。人心乍出乍入，實止一心也。宋有女子，讀《孟子》「出入無時，莫知其鄉」，曰：「是孟子也，殆未知夫心者邪，夫心則烏有所出入邪？」程子聞之，曰：「是女子也，雖未知孟子邪，其殆庶幾能知夫心者也。」夫心固不可謂有出入也。女子者，習於佛之學，直指夫道心，而因蔑其人心，故謂心無出入也。程子之意，則謂出入也者，以操舍而言之也，心固無出入也。心之在人，名實昭然。然自佛釋氏以來至於今，儒者辨説百端，卒未有識其爲何物焉者，昧昧然，罔罔然，蓋數千年弗著弗察焉也。故或以體言，或以用言，或以合性與知覺而有其名。其言心之名象，精至於此而止矣，而卒莫能著其實相爲何物焉者。是故達摩欲安之而無可安，神光欲覓之而不可得，阿難七處徵之而莫能定：皆同此昧昧罔罔焉耳。

吾嘗深體之，夫所謂心無出入者，謂肉團心也。彼析其義而未得，又以肉團心無出入，其言近癡。非精妙不能動人，因誣以被之神明之心，而謂其無出入，欲使人求之，以爲至道之所在。莊子之「若有真宰而不得其眹」也，蘇子瞻之「凡思皆邪」也，子由之「本覺自明」也，文信國、高景逸之「放大光明」也，皆同此昧昧罔罔也。是故女子及王氏所見，無以異此，而世之小儒方將掀其唇而吹其餤，是烏足與語真知之契乎？是故心之爲號一言者，實體也，而堯舜二言之，何也？曰：儒與佛所言心，皆謂神明也。神明有出入，則有人心道心之分。而佛氏直指道心，因誣謂無人心，遂誣謂無出入，甚而並心亦誣之謂無，而相與苦守一空，而尊謂之曰真如。嗚呼，此求聖人從容中道而不得，因歧而迷惑之，至如此可憐哉，其莫有覺而已其迷者也。

堯舜孔子以道心人心出入言之，其爲解至確，而其爲方甚密，惟不敢忽乎人心也。有人心而後有克治，有克治而後有問學，有問學而後有德行。勤而後獲，及其獲之也，貞固不摇，歷試而不可渝。若夫所謂一心者，轉乎迷悟而爲之名也。轉乎迷悟而爲之名，轉者一，其不轉者又一也。頓悟者，迪乎悟而爲之名也。迪乎悟而爲之名，悟者頓，其不悟者，頓不頓終莫可必也。然則所謂頓者未嘗頓，所謂一者未嘗一也。

雖然，此其大介也。若夫彼學行業名實之所立，又非小儒麤學所能歷其藩、了其義也。吾嘗學其道而略能語其故矣。蓋彼所謂頓悟云者，其辭若易，而其踐之甚難；其理若平無奇，其造之之端崎嶇窈窕，危險萬方，而卒莫易證；其象若近，其即之甚遠。其於儒也，用異而體同，事異而致功同，端末異而矼乎無妄同，世之學者弗能究也。驚其高，而莫知其所爲高，悦其易，而卒莫能證其易，徒相與造爲揣度近似之詞，而影響之談。或呲之，謂吾能知之，或呵之，謂吾能闢之，以是欲坿於聖人之徒，而以羽翼乎大道也，而其説愈歧矣。夫惟不能無人心，故曰危；惟不能常道心，故曰執。今曰道心之外，不可增一人心也，又曰天理在吾心，本完全而無待於存也。嗚呼，談亦何容易邪？未嘗反躬，故其言誣；未嘗用力，故其言僭而不可信。顔淵問仁，子曰「克己復禮」，及請其目，則告之以非禮勿視、聽、言、動。今曰學者但明理，理純則自無欲。嗚呼，爲此言者，是求勝於堯、舜、孔子也。不辨乎此，則天下之真是何所定哉！ 自記云：此仍即《原道》《本論》之指，但韓、歐所闢，特佛之麤，其失人人皆知，在今日無容更言。吾所闢，爲佛學精微，宋明以來學者之敝在此。雖非今日切害，然吾以今時漢學麤末之轉步必入於此，故豫爲防之。其兩引

《孟子》，固以陸、王公案所在，亦本程子言「孟子才高，學之恐無把柄」意揮發之，如此首尾一綫貫穿，但行文太播弄，恐不爲人所察，聊復自言之。

天道論上

自開闢以來，宇内一切成毁之數，靈蠢知愚貴賤，事爲推遷之迹，孰主之，必曰天主之矣。噫，是何異齊東鄙野人之談，不經至於此也！夫宇内一切，亦但人之所爲耳，彼天其何權之有？且人生而能食，即教之言；既長，從師而學焉，行能伎蓺日積月絫，以至於成人，受室而又生子焉；子既生而不免於水火，則以爲父母之罪。可知成毁之數，一一皆人之爲，獨至於通塞殀壽，則歸之天，以其明明可知者託之人，而以冥冥不可知者屬之天，政以天無所知，可藉以遁吾説而誣之云爾，豈真天主之哉？且天嘗生水矣，而氾濫中國，地失其性，民失其居，微禹，其孰平之；又嘗生山矣，而艸木鬯茂，禽獸狉榛，微益，其孰焚之。非特此也，播種以爲食，蠶桑以爲衣，范金合土以利用，自城郭、宫室、倉廩、府庫以至兵戎、禮樂，凡衛生之經，養生之具，無不待於人，而天無能焉。故曰造化之機人執之，謂天主之者，不經之談也。天之用，其賁於物而湛於民之心志者，莫神於艸木之華實及雷雨之奮盈矣。不知物性自有常，皆理之固然耳，非有司於天而後然也。今鳥獸之孳尾不以爲天之功，至艸木華實獨曰造化，何其不知類也！又況氣機感召，人固有操其休咎之徵乎哉！抑吾嘗見夫世之人矣，其淫辟回邪、才力機械者，其生世也，靡不遂意焉，此非天佑此人而福之也，其人所自爲者，有以自取之耳矣。

其潔身服義，蹈道秉仁者，其生世也，靡不酷隘焉，此非天惡此人而禍之也，其人所自爲者，有以自取之耳矣。意者天非不欲有所奪、有所予也，不能有所爲而無如之何耳。世之昧者，乃好言天，疾痛慘怛，勞辱困頓必仰而呼之，則吾未見天之偶一應之也。又其甚者，自有天以來，凡纏度之高卑、璣衡之運轉、星辰之贏縮、日月之薄蝕，人以其術占之，天無所遁其銖黍；至人之所爲，千端萬變，天固不及周知而盡識之也。且夫國之所以廢興存亡者天也，而聖人悉舉而歸之於人，曰「一人僨事，一言定國」，「堯、舜率天下以仁而民從之，桀、紂率天下以暴而民從之」，其論衛靈公之不喪，以爲仲叔圉、祝鮀、王孫賈三臣之功，則聖人之不恃天亦可知矣。《傳》曰：「天道遠，人道邇。」又曰：「國家將興聽於人，將亡聽於神。」武王之數紂也，曰「謂己有天命」，此言天難諶而不可恃也。夫聖人之智，其必有以知之矣。

天道論中

天不能以其權有所爲於下，於是求得王者而畀之，故孔子作《春秋》，王必係天。有所爲，不敢曰我爲之，必曰天工；有所賞，不敢曰我賞之，必曰天命；有所罰，不敢曰我罰之，必曰天討。於是天向所欲有所爲而無如何者，一旦大伸其所欲，既暇適無事，則惟日以其蕩蕩者運轉於上，而已不勞焉。噫，天亦黠甚矣哉！王者既受天之命，日夜焦思，不寧旰食，已乃憬然悟曰：「吾獨奈何爲天之所紿，而不知法其所爲也。」乃亦求得宰相而畀之，於是王者向所勞形瘁力而無如何者，一旦大獲其所欲，既暇適無事，則惟日以其穆穆者端拱於上，而已不勞焉。噫，王者亦智甚矣哉！夫王者以一人統天下，其事博，其務繁，於是而苦且勞焉宜也。彼宰相之所任益分而輕矣，而亦必求賢以自助，何也？不知德大者其所統亦大，統大而偁其量，斯舉矣；德卑者其所統亦狹，統狹而不偁其量，斯盈矣。《傳》曰：「五岳視三公，四瀆視諸侯。」此其分也。然則廣狹雖殊，而必皆得人以分其任則一也。由是布衣韋帶之士，亦皆有天之權在其身，而不可忽視。臂爲身之所使，而臂又必使夫指焉，豈得謂指非役身之勞者乎？何以異於是？居室者，棖扉、几案、牀榻、簾幕、柈盂必備，一物不備則缺而不完，數物不備則室陋而不可居矣。輕士而謂爲無與於天之權者，是陋室之風而不睹富者之備物也，是宰相之智也。故宰相得，而王者之事畢矣。當堯、舜之時，天下未平，以不得舜爲憂；舜既受堯之天下，又以不得禹、皋陶爲憂。自是湯之於伊尹，高宗之於傅説，桓公之於管仲，皆求得而即以其權畀之。彼三聖二賢者，非求忠於天之事而爲此也，彼誠慮權無所寄，則生人無以憑依而走呼，萬類失理，則世將至於欲有所爲而無如何也。吁！其亦危甚矣。天下嘗有言曰：「爲君必法堯，爲臣必法舜。」已而其事不必然而亦治焉，則世必以爲嚮言矣。又嘗言曰：「執其權則治，失其權則亂。」已而其權失而果亂焉，則世必以爲諒言矣。是故堯、舜之聖與後世之中主同治，惟在不失其權而已。失其權，則雖欲法後王且不可，何況堯、舜哉！

天道論下

或曰：「子屢言天之權，敢問何指也？」曰：「其事在《洪範》，謂三綱九法、兵食刑賞之類也。」「然則何以不及禮樂？」曰：「治天下之本，在於安民；安民之道，以實不以虚，以疏不以密，以彝倫安之，以兵食安之，以刑賞安之，而猶慮其血氣彊梗以思亂也。又爲之禮樂以柔之，其意則可謂密與。然而一日無彝倫及兵食刑賞，而固已至於亂，焚弃三代之服器，其於民生之治曾無喪於毫末。故彝倫、兵食、刑賞無古今而禮樂有古今者，知其非經常之道而不可久也。且夫天下之治，得其序則安，樂其實則順，故禮樂即行於彝倫、兵食、刑賞之中，而不可别於彝倫、兵食、刑賞之外，失其本而使民疑之。人之情，一飲之閒而至於百拜，此豈復有真意存其閒哉？真意不存，浸入於僞而慝作矣。是禮樂本欲以化民，而適以生其詐僞，豈非密之爲害邪？故嘗以爲禮樂者，但取其順時以塗飾其民，雖叔孫與周公同聖可也，而非天之權之所先也。彝倫及兵食、刑賞則不然。由夏、商以溯黄、神，同此天也，同此民也，則即同此彝倫，同此兵食、刑賞也。由黄、神而歷之億千萬年之後，同此天也，同此民也，則即同此彝倫，同此兵食、刑賞也。故民之所賴以生，即天之權所託以重。春秋之世，不幸而失之。當是之時，亂臣賊子弑逆弑尋，搶攘横決，是非僭差，諸侯摟伐，兵革日興，故《春秋》書侵六十，書伐二百，裁異一百二十有二，其他反常而敗道者不可偏舉，豈非天之權無所與託以至此與？夫天嘗失其權矣，幸得三聖二賢者有以贖之，乃今又以失見告焉。孔子生於其世而不得位，目睹其權之失而傷之，以爲吾取之而疑於僭，不取則生民之害未有已也，吾姑拾取其義焉，而筆之於書以付當時王者；當時王者不顧，則留以付後之王者，展轉相付，終必有王者起而受之，而後天之權有所屬，故曰：『《春秋》，王者之事也。』湯曰：『一人有罪，無以萬方；萬方有罪，罪在朕躬。』伊尹曰：『一民不被其澤，若己推而納之溝中。』故天之權一失，則人必争取之，堯、舜固取之矣，湯、武取之以兵，孔子取之以書，及至戰國，孟子取之以辨。取之以書、取之以辨者，不得實行其權也，而其大義則懍然不啻親握之。聖人之心與聖人之治，舍彝倫及兵食、刑賞，則何以安民哉？」自記云：此係少作，染心老、莊，淺陋邊見，以禮樂爲後，見非有識，久而自傷。　姚姬傳先生曰：「酷似明允。」

用人論

世無屯難，得人斯濟；運無隆平，乏賢則亂。故曰：有治人，無治法，如齊文、宣，晉懷、愍是也。故人主之職在擇相，相臣之職在爲國求人而已。然天下惟才大者能用人，才小者不能用人，故人才之進退，視其相臣之才之大小。夫人才不易得，尤不易知，自非上聖通微其性，莫不各有所蔽。或持論如照，所試之於用則不讎；或知勇足備，而相其言貌則可忽；或任叢細而有餘，及歷之大體而不識；或當平時而贍給，及試之盤錯而罔功。惟在區别得宜，付授當器。苟或用違所長，非止但形其短，儻能合以相濟，亦與全才無殊。故非英知不足以鑒而寶之，非雄略不足以信而任之。故見賢而不能舉者，厥名爲慢；好善而不能用者，其弊也亡。又若猥庸之輩、媢嫉之徒，或恃客氣虛憍，則愎諫而護前；或貪小利喜近功，則甘敗而忘害；或自不達幾宜，則怒其異己；或慮不能駕馭，則畏惡其能。《易》曰：「初登於天，後入於地。」《詩》曰：「不懲其心，覆怨其正。」凡此皆用人之失也。然而人苦不自知，既莫不各謂己能；而知人又不易，復莫不各謂己能知人。歷覽史策，得失昭然，方其自雄，牢不可破。故善用人者，驅常人於君子之域；不善用人者，陷君子於小人之塗。驅常人爲君子，化無用爲有用也；陷君子於小人，化有用爲無用也。故人才之衰，造物靳之者半，庸人壞之者亦半。竊嘗思之，有用人之宜，有取人之法，有馭人之道。治平之世，必先考行誼，行誼彰而風俗成；危亂之際，但取其才猷，才猷展而艱難濟。然術詐情貪，雖云可使，而才良性劣，亦在必誅，如賀六渾、柳公綽，則天皇后三人之馭馬可以法矣。至於取人之法，必先器識，不尚文華，故曰：「日誦萬言，何關理體？文成七步，未足化人。」歷考古今通人之論，莫不如是。彼黄允、晉文經、隱蕃、暨豔、張昌齡之徒固無論矣，即荀悦箸書，持論精切，洞闢興亡之大，論者猶言其應敵設變以制一時之勝，其才不足辦也。魏元忠曰：「陸機論能辨亡，無救河陽之敗。養由基矢穿七札，不濟鄢陵之師。」覽劉曉、薛謙光、沈既濟、楊瑄、陸贄等疏，可以知用人取士之在此不在彼也。嘗觀孔巢父之宣慰朔方也，既使懷光復叛，而己亦被殺，黠汶無用若此，杜甫、李白猶交推之，則其餘可覩矣。若夫馭人之柄，惟在賞罰。吝嗇慳鄙，則無慈仁而人情不趨；濁亂靡濫，則無義制而恩不感物；小過不舍，則煩苛以生其離沮；大罪反脱，則失刑而不足止姦。又人性不明，則必好察，既好爲察，必自謂明。不明則照有不通，好察則多疑於物。忠讜之士，疾之如仇，不讎之言，屢售不閒。君子日遠，讒諛日進，譬掘根焦土而求苗稼之長也，不可得矣。

高泰謂苻堅曰：「治本在得人，得人在審舉，審舉在核真。未有官得其人，而國家不治者也。」自記云：此少作，效陸宣公體。

周公論

凡人之智，皆自見有餘，不見不足。惟見有餘，故氣益驕；惟不見不足，故違道益遠。是故德不修而不知其闕也，學不講而不知其蔽也，聞義不徙而以自適也，不善不改而以自恕也。習與讒諂面諛之人居，而無由開其悟悔媿恥之萌也。此在質性非良，材智不美者，猶且志得意滿，恣睢狂行，以長厥傲，而況其才智稍稍有異者邪！其自賢也，必益甚矣。唐柳公綽有廐馬踶殺圉人，公綽殺之，人曰：「良馬也。」公綽曰：「材良性劣，雖良何用？」由是言之，人之性不良而材異於衆者，皆不足賴也。孔子曰：「如有周公之才之美，使驕且吝，其餘不足觀也已。」夫衆人之見，但貴才美，而不知聖人方懼其爲累，人之識固相遠哉。且聖人之愛名與衆人同，然聖人之名久而益親，遠而益信，衆人之名但邀譽於庸夫無識之口，而無當於君子之論。此無他，聖人愛名則勤其實，衆人愛名則劫其號，取舍之途别，而所以報之者亦異，則胡不一反而觀之也？孟子曰：「周公思兼三王，以施四事。其有不合者，仰而思之，夜以繼日；幸而得之，坐以待旦。」由此觀之，周公於一日之閒，其所爲便其體、肆其意者亦幾耳，惟自以爲不足也，故勤己以自濟。向使衆人當之，則豈不亦高枕而有餘乎哉？天下大矣，其事亦衆矣，即聖人之智，豈能周知而無遺？周知矣，豈能一人爲之而足辦？故自古帝王以及公卿羣吏，莫不求賢以自輔。其才大者，其用人必廣；其才小者，其用人亦隘。惟忮狹庸鄙之夫，則非其私昵容悦之人不任，豈無懿美英儁之士？彼智不足以知之，而性不足以狎之，故棄之而不顧也。《傳》偁周公見士，「一飯三吐哺，一沐三握髮」。吾意當世之士，豈復有賢於周公，而足取爲裨益者哉？然而周公見士之勤如彼者，非博好士名而徒以虚禮下之也，發於其不自足之心而成於不驕之德，故傾其飢渴而不能自已焉。嗚呼，世之君子其法是哉！

韓信論

孫武，其言兵之雄乎？韓信，其用兵之雄乎？二者皆蔽，不達兵要。余陋夫蘇洵之論孫武也，以其術詰其事，如舟人争港，喧號嚣呶，不離故處，而自謂得便宜。極洵之智，至吴起而止耳，韓信而止耳，其能有以大遠於武邪？取果實者，枝枝而落之，箇箇而掇之，不可爲易矣。及叩本一振，然後風掣雨散，濯如未生，此聖人之兵所以不事陰計術謀而自無敵於天下，故曰「一怒而安天下之民」。偏材之徒，祕爲異術密機，是徒知兵之爲陰符，而不知用兵之有陽勝也。夫用兵者，必先在審天下之勢，而後行之以無窮應敵之謀，如是而已。國子之論齊也，曰：「秦得齊則權重於天下，趙、魏、楚得齊則足以敵秦。」故秦、楚、趙、魏得齊者重，失齊者輕，齊有此勢不能以重於天下者，其用之者過也。當楚、漢相距於滎陽之際，天下之勢在韓信。信爲楚，楚王；爲漢，漢王。蒯通以爲與爲人而王，毋寧背漢而自王。信不能用，卒助漢以滅楚，而已亦隨爲漢禽，其事蓋與六國之齊同失。或曰：「六國之齊，其立國也固。且秦不得四國，其勢不能遽及齊；四國並力雖足拒秦，然不親齊，則力不厚，計不完，故齊之勢常重於天下。若韓信與楚、漢，才均勢敵，其用兵之道無以大遠於項羽、高帝，借使信自王，楚、漢交伐之，吾恐不能一日安枕而卧也，信之智其及此矣。」曰：「惡有是哉！當劉、項彊弱未分，天下人心未有所定，鄉使信據山東之地，乘百勝之威，以天下分地招布、越之倫而將之，奉廣武、蒯通以爲之謀主，扶義仗信，以綏定其民，阻河爲固，坐戰劉、項，以待其敝，不出二年，漢必先亡。漢亡，然後集羣策以制項羽，安在不可南鄉以成帝業而一天下？不知出此，而姁姁婦人之仁，狐疑自敗，吾故曰：『若信者，用兵之雄而不達兵要者也。』後之論六國者，徒咎其不能合從以拒秦，而不知齊之勢可以爲六國之從主而不知自用，是可惜也。無經事之遠猷，而尋於兵，兵雖巧，所勝幾何？老子曰：『以正治國，以奇用兵。』夫用兵，豈特爲治國者之奇哉？抑亦争天下者之末務焉。史偁諸葛武侯用兵非其所長，不知者復從而争之，是皆不得爲知言。夫不長於用兵而長於審天下之勢，乃其所以爲武侯也與。」自記云：先子有言：「淮陰爲人亦非始終有恒者，武涉明透之辨，際漢王窘困之時，而淮陰不爲稍動，豈盡忠信哉！蓋束於漢之假王耳，於此方知躡足坿耳之功大也。」此可謂闡微之論。若樹此文，爲蒯徹助波耳，其實仍即本信之所以教漢王者。若太史公贊語，雖若莊論，而曰天下已定云云，謂其失之於未定之時耳，言外之意可尋味也。

荀彧論

《易・鼎》之二曰：「鼎有實，我仇有疾，不我能即，吉。」夫子釋之曰：「鼎有實，慎所之也。」嗟乎，此先聖、後聖所以傳心，而獨得言外之意與？人情闒茸無能，固不知有所謂實之説矣。及其才足幹時，而汲汲然思一試於用而以名世焉，此其意宜無惡於天下，而卒之身喪名辱，爲天下後世戮笑，非其才之未美，而其識之不精也。

聖人無不復論之矣，❶三代而後，惟諸葛孔明爲能不悖於義耳。子房、景略，其於伊尹之志抑有間矣，然猶能我仇不即，彼文若者，豈可同年而並語哉？司馬温公夷齊桓於狗彘，先荀彧於管仲，可謂謬妄失實、悖於是非之談矣。其言曰：「彧佐魏武，以亂爲治，征伐四克，十分天下而有其八。」夫當魏武之世，胥匡之治，果能及管仲之烈乎？征伐四克，果皆出民於水火乎？且天下固漢之天下也，而又誰有其八乎？是魏武終其身不肯篡漢，而温公固代爲篡之與？操欲取徐州，彧實俑高、光以例其事，而温公以爲史氏之文，是猶以獨掌翳日，而欺天下以無明。且温公以彧舍魏武無事，而有興漢之功。若是，則彧又何以死爲也？許其死漢爲仁，則不得以事魏爲是。或曰：「彧固未嘗臣魏也，其所帶侍中尚書令，政漢官耳。彼惟不肯臣魏，故以一死明節。」夫君子見微知著，以彧之明，而不能審魏武之行之所極，何以爲智者？借使管仲於九合之日，仰藥以死，其得爲忠於糾乎？此又不通之論也。

嗟乎，由彧而類之，則爲杜欽、谷永；由彧而降之，則爲揚雄、劉歆；由彧而極之，則爲王偉、張均、

❶「無」，《儀衛軒文集》作「吾」。

張咱。夫本以輔世安民之學，而卒與亂臣賊子同科，豈非講之不明而守之不固哉？是故君子必自重其身，以待大有爲之君之致敬盡禮也。其尊德樂義不如是，不足與有爲。行一不義，殺一不辜，而得天下，不爲也。若謂亂離之世，❶非一道所能定，而因以苟且藉手爲教盜穴牆之謀，則亦爲盜而已。君子亦惟於貪權藉勢之私克之，庶知所自立乎。自記云：荀文若、方望、張定邊不爲無才，而皆昧於正，以視伊望、子房、武侯何如？千載下，自有定論，非以成敗論英雄也。而李太白亦不可恕矣。

魏武論

董卓之亂，既遷車駕幸長安，而自屯洛陽，於是山東義兵並起，推袁紹爲盟主。魏武爲紹謀，欲其引河内之衆臨孟津、酸棗，而令諸將守成皋，據敖倉，塞轘轅大谷，全制其險。使袁術率南陽之衆軍丹淅，入武關，以震三輔，益爲疑兵，示天下形勢，此所謂形格勢禁之兵也。張儀教秦伐韓，酈生、袁生、桓將軍之勸沛公與吴王者，皆是謀也。當是之時，諸侯形勢兵力皆足以制卓，本初庸才，不能用以致敗。論者謂袁、曹之所以興亡者，已兆於此，不待官渡之日而後決矣。

以余論之，其失猶不在是。夫魏武之争天下也，非徒知兵，在能審天下之勢而已。獻帝爲李傕迫

❶「亂離」，《儀衛軒文集》作「寇亂」。

於曹陽，❶沮授勸紹西迎大駕，挾天子以令諸侯，紹不從，其後魏武行之，竟如所策，由是知取天下者不在知兵，在能審天下之勢而已。不然，魏武之力足以移炎祚，而卒不之取，豈誠憐漢室、博虛名哉？夫亦以羣雄之未服，宜假寵靈，而不可始禍以來衆敵也。諸葛武侯謂其不可與争鋒者，職是故哉！故魏武欲篡之志，當時皆有之，而魏武不取之智，他人有不能忍者矣。及夫終不可得，託爲高言，以文王自況，曰：「天下若無孤，不知幾人偁王，幾人偁帝。」此非欺世以矜其忠，乃其以英智自許云爾。

鄉使袁紹用沮授之言，其廢獻帝以自立也久矣。何則？以紹不知迎帝，則迎帝必廢之以自立，其理固至明者也。夫以獻帝之弱，諸侯之悖，其勢皆不足以自保。魏武以命世之才，獨步於時，惜乎未有大德者馭而用之，遂使成其篡竊之志，爲古今僭逆偁首，此其遭逢之不幸也夫！毛生甫曰：「潛氣內轉，最行文深妙處。」

孫權論

夫不能盡時人之器使者，不能來天下之士。天下之士不來，則其所甘以爲忠己者，非煬蔽於回衺，即結知於賈販庸兒而已。孔子曰：「鳥則擇木，木豈能擇鳥？」此言世主不能尚賢，而賢士如鳥之翻飛而去也。且賢士不可以常人遇，而又類多疏遜羈旅窮困不得志之人，食之不能盡其材，使之不能

❶「傕」，原作「催」，據《儀衛軒文集》改。

當其用，知之不能諒其衷，此士之懷奇不遇者，所以上下千載而流涕太息於知己之難逢也。

孫權爲人，其才品略亞於魏武、蜀先主，獨其與人之忠，任人之壹，使智能之士得展盡其意而無憾於心，則雖高、光猶有慚色。雖當日張昭、虞翻、陸遜亦加貶怒，而悔悟旋開。視魏武之使人，束縛之，馳驟之，刀鋸斬殺日隨其後者有閒矣。觀魏武之戒曹彰曰：「在家爲父子，受事爲君臣。」而權於諸將，分雖爲君臣，情親猶父子。由此論之，夷險之途，居然判矣。且以孔明猶有不能得於先主，而權於羣下之謀不遺一策，覽責諸葛瑾等一詔，知其識用之所至矣。鄉使權能以天下爲重，不争荆州尺寸之土，而約好於蜀，使關某將荆、襄之衆以臨沔陰，諸葛起西川之兵出斜谷臨渭南以窺長安，權自起三軍，一軍出瓜儀以摇淮、泗，一軍出濡須以逼合肥，一軍並海遵瑯琊而擾阿、鄄，彼魏之君臣備多力分，雖有吕尚不能善其謀矣。不知出此，而區區於荆州一方，西絶於蜀，北親辱於曹丕。且事有天幸，先主伐吴，使當日諸葛在行，彼陸遜者烏能逞志於夷陵之一炬哉？蜀勝，魏從而伐之，吾見吴之亡不待庚子歲也。以此論之，蒙、遜之才下魯肅遠甚，使肅若在，必不出此。史偁先主以周瑜所分之地不足屯軍，自詣權求都督荆州。周瑜上箋勸權，留備不遣，權不從，吾以爲此必魯肅之意，非權所及也。雖然，使置此不論，而專論其任人，則固可賢矣。甘寧困於黄祖三年，祖以衆人畜之，及歸吴，權一見，禮待同於舊臣。嗚呼！猶令人想見其君臣之閒而思爲之用也。

諸葛武侯論

士有爲常人之所奇，不如爲奇士之所奇。夫奇士之所奇，固非常人之所能奇也。若夫奇士又不能奇，則惟聖者知之而已。諸葛武侯身未離隴畝，豫定三分天下，論者奇之，比於神明。余獨以爲是何足爲公奇邪？夫審天下之勢，先定其規模以從事，智略之士類皆能之。如司馬錯之伐蜀，商君之徙魏，范雎之畢六國，韓信之策項羽，甘寧、魯肅之圖荆州，黄權、法正之啓漢中，羊祜、司馬昭之謀吴，下逮李絳之算淮蔡，王朴之平江南，古今若此圖定大計者，不可偏舉，是何足爲公奇邪？

吾觀諸葛之奇也，則亦惟其無奇者不可及耳。以道正己，以誠動物，事理其本，治遺其名，身没之日，廖立垂泣，李嚴致死，百姓巷祭，乃至千載之下覽公之事蹟者，流連感泣，有不知其所以然而然者，此豈以奇致之邪？孟子曰：「仁言不如仁聲之入人深也。」又曰：「以佚道使民，雖勞不怨；以生道殺民，雖死不怨殺者。」於諸葛見之矣。

或曰：諸葛自比管、樂，而子擬之聖者，毋亦過與？曰：固也，非世所知也。彼其意蓋欲爲禹、稷矣，而不獲，則降而爲伊、吕；又不獲，則降而爲管、樂。夫其屢降而求其匹，正其故卑而不可逾，非如世士以虚憍而僭實德，以鄙伉而冒英名，所指逾高，所履逾下。樂不足道也，乃若管仲之相齊，功烈亦誠偉，然今讀其書，考其行事，不過曰論卑而易行耳。且其分財多自予，則以貧賤而損其節，三歸、反坫之僭，則以富貴而濫其心。由是以往，其所措施可知矣。仲之言曰：「禮義廉恥，國之四維，四維不張，國乃滅亡。」由今觀之，仲之相桓，安在能踐斯言邪？故孔子於管仲則譏其器小，而程子於武侯則偁爲大人，豈不信哉？曹魏時何晏、鄧颺，元魏時之崔浩，唐之王伾、王叔文等，皆自比伊、吕、管、葛。卒之，或殺身赤族，或身敗名戮，此乃世之所偁奇士邪，而其識已若彼。然則苟不固誠仁達天德者，其孰能知夫人之所至邪？

武侯既殁，司馬宣王按其屯壘，覯其置兵之法，詫爲天下奇才。夫應龍之上下於天壤也，飛騰隱見，雨降雲升，變化俄頃，澤及萬物，而莫測其神之所極。而地上之民方且觀於沼淵，求其涎爪蟠泊之迹，以歎其奇，不亦鋭乎？

狄梁公論

嘗謂狄梁公自是一時偉人，其仕僞周也，實爲忘恥。孔子之論君子，曰「天下有道則見，無道則隱」，「危邦不入，亂邦不居」，「親於其身爲不善者，則不入也」。武后之毒虐淫醜，世謂之無雙，則梁公之忘恥，亦與之爲無雙焉也已。孟子之論伯夷、柳下惠也，曰：伯夷不立於惡人之朝，思立於惡人之朝，如以朝衣朝冠坐於塗炭，君子以爲隘。柳下惠不羞汙君，援止而止，君子以爲不恭。夫君子之論人，無故從其刻，亦不可不覈其真以持其平。夫柳下惠之爲和，不過不恭耳，而能不流不易其介，則與伯夷無異也。平心而論，彼梁公之仕，豈亦有不屑不潔之念，而出於不恭乎哉？不過饕榮以忘恥已耳。當日其從母崔氏已屏絶之矣，故梁公之可議，尚不得與管仲、楊雄、蔡邕、荀彧、杜欽、谷永等之仕莽、黨曹、藉梁、懷董者等，何則？彼操、莽、卓、冀，特異姓之賊臣耳。武后身爲人妃妾，爲人母，而親易姓改步，毁唐宗廟，殲唐子孫，復欲奪其子之天下以與姪，其淫醜比之魯文姜、褒、妲而更甚，其毒虐較之莽、操而更兇。嗟乎！此乾坤何等時也。徐敬業一檄，數之已盡，而梁公宴然仕於其朝，徒以小忠小信小節固寵邀名，爲自免計，孔子曰：「是可忍也，孰不可忍也？」彼其與張昌宗奪裘而棄之也，如同蛆蟲處溷而茹穢不咽以明潔，將以欺天下萬世皆無人乎？

近聞人鄭兼才、吴江顧汝敬之論李西涯也，皆引梁公爲比，此擬非倫也。夫西涯病不能去國耳，非入仕始終全犯無恥也。兼才以吕夷簡之不去章獻太后爲比，情事尤不類。汝敬謂梁公委蛇幹濟，薦進忠賢，卒成反正之功，古大臣純心爲國，不屑屑計一身之謗譽，世之小人好議論，不樂成人之美，或多訾之。此雖似篤論，而猶未離乎衆説也。夫梁公惟不能使武后反正而誅諸武也，故薦張柬之等也。譬如以二飲器，一盛糞穢，一盛清酒而置酖其中，自飲糞穢，而推酖酒與人，以爲與人忠則不忠也，以爲恕則非恕也，以爲智則非智也，以爲自潔則非自潔也。卒之，五王與漢王子師同禍，則梁公貽之也。且事有天幸，梁公前死，亦安能必柬之等異日功之必成？使柬之等不幸而陷竇武、何進之禍，武后竟不反正，武三思竟禪唐祚，不知梁公何以藉口塞責於地下，而貪天之功以爲功邪？

《易》曰：「鼎有實，慎所之也。」所之不慎，吾爲梁公惜其實也。雖聲名烜赫，耀豔千古，久而論定，要不能解其忘恥。善乎汪文端瑟菴先生之言曰：「吕夷簡無甚可取，太丘道廣，究爲名教罪人。梁公非純臣，寧使唐亡社稷，不可使千古有二臣，王陵所以軒輊平、勃也。若不善用其恥，則與無恥者何殊？原涉家人寡婦之説，正謂此也。」卓哉兹論！衮鉞斯昭矣。夫梁公之迹既可議，而心亦無可原。柳下惠以和不恭爲行，充之將使天下盡爲馮道，故曰「君子不由」，以非義也。惠和如展氏之聖，非義且不可由，況梁公乎？吾是以嚴而立之。自記云：出入往復，揚搉非常，秋風鐵笛，朗朗入耳，不作游移兩歧之説。

續天道論

凡人之所以敢肆其惡者，由昧於吉凶禍福感應一定之理，而無所忌憚也。故當其兇邪發心，不特空諭以理所不可莫能禁；即實告以若此所行，不旋踵而凶禍立至亦不顧。譬貪毒脯果腹，鴆酒止渴，不能自克也。凡攫金於市，殺越人於貨，陵暴滅理者皆是也。此固至愚極悖之戮民。若一二稍有微明者，猶知計較，忍而不敢遂，所恃吉凶感應之理不爽也。

及春秋以來，天道不孚於小人，刑政又偏陂不平，人理日陵夷泯亂，舉弒逆大惡悖虐殘賊之夫，每多安然無患，富貴壽考，與吉人無異。然後向之稍有微明而不敢遂者亦疑焉，始争起而效之矣。當是時，是非之理全爽，善人無所恃以自立，凶人無所忌而日以得意，世界否閉壞亂已極，甚有言欲勉彊爲惡以順天者矣。雖爲惡者亦未嘗無報，顧其分數多寡大小恆不相敵。老莊之徒審觀而熟計之，故誦言之曰：「竊鉤者誅，竊國者侯。」聖人亦知之，而不敢言，故不答南宫适。及司馬遷作《伯夷傳》，乃獨以之發憤，何其見之晚也。

總之，大惡不必報，大德亦不必報，天道冥漠，無情無知，無思無爲，本如是。聖人既以悲天，又以憫人，故恆憂之，而欲以易之，所謂「幾諫」也。然亦徒託空言，賫虛志，卒莫能輓之。蓋數有窮處，則聖人之術亦窮，無如之何矣。

雖然，數之所在，聖人固不能違，理之所在，聖人終不可越。不得已而思其方以自處，惟盡其理所當然，而聽其數所不然，居易以俟，而後無入而不自得，以爲人之道必如是始盡耳。非以理敵數，而必其能轉之也。小儒不察，妄以學道修德爲立名之私，既隘而不中理。愚人乃欲以積善望報，抑又惑矣。閒嘗深求聖人之本心，蓋欲爲大舜之底豫而不可必也。然且熟諫不聽，撻之流血而不敢怨，竭力供子職而已。

且聖人明曰「立人之道」，固別於天之道外而分立一道，子思子所以謂之「參」也。若人與天本合爲一，則何以曰「參」？又何以齟齬參差，迥乎不齊如是也？惟聖人分立其道，欲參於天以求合，是以汲汲百年，如臨深，如履薄，急與之角而不暇，以爲苟人道一毫未盡，則不得以誣之於天，或失則磯，或失則恝，以比於不孝。嗚呼！此大舜之心也。蓋既不爲南宫之拘滯，亦不爲司馬遷之怨忿，亦不爲老莊之局外睨視而無經綸之用，此所謂人道也，別於天道之外，分以求合之道也。若陶公《形神》詩，其意見不出老莊境地，尚不有佛氏之行願，而何以希魯叟之彌縫也。自記云：舊爲《天道論》三首，見者皆不肯。茲復推以詳言之如此，其理終爲未圓。蓋理亦自然而本於天者也，非聖人師心自刱者也，但以迹觀之，似爲專屬耳。

原天

蒼蒼者，其色也；運轉者，其體也。天也，而非天也，必有主宰乎是者，而後爲真天。夫天即主宰，而又誰主宰乎天者？必於此求之，而真見之。肉團，其質也；知覺，其靈也。心也，而非心也，必有主宰乎是者，而後爲真心。夫心即主宰，而又誰主宰乎心者？必於此求之，而真見之。真見天之主宰，然後知畏而奉之，外物不可必安排而已。真見心之主宰，然後能制而用之，時其方動而固執以誠之。

莊周疑天曰：「孰主宰是？孰推行是？」殆猶未識夫天也。劉念臺不識心，求之不得，妄爲之説，曰「意爲心之主宰」，可謂誣謬失實者也。斯二者，學問之極致，聖道之精微。傳其人，不待告；非其人，雖告之，弗明也。《詩》曰：「昊天曰明，及爾出王。昊天曰旦，及爾游衍。」非夫制而用之，亦惡能畏而奉之也乎？自記云：「安排」出《莊子》，言「安於自然而聽其推排也」。謝康樂詩亦如此用。明道言「纔有安排，便非自然」，則如後世作「布置」義，出於有心也。吾此用《莊子》本解。

原性三首

甚矣性之難明也。在昔聖賢大儒爲説固當矣，而小儒怐愗墮於一偏，自開歧見，弗思耳矣。張子氣質之説，即人心、道心同實而異名者也。然而學者或是之，或非之，所謂「以盆盎之水，求一山之形，形不可得，則智由此惑」也。旨哉朱子之言也，曰：「人莫不有是形，故雖上智不能無人心，亦莫不有是性，故雖下愚不能無道心。二者雜而不知擇，則其本然者不可見，而其達於用也，或不能無差，故必使道心常爲一身之主，而人心始退而聽命焉。」竊謂道心者，性之善也；人心者，性之欲也。欲之本於性也，氣質之性爲之也。或執韓子三品之條出於孔子，疑與孟子性善之旨不合，不知孔、孟所道同一家之言也。何以明之？孔子言「率性之謂道」，此善性也；其曰「相近」，則有三品之分矣。使非有氣質之殊，而何以有上智下愚之别？此孔子言性有氣質之證也。孟子道性善，此性之本也；其曰「動心忍性」，則不善之性也。此孟子言性有氣質之證也。孟子曰：「口之於味也，耳之於聲也，目之於色也，鼻之於臭也，四肢之於安逸也，性也。」君子不謂性也，而佛釋氏雜舉胎身作用知覺爲性，是不知作用有善不善、知覺有同不同，而概指爲性，亦見其麤而莫知辨也，此所以爲淺陋與。

二五之流形也，人與物各賦焉。顧物恆得其濁而偏者，人恆得其秀而全者，故物不可移而人可移，雖品類萬殊、雜糅不齊，而人與物之大較固如此。獨至下愚之人，雖有教之無類，終徇己而不返，蓋已淪於犬馬之與人殊，故聖人既斷以爲不可移，而弟歸其罪於習，而不以誣本然之性之善。不然，上智與下愚遠矣，而何以曰「相近」邪？若夫孟子之所謂忍性也，忍其不善之性，則固欲反其本善之性明矣，此湯、武所以亦得爲聖人也。孰謂人性本惡，若無初之可復邪？

丹可磨而不可奪朱，金可鎔而不可奪堅，此可以識物性矣。以萬斛之舟置水上而浮，寸鐵片石投水即沈，此可以識五行之各一其性矣。雖然，此五行之性之質，而非其用也。五行之性之用，如木之發生也，金之割斷也，火之通明也，水之潤下也，土之博厚貫乎四者而不可離也。雖然，此五行之性所自成，而非其賦於物者也，賦於物則有知覺運動矣。然而犬之性不同於牛之性，牛之性不同於馬之性，此可以知其賦於物而恆偏也。惟人則不然，其知覺也獨靈，其運動也獨便利而巧作，故統而謂之曰善。其所以善者，何也？則以其得於五者焉全，故能合以爲用也。故得木之發生而以爲仁之性，於是有惻隱慈愛之善；得金之割斷而以爲義之性，於是有裁成羞惡之善；得火之光輝而以爲禮之性，於是有威儀動作之善；得水之净鑑而以爲智之性，於是有是非分别之善；得土之敦厚而以爲信之性，於是有誠篤不欺之善。然而又有爲惡而不齊者，何也？則陰陽之毗、過不及之差、物欲之雜引誘而遷也。是故不及乎仁則傷刻薄，而過則爲姑息婦人；不及乎義則爲柔愞，而過則爲剛暴；不及乎禮則爲鄙野，而過則爲足恭；不及乎智則爲愚闇，而過則爲賊害；不及乎信則爲詐諼，而過則爲果，爲硜硜。此所以同賦乎性而有善有不善也。而於善不善之端，又各有剛柔二失，若溯其本，則大略相近，故皆可學以止於善也，此性善之原委也。

原　理二首

天下萬事萬物皆有其自然，是謂之理，而自然者出於天，故謂之天理。自人不勝其欲妄而以己私入之，而後乃違反其順正，逆其自然。故聖人以理與欲對舉爲言，而欲人之克去己私以復於天理之順正也，謂之「克己復禮」。《樂記》曰：「物之感人無窮，而人之好惡無節，則是物至而人化物也。人化物也者，滅天理而窮人欲者也。」又曰：「不能反躬，天理滅矣。」此自古在昔先民相傳之明訓，非宋儒刱造之私説，故莊子言庖丁解牛而曰「依乎天理」，韓非曰「理，物之文也，長短方圓，麤靡堅脃之分也」，許叔重《説文解字》以理爲治玉之名。竊以此三説者，義悉從同，皆謂自然條分縷析之謂，蓋理之正訓也。

近世誕妄之徒，深惡宋儒理學之名、性理之説，本不識理，又不識古人文法及其語妙，乃反據此三説力詆宋儒，以理欲、性理言理之非，顛倒迷妄，所謂悖者以不悖爲悖也。請仍即此而分解之。夫事理本於自然，牛之腠理亦出於自然，庖丁自謂己之奏刀以解牛也，亦依其自然，故曰「依乎天理」，此自其語妙也，而戴氏震反以理本牛之腠理，不當主事義爲言，是顛倒也。鄭氏《樂記》注曰：「理即性也。」此語甚粹，而惠氏棟不知其出於鄭氏，乃據韓非説謂理爲物之文，方圓長短，麤靡堅脃之分，宋儒不當作性理解，亦見其無知而妄談矣。且夫理有順義，自然之謂也，故人之應務處事，必避礙以通理，而後謂之循理。此理在事物，恒雜糅嫌疑，而人心又多迷妄惑亂，故常失其自然而不克明，故必聚學、問、思、辨以講之，謂之窮理。窮理之學出於孔子《易大傳》，此理學所以切於人倫日用而不可緩，而何爲深惡痛詆之與？

庖丁解牛，雖曰「奏刀騞然」，而又必曰「每至於族，吾見其難爲，怵然爲戒，視爲止，行爲遲」。

《易》言聖人盡性之事，而曰「旁行而不流」。《雄雉》詩人委心任運，而必曰「深則厲」。聖人達命，不憂不懼，而孔子微服過宋，子路問行軍，子曰：「暴虎馮河，死而無悔者，不與。必也臨事而懼，好謀而成。」凡此數義，皆所謂避礙以通理也。佛學之徒，嘗有遇毒蟒、猛虎而不避，推車直進，碾斷師足，其師亦不肯避讓，既悍然不顧，又從而爲之辭，曰毒無實性、不觸不發、既進不退、既伸不縮等義，如是之云，雖似有名理，而君子可欺不可罔，亦見其害於理也。異端之學，所以不可以爲世法，要之亦爲二乘魔外邪見，大乘正覺無是也。

自記云：近世妄庸鉅子，既無所知，又無忌憚，箸書痛詆言理，毋慮都數十百家，實皆惡其害己也，肆其狂吠，託爲公論，以自爲蔑理之地。余既略條之於《漢學商兑》中，兹復摘一二則於此，俾學者知余非刻論也。龍谿李威，字畏吾，乾隆戊戌進士，歷官廣東廉州府知府，箸《嶺雲軒瑣記》四十一卷，其中不無心得可取之言，但大旨宗李卓吾，力詆宋儒，尤斥理學。其言曰：「有宋儒者斤斤然守一理字、敬字，以道學相標榜，惟朱子後來頗自悔，故爲不可及。」按此言誣矣。朱子之書始終可考，若朱子悔言理字、敬字，何以爲朱子？乃以此推朱子爲不可及，妄矣。又曰：「孟子言仁、義、禮、智四端，明明屬於心不出於性，而諸儒主伊川之言，以四者爲性中之理。伊川平生執箇理字，到此無處安排，便把來納在性上。彼所謂理者，徹上徹下都使得著，何獨以性爲理乎？不從孟子而從伊川，謂之有見，吾不能知。」又曰：「理字見於三代典籍者，皆謂條理，未有以爲至精至完無所不具無所不周，爲萬事萬物之祖者也。孔門授受，不言及理，何獨至宋儒乃把理字做箇大布袋，精麤鉅細無不納入其中？至於天亦以爲即理，性亦以爲即理，卻於物物求其理，凡説不來者則以爲必有其理，凡見不及者則以爲斷無此理，從此遂標一至美之名曰理學，竟爲古昔未開之門庭，不亦異哉！」又曰：「伊川曰：『大抵人有身，便有自私之理，宜其與道難一。』夫既自私矣，安得理在？此可見其於一理字到處擺不來，口角時時流露也。」愚謂此條乍看似足令伊川啞口，其實乃詖辭也。夫自私固無理在，然非理孰別自私？自私非理，非理以理而顯，如南鍼失位終以子午而定。伊川語雖似有小疵而義實廣大勝足，勿以言害辭、辭害意可也。永嘉見六祖言次，六祖曰：「汝甚得無生之意。」永曰：「無生豈有意邪？」六祖語與伊川此語氣正相似。且如鄭氏曰「性即理也」，而《樂記》有曰「性之欲也」，豈可曰「理之欲」邪？古人文字多如此，妄人輕薄，不足與莊論也。

原神

草木之華實也爲神，其蘦落也爲鬼，原始反終，得其情狀，一氣而已，一物而已，是鬼神之可知者如此也。顧可知者，非能自主，有不可知者主之也。可知者不能主，而世之爲趨避以禱於鬼神者，亦見其蔽而惑也。彼鬼神者，特聽命效能於天而已，亦惡能加毫末之損益於人乎哉？是故禱於鬼神，不如禱於吾之心、吾之身。吾之心、吾之身苟盡其道，而福來應之；吾之心、吾之身苟不能盡其道，而禍來應之。其報應倍捷於鬼神。

雖然，其應也似吾主之，其有不應也，非吾之所能主之也。夫其不能主也，由其有不可知也。儒者乃謂禍福之幾可恃人事以自主也，其蔽與禱鬼神也等。周内史叔興論「石隕」「鷁飛」，以爲是陰陽之事，非吉凶所由生，而惡知吉凶所生亦陰陽之事邪？是殆猶未達夫鬼神者也。自記云：《中庸》言鬼神之德，極其盛而推之，以本於誠，乃正言其性情功效之費者耳。吾本程子、張子之意而原其主，乃即微與誠而指其隱者耳。鬼神非有二也，大旨亦本孟子、屈子。孟子曰：「莫之致而致者，天也；莫之爲而爲者，命也。」屈子曰：「固人命兮有當，非離合之可爲。」又云：以管輅對王基之言證之，叔興之言脗合。杜預、劉炫所推論，雖似有理而失實矣。吾之意又非元凱、光伯之意。竊以《易大傳》「精氣爲物，游魂爲變」二句是一串説，物只言其有形而可見者，變是言其所以然。無形而不可見者，乃游魂之神也，神不測。

原静 二首

《記》曰：「人生而静，天之性也；感於物而動，性之欲也。」是知人性本静，凡動皆欲，感欲即動。是欲也，雖感於物，亦出於性。如仁之失爲貪，義之過爲果是也，故周子定之以中正而主静也。苟非静而無欲，則不能無失於動；不能無失於動，則不能無失於性。要之，以無欲則性常静而不亂，此顔子、仲弓之所有事也。佛氏猶竊其似，而陳白沙乃錮其身以爲閉目守寂之學，譬眡迹以索履，其於求足也，遠矣。

鐘鼓不擊而自鳴則爲妖，擊已罷而鳴不息，亦爲妖。寸莛撞之、微風撼之而大鳴，亦爲妖。寂然不動，感而遂通，而不過其則者，聖人之所以慎於物交也。「憧憧往來，朋從爾思」，將鐘鼓不爲妖，而吾心實妖乎！自記云：《樂記》所言概凡衆人而言之也。朱子顯周子之蘊，曰：「静而無欲，爲君子之修道者言之也。」吾引《樂記》本其大同而言之也。孔門求仁之説，學者習熟，幾同嚼蠟。天啓吾衷，幸而悟得，可於言下會也。又《大學》經曰：「定而後能静。」朱子《章句》曰：「静謂心不妄動。」故復爲後説以顯妄字之形。

原動

學者習論養氣，但謂養其浩然剛大之體，以塞乎天地，而不知其始必養之，使不輕動妄動，如莊子木雞、老子嬰兒之喻。此其功守之在内，而制之必先嚴其外，故孟子發蹶趨動心之義也。吾嘗欲禁止紛飛之心，而適值嗽上氣，或有疾痛，當是時極力定之不能得，矧其爲奮怒猛厲之動氣邪？然後知孟子體驗精微，故其言密切如是。蓋不能制乎外，而使其氣輕動妄動，則牽率内心亦隨之而動。内志既動，則血脈張興，外睽中僨，無以制吾人心，使退聽道心之命，其失必多矣。嗟乎！治心之學，聖賢皆急爲先務，小賢小儒莫知問津，亦見其學之疏而不知要矣。程子《定性書》曰「動亦定」，此治心之微言也與？

原義

仁包四德，爲元善之長，故孔子多言仁。然又必曰「君子義以爲上」，「義以爲質」，「無適無莫，義之與比」。蓋義者，宜也。宜，時中也。時中，非權莫執。故中權而後時措之，宜也。苟行不得宜則仁亦爲病。如云姑息之仁，兼愛之仁，又如仁主愛，愛成貪，皆失義爲之害也。仁包四德，失義則仁之量虧而未盡，《傳》曰「精義入神，以致用也」，又曰「同德度義」，故孟子多言義，以是知老子言「失仁而後義」、佛氏「尚仁而去義」，其蔽之深，而所以爲異端也。

吾性多仁而少義，見於言行，恆疏慮而輕，無所折衷。自以得其天機，可以略彼凡迹，而不知是未可以經事而理物也。聖人精義之學，文理密察，足以有別。行乎仁而過中，即失乎仁中之義矣。學聖人之道，徒正不如中，中矣而無權，則猶失之於時，故曰「巽以行權」。巽入於理，而精以擇之也。堯、舜曰「精」，孔、顔曰「擇」，洙泗之統，所以紹夫二帝也。彼世智麤疏，未嘗講學，概曰「衆善奉行」，是烏知必擇夫中庸而得者，乃可曰善哉。

原直

人性最初之發，莫不出於直。直者，公也。及轉念爲曲，曲則入於私，故曰「人之生也直」。乾之德，其動也直。虞廷九德，以直爲首。然又曰「質直而好義」，苟不協於義，則行之疚、害之大亦莫如直爲甚，如訐則召惡、蔽則傷絞是也。顧直不可見，埘氣而見；氣亦不可見，驗於好惡公私之際而已。其人之好惡壹出於公而無私也，發於言論行事，不可屈撓、不爲偏徇、不爲私溺，是直也，故曰不直則道不見。古民之疾愚，猶不及之，今人罔其性，以工爲曲，務巧僞以夸毗阿容，孔子惡之，謂之幸免，爲其失生人之理也。《傳》曰「好而知其惡，惡而知其美」者，天下一人而已，故曰：「惟仁者能好人、能惡人。」仁者何也？直也。直，公也。嘗論衛靈公、季氏之待孔子，以迹觀之，可謂曰厚，然而孔子之論二人不少恕，豈負義孤恩而不顧犯不韙邪？武三思曰：「我不知天下何者爲好人，但與我好者即爲好人。」由今論之，武三思是邪？孔子非邪？夫好惡是非衷於聖人，至矣。今人言行不務學孔子，至於好惡是非，懷私恩匿公義，雷同坿和，甘自比於武三思，而求勝於孔子，亦見其學之不講、義之弗析、識之陋而汩於世俗庸鄙之私情也。雖然，孔子惡偁人之惡，又曰「毋攻人之惡」，孟子曰「言人之不善，當如後患何」。自經史傳記所陳古之哲人以臧否爲大戒者，不啻苦口也。吾性直，又好持義理之是非，雖異於誣僭不信，而道人多中，其實則彌以此觸心兵而召怨，作《原直》以表質，尤必以好義者自劼毖於學也。孔子權之於可與言不可與言，以智濟其直，而孟子專以直養浩然之氣，吾人學修，亦衷之孔孟而已。

原　我

子絶四：無意，無必，無固，無我。意，私意妄想也。必則漸執著而重矣，固則彌堅，總之成於有我之私。聖人不待克而自無，學者必用力而後庶幾。朱子曰：「意、必常在事先，固、我常在事後。至於我又生意。物欲牽引，循環不窮。」至哉言乎！可謂推見至隱矣。屈子偁漁父之言，謂「聖人不凝滯於物，而與世推移」，似矣而未盡也，何也？聖人但不必固於有我之私耳。至於義之在我者，則守之不易，故曰：「無適無莫，義之與比。」嘗論老、佛與聖人皆無我，迹同而實不同。夫所謂我者，謂己私也，住著也，有所也，非義非道也。而佛氏務爲解脱，無智無得，一切空之。雖其黠者知有不可，特爲轉調，謂不憻煩空，曰來曰念，自矜大乘；而祈嚮一差，又入斷滅，何也？蓋於《中庸》去修道之教，則於禮樂刑政一切品節俱廢。若是，則豈能輔世長民、長治久安邪？至於老氏，乃近陰賊，知雄守雌，欲取姑與，名曰無我，其實有我之至者。惟聖人以權執中，達變通理，壹主精義，而又或爲小知之言蔽晦之，謂其與世推移，不凝滯於物也。析義不精，使鄉原、流俗之輩借聖人以行其圓通自便之計，無論誣聖，何以服狂狷者之心哉？

原　惡

辛丑五月二十二日，晨起，坐庭除，課僕人除階前艸。初發一蟻穴，須臾又發一穴，當時神昧，竟弗之止。翌午獨坐，追悟而悔之，恨無及，愈思愈惻然不忍，掐膚頓足，如鴆毒崩心，無以自解。念平日立心，期寡過盡性，敬人愛物，敦戒毁傷害虐，用箸説以教弟子。今身親其事，而神識惛墮，弗省弗寤，成此大絯，不可懺贖。尋常嗟惜，終日悠悠空度，無一善足録，乃交臂之頃，不但失一大善，且反造一大惡，尋常螫夫所猶不忍，而我何以不幸而至此極也？再四推惟本心，乃知此由殺機所發。何則？蓋除艸，殺機也。當時志在除艸，猛利之心，乘於一偏，一往而不可遏，故雖見蟻而惻隱之心未動，生機未轉也，此可見人心之機其危如此，可畏之甚也，故陰符忌之。古來暴君酷吏，窮怒所及，而徇於憯志者，皆其心之一往而不回也。仇香專任德化而不惑，可謂有正知而能裕其源者也。夫一念之動，爲善爲惡，其心知識用，每乘之過量而不自覺。白起、辛靈、韋虚皆同此機，只争一念耳。繼今當益思培養此心，使怵惕、惻隱、善端、弗隱充之，盡人性以盡物性，肫肫本仁親愛慈以立其根，植其本，要時物無失，乃見權智術妙，毋徒事後嗟咨也。又昔人言人事之窮，天地鬼神所不能易，惟人能易之。如此蟻穴之全毁，神佛所無如何，而吾一手口之所能爲。夫以一手口而能爲神佛所不能爲，而竟不爲，豈不甚可惜哉？因書以訟吾過，且以警餘年繕性之功，日用酬酢，慎所發機也。自記云：此機一往迷誤，弗覺以陷於惡者。又念往昔嘗有三事誤陷於刻薄不仁，事過旋悔之，而末由追改。今思其所以致之者，由其執義大過，此雖出於正，而亦成大惡，佛氏所謂「法執」「理障」也。況又有任其習性，未嘗知義循禮，興善而成爲惡，以負於親長骨肉而痛不可贖者。然後知弟子蒙養之初，其喻教講學不可不早預也。書之以詔來者，毋似余之蹈於惡而不可追悔也。

原真

六經無「真」字，「真」字名義始見於《莊子》，其後佛經遂用爲密諦玄旨，曰真如，曰自用一真一切真。至矣哉！雖後起而無以易之矣。夫人之爲行，順理爲覺，順事爲迷，故《詩》曰：「有覺德行。」此儒、佛兩家之極致微言，亦儒、佛兩家所同修共證之實義也。儒之言曰道二：仁與不仁；佛之言曰心二：曰真曰妄。真者難見，妄者易迷，二者恆糅，如油著麪。所以《書》貴精一，《記》貴別嫌疑，斯而析之，非天下之至精，弗能揀麤顯微密察鑒覺也。是故孔子於微、箕、比干皆偁其仁，而於由、求、賜、令尹子文、陳文子皆不許之。孟子曰：「聖人之行不同也，或遠或近，或去或不去，歸潔其身而已。」其論夷、惠曰「三子者不同道，其趨一也」；於曾子、子思、禹、稷、顔子則曰「易地則皆然」，豈非求真哉？豈非求真哉？孔、顔皆無命，而所垂修己治人淑世之理則萬古不易。佛不能滅定業，償債遇難，乃至老、病、死、苦一同於衆生，而所説降心離妄之理，則萬古不易。無他，真理所在，故能先天而不違，後天而奉天時也。僻儒小生，執無權之中，憑虚妄之見，滯有著空，惡足與語至道哉。莊子曰：「萬世之後，而一遇大聖，知其解者，是旦暮遇之也。」是故吾之爲行，衆人以爲如是而乃合於道，而其中有弗真焉，雖爲人之君子，或爲天之小人矣。吾之爲行，衆人以爲如是大不合於道，而其中有真焉，雖爲人之小人，而實爲天之君子也。故曰：「君子之所爲，衆人固不識也。」雖然，是真與否，非必若世俗小人欺世作僞詐諼之爲也。聞道百，自以爲莫己若，析義不精，仁未熟，知未盡，毫釐未合，而以邊見顛倒爲正知，故遂認賊爲子而不覺入差别。然則是真者，非特衆人不及知，即以己智内證，實亦所未了。聖人語言文字具在，古今智賢莫不以是求之，而卒不易得一識真者焉，悲夫！

考槃集文録卷二

雜箸上

治河書

治河之道，拘牽陳策，惟信於書，不審今時利害，固知寡當；若夫久親職役，頗習事形，本非神靈，難倆遠識。凡此皆不足語於治河之智者也。兹事體大，賤不及議，彊欲通其趣要，聊復妄言之。竊觀《禹貢》一書，但挈綱維，不載施功之法，非没而不書，以爲其事不足記也。然而至仁所流，開厥睿慮，究極古今，全攬大勢，先定其規模，斷而行之，上繼禹功，下除民疾，固所望於世之大人者也。今列舉古昔之形，而斷以今河之難易。

古之大河行於平原以北，周定王時南徙，於時雖失禹河故道，大勢未改，則猶然載之高地也。建元之際，河決館陶，溢於千乘。自永平以來，迄於唐宋，千乘之道常爲經流。於是治河者所争有二：一曰入海之道，一曰決河之塞。河性無常，忽徙而南，忽徙而北，不定入海之道，則下流居民無所定處，故引河北去及故道不可復二説，每相乖違，而未合適從也。今夫河惟上流潰決，而後下流益淤；亦惟下流先淤，而後上流潰決。入海之道不直不暢，則潰決之害雖日月告可也，此一定之勢也。在事者不悟，惟專隄防，此所謂察於近而不察於遠者也。譬人腸胃痞疾，醫者或越而上之使吐，或利而下之使瀉，爲治不同，同於去疾而已。賈讓、王横、王景及宋李垂、孫民先、陳祜甫之徒，則利而下之之説。歐陽永叔謂故道必不可復，則知治疾者，又有可以越而上之之術者也。二者不同，同於入海。

吾以爲必有能辨其宜上宜下者，斷而行之，而後功可立。是在醫國者之察脈瞻傷，攬全勢以圖之，期於無遺民之疾，無失河之性，俾大河行於天地，自然相安若無事者，開太平之基，奠萬世之利，斯得之矣。若夫狃於一方，憚於艱鉅，牽於時事，不顧其後，苟且補苴，歲糜帑金，大農支絀，上數爽其憂，下數被其殃，國家視大河隱然如一敵國，豈非當時爲謀者之失哉？至於河決而塞之，《詩》《書》雖無明文，吾意盤庚、祖乙以來，當已如是，苟宜於時，此不可易者也。自是而後，河有變遷，地有利害，自漢及唐，莫如東郡白馬爲最，故古者之議，於此爲多。宋天熙、金大定，河益徙而南，古今之變，論者比之氣數之不可輓矣，是故由濬滑而澶鄆，由澶鄆而曹單，由曹單而徐邳，由徐邳而淮海，其爲地不同，而受害則同。受害同，則所以隄堰障塞施功之法大抵皆同，此固事之所不能無、功之所不可缺者，而實皆《禹貢》之所不載也。

若夫今日之河，校善於古者三，不如古者二，非其治之之方不如，其勢則然也。古者治河，上流決，則多穿渠以殺水勢，水勢殺而下流弱。今亦建用滚水等壩，而下流挾淮並力入海，不患其弱，以水治水，一善也。古河入海之道，南北遷徙不常，今則二百年經流無改，二善也。古者不專河漕，而亦藉爲運，今則河運分爲兩途，三善也。乃其不如，則亦即於三善之中生其二患，而不得不爲意外之慮者也。夫以一洪湖全受淮水，復以一高堰全束洪湖，此其勢已岌岌，而況加之以黄流之倒灌哉！洪湖溢而南，高堰決而南，淮、黄合漲而南，高、寶、興、鹽千里之地，將爲巨浸矣。按水平高堰，地勢出寶應一丈八尺有奇，出高郵二丈二尺有奇，高寶河隄又出興泰民田一丈有奇。然明初高寶河身雖高，而湖面則卑，故王恕請修造湖塘，引塘水濟運。今則湖面高於河身，昔日之運河患湖之涸，今日之運河患湖之漲。由此觀之，甓社等湖昔卑而今高，實由昔深而今淺，豈非自洪湖以下漸受黄流之淤澱故哉？湖高而運河之隄不得不高，下流城郭居民如在釜底，然猶可諉曰地寬而勢散。請試言其急者，則莫如淮陽、清河，此一郡一縣城矣。北河既乘建瓴之勢，南河亦露齧決之形，雖曰新城、鉢池、山柳、蒲灣一帶隄岸完固可恃，而王公隄、磨盤莊之已事，能無戒乎？故曰不如而可慮者，此其一也。至於裹河爲東南漕粟咽喉，而横當二瀆要害之地，此又其慮之匪細者也。

大抵昔日之河，分而易治；今日之河，合而難治。論者謂治河無一勞永逸之功，無喜新説，無惑道聽，此其言皆是也。然使不合天下之全勢而計之，使無遺國計民生之慮，河公之仁其可常恃而無憂其變乎？吾意必有任其已溺已飢之責者，而非儒生所可議也。自記云：治河之事本非所知，往時嘗妄擬三文，亦紙上彊道耳。異之以爲義當，而所言未能詳備，因亦爲二文，即《七經紀聞》中所坿論河湖文也。余故復取舊稿三篇，坿於異之文後，以備一説。道光己亥三月。

讀禹貢二首

禹以四條導山，皆自西而東，以大川爲界，雖非推尋脈絡，而脈絡分明，如見聖人睿知，所別非苟然也。

蔡氏以逾河爲疑，謂西山之脈自雲中來，其説本於朱子，余竊以爲不然。夫山水夾行，天事地勢相因而不易者也，惟河爲全乎人。全乎人，則水勢可輓，而山脈終不可亂。《禹貢》書法，荒遠宜略，及脈絡難明者，一以自某至某爲文。嶓冢循漢南經西紫、興房至荊門、荊山，與岷江北岸脈絡相亂，故惟以至荊山別爲嶓冢之脈，明其與漢水相親，而非岷江北岸也。西傾自鳥鼠經散關、太白、褒斜、終南出函谷，與嶓冢東來之脈相亂，故惟以至太華別爲西傾之脈，明其與河、渭相親，而非漢江北岸出武關者也。且岷江南岸，自松茂南至牂牁，東折入夜郎，經臨賀、桂陽，北度嶺爲衡山，遼闊數千里，雖在荒徼，略而不記，而聯綴本末，其辭不紊，何爲北條獨亂其例乎？夫禹鑿龍門，非獨李復言之，賈讓亦偁其墮斷天地之性。《淮南子》曰：「龍門未鑿，河出孟門之上。」然則西山之脈，自岍、岐、爲壺口、雷首，復何疑乎？若夫代北寰武嵐憲之脈，則另爲一支，以其遠於中國，故不記耳。又嶓冢一條，是漢水以南，岷江以北，蔡氏謂江漢以北者，亦小失也。姑爲是説，以質後之君子。

王橫謂禹行水，本隨西山下東北去，此但據西山禹蹟云爾。形家者求南岸而不得，遂謂熊耳以下漸平如砥，千餘里脈亂難識，直至青齊始起岱嶽，此由不知河流爲全乎人，故狃於山水夾行而妄推其脈如是。我聖祖仁皇帝睿知所别，謂泰山之脈自塞外入中國，夾鴨緑江與長白作對，然後數千年相沿之誤，一語而别白之不可易。夫天地之故，非聖人其孰能明之。

讀溝洫志

禹奠大川，本以平地，使水有所歸，民有安處，因以通舟楫。至於經其小水，使坿大水，以達於海，乃治水之綱維。而溝洫蓄洩，預民田旱潦，及貢道所入，皆自然相因，所謂故也。若夫史起、鄭國、白公決漳鑿涇，則專用溉；鄭當時、徐伯引渭穿渠，則專用漕。及楊焉、王延世商計功利，則專事隄防而已。禹以一貫之而有餘者，諸人分效之而恆不及，亦足以明其智之有大小矣。然賴其溉，而關中沃野，底柱之東，可以無漕。當是時，有河患之處無漕，其餘郡可以溉者即可以漕，六國固無遠漕之事矣。終秦漢之世，敖倉陳爛，三輔無轉輸不給之慮。而苟非河患，百姓無以旱凶暴原野，有司得緣以補苴救荒爲浸漁者，水利修而仁智之道得也。是知漢人之治水，猶爲近古，雖分禹之功，而無變禹之道。惟隄防之設，起於戰國，彼固各私其土，非謀河之全計也。平當言按經義治水，有決河深川，而無隄防壅塞之文，吾獨怪夫漢以天下之全而出於戰國一方之計也。賈讓欲決黎陽遮害亭，徙民舍當水衝者，放河入海，昔人迂之，由是委巷之徒執爲棄地畀河之論，皆以讓爲口實。近時省齋陳氏始辨其爲專指東郡白馬而言，然後知讓固至論也。夫河性湍悍，壅而防之，一縷之隄不足以敵其奔迅潰決之勢，衝流之民排沮澤而居之，使上之人不早爲之所，將聽其一旦之湛溺而不顧乎？當時、關並、張戎、韓牧、王横開空之説，皆同此指，非獨讓一人言之也。夫河堧之側不可田廬，番系田之而敗，讓等欲徙其民，而當世無施行者，豈不惜哉？

江南省疆域略

江南省於天文兼得斗、牽牛、須女、房、心、奎、婁分野，於《禹貢》爲揚州，兼徐州、豫州之域，於春秋戰國爲吴、越、宋、楚之地，於秦漢郡國爲會稽、丹陽、鄣、九江、廬江、淮南、沛七郡，泗水、六安、廣陵三國，又兼潁川、琅邪、東海之境。南據大江，北沮淮河，東濱海，西接豫楚。漢分江以南屬會稽，揚州刺史統之；江以北爲淮南，兗州刺史統之。三國，淮南屬魏，上自安慶，下至廣陵，其後廣陵亦屬吴。而江南屬吴。晉亦置揚州，元帝渡江，揚州爲王畿，領江東浙江，而徐州僅得半焉。宋孝武分浙江東爲東揚州，於今爲浙江。而僑置南徐、南豫、江州等郡，齊、梁因之。隋一天下，廢郡爲州，置司隸刺史分部巡察，爲江州、濠州、歙州、宣州、蔣州、廬州、吴州、常州、潤州、楚州、揚州、徐州。唐置淮南道、江南道，既又分江南爲東西二道，末年海、泗二州爲楊行密所據。至五代，而淮南、江東西爲南唐。宋置淮南、江南路經略安撫使。元設江淮等處行中書省，以丞相中書令主之，又置淮南、江南肅政廉訪使。明爲京畿重地，不設三司，而受成於六部。宣德時，始專命巡撫。景泰時，始定以都御史專撫應天等府，而以淮、揚、廬、鳳四府，徐、滁、和三司屬總漕，兼管巡撫。弘光時，設鳳撫。

國朝順治二年，改南京爲江南省，設立經略招撫内院大學士。四年，改經略招撫爲總督，轄江南、江西、河南三省。六年，改總督，轄江南、江西二省。康熙二年，改轄江南一省。二十一年，復改轄江南、江西二省，設立安徽、江蘇巡撫，於是始變歷代江南北分統者爲上下江分統焉。

其界，東則海州、通州、太倉、松江濱海，西則潁州與河南新蔡界、亳州與河南鹿邑界、六安之英山與湖北麻城界，北則海州之贛榆與山東郯城界、徐州之沛縣與山東滕縣界，南則徽州府。徽州在萬山之中，左界浙江湖州府，右界江西樂平、浮梁。西南之安慶當上游，陸界湖北黄梅，水界江西湖口。東南之蘇州，南界浙江之嘉興，此其四至之所届也。

大江自江西湖口入安慶界，至蕪湖縣，東南流者，經太平府當塗縣牛渚、采石至高淳；按《水經註》以此爲中江，本由溧陽、宜興、震澤入海，自揚吴作五堰。明代以江水泛，淹没蘇、常田禾，國税無出，因欽降版築作廣東壩，自是而中江不復通蘇州矣。東北流者，經博望山、三山、烈山，自和州入江浦六合界爲黄天蕩，至鎮江、金山、泰州、通州、海門入海，此《禹貢》所偁北江也。淮水自南陽府入潁州界，挾潁水、汝水經壽春、臨淮至泗州、盱眙入洪澤湖，會黄河於淮安。黄河自歸德府虞城、夏邑入徐州府碭山等縣界，經邳州、宿遷、桃源至清河會淮水，由淮安東出雲梯關入海。

其山脈皆發於岷山，岷山夾江兩岸而行，北短而南長。凡山脈之來，皆不自本省始，故必遠溯其來脈乃明。其北一枝爲華爲嵩爲熊耳，及湖北、河南諸山，自信陽、蘄黄入江南六安界爲灊岳；南一枝經灊山、桐城、舒城、廬江，迄於巢縣、無爲。北一枝自六安分水嶺循廬州、鳳陽、滁州、來安，此江北之山脈也。

其岷山南一枝爲湖南衡山，去爲黔、粵五嶺，别一枝爲仙霞嶺，在江西廣信府分水之西發，去爲浙江之會稽、吴之天目、建康之鍾山。江浙之山自南來，故水皆北流。又一枝自仙霞嶺常玉山發，去爲徽州、太平、廣德、池州、寧國，自西南趨東北，此江南之山脈也。

江南恃長江之險以限南北，而長淮實長江之蔽，其所以守淮之重鎮有八：曰盱眙，曰淮安，曰揚州，曰鎮江，此淮南東路之險要；曰壽春，曰鳳陽，曰和州，曰采石，此淮南西路之險要，此皆所以蔽長江者也。若夫江防之要，曰安慶，曰濡須，曰采石，曰和州，曰江浦，曰滁州，曰六合，曰瓜儀，曰鎮江，此皆戰守所必争之地也。至於海防，則上海、海門、狼山、金山皆爲重地。明時，倭據太倉，官兵列於海口，賊潰圍出，轉掠蘇州，又嘗寇掠通州、泰州，自崇明薄蘇州。總而論之，自安慶而下爲江防要地，蘇、松、泰、通爲海防要地，一在西北，一在東南。徐、邳、淮、泗爲河淮所經，潁、亳、壽春當中原南來之衝，英、霍、灊、桐爲豫楚南來之衝，前人偁瓜儀爲北面門户，廣德、建平爲南面門户，此特指建康而言，非全省之大局也。

夷考古昔風俗所由，安慶及江南之徽、寧、池、太、廣德等處，地理遼曠，崇山大江，盜賊淵藪，昔人號爲難治，孫吴時，山越爲患由來已久。明時，以徽隸金衢道，安隸九江道。於時，礦賊流劫徽池，而浙兵不救；安徽江卒作亂，而守道罔聞；太平軍民呼噪入府，僅以和解。巡撫張嘉允奏偁安有地方四千里，而無一憲司鈐轄之，請於池州設兵備，而罷二道之遥制者。又嘉靖時，南京操江喻時奏請於蕪湖添設參將。議者謂狼山、金山各有副總，沿海一帶有參將、把總，則藩籬有守矣，淮陽、嘉、湖各有兵備，復有兵備駐劄廣德，則門户有守矣，此足以禦外至之賊；安慶、儀真又有操江、巡江，則堂奥有守矣，此足以禦内發之盗：蕪湖不必添設參將云。今則此數郡民情馴服，其愿者多經商貿易，而士之誦詩書以仕於朝，文行卓然，爲時望者不勝述焉。惟潁、亳、壽春一帶，其地廣野四達，民俗剽悍剛武，不事農商，尚氣輕死，報仇殺人，頗有古燕趙之俗。廬州則民惰，而地不盡利，鄙樸儉陋，輕去其鄉。鳳陽地瘠，而民易告飢，故他郡之傭顧作使男婦，二郡之人爲多。淮、徐數被水患，民多流亡。揚州則高郵、寶應同於淮、徐，而郡治爲鹽筴所聚，其俗侈富，古今倆美。蘇州民俗淫奢略同於揚，惟賦税繁重甲於天下，而人文亦爲之冠。信乎大邦之地，非徒財富，韋左司之論不虚也。此江南民俗之大略也。

吴丹陽郡治非在曲阿辨 辨《景定建康志》

前、後《漢志》，曲阿屬會稽郡，順帝分會稽爲吴郡，曲阿遂屬吴郡。晉、宋以來，分吴郡爲東海郡，治京，而曲阿爲武進；分吴郡爲毗陵，改晉陵郡，而曲阿爲縣。是自漢以來，無以曲阿屬丹陽郡者。今謂漢末及孫吴丹陽郡治曲阿者，一據《討逆傳》吴景事，一據《吴主紀》，一據《宋書·庾炳之傳》。今還以此三事辨之。《討逆傳》云：「還葬曲阿，已乃渡江居江都。時吴景爲丹陽，策乃載母徙曲阿，與吕範、孫何俱就景。」是先徙母而後就景，若景在曲阿，文不應云爾。《劉繇傳》詔以繇爲揚州刺史，繇憚術，不敢之州，吴景、孫賁迎置曲阿。蓋是時曲阿自屬吴郡，揚州刺史所統，故景、賁權迎治於此，《朱治傳》所指爲州下者也。《討逆傳》云：「繇乃渡江治曲阿。」時吴景尚在丹陽，若景在曲阿，文不應云爾。所云繇至皆迫逐之，據成事而言。《繇傳》云：「術圖不軌，繇遣樊能、張英屯横江、當利拒術，以景、賁術所授用，乃迫逐使去。」政以刺史治宛陵當上游，與横江、當利接，恐其相躡，故逐之。乃以刺史逐郡守，故景、賁不敢抗也。以理而論，未有景、賁方迎之，而繇至即逐，史以互見爲文，故《討逆傳》不嫌徑筆也。景、賁見逐，退舍歷楊，而《朱治傳》「策家門盡在州下，不言在郡也。治乃使人迎太妃及權兄弟」。若景、賁在曲阿，不應舍之而去，而俟朱治之迎之也。是時，治爲吴郡都尉。《吴主紀》云：「太元元年秋八月，大風，江海涌溢高陵，即堅墓在曲阿者。松柏斯拔，郡城南門飛落。」此二句恐不相連，説郡城自指吴郡而言，權當徙京城，今鎮江府。京城去曲阿六十里，故連述之。若謂丹陽郡城，則無明文可考。若《庾炳之傳》何尚之論丹陽曰：❶「曲阿今在水南。」水，秦淮水，漢晉以來，或偁淮，或偁水。水北爲秣陵，水南爲建業。晉以後，丹陽尹治建業。《宋·周宏正傳》：「元帝欲都江陵，王褒密諫還丹陽。明日，帝曰：『卿昨勸還建業。』」政以互偁相語也。似以曲阿字代丹陽郡治，然不可考，難以爲據，《南史》删此語不載也。凡此三事，皆難爲定。又按，建安九年，權弟翊爲丹陽太守，遇害，孫何時屯京城，聞亂馳赴宛陵。是時權西征黄祖，聞亂，自椒丘還，過定丹陽，引軍歸吴，夜至京城，試攻城以驚孫韶。按曲阿在京城東六十餘里，若丹陽爲曲阿，權自西還，不應先過定丹陽，後至京，而韶不知也。又黄龍元年遷都建業，三年詔復曲阿爲雲陽。赤烏八年，陳勳鑿破岡，自句容至雲陽通吴會，船始不由京口大江。而雲陽乃爲水路要津，亦不應徙孫休於此也。以大江形勢言之，廬江郡在鄱陽東，宛陵在廬江東，江寧在宛陵東，京口在江

---

❶「炳」，原作「秉」，今據《宋書》本傳改。

寧東，曲阿今丹陽縣治。在京口東，未有中閒數百里要地不爲郡治，而置郡治於東偏下邑也。寧國在太平之西南，江寧之南，連跨鄱陽、新都、建安十三年，討黟、歙，置新都郡。會稽、吴郡四郡，地數千里，山越爲患，故郡治於此。及晉治宣城郡，而丹陽東偏，已分吴興等郡，孫浩分。則郡治在建業宜矣。

吴丹陽郡治建業辨

《景定志》辨丹陽郡治常在建業，《漢志》言郡治宛陵者暫耳。云元封二年，改鄣爲丹陽，其城在今江寧府東南八里，即漢丹陽太守、晉丹陽尹治。《舊志》亦辨其不然。但以爲移治建業，則斷始孫吴，據張紘、先主語。不知紘與先主所勸徙者都治，非丹陽郡治也。云：建安十三年，權領丹陽郡，自宛陵還治秣陵，改秣陵爲建業郡。又云：權改秣陵爲建業，建安十三年，移丹陽郡爲建業。皆莫知所出。按曹公表權領會稽太守，屯吴，以弟翊爲丹陽，未嘗自領丹陽郡。且自吴徙治秣陵，乃十六年，非十三年。十三年，分置新都郡，冬，遂與曹公戰赤壁，無暇徙治也。《後漢志》例，凡縣名，首書即爲郡治之所。《宋書志》元封二年，爲丹陽郡，今宣城之宛陵縣。晉武帝太康二年，分丹陽爲宣城郡，治宛陵，而丹陽移治建業。若孫氏先已移治，沈約不應舍先而述後也。惟《吕範傳》以範爲丹陽太守，封宛陵侯，治建業，此乃二十五年，權破關侯，移都武昌，建業都治無人，暫令範鎮之耳。至黄武七年秋，吕範卒。明年四月，改元黄龍元年，秋九月，自武昌還都建業。是時，丹陽守人與治所無考。越五年，是爲嘉禾三年，乃以諸葛恪爲丹陽太守，討山越。觀恪本傳論丹陽，與《晉書》桓彝、温嶠論宣城同，今斷以吴丹陽郡守仍漢治宛陵，一以《國志》明之。《孫韶傳》：孫翊爲丹陽太守，遇害，時孫何屯京城，馳赴宛陵，此一證也。太元二年，休立爲琅邪王，居虎林，諸葛恪不欲諸王在瀕江兵馬之地，徙休於丹陽郡。若郡治在建業，非瀕江兵馬地乎？休徙丹陽太守，李衡數以事侵之，及立，衡懼罪自拘，詔遣衡還郡。若在建業，何云遣還郡乎？此二證也。《諸葛恪傳》所論丹陽形勢，則郡治實係山城，而非瀕江之建業也，此三證也。惟郡治實山城，故孫瑜領丹陽太守，自溧陽徙屯牛渚，不居本治也。吴前後丹陽太守吴景、奪周昕而據之。孫翊、孫瑜、吕範、此後應有一人。諸葛恪、李衡、沈瑩。《襄陽記》：衡爲恪司馬，恪被誅，求爲丹陽太守。按赤烏中，恪爲威北將軍，屯廬江，圖皖口；又屯柴桑，代陸遜鎮荆州。及徵爲輔政，不應仍領丹陽太守。且恪徙孫休，衡已爲丹陽，非恪誅後也。自記云：以上三文在江寧府志局館作。

雜説 四首

己卯之歲，方子適粵。粵古炎荒地，厥氣恆燠，蟲昭蘇不蟄，九秋隆冬，蚊嚌膚嘬面無少息。方子有幽憂之疾，苦不寐，而蚊復擾之，不堪其虐。自乙夜至丙夜始，浹乎漏之一更，摑血三千，未之有失。或曰：「子之摑蚊有道乎？」曰：「然。方蚊之集乎吾面也，吾舉掌以摑之，掌及乎面之尺，而風已先至，蚊豫得風之信，則疾起而颺。其風自北來者，颺而南，其風自東至者，颺而西，掌與蚊不相及，故恆失蚊而以自摑。吾爲之中掌而緩其摑。中掌則風正，風壓而下，蚊颺而上，蚊之力不勝乎風之力，則其起之也遲。雖然，則何能無失？然而風禽之於先，而掌摑之於後，其失之也希矣。」客曰：「嘻，有是哉。久矣，夫未有以正風之説啓於粤大吏之前也。」

鑄銅徑方，裁爲三角大小者五，方一，長楕一，爲數七。聚而爲人者十九，冠服九，器皿三十一，狗馬十七，禽鳥二十，凡宇内之物，爲形九十六，靡不曲肖。近巧者演之至二百餘形，名曰七巧之圖，不知其始於何時。近江南人多喜爲之，或曰其術自句股來，或曰開方，或曰弧三角，皆莫定其説。然須妙思慧解乃悟，不則窮日夜不能成一物。毗陵瞿某最工此，嘗語余曰：「此六者惟所置之皆可，獨方者最難，然六者無是，則失所倚，而不能以成形。」方子聞之，愀然而悲曰：「嗟呼，方正之難置也，而舍是又失所倚而無以成物也，獨此也哉。」

南方，水草所鍾，多蚊，而粤尤甚，冬夏不絶。民無貧富貴賤，必具帳幕，復扇驅之，至浄盡而後克安寢。苟或有一之未去，則竟夜苦擾以爲患。客有善謔者，爲言其鄰有愚婦人，惱其夫，罵之曰：「若不良余，余夕驅蚊，獨遺若首，使獨咂若。」聞者莫不失笑，俄而思之，愈笑不可已。方子曰：「嗟乎，古今來，君臣父子昆弟之閒，厚自私而計遺禍於君親骨肉，而不悟其旋集於己也，有異此愚婦人也哉？」

客有館乎廉州太守者，暇共語，汎及廉市物價。客曰：「米薪差平，惟魚鹽不賤。」廉濱海，産魚鹽，魚鹽固賤。太守曰：「曷爲其然邪？廉瀕海，産魚鹽，魚鹽固賤，曷爲不賤邪？」客曰：「廉産魚鹽，魚鹽且賤，則賈曷爲市載以來？余昔之來，扳而載乎魚鹽舟也。」太守與執辨，不決。其僕在側曰：「唶，非也。昔所載賈而市乎魚鹽之舟是也，纍纍然捆載於舟中者，非魚鹽也。廉産魚鹽，魚鹽且賤，賈人販而鬻乎旁郡，返則易而市乎布。」余曰：然人之情，於所未見，開而悟之，非難。及其心生信於目，則其執之愈堅，終身不解。是故經傳而聖人之心亡，史傳而事迹之實亡，獄詞具而兩造之曲直亡，文章傳而古人甘苦得力之妙亡。逆古人不言之志，道乎康莊，而又必周乎曲徑，深林翳伏、草樹蒙密、人迹罕至之處，少有不到則不盡。舟行江上，望見廬山，而以夸於窮髮以北之人，言之者本非意而造諸虚也，然而其於知也遠矣。毛生甫曰：「似柳子厚學周秦諸子文。」

原　學

人有臨乎九達之逵，馮高視遠，其於前路略望見塗轍，遥辨其夷險，而止焉弗進，問將何適，茫茫乎未有所决也。校其馬之良，御之巧，可以致遠，而弛焉不夙駕，坐馳默逝，其足迹恆不溢其眥。吾之於學焉，有若是。古之爲學者不然，發軔乎堂階，弭節乎周行，修遠勿迫，取道萬里，恬乎必達，其神勇也。神勇者，舉堪輿盡納諸踵。

名字説

吾名樹，字植之，先子所命也。初亦瞢於取義，知命之年，感物發悟，喟然有戚於吾心，因自誨之曰：今人植百果艸木者，加澆灌，勤護理，條櫱莖葉，未有不日滋榮而遂其生者，以我殖物，物賁然不我欺。然則移此理以善道自殖，加澆灌，勤護理，克盡其性，天顧不篤其生乎哉！《詩》曰：「自求多福。」夫福莫大於有生，求莫勤於自殖。嗚呼小子，爾乃不繹思彝教，日任其槁折以萎絶也，吾見其於生也，靡幸矣。

化民正俗對

客諗安處生曰：「今俗有嗜鴉片煙者，興起不二三十年，而蔓延天下皆徧，是其爲民生之害，吾子固默識於胸久矣。聖君賢相深廑於懷，名卿良有司多方厲禁，不能除之，且日有甚焉。近聞之道路，中朝有建議將盡取若輩而誅之，是固其罪所應得矣，然得毋猶有未盡之義乎？於子之意云何？」

安處生喟然而對曰：何爲其然也！夫治國者，刑有所必逮，法有所必窮，事有所必礙，道有所必通。夫制刑之本，將以禁慝衺、懲犯義也。今人有觸罪者，舍之而不刑，則法廢，將必全伸吾法焉，則不可勝誅，於是乎事礙。礙而思其通，非求之於道焉不可，道不虛行，仍存乎事與法而已。

且夫事有不容於堯舜之世者，後王之世容之者或有矣。事有不容於後王之世者，有則必斷而誅之，而後天下可治。非後王之治詳於堯舜也，爲後民所觸之罪，非生於治古，方起於後今，至無理，非人情，習染至易而交徧，其犯若甚輕，而其究將使一世同歸於大潰。是故盜賊、虣亂、大姦不絶於世，而以名都劇郡方州下邑之民數通計之，則爲之者之數恆不敵不爲者千億之一，此非獨秉彝好德然也，亦猶其名足恥，而其法甚嚴，有所憚而不敢犯也。惟夫淫酗博塞嗜欲之褒，閭里相習，又率皆倡之於衣冠士大夫長老之人。彼自孩童至於皓首，濡耳染目，靡然耽溺於其事，以同己者多而自證，以習非者衆而相安，因恬而不知怪，固以爲是不足恥也。且其法又非若盜賊之重也。僅而有犯焉，亦百人之一而已，百日之一而已，雖犯，而其罪又可巧而避，詭而脱，於是乎胥天下趨之而不返，申明約法，家喻户説而莫之從。卒其廢時失事，喪身亡家，傷風蠹俗，使民怠於作苦，士荒於學修，官曠厥職，工賈耗其貲，奴僕懈於使令，舉凡所爲生人之經，勤生不匱，明作有功之常道皆廢，故曰至無理、非人情，直較之盜賊虣亂之禍百倍而猶過之。

夫以百倍於盜賊虣亂之罪，雖斷而誅之，豈得謂非宜？然而有不能者，爲其多衣冠士大夫之人，而又閭里交徧而不可勝誅故也。然則將遂任而縱之乎？非也。夫爲法以禁姦者，必塞其源，其源不塞而徒止其流，雖多方以遏之，亦多塗以決之，流至而溢潰焉而已，其曷益乎？今官司所爲一切法禁，於鴉片之條，不爲不嚴矣，如躉船之有逐也，津關之有譏也，屯販之有執也，議者又欲增重其榷税以折困之，然皆以施於販賣者耳，而未詳及於食之者也，是以法雖密而無分寸之效。嘉慶初，雖設有枷杖明條，而卒未聞有一人一犯被刑焉者。夫鴉片之害，食者其源，販者其流也，蓋倒施之勢也。今誠嚴治食者，則販者不戢而自息矣。而治之又非空文所能禁也。且夫治盜賊之害者自下，治嗜欲淫僻之害者必自上貴者始，貴者不治，則其源終不塞。而貴者勢又不能遽加以刑誅也，而其勢又足以骩法也，是以先王之教，治貴恆嚴於治賤。管子曰：「凡令之行也，必待近者之勝也而令乃行。故禁不勝於親貴，罰不行於便辟，法禁不誅於嚴重，而求令之必行，不可得也。」夫鴉片之害，胥貴賤而皆然矣。然欲治之，則必自貴者始。何則？貴仕之人鄰於知賢，不當與愚民無知者同犯也，故備責之也。

吾有道於此，不遽刑誅也，而使之憚而懲焉，甚於刑誅。久之，刻著明深，不能拔以逃，則悔而從之矣。然則道之存乎事與法者，可得而陳矣。故欲令鴉片之害永絶，則莫若嚴治食者，欲嚴治食者，則莫若先治士大夫在上之人，欲治士大夫在上之人，則莫若媿厲之一法。今誡下一令曰：凡食鴉片者，官褫職，永不敘復；幕賓立辭去，仍申令大小官中不得復相延聘；士子食者，終其身不許應文武試；兵役奴僕食者，立絀退，仍申令永不得復應顧役；凡民食者，抵罪，仍罰出贖鍰，而猶慮無以苦其身以動其心也，從容隱混無以異於良民也，則爲之象刑墨黥，殊其衣冠，以辱别之。乃箸令曰：凡食煙者，一切嘉會吉禮賓祭之地不得與，其親故悉絶其屬，不許相往還，比於倡優盜賊，不齒士類。如此，亦足以摧其冥頑積重之勢矣。蓋俗流失，世敗壞，非大爲之防，斯犯之者莫止，然要當許以自新。自犯之日過十二年無犯，準親鄰結保，復爲平人，除其衣冠之刑及令。十二歲在天星爲一周，亦足以爲更始之期矣。且罪者世不相及，如祖父兄有犯，不以絫其昆弟子孫焉。如此既不多殘人命，亦不毁其室家，而風俗可以移，澆浮可以止，孰與夫盡殺而猶未必能止者乎？老子曰：「民不畏死，奈何以死畏之。」觀於盜賊而知之矣。盜賊之刑，自古未嘗廢，而盜賊之人，古今相續如流水而未嘗絶。故夫專用殺者，未可以善治也。古之善論治者曰：「太上變化之，其次媿厲之，其次整齊之。」今行媿厲之法，爲整齊之用，而卒歸於太上之變化，堯舜之治不過如此，豈非所謂「有恥且格」者乎？

且專殺又有所不行也。今告食煙者曰：「爾有犯，吾且殺爾。」彼固不能遽信而從之也，其心以爲是何能遽殺我也，且又何能盡殺吾曹也。惟曰：「爾有犯，吾不待時而行法，法行而遂無以自容於鄉里。」久必悔而從之矣。又告有司曰：「汝見有食煙者，盡執拘以殺。」有司厭於申詳審覆之多事也，固不願爲之矣。且殺一人而多漏網，心既有所不安，偏誅而血流漂井，以蹈於狹隘酷烈之所爲，心愈有所不安，則相與隱避矣。惟告之曰：「爾見有食煙者，即明以象刑施之，刑既施，而縱使歸其閭里，而官之事畢矣。」則有司何顧而不行法與？

客曰：「子之言良有然矣。然此令行，必將條定法例，吏急而一之，誣扳告訐，姦邪並生，黠有力者隱屏而脱罪，愿民陷而麗於法，又貴人勢要所影庇，欲投鼠而忌器，則不得發，禁姦不得其術，所傷必大，慮不足止害，而轉滋擾亂也。」曰：吾爲欲盡殺者求其輕故耳。若夫古今立法以明民者，孰有安坐無爲而不煩吏事者乎？且聖明在御，大臣體國，百職司守度奉法，凡天地之内，含生戴髮之倫，莫敢相踰越，固將意諭色授而六服震動，言傳涣號而萬里奔走，何有貴勢敢梗大法而致投鼠之嫌乎？故誠能大決藩籬，破顔面，無徇縱，執此之令堅如金石，行此之法信如寒暑，而又撤去見知故縱、監臨部主告訐一切之法不用，惟在賢大夫良有司悉其聰明，致其忠愛，憂深思遠，慮害持難，爲生民立命，以上紓聖主宏濟蒼生之至願，則此令雖繁，校盡拘而殺之，不亦輕平而猶易行乎？最可異者，有謂宜弛其禁，益令内地種熬，以分夷人之利，以饜食之者之欲。無論古今無此治體，且又安能止其害乎？是抱薪救火，紾兄之臂而謂之姑徐徐云者之喻也，亦見其愚而罔甚矣。

昔人論刑者曰：劓、刖、椓、黥，蚩尤之刑也，而唐虞遵之；收孥、赤族，亡秦之法也，而漢魏以來遵之。及至隋唐，始制五刑，曰笞、杖、徒、流、死，此即有虞鞭、扑、流、宅也。聖人復起，不可更易。吾以爲今律遵用隋唐，無異唐虞，既有然矣，獨象刑未復耳。象刑者，本謂象天道而作刑，而《尚書大傳》曰：「唐虞象刑，上刑赭衣，中刑雜屨，下刑墨幪，以居州里，而民恥之，而反於禮。」《管子》曰：「佸堯之世，其獄一踦腓、一踦屨而當弛。」漢文帝詔：「有虞氏之時，畫衣冠、異章服以爲戮，而民弗犯。」荀子雖謂治古不止象刑，而固以墨黥、菲屨、赭衣與肉刑並言之。今誠采《尚書大傳》，制爲象刑專條，以處夫情重罪輕之獄，以媿厲爲整齊變化之用，以紹復有虞之治，所謂教成而愛深。善乎董生有言曰：「習俗薄惡，民人抵罪，雖欲治之，無可奈何。法出而姦生，令下而詐起，乃以湯止沸，沸愈甚而無益。譬之琴瑟不調，甚者，必解而更張之，乃可鼓也。爲政而不行，甚者，必變而更化之，乃可理也。苟欲善治而不能勝殘去殺者，失之當更化而不能更化也，更化則可善治，而裁害日去，福禄日來矣。」今誠行伏生、董生之言，先行誼而黜媿辱，使人自愛而重犯法，以風化天下，如此而不格者，未之有也。今士之應考校者，爲之親鄰結保，以明夫無刑犯之諐，非下賤之族，則以食鴉片之條入於此科，不足以辱之乎！若夫弟治其末，止其流，則爲法已具矣，亦不可偏廢也。

勸戒食鴉片文

凡人生而有知，即莫不知貴其生。尺寸之膚有傷，則嘑而泣矣。危塗幽夜，怖而相戒，雖誘，且怵之不敢赴，誠懼死也。及長，而凡事物之稍不利吾身者，切避之。不得則憂，或祠而禱焉。自少至老，無賢愚貴賤，日夜之所營，心思智慮之所畢瘁，日趨利避害焉而已，趨吉避凶焉而已。或遘危疾則憂，有告之以將死則戚，人之情莫不然。而食鴉片者獨異於是，知其死而趨之，安其危而甘之。如飛蛾之赴火，知死而趨之，則之死而人不憐。安危而甘之，則當天下下流衆惡交指之的，而無人之氣，無人氣之死，而人不憐，是蟲豸犬豕之類也，非人類也。何言之？蟲豸無知，不知以惡死爲不祥而慮防之；犬豕不知有是非榮辱之名，任人之呵叱賤惡而曾無羞惡之萌。是故人而若此，則即斥之爲蟲豸犬豕也。彼雖欲不受，而固無解其名與實之偁情也。抑尤有甚焉者。蟲豸犬豕不爲世道風俗之害，不以廑君相在上之憂。今食鴉片者，則不但已也。嘗試詳論之。

夫食鴉片之人，其始不過起於一二浮薄不檢之徒，相慫以爲娛樂耳。初食不覺，久之，食必應時，謂之上引。引至，則手足痿弱，口眼喎斜，涕洟不收，與中風邪痰厥相類。當此之際，一切人理盡廢，雖侮之、辱之、詈之、抶之，不能起而抗也，此其初害於生也。一也。又久之，則中漸枯，氣漸澌，藏府積蟲數百千條，以齧之於内，面焦齒黑，肌瘦，色如煙煤，肩高於頤，項縮，脰伸，其形狀可憎如鬼，人亦即以鬼呼之，如是厭厭以逮於死也，自促其算者也。二也。又食鴉片之人，必須肥醲甘果之類以養之，引之重者，每日一二錢至五六錢不等，計煙一錢，亦需銀一錢，財力有限，雖富者不能填此漏巵，況貧者乎？然而食煙之人，寧任饔飧之闕，而此費不能少，故致父母之養不顧，妻嘑兒號不恤，親族嗟吁，鬼神側目，雖暫未死而生理早絶。三也。且食煙之人，多在宵夜，呼朋嘯侶，焚膏爇燭，達旦不寐。

逮日之朝，人方興而彼方臥，恆至午漏不起。官曠厥職，士荒其學，工廢其業，商賈耗其貲，兵役墮其職事，奴僕懈於使令，廢時失事，傷財亡身破家，干法犯禁，傷風蠹俗，以貽世之大患。四也。此四大害，人非不見也，非不知也，然而相趨相鶩以甘死於是也，如水之流東，沛然日下，而莫之止。始猶避人，有所諱而不承也，今則公然正以供客矣；始猶不過僕隸下賤之人，今則偏於衣冠矣；始猶不過齊民之下流男子也，今則僧、道、婦女皆吸食之矣；始猶不過閩、粤南紀近海洋之地，今則東、西、北三方邊塞口外通行矣。種種之害日深日鉅，日甚日衆，其勢駸駸乎將盡化天下爲蟲豸犬豕也。天下盡化爲蟲豸犬豕，則三綱淪，九法斁，五事廢，人理絶，萬害興。自生民以來，其禍之柔且烈，未有若此者也。

聖君賢相焦思於上，賢大夫良有司厲禁於下，而莫之能止。念及此，雖盡法致辟於此，人其誰曰不宜？而其害又不止此也。彼外夷之以此愚毒中國也，非獨歲糜中國金錢數十百萬而已也，其勢將使中國人類日就澌滅也。此天地之大變也，自生民以來，其禍之柔且烈，未有若此者也。我中土之人，以聰明粹淑靈智之性，甘受外夷之愚弄毒蠚，以死殉之而弗醒弗悟，較之蟲豸犬豕之本無明性者更不若也。且聞水陸隘口，市販者千百成羣，刀械備具，皆亡命兇徒，趨利走險所爲，而不肖兵役又因以爲利，借查拏之名，擾害行李。夫物之情，此有所求，而後彼有所興，使我不食之，彼惡所售之。念及此，雖盡法致辟於食之之人，猶不足蔽其辜罪也。

近中朝有建議將盡拘若輩而殺之，此固其理所必然、勢所必至也，何則？凡害之在於一事一人一方者猶小，其偏延於天下則禍烈矣。夫禍之大至徧延天下，則於聖主之治，豈能舍之而不問與？且夫民有忤於天，爽於物，違於道，逆於法，戾於義，其情至無以自別於蟲豸犬豕，則天人交賤之。天人既賤之，則天人亦交棄之。故積禍至重，則一任其禽獮艸薙，而莫之憫慟，斯劫運所由成也。故食鴉片之人不禁，則將盡死於煙；禁之，則將死於法。與其死於煙而劫運成、人類滅，毋寧死於法而猶可及止也，《書》所謂「辟以止辟」也。

雖然，天人有悔禍之心，聖人懔不教之虐。鄙人不在其位，不謀其政，非其事而言之，是爲罪矣。顧念同類，胞與不殊，私居深憂，愍其將抵大法也，故作一文，痛切陳諭，庶彼忠告，普願食煙之人，共繹思之。夫福生有基，禍生有胎，轉移之幾在於一己，罔念克念，聖狂攸分。試取吾言一一反而問於心，應殺乎？不應殺乎？應改乎？不應改乎？且士子者，已嘗讀書矣，知義矣，則請自議其行，是遵何道也？官與幕賓，已嘗臨民矣，讞獄辭矣，則請自判其罪，當準何律也？若夫工商以下，諸色目人，則亦視乎衣冠在上者之轉移之而已。

更名説

禮有易名之典，又曰「生無爵，死無謚」。自展禽以來，有私爲之者，大抵所親所知及門人悼其德之不顯，因相與爲隆名以張而慰之。余固無德美，弟欲及未死而更余名，以表實而明志焉，名曰「楊」，號曰「方柳」，字行仍舊。客曰：「何謂也？」曰：「余生而集蓼，蓼蟲不知辛，乃今七十而辛愈甚。」曰：「不知也乎哉？昔之人有言曰：『夫楊，天下易生之木也，一人植之，十人拔之，無生楊矣。』以比於毒方柳，何也？」曰：「陳思王賦曰『楊柳方方』，爲欲其生也，有禱祀之心焉。疊姓諱之，綴名讀之。」

續說

始吾爲是説既，甚醜之，曰：是惡得爲有道之士乎哉？且顔回不能回天，仲由亦云由命，乃欲造虚辭持空名以劫天命與？屈原曰：「固人命兮有當，孰離合之可爲。」莊周曰：「風與日相與守河，河未始知有攖也。」則未知莊子之言爲知道與？屈子之言爲知道與？聞之樹木之能勝霜雪者，不受命如天。雖然，持斧斤而夭絶之者，人爲之也；人爲之者，亦命也。而龔生獨見非於楚父，豈非枉邪？豈非枉邪？

改名後説

改名非禮也，改名而求其生，惑也。改名而不得生，且彌日促，於是道之真理之正者以出。何謂道之真理之正？曰：《大學》傳曰：「心有所則不得其正。」吾以「忿懥」「憂患」日迫，志動情勝，所操不能持定，而失其順，順失則戚，戚斯餒，餒則道義之氣不足以自養而身亂，而生以促。史偁嚴延年爲河南守，有府丞義年老，頗悖，自筮得死卦，忽忽不樂。乃至長安，上書告延年，因飲藥自殺，解者謂悖，心思亂惑也。嗚呼，此所謂不安其性命之情者。衆人焚和，異丞之迹而鈞丞之敗也，豈遠哉？夫外物不可必，近名近刑，兩陷而月不勝火，則道盡。吾今復更吾名曰正，庶幾惟省董道而弗之其所與。

自題像贊

近俗以來，文儒學士多喜寫小像，偏乞人題詠，又喜爲别號以自署。予生平非之，義不肯效，以爲本非名流，徒成習氣。適金陵馬君彊爲予作此圖，固謝不獲，則亦因自爲號曰「歇菴」，又曰「冷齋」，系之以贊銘詩説，用自警策，以比於古人几杖座席之銘及書紳云爾。道光二十五年乙巳冬十月。

古之善士，微妙玄通。唯不可識，彊爲之容。轉轉權實，蕩蕩虚空。世智憒鬧，教理真宗。誰與莫逆，聖佛參同。

歇菴銘

晝居歇菴，夜卧冷齋。十六智孽，十六事本《莊子》。一乘平懷。明鏡止水，無心去來。起念即妄，斷常又乖。見心不二，同師黄梅。夙契植樹，東山門開。

冷齋説

客曰：「子號歇菴，義已盡矣，無餘矣，無隱矣。又曰冷齋，何哉？」曰：非冷不能歇也。蓋嘗上觀千古，横覽一世，品類不齊，大都凡民多而賢聖之人不數遘。揆厥所由，不能耐冷故也。不能耐冷，則趨於熱，一念熱，遂歧爲萬念，方生倏滅，日夜相代於前，如樂出虚，如蒸成菌，如浮雲變滅，不可方物；如揚飆駛海，驟馬下坂，無能休息。而究其根本，萌芽不出一我，由有我因有人，人之盛爲衆生，我之盛爲壽者，佛釋氏所謂四相也。由是緣以色、聲、香、味、觸、法之六塵，造爲妄言綺語惡口兩舌、淫殺盗、貪嗔癡之三業，蓋以色、受、想、行、識之五藴，動以八風，淪於六趣，焚炙燗熯，以銷鑠障蔽吾清净本來無物之妙心，皆有我爲之也。故舉一世之儔類，皆視同楚、越，即君臣、父子、昆弟、夫婦之倫，禮教、信義、廉恥之防，悉掉臂而不之顧，何者？彼熱則此冷，勢不並立也。范浚曰：「一心之危，衆欲攻之，其與存者，於戲幾希。」故道家言一念熱情，丹鑪毁裂甚矣。治心之要莫急於濯熱，濯熱必以冷，則沃心其要也。際利害切身之來而不懼，遇萬鍾千駟之加而不顧，處酒色財如楊秉而不惑，著忍辱鎧，提智慧劍，作羼提仙人，堅固不摇，寧静不動，遠離顛倒夢想恐怖罣礙，以死生爲一條，以可不可爲一貫，信定業之不可離合，而以不懼爲保始之徵，凡此皆由冷而後可幾也。世俗凡夫，聞古有仁聖賢人，亦知慕之曰：「是有道者也，是不可及也。」而惡知此仁聖賢人之初，乃天下之大冷人也。雖然，惟天下之大冷人，又能爲天下之大熱人。蓋自古仁聖賢人，其守己甚冷，其與人甚熱，故既曰淡曰無欲，又曰欲立人達人，己溺己飢也。夫曰淡曰無欲，冷也，曰欲立人達人，熱也；至於己溺己飢，則熱之極矣。此石隱者流與羅漢辟支之翛然爲冷，終不如大聖人安身利物之爲熱也。是知熱由於冷，此冷與熱皆道心主之，非夫凡民之所爲冷與熱也。

客曰：「子之言皆然已，無如習熟老生之常談，不能振沈痼久痹之疾，何也？」曰：固也。夫大道不專苦行，而非苦無以助修行之力。冷者，苦力也，故吾之欲居是齋也，非徒欲顧其名而思其義，實欲彊其骨而弱其志，以目警吾心耳。僧家有曰「枯木倚寒巖，三冬無煖氣」，則即以此齋爲如來之雪山焉耳矣。抑又有進焉，爲學者之患莫甚於好名，名者，熱之根，其害遠過於慾利。世頗有不好財色、甘淡泊、無營於富貴而其心不得爲仁者，名心熾而不能冷也，此庚桑所以不釋於畏壘也。

吾無用於世，而竊慕古之立言者，蘄與爲不朽，故平生喜箸書，除已刻十餘種外，尚有《老子章義》《陰符經測義》《待定録》《昭昧詹言》《大意尊聞》《思適居鈐語》，及古文集十二卷。晚歲研説性命，因兼尋祖意，緝成《金剛藏》十書，曰《初發心寱語》《金剛經疏記鉤提》《無著菩薩十八住》《天親菩薩二十七疑》《秦譯直解般若五位細因》《唯識論舉要》《大智度論》《樂説》《本法心證》《聖佛參同》，共六十四卷。初亦自信正智誠言，後讀黄檗禪師《語録》，見其告裴休尚書云「若也形於筆墨，何有吾宗」，不覺汗下，默自念曰：吾豈將爲杓人乎？吾求冷而以熱爲杓，何異以生滅心行説實相法？如鹿逐陽焰，豈有解渴分？而況意識箸述從門入者乎？已出者不及止矣，其未出者當如古德，悉焚經疏文字，庶於冷與歇本志相應。此文傖僞昏濁，私獨大慙，友人光聿元謂其似《有學集》，誠然誠然。非光君不能道此語，非予不能自承認此失。留此一段公案，他日吾孫能辨別之，乃於文章有可語分。丙午七月望日自識。

雜箸下

病榻罪言

昔明孫高陽有言：「當大事須置身天宇之外，俯視所營，乃能洞晰情勢，使敵在我目中。今身爲軍事所圉，惴惴焉懼敵人之入我室、發我屋，曾暇及籓籬之外乎？枝斫膚剥，曰護其根本，樹其能久乎？」竊謂高陽之言可謂蓍龜矣。夫人必出世而後能經世，不易之理也。故程子亦曰：「坐堂上而後能理堂下，若與並立於堂下，則是非淆矣。」夫所謂出世者，非謂其離羣逃人，如僧徒之出家也，亦謂其心不繫於一己之智名勇功，不怵於一時一事之利害難易，如舜禹之不有天下，伊尹之弗視千駟，所謂出世矣。歷觀古賢豪之克成大功者，必有獨見之智，沈深之幾，致果之毅，故魯子敬偁陸遜曰「意思深長」。夫曰「深長」，政淺短之對言，此四字亦常談虛文，而古今成敗盡決於是而不爽也。今暎夷之猖獗而若不可制，至矣。竊謂中外議者，皆未有能見其致害之由及要領之全形者也。偶因病榻，聊爲客談之。

謹按：暎咭唎一國，縣三島於吝因、黄祁、荷蘭、佛郎西四國之閒，地産生銀、哆囉呢、羽毛緞、嗶吱、玻璃等物，在歐羅巴之西，爲荷蘭屬國。《明史》曰丁機宜，《職方外紀》曰諳尼地，《海國聞見録》曰英機宜。以輿圖覈之，即暎咭唎，蓋對音翻譯，無一定之字也。其國富彊，與荷蘭搆兵，遂爲敵國。不知何時據占北亞末利加之地，係加那大，嘆咭唎係歐羅巴之國爲本國。

雍正十二年始來粵地貿易，聯屬之地十數國，皆係港脚，來船甚多。按：利瑪竇所進《萬國圖》，分天下爲五大州：一曰亞細亞，二曰歐羅巴，三曰利未亞，四曰亞末利加，五曰墨瓦蠟泥加。艾儒略、南懷仁之徒咸祖述之。中國居亞細亞之中，若東之朝鮮、日本、流球，西之小西洋、小吕宋、如德亞，南之暹羅，北之俄羅斯、紅孩兒、廓爾喀、痕都斯坦諸國，皆亞細亞也。歐羅巴爲大西洋，若今之佛郎西、荷蘭、意大里亞、瑛咭唎本國，皆歐羅巴也。利未亞在歐羅巴之西南。南極出地三十五度，北極出地亦三十五度，若今之大英吉利、咪唎堅等國，皆利未亞也。乾隆五十八年遣使進貢，是時際國家重熙紊洽之盛，高宗純皇帝躬至聖之德，臨御日久，天錫純嘏，萬壽八旬，自唐虞以來，書契所載未之見。薄海徠臣，占風受吏，皇心喜於遠夷之效順，受而畜之，隆以恩寵，稠疊優渥，此天地覆載之無私。而姦夷志滿意隘，不思答報，反潛滋其驕慢。乾隆五十七年英吉利遣使，請由天津進口入貢。署總督巡撫郭世勳奏：外夷各國進貢，俱由例準進口省分先將副表貢單呈明，督撫奏奉允準之日，由本省委員伴送使臣，齎帶貢物赴京。英吉利國歷來在廣東通商，今欲赴天津進口，該國王又無副表貢單，臣等未敢冒昧遽行，具奏。奉上諭：準其所請，以遂其航海向化之誠，即在天津進口。五十八年入貢，疊奉有敕諭：其方物有天文、地理、音樂、大表等凡二十九種，特賜國王如意等器物凡數十種，賞正副使、副使之子、代筆官、總兵官、聽事官、管船官等品物各有差。又於如意洲賞正副使、副使之子、總兵官品物各有差。八月十三日萬壽聖節，使臣行慶賀禮於含青齋，賞正副使、副使之子品物各有差。副使之子繪畫呈覽，賞大荷包二，及通事、總兵官等九員各有差。二十四日，又於清音閣賞正使御筆書畫册頁、玉杯等品物有差，副使、副使之子、通事、總兵等官九員品物有差。二十九日，於太和門頒給敕書，賜該國王品物數十餘種，又隨敕書賜國王品物數十餘種，正副使、副使之子，總兵官、副總兵官二員，通事、管兵等官四員，代筆、醫生等官九員，貢使從人九名，貢船留存管船官五名，留存貢船兵役水手共六百十五名品物各有差。使臣呈請於直隸天津、浙江寧波等處貿易，並賞給坿近珠山小海島一處及坿近廣東省城地方一處居住，奉旨以該貢使越例干瀆，斷不可行。頒給該國王敕諭一道，逐條指駁，令使臣由粵回國。郭世勳覆奏：英吉利貿易廣東，歷年既久，目睹西洋夷商居住澳門，未免心生歆羨。同一夷人，而英吉利國人投住澳門，必向西洋人出租賃屋，形勢儼成主客。是以籲請賞給坿近地方，以爲收存貨物之所，與西洋人澳門相埒。溯查西洋人自利瑪竇繼佛郎機住澳，已二百餘年，既住者不必驅之使去，暫寄者豈可使其常留云云。今内外議者皆以嘆夷之禍起於黄鴻臚之奏禁鴉片，鄧、林二制府之收繳躉船，吾以爲皆非也。夫鄧、林二公特不達大計，無遠猷碩畫耳，而禍本所起，不在是也。韓退之有言：「引繩而絶之，其絶必有處。」觀者見其然，從而尤之，其亦不達於理矣。繳煙之舉，病夫嘗力論，以爲要約彊行之，必有後患也。

以予詳觀嘆夷之禍，不在近年之禁煙繳煙也，蓋由於不肖洋商之汙辱自蠱，各前督之姑息養癰，内地姦民之貪利賣國，其蓄謀長亂，久矣。及積重不返，而商與官皆受其敝而不可救，而方執禁煙繳煙之迹，論其致禍，失之遠矣。夫以外夷姦宄，而縱之游衍省會重地數十年，所以恣其供給者，又悉饜足其欲，寖久而不知，姦心得毋積乎？又況屢肆兇狡，抗拒大吏，公帶兵衆礮火侵犯内地，轟圮礮臺，乃惟貪其貨税小利，姑息不敢懲治，此縱無漢姦，亦且足致禍敗，況人情趨利不回，積久盡移乎！此不可謂非前此在事諸公之過也。道光十一年，歙縣葉鍾進號蓉塘客粵中，箸有《寄味山房雜説》，記嘆夷滋患之事。其言曰：往時夷船到口，該大班等恭請紅牌來至省館，詰朝穿大服佩刀到洋行拜候。商人之稍有名望者，必辭以事不見，俟其再來，然後一答拜，迎送如禮，一切惟洋商之言是遵。邇年船益多，消茶葉益多，洋商仰其厚潤，於是該班將到，洋商不俟其來，託言照應，過關即出遠迎，又復常至夷館問候，更不聞有大班至洋行者。十三年秋，夷船到，二班攝司大班事，益無忌憚，竟帶夷婦至十三行，居住出入必乘肩輿，翻不許洋商乘轎入館種種，故爲干犯。其肩輿係東裕行司事謝治安所送，訪知將治安拏究，瘐死於獄。洋商於奉諭飭查時，爲具稟該大班患病，需人乳爲引，故帶夷婦以來，以此延抗，而其時又不僅該大班攜帶夷婦已也。病夫更聞粵人言，凡洋商所以媚夷人，娼妓頑童無不購以奉之。洋商愈賤，夷人愈驕，皆商人導之使狂悖云。葉君云：各商互相傾軋，儻有説夷人短者，大班必知，遇事挑斥，故雖賢有品者，問以事，亦謬爲不知。而於天朝之用人行政，及大憲之一舉一動，夷人反無不知者。又按：暎夷於嘉慶元年、十年入貢，皆由廣東，尚無事。十三年以保護西洋人爲名，帶兵七百名進入澳門，據占東望洋、娘媽閣、伽思蘭三處礮臺，總督吴熊光、孫玉庭不能禁。十四年，總督百齡面奉上諭，命將英吉利兵船何以擅入澳門，明白具奏。據倆嗑叮喇兵頭恐咈啷哂來阻隔生理，不及稟明國王，即帶兵來澳保護，後奉大皇帝諭旨，不準住澳，即行退回云云。向來各國夷船來廣貿易，皆各備資本，自行貨買。唯英吉利國設有公班衙，發船來廣貿易，名曰公司船，設立大班、二班、三班等在粵管理貿易事務。該國來粵夷商、水手，及所屬港脚等國來粵，均由大班管束，是以事有專責，歷久相安。道光十年，該大班忽倆本國公班牙期滿散局，嗣後無公司船來粵。將來本國差官來粵管事，亦係大臣云云。雖經督撫詰問，堅不言明，尋其姦意，蓋欲以大班與中國督撫抗衡，故託言貴官也。葉鍾進又説：十二年，李鴻賓以英夷動率水手數十人或百餘人，擅至省城，干犯禁令，飭洋商傳諭。十三年因攜帶夷婦，奉諭查問，遂架大礮於夷館兩旁，設兵守衛。居民無不憤慍，即他國夷人亦謂天朝懷柔過甚。嗣通事蔡剛往諭，剛有膽識，能言，厲聲辨詰，始有畏意，撤去兵礮而夷婦仍不肯遽回云云。十四年總督盧坤奏，暎咭唎公司散班，前督臣李鴻賓飭商傳諭大班，寄信回國，仍酌派曉事人來粵總理貿易。六月內，有暎咭唎兵船載送夷目嘽嘮啤一名，攜帶女眷幼孩共五口，寄居澳門，兵船查有番梢一百九十名，停泊外洋。飭洋商伍敦元查詢。詎該夷目不肯接見洋商，旋赴城外，呈遞總督書信，封面係平行款式，且寫大英國等字樣。隨飭廣州協韓肇慶傳諭違例等情。該夷目不遵傳諭，聲言伊係夷官監督，非大班可比，以後一切應與各衙門文移往來，不能照前由洋商傳諭，伊亦不能具稟，秪用文書交官。且擅出告示，令各散不必以斷絕貿易爲慮。有心抗衡，不遵法度。洋商伍敦元因該夷執彊，請即停止該國買賣。盧坤不欲因㗚嘮啤一人之過，概行封艙，使之向隅。因與撫臣祁𡎴商度，以爲英夷素性凶狡，所恃船堅礮利。內洋水淺，礁石林立，該夷施放礮火亦不能得力，該夷目身入中華，距本國數萬里，已有主客之勢，如其跳梁，我兵以逸待勞，其無能爲，顯而易見。又奏偁粵海關近年征收夷船商稅，英吉利一國約計五六萬兩，國用爲重，不得不通盤籌畫。旋以該夷籲請開艙，蒙混具奏。後於八月初五日，𠸄咭唎兵船二隻乘風潮闖進海口，越過虎門鎮、遠砂角、橫檔各礮臺，駛入內河蛇頭灣停泊。初九日，駛入內河離省六十里之黄埔河面停泊。㗚嘮啤居住省外夷館，盧坤等派調水陸兵弁，防堵近省各隘，猶言英夷不敢妄思跳梁，已可概見，但防備不可不嚴耳。八月十六日，伍敦元轉據散商咖㗚昭，偁㗚嘮啤因初入內地，不知例禁云云。盧坤奏言，皇上撫馭外夷，不爲已甚。㗚嘮啤雖妄誕，尚無不法實迹，且該國散商數千人，俱以㗚嘮啤爲非，無一坿和，未便玉石不分。十九日將㗚嘮啤押逐出口，該兵船亦於是日開行，至二十二日始出虎門。葉鍾進云：有久住十三行之𠸄夷，知漢字，能漢語，每遇班中人來，多方播弄。如道光七八年，於夷館前立大馬頭，置圍牆柵欄，其地爲對河居民往來渡口，具稟上控。總督李鴻賓偏徇夷人，準其設立。迨奉廷寄，巡撫朱桂楨親莅折毁。該夷又將來船碇泊零丁洋面，不入口開艙，以八事入稟要挾，又糾各國夷人隨聲坿和。惟咪唎㗐不從，回偁如我等有船至汝𠸄國貿易，必遵汝𠸄國法度。今來天朝，圖覓利耳，如無利，即恐請汝，亦不肯來，何煩喋喋多言。維時各船主爭噪，大班嘟嘍嚬庸懦無能，聽二三四班，許供給各國船食用。自七八月相持至次年正月，大班見事不了，潛赴便船逃去。適洋商以所定茶葉，一年不交，一年費用無出，至澳解說，始於是月十四五日入口開艙，此十三年事也。

今欲拯之，非深謀遠計、洞悉要領、需之歲月、改弦更張，不可爲力。何則？據今事勢，由衆人之見，不過戰與和之兩端，兩端之外，無他策也。不思粤之香港，浙之寧波，閩之厦門，三省要地，失不能復，而與之和，此辱豈可忍乎？況彼氣方驕，斷不受約，即使我寬大不校，忍辱暫爲覊縻之計，亦恐終爲所紿，不踰時而仍肆其虐，可屈指計日待也。古之和敵者，必我有以制其死命，從而活之，不欲盡殺，故能絶其亂萌。否則無不受反覆之禍者。前史所載，不可指述，不特唐張延賞、馬燧之於吐蕃，南宋秦檜、賈似道之於金人，明楊鶴、熊文燦之於李自成也。彼姦人失勢，乞撫以緩誅，尚不可信，況我方挫衄，彼方彊盛，肯俯而就和乎？蓋和夷，非徒和也，彼必挾兵重索厚幣而後去。夫以數十萬賞兵士，錢銀仍在内地；以數百萬和暎夷，錢銀遂歸外國。賞兵士，則内民悦，外夷懼，而可致功；和暎夷，則夷愈驕，姦不息，而坐自斃。昔人譬之以肉飼虎，肉盡終必食人。今財用既絀，兵威日蹙，徒乞和以示弱，而終莫保，是和之一議，斷無益於救敗，不待智者而決也。

然則將聽其侵陵而不顧乎？又無是理也。則必將曰：不和，則戰耳，勢未有可中立者也。然而將不習兵，兵不爲用，又無以制其礮火之利，縱勉彊一擲，亦百戰百敗，徒傷士卒、損國威耳，是無算而浪戰，亦非策也。

然則將奈何？病夫曰：是惟得賢督將，譎轉漢姦，多方誤之，誘之上岸，用伏用疑，秘計莫測，四面蹙之，以避其礮火一面之猛烈。暎夷所恃礮火，利遠不利近。若登岸入城，可以步戰巷戰，計我民之數十倍於彼，果能有勇有謀，但制梃用箭，以短破長，足以殲之。惟當出示勸諭，百姓勿懼勿避勿遷，自相召聚團練義勇士，自相救護，安堵以待，其能殺賊者，有重賞。家自爲守，人自爲兵，各自嚴防，察辨漢姦，不恃官兵，亦永不隸官兵，此切務也。

又須練親軍以備救應，廣求奇士以任腹心。歷觀古之決大計成大功者，莫不先定其規模，而後從事。如秦之畢六國，只用「遠交近攻」四字，遂以蠶食諸侯。又如諸葛之策三分、王朴之平邊，皆先定大計於胸中。其他如淮陰之策楚、漢，荀文若、郭奉孝、荀公達、賈文和之策袁、曹，皆有定見在胸。史偁趙廣漢爲潁川太守，豪傑大姓相與爲婚姻，吏俗朋黨，廣漢患之。厲使其中可用者受記，出有案問，既得罪名，行法罰之。廣漢故漏洩其語，令相怨咎。又教吏爲缿筩，及得投書，削其主名，而託以爲豪傑大姓子弟所言。其後彊宗大族，家家結爲仇讎，姦黨散落，風俗大改。吏民相告訐，廣漢得以爲耳目，盜賊以故不敢發，發又輒得。壹切治理，威名流傳。曹公與馬超、韓遂戰於渭南，超、遂相結，公問計於賈詡。詡曰：「離之而已。」曹公以爲解，遂施離閒，超、遂更相猜疑，軍以大敗。嗚呼，此所謂起沈錮之病，回既散之心，非夫沈幾獨見，致果毅之力，惡能辨之？

詳觀暎夷雖狡，非有黏没喝、金兀术之彊勇也，非有内地險扼巢穴之可憑也，非有羽翼支黨，流民飢坿，動可呼吸，萬衆相隨應也。三萬里入中國肆亂，其勢甚危，犯兵家大忌，而中國以全力措拒，莫可如何，徒以礮火之利耳。而礮火之用，全賴漢姦爲之導引，然則今日制勝之策，惟有收服漢姦之一策耳。葉鍾進云：咪唎堅夷冒英咭唎爲山狗性，人若畏讓，彼必追來，人若反身相向，彼即曳尾而去。又其人目不能遠視，故不能輓彊命中，脚又無力，上岸至陸地，則不能行。制梃專折其足，則皆斃矣。亦無他伎勇，所恃礮火，礮子有至三五十斤者。嘉慶十一二年閒，有大班喇咈者，探知我屬國安南之東京時有内訌，乘隙可取，遂親往嗌喇甲，句結掌兵頭人，駕大船十號直趨安南海口。該頭人先令其副駕七船以入。安南聞有寇，豫飭商船漁艇先期盡匿，故入港數百里無阻，直至東京下碇，不見一人。是夜，忽有小船無數圍攏，上裝乾柴火藥，急發大礮轟擊，火益熾，七船之人盡爛。有善泅者，由水回報。兵頭不敢再入，乃順抵粵洋。喇咈又與漢奸説合，欲佔澳門。該兵頭竟趨澳門，占住礮臺。西洋澳夷謹守大礮臺，發稟告急。時總督自廣西來，發兵驅逐，夷兵雖去，船仍不去，此十三年秋冬間事也。至十四年，喇咈乃令各商給與金錢，帶歸以恤死難。喇咈被本國革退，以四班嗌嘩喊爲大班，蓋當議欲奪澳門時，惟嗌嘩喊不肯署名故也。嗌嘩喊後，有大班吐呥唻者，欲佔我大嶼山爲居止，寄信回國，求奇異物，自粵趨天津口。天津鹽憲入告，奉準入都。該夷等在天津行燕禮，不肯拜跪，及入貢，又不肯行拜跪禮，奉敕諭將貢物領回由粵歸國，仍免其貨稅一萬六百兩。旋經蔣攸銛奏偁，訪得南洋諸夷，惟嘆咭唎最彊，而並非富饒，惟藉貿易爲資生之計。其貨物除中國，亦無處消售，是其不能不仰給中國之貿易至明。乞仍準該國貨船在廣東貿易云云。由前安南之事可見，若無内姦，雖礮火，無獨勝之道。故欲滅英夷，惟有火攻，欲得行志，惟轉漢姦以披其心腹，計無以易此者也。由後蔣督之言，知嘆夷不能不仰給中國，然則何爲養腹心之疾，縱容姑息，太阿倒持，授以柄而長其凶矜也。又道光十二年，嘆咭唎夷船駛至山東洋面，並槑刻《通商事略説》二紙，大意以廣東貿易不公，希冀另圖在他省貿易。可見該夷蓄心造謀，狡焉思逞，非一日也。往年在粵，聞有漢姦言：官府何必煩心，但許我搶奪嘆夷貨物，盡給與我不問，我自能燒其船，殲其魁。惜乎在事諸公恐釀夷釁，不敢行。今日或可反用之，以收急效，而悔已遲也。

古之收人心者，亦仗文字至誠之力。如唐德宗興元詔書，悔過引咎，驕將悍卒無不感泣。今亦當剴切勸諭漢姦，食毛踐土二百年，祖宗丘墓皆在中國，何苦助三萬里外之夷鬼？況嘆夷所獲中國財帛，汝能搶回，皆爲汝有，不愈於助逆，而終不得爲三萬里外之民乎？是亦一大策也。嘆夷之彊，不在礮火，全在漢姦。礮火易制易避，漢姦徧在内地，根株蔓延，誅不勝誅。然漢姦有不得不坿嘆夷之勢，一固在利其資，一則内地無容身，知露迹必死，故以嘆夷爲淵叢，此勢不得不然也。今欲收漢姦，非廣費金錢不可。而此時財力既絀，亦不易給，且給之無窮，谿壑難盈，非力所能贍，即非計之得。當事諸公皆諉而不敢行，亦勢之必然。惟準其搶奪嘆夷之財，則我無費而彼得所欲，所謂令下於流水之原，亦理所必然也。但非凱切信喻，明示赦宥不誅，則彼雖搶掠嘆夷而無所歸，不能安宅安居，心仍不敢決。我既不容，嘆夷又不容，彼不特無取財之處，且無逃死之處，雖至愚不肯爲，況姦人乎？夫姦民之本心本計，自初至今日，不過貪財，思得金錢耳，豈真愛嘆夷哉？豈真於國家官府及富饒郡邑居民有仇恨乎？故徒以食毛踐土等言，彼縱心動而感泣，亦終不敢叛嘆夷，以露其身與迹也，勢也。故今大計，惟在肆赦漢姦，待以不死，使之反搶掠嘆夷，而於能殺夷目、燒夷船者，又有重賞高爵，則如反風之捲雲矣，亦勢所必然也。不然，是彼利漢姦，而我又嚴驅之以爲彼用，愈固結不解，禍愈深也。

漢姦與嘆夷一日不離，則内地一日不安。惟赦漢姦使反爲我用，漢姦既回，尚何礮火之足慮乎？彼將並其礮而掠取之，如拾薪矣。尤當以軍法申嚴戰守文武、兵士退避之罪，方能倡勇敢而鼓士氣，使知有所畏而不敢犯。宋李綱言退避之策，可一不可再，退一步則失一步，退一尺則失一尺。往自南都歸德。退至維揚，則河北、大名。河東、山西。關陝失矣。自維揚退至江浙，則京東西汴京。失矣。萬一敵騎南牧，將復退避，不知何所適而可乎？今日之事，若以礮火退避，萬一兇夷直進内犯，亦誰不曰礮火之當避乎？古人有言，以姑息爲安，則終不得安，此前此粤中之失也；以避讓爲得計，則將至無可避，此今日江南之失也。但此事必須詳悉敷奏，明奉特旨允行，使遠近灼知皇上愛民不殺之仁，故有此赦令，俾天下之民義憤激發，感動揮涕，人思殺賊，而後乃能大動漢姦之心，有以堅其信而轉其局。管子曰：「政之所興，在順民心。」所謂下令於流水之原也。如此則𠸄夷之心腹披，膽落氣奪，而四支之僵仆，可立待矣。是爲以文克姦民，以武克𠸄夷，所謂折衝於尊俎，而制勝於千里也，是賢於千萬師，而猶不能保其必勝也。古之君子，功不必自己成，謀不必自己出，期於分國之憂，除民之患耳。要在去計私避害之心，不繫一己之智名勇功，將之以忠藎惻怛之仁心，計慮周密、意思深長如此而不濟者，未之有也。雖使留侯、武侯、賈誼復生，爲此時計，恐無以易此。

若不赦漢姦，但和𠸄夷，𠸄夷雖退，而漢姦無所歸，必聚爲亂，爲亂而懼誅，必仍借𠸄夷爲助以相抗，此禍在目前，亦一定相因之勢也。蓋漢姦益衆，𠸄夷勢不能養無數之人，給無窮之求。漢姦無所容身，而欲不饜，則爲亂必熾，其難收拾，更百倍於今日也。

且𠸄夷和，而據我險要，聽伊管轄，卧榻之前公屯豺虎，此豈能安乎？故此之赦令，必剴切忳誠，堅明約束，使天下耳目心志一新，如日月昭回，頓見精采。賞必二三萬金，官必以副將、總兵之貴，然後乃能鼓舞人心，轉移積重難掉之勢。若文誥虛繁，失辭鬆勁，使本意變計，闇而不章，鬱而不發，則人心不動。齷齪委瑣，吝惜金爵，不能破格行度外之事，則恩不感物，人無所貪。凡此三端，有一於此，則行之無效，如不行也。且非深謀沈幾，行之亦恐混濁，而姦人反得弄欺之也。南宋時，金人犯城，蔡懋禁不得，輒施一矢，有敢傷金人一人者，抵罪，將士積憤。及李綱令人殺敵者厚賞，無不奮躍，其後金人暫退。中丞許翰曰：「金人此去，當令一大刱，乃可保久安，否則將來再舉，必有不救之患。」病夫目驗自𠸄夷造禍以來，前此在事諸公，未有一人切齒深怨，誓欲殺逆夷者，但一味愛惜曲護，惟恐傷之。堂上召兵，户內延敵，託名寬仁懷柔，實則畏其彊，不敢觸忤，苟且避事，畏而奉之，以免目前而不顧後禍之大也。有海防而不能守，有兵而弗能用，管子所謂「以其地與人」者也。今日事勢，非激發忠憤，處心積慮，密計深思，謀下毒手，務殄絶其類，使一人一舟不返，如安南之事，彼方有所畏懼。若小小懲挫便思收功，姑且息肩，竟或仍與議和，則後禍不了，所謂包火以衣，閉目掩雀，乃不可言矣。

姦民中，亦必有翹異奇偉之士爲彼所倚任，須訪明而誘詰之。如唐李愬之降丁士良、吴秀琳，近姚啓聖之降劉國軒，方有用方可歆以尊爵，若庸凡散人，雖得千萬無益也。不降，則譎閒使殺之。

不但此也，又當禁斷在粵各國貿易，除澳夷。使知𠸄夷犯順，亦足有害於彼之貿易，令其自相憤怨，與我同仇，所謂以敵攻敵，此亦古人之譜著，而今日之切務也。粵中分潤，海關陋規，自文武大小衙門以及軍役閒散人等盡徧。一議封關，必恫嚇阻抑萬端，斷而行之，非得張敞、趙廣漢之流不能。按諸國咪唎㗂最彊，彼此搆釁時，常劫奪其貨物。𠸄夷每帶兵船護貨，皆以防備咪唎㗂爲辭，見於文書官牘。

且夫𠸄夷之所以得漢姦之用也，亦費數十年之機謀，侜張誘惑，其費金錢亦不知凡幾，故能錮結其心志，使爲之死而不可解。則今日欲解散之，而反爲我用也，亦豈杯水鉤金豚蹏，旦夕所可得邪？故竊以爲非若趙廣漢之解潁川朋黨，姚少保啓聖之輓臺人之心，必不能成功。姚少保之平臺也，先密陳奏，言賊之所以豨突而無前者，蓋閩人爲之用也。閩人自成功以來，積爲所脅，故其餘孽之來，靡然從之，閩人絀而臺人張矣。今必有以壯閩人之勢，當先有以固閩人之心，而後賊可退。又必出奇計，使臺人反爲我用，而後賊可亡。是固非争衡於一勝一負之閒者也。聖祖是之，降璽書褒勞，盡委以軍事，且謂廷臣曰：「閩督今得人，賊且平矣。」公乃大布方略，分道出兵以綴之，而輕兵抄其饟道。乃大開修來館於漳州，不愛官爵貲財翫好，凡言自鄭氏來者，皆延致之，供帳恣其所求，漳、泉之人争相喧述。公掀髯笑曰：「昔人捐金施閒，雖信陵君之親而才，廉頗、李牧之武，亞父、龍且、鍾離昧、周殷之骨鯁，可坐而盡也，況豎子游魂乎？」又漢桓譚言於光武曰：「古人有言曰：『天下皆知取之爲取，而不知與之爲取也。』陛下誠能輕爵重賞，與士共之，則何招而不至？何説而不釋？何向而不開？何征而不克？如此，則亡者復存，失者復得矣。」又漢高帝聞陳豨將皆賈人子，曰：「吾知所以與之矣。」乃以多金購豨將，豨將皆降。今日之漢姦，亦無賴亡命賈人耳，故誘之易爲計也。又漢景帝謂袁盎曰：「吴王即山鑄錢，煮海爲鹽，誘天下豪傑，白頭舉事，計不萬全，豈發乎？」盎曰：「吴有銅鹽，利則有之，安得豪傑而誘之？吴所誘，皆無賴子弟，亡命姦人，故相率以反耳。」其後吴明告諸侯曰「寡人金錢在天下者，往往而有，非必取於吴，諸王日夜用之不能盡。能斬捕大將者，賜金五千斤，封萬户，其下以次差受爵金」云云。今亦當明示軍民人等，有能燒夷人大船者，賞若干、爵某官，能殺夷目者，賞若干、爵某官，殺散夷者，計首級賞若干、授某職。雖宋夏竦、明楊嗣昌，皆嘗以縣賞格招敵人之侮，然今官出朝廷，賞待有功，則不致虚濫受欺，可無慮也。壬寅五月。

謀國之道，不恃敵之不攻，惟恃我之不敗。今日之事，及逆夷暫退，急須認真增修武備，倡勇敢，鼓士氣，儲蓄聚，習弓矢，鎮静以安百姓，勿摇民心，祇遵廟算密行，不可洩宣秘計。朝廷誠威誠斷，諸將誠勇誠謀，必可轉敗爲功。古人有言：明其爲賊，敵乃可服。逆夷無道，至此已極，而或猶從寬議，謂彼不過希圖貿易，無大罪惡，是疑百姓兵士之心，使之不奮怒殺賊也。夫仁不以勇，義不以力，況奉天戈以誅不譓，何嫌何疑而不致力哉！位卑言高，重干死罪。八月又記。

三年之喪二十五月而畢説

三年之喪，天下之通喪，古聖人緣情制禮弟一義，百王之所同，古今之所壹。六經孔孟弟言三年，未有二十五月之説。二十五月者，晚周及秦漢諸儒記禮之失也。若《公羊》、荀卿、《戴記·檀弓》篇、《白虎通》、《孝經緯》、鄭玄、王肅等説，愚皆疑而未安。蓋黄帝以前無喪期，皆心喪，無數。唐虞之日，心喪三年，亦未有服制。賈疏鄭《目録》七章之義，謂太古冠布衣布，吉凶同服，三王改制，始用唐虞白布衣白布冠爲喪服。周公制禮設經，制服於上，列人於下，從斬至緦，上下十有一章。是則喪期自唐虞，喪服自三王，衰斬十一等則自周公。而虞廷所修，伯夷所典，書闕有閒，其詳不可得而聞，故今壹自周公設經制禮以後言之。昔人論喪服之言曰：「死者已喪，主人制服。服之者，服以表貌，貌以表心。」故謂之致喪三年。致之言至也，言哀情至極，戚容偁其服也。三年者何？中制也。人子於親喪，有終身之痛。聖人爲之立中制節，使人知送死有已，復生有節，此天理人情之極，所謂因乎人心也。體天地，法四時，則陰陽，順人情，故曰喪有四制，變而從宜，禮之所由生也。聖人人倫之至，喪服禮制之精，《禮經》萬世之典，名之三年，則不得實止二十五月，如實止二十五月，則必不名以三年。名存實失，隱以欺其心，顯以欺其親，苟且塗飾人之耳目，何云致喪也？且前二年大、小祥皆以十二月紀實，何獨於後一年而以一月虛當之？揆於義理人心，進退皆無所據。後漢陳忠言：「聖人緣人情而著其節，故制以二十五月。」此言非也。因殺制節，立中制節，説三年者，已如是云矣，對終身而言之也，今曷爲於三年之中復又節之乎？觀聖人制服，輕重上下皆極其恩情，獨於親喪進進主減，何其用心之巧曲而薄也。

然則《公羊》《檀弓》《荀子》等何以有二十五月之説也？曰：「此由不解古記『中月而禫』一語，而傅會妄説之也。」案《春秋・閔公二年》「夏五月，吉禘于莊公」，《公羊》曰：「譏，未三年也。」下復曰：「三年矣，曷爲謂之未三年？三年之喪，實以二十五月。」原《公羊》之意，謂莊公以前年八月薨，及今夏五月，纔二十二月，雖閲三年，而覈計實月，尚未及大祥二十四月之數，故曰「譏，不三年也」。《公羊》雖未明言此二十五月爲未及三年之始月，亦未明言此二十五月爲未終三年之足月，而二十五月之數則明明有其文矣。自是《檀弓》、荀卿及秦漢以來記禮諸儒，皆援爲定論，謂三年之喪實止二十五月而畢，衆口一舌，莫有敢異，遺誤千載，實莫知其所由來。及高堂生傳《士禮》十七篇，而《喪禮》又缺不全，無二十五月語，但遞相祖述，謂出古經，爲周公所制。然覈其數，實不合，繹其義，皆不即人心，而古今大儒莫敢破之，重周公也，尊經也。

竊嘗反覆紬思，憬然有悟，不揣檮昧，輒僭爲斷之曰：此決非周公之制也。雖諸儒舊傳，謂出古經，而實不可信也。蓋春秋之世，諸侯將踰法度，一切務從苟簡，以便其私，惡先王禮經害己而去其籍，自孔子時而不具，至秦大壞。漢興，魯高堂生傳《士禮》十七篇，迄孝宣世，后倉及其弟子戴德、戴聖、慶普等相與傳習講説，立於學宫。當時又有古經出於淹中及孔壁，多寡不合，殘闕失次，故喪禮至虞禮而止，卒哭、祔、練、祥、禫之禮僅傳篇目，經無文，其散見於傳記者，皆諸子諸儒之説也。則未知「三年之喪實二十五月」之文，久爲春秋諸侯所竄亂與？抑爲記禮諸儒所誤説與？要之，決非周公之制也。何以明之？若三年之喪實止二十五月，聖經定制，萬世不易，則後人必無敢爲異説者，而何以至東漢時，鄭玄又以爲實二十七月，魏王肅又以爲二十六月？晉武帝時，博士陳猗贊成王肅，駁鄭玄二十七月之失，許猛等扶鄭義，又駁王肅二十六月爲非。宋武帝時，改晉所用王肅祥禫二十六月儀，依鄭玄二十七月而後除。近人説者有謂司馬温公、朱子亦皆知康成之非，而姑從鄭，以爲徇孝子不忍之心，寧多一月爲愈。夫三年之喪，先王之制，本三十六月，今棄不遵，而從諸子之説，爲二十五月，又不能堅守，而從王、鄭，何其游移無定也？竊謂與其從後儒二十七月爲徇孝子之心，曷若遵先王三年本制三十六月，於人心不更愈乎？説者又有謂哀能致死，故先王制禮教人以無死。竊謂三年之服，已盡大、小祥二十四月，如諸儒説又增至二十七月，若遵先王本制，不過再遲九月耳，未爲死候也，竟必不可待乎？漢文以日易月，正以三十六日，不聞言二十五日，其證至明。應氏劭説之甚確，而顔師古反譏劭爲謬，所謂悖者以不悖爲悖也。

難者曰：「此二十五月非止《公羊》、荀卿之言，據《檀弓》篇，孔子譏魯人朝祥莫歌，以爲逾月則可，此非孔子亦主二十五月之確驗乎？」曰：《檀弓》篇多誕妄，所記事十失八九，惡可據信？且如《檀弓》記孔子既祥五日，彈琴而不成聲，十日而成笙歌，是不知尚有禫服未畢。使孔子祥後十日已忘哀至盡，彈琴成歌，弟虚行禫服二十日以徇世俗常禮，則聖人之賢於朝祥暮歌者，僅在十日五日之間，何以相譏爲也？且聖人之心，乃不自知其忘哀未盡，而迫於二十五月喪期，彈琴自試，習令忘之，是欲速忘也。哀欲速忘，喪欲速盡，有不及後世小賢愚孝者矣，何以爲孔子？夫先王之飭喪紀也，三年終喪，亦大略斡人情耳。今《檀弓》篇所記，乃校計於一月十日五日之閒，以誣大聖，不亦蔽乎！孔子語曾子曰：「人未有自致者也，必也親喪乎？」如《檀弓》所記，非自致之道也。

漢文以日易月，猶以君國施政爲闋，而已失先王亮陰之制。齊宣王欲短喪，乃惑於適庶屈厭之嫌。若後世士民無故而短三年之喪爲二十五月，則爲記禮諸儒所誤，故雖以晉武帝、魏孝文帝之爲君，漢薛宣弟修、魏徐幹之賢，皆格於卑俗之論，豈不甚可歎哉。宋仁宗升遐，遺詔官吏成服三日而除，三日之朝，府尹率羣官釋服，明道程子執不可，尹怒，先生曰：「公自除之，某則非至夜不敢也。」一府相視，無敢釋者。由程子之義，則聖人制法三年之喪，必不以二十五月而畢也。三國蔣濟論祭言曰：「有虞以上，豺獺之不若。」吾亦謂秦漢以下，烏鳥之不若，言雖過而不可破也。但後世事變多故，若必行亮陰之制，則恐冢宰不得其人，故三年之喪雖通喪，至於人君，必須别有權制，使無害於庶獄庶慎，亦無妨於孝德孝治可也。

或曰：「子之言固然矣。其如張束之所破王玄感四驗，何哉？」曰：束之僻儒麤士，惟據左驗，其言禮意實短淺蔽繆，不即人心。而況其所設四驗，又皆奢闊影響，無一足爲確證者乎？夫聖人制禮，必本於天理人情。三年之喪，天理人情之極至，而聖人範世弟一大法。今柬之之論禮意也，習熟舊説，不過曰：「先王立其中制，使情文相偁耳。」不知子於親喪有終身之痛，先王制爲三年，此即中制矣，而何必又於三年之期更短一年，止以二十五月當之？欺心欺親，名實虧損，而乃爲情文克偁乎？柬之又説：「練而慨然，祥而廓然，曰哀已除，而孤藐之情更劇。此情之所致，不假外飾。」意謂服已變除而哀猶劇，限於練祥之制也，然豈託於不假外飾而更速除之乎？何其傎也。

今觀其弟一驗，惟據《春秋·文公二年》「冬，公子遂納幣」，何休、杜預影響之談，參差之説，虚妄不實，何足證先王制禮之大經乎？且是經也，《左氏》以爲禮，《公羊》以爲譏，已不能合矣。何休曰：「僖以十二月薨，未終二十五月，故譏。」竊謂經所以譏，譏三年之内圖婚，不指言二十五月也。假令出十二月，明年正月、二月納幣，亦不得謂爲已畢喪，在三年外也。且下文曰「三年之恩，疾矣，非虚加之也，以人心爲皆有之也」。若不主三年，衹争一月，是直以三年爲虚加矣，豈非自相矛盾乎？至何休解《公羊》，誣謬多端，以弟禰兄，貽誤千載，昔人論之已悉，其言何足爲據？杜預《左氏傳》注既曰「公薨在十二月」，後復以長術推之，謂「實十一月」，以彌縫《左氏》謂「禮」一語，不但自相牴牾，即使僖實以十一月薨，而十二月正當二十五月，禫服未畢，亦未可納幣，未可謂禮。且即終喪納幣，亦止尋常禮俗恆事，孔子何用特筆褒之，許以爲禮？是左氏説經且浮誣不可信，況杜預坿會之説乎？丘明、公羊在何休、杜預之先，一以爲禮，一以爲譏，且相違不合如此，休與預乃欲牽引聖經，破析十一月十二月，旁文孤證，以斷三年之喪實止二十五月，豈足信乎？休與預虛妄不實且若此，而柬之乃欲據之以證三年之喪實止二十五月，益爲荒渺矣，此其第一驗不足據也。

其第二驗曰：「《書》僞成湯既殁，太甲元年曰：『惟元祀十有二月，伊尹祠於先王，奉嗣王祗見厥祖。』孔安國曰：湯以元年十一月崩。此則明年祥，又明年大祥，故下言『惟三祀十有二月朔，伊尹以冕服奉嗣王歸於亳』，是十一月服除而冕。《顧命》成王崩凡十日，康王始見廟，明湯崩在十一月。比殯訖，以十二月見祖，此周因於殷，非元年前復有一年。此二十五月之二驗。」愚按，此驗尤爲繳昧[illegible][illegible]。《伊訓》元祀，自記即位之事，故曰見祖。太甲三祀，自記太甲復辟，故曰歸亳。兩事本不相蒙，更與湯崩不相蒙，安國混合言之，甚謬。又僞撰《書序》，增「成湯既殁，太甲元年」八字於《伊訓》「惟元祀」之上。柬之直謂《書》僞云云，其實《書》無此文也。考之古今，斷之義法，未有以故君之崩繫於新君元年之上，❶則十一月不得指爲太甲元年。安國曰「湯以元年十一月崩」已爲混謬，況可曰「非元年前復有一年」，語尤不通。《孔傳》及《序》皆僞書，柬之不知，而妄引之，安足爲據乎？況即如僞孔言，湯以太甲元年十一月崩，明年祥，又明年大祥，故下言三祀十有二月朔，伊尹以冕服奉嗣王，服除而冕，亦不合二十五月之數。無論三祀之冕爲記自桐宮復辟，非紀終喪，即連上元祀爲言，則三祀十一月纔畢大祥，十二月朔，正當二十五月弟一朝，而已除喪而冕，是服止二年二十四月，又直滅「中月而禫」一句，

❶「上」，《儀衛軒文集》作「下」。

於三年二十五月畢喪之文亦不應，此與「吉禘莊公」「公子遂納幣」同一謬誤。《伊訓》元祀見祖與三祀見祖，實皆不蒙湯崩爲言，而何可據以驗湯之喪期？況援康王《顧命》明湯崩在十一月，以斷十二月爲湯崩之年，踰月改元即位，益謬矣。且趙氏《孟子》注曰：「湯崩，太丁未立，外丙立二年，仲壬立四年。」又據《竹書紀年》，外丙元年至太甲元年，中更六君，七十五年。果如趙氏、《竹書》所説，則太甲元祀、三祀去湯之喪遠矣，益不可據以言喪服。雖程子有歲年之説，謂丙、壬皆幼，國賴長君，故擇立太甲，此亦不可信，何則？夫伊尹、周公皆聖人也，周公輔成王委裘而朝，尹何不可輔丙、壬乎？且觀尹於太甲始立而放之，既放而復之，似太甲於時亦尚在童孺之年，非長君也；若太甲年長，爲尹所擇立，則立而顛覆典刑，於尹爲不知人，何擇之有？其事不過如漢霍光之於昌邑王，何以爲聖人？惟太丁、丙、壬相繼不禄，國統三絶，故以次而立甲，非由擇長，亦非承重，故知《伊訓》元祀不蒙湯崩爲言。若太甲爲長君，前既當擇賢之立，一旦遭放，必不甘受，故宜有高貴鄉公之事，此《師春》《竹書》所以有太甲殺伊尹之説。《竹書紀年》，沈約僞撰；《師春》之書，同出汲冢。若《竹書》《師春》可據以證湯崩太甲立年，則殺尹之説亦何不可信？太甲惟遭放廢，今而復辟，不得不加冕服，此一定禮儀，非爲終喪。且《顧命》冕服，後來東坡蘇氏譏其非禮，以爲周公若在，必不如此，則謂冕服爲周因於殷亦妄，況《伊訓》見祖，原無冕服之文乎？但按經文「百官總己，以聽冢宰」，則實係居喪之禮。蔡傳謂「太甲之爲嗣王，嗣仲壬也」。太甲，太丁之子；仲壬，其叔父也。或曰：「孔氏以湯崩踰月太甲即位，則十二月者，湯崩之年建子之月也。豈改正朔而不改月數乎？」曰：此孔氏惑於《書序》之文也。若湯崩踰月太甲即位，奠殯而告，是以崩年改元矣。蘇氏曰：崩年改元，亂世之事也，不容在伊尹而有之。至改正朔而不改月，仍以建寅之月起數，考之經史，周、秦皆然也。然則此太甲所喪者仲壬，仲壬之崩未知何月，而東之乃據以定二十五月之驗，全屬臆造不根，此其第二驗不足據也。

至其第三驗，亦惟習熟常談，空論禮意，謂二十五月畢喪爲送死有已，復生有節云云。夫三年之制，對終身立義，前論已備。至於「菜果酒肉之食，再基三年」等語，尤爲記禮者之長文剩義，無關制禮大本。若必急於二十五月畢喪，爲飲酒食肉計，豈聖人制禮之義乎？此其第三驗不足據也。

惟第四驗據《儀禮》「期而小祥，又期而大祥，中月而禫」三語，文義名句相承，雖《儀禮》經文不見，而篇目相傳有禫禮，非僞撰，此爲可疑。不知此正以著三年之喪三十六月之實數也。先王制禮，送死有已，復生有節，故喪事即遠，練而慨然，祥而廓然。祥者，吉也。小祥、大祥漸即於遠，其名其義皆從即吉言之也。至第三年終喪釋服矣，無可更爲名者，故復制爲中月而禫。禫者，澹也，示不忍遽釋而徐以澹之，使漸忘也，此天理人情之至也。聖人因性緣情之制，至是始極也。中月者，半一年十二月而中之謂，於大祥後第三年之中第六月，於此月行禫祫祭服，禫又六月，終三年三十六月而除，此爲除服之地，使漸澹忘，故曰禫，禫之名與祥爲類。中月謂第三十月也，於第三年十二建月數次爲中也。《説文》：「半，物中分也。」如此則中字義訓既明，而又當於人心。若大祥後一月行禫即釋服，則恐哀有未忘，覺有遽而未忍者乎？

「何以不言中年而言中月也？」曰：言中年，則疑濫於《學記》閒一年之訓，其義舛，其辭不成且混。

惟言中月，辭謷而文覈，乃見制法作經之嚴而立之也。「中既有閒義，何以不肯鄭、王也？」曰：如鄭、王作容一月、空一月，皆不辭，又皆於二十五月之數不合，故不可從也。深觀禮文，「中月」字對「期」「又期」紀數，「禫」字之義對「小祥」、「大祥」、除喪、即吉立名，三語平列，分記三年，事義節次名實，昭如日星寒暑。然後歎聖人制禮，其立義精深，制名親切，文字謹嚴章畫，真有非周公不能者。唐、虞、夏、商大概立三年之紀數，未有祥、禫之制名，此周文所以爲郁郁也。《公羊》《荀子》《檀弓》諸説皆不解「中」字之義，以爲即祥之下一月，故主二十五月。《白虎觀集議》作「通」，諸儒不解，但因循沿謬，雷同勦説。康成、王肅不解，又不奈諸儒記禮之文推詳不合，於是游移臆説，一謂除大祥二十四月數之，一謂連祥月數之，一主二十七月，一主二十六月。兩家門下小生入主出奴，互相非奪，訖無定論。由今思之，其所説義皆不安，所立之數與經文三年皆不合，其文字語句皆不可通，其於聖人制禮、立法、制名精義皆未能彰徹著明。如《孝經緯》曰：「喪不過三年，以期增倍，五五二十五月，義斷仁，示民有終。」按「以期增倍，五五二十五月」二語承接，晦昧不明，「義斷仁，示民有終」，此義本以説三年，則爲仁至義盡，今以此斷二十五月，則甚鹵莽，但覺其巧曲而涸於恩。凡天地之閒萬事萬法，莫不由浸而積致，蓋造化密移，一氣不成頓進，一氣不成頓消，寒暑晝夜，節節變化，皆至明著。《陰符》曰：「天地之道浸，故陰陽勝。」「日月有數，大小有定，聖功生焉，神明出焉。」今三年之喪，前之二年皆實以十二月紀數，至第三年，遽以一月終之，與前大、小祥立期長短，驟促縣絶不均，迫急無序，不中事理，不即人心，不符天運。聖人制禮立法精微，智用必不疏闊鹵莽若此。

康成解中月爲閒一月，而閒一月實於二十五月之數不合，於是臆造爲除祥月數之説，謂内容一月，二十四月再期，其月餘日不數，爲二十五月。中月而禫，空一月，爲二十六月，出月禫祭，爲二十七月。其語其義皆晦昧不明，不可得通。王肅以禫在祥月，連祥月數之，閒一月。故主二十六月。此亦不合二十五月。夫禫既在二十四月，連祥數之，何爲閒一月至二十六月又禫？其事複，其義亦不可通。總之，聖人制禮，昭如日星，何用費後儒如許調停，仍不畫一？而東之乃謂二十七月今既行之，二十五月初無疑論，以此彊杜人口，直是憒憒。夫使二十五月初無疑論，鄭、王何以更爲異説？世人何以又背二十五月不遵，而行二十七月無理無名之制乎？惜乎王玄感觀書未徧，求禮之心不切，議禮之智不精，持辨不堅，而爲東之虛謬之詞所絀。當時衆人無識，又皆助東之，謂其言不詭於聖人，遂使周公制服精義，禮經垂法明文，竟爲羣儒晦蝕。微言久絶，大義愈乖，郢書燕説，湮没千載，悠悠長夜，豈非古今一大憾事怪事與？

昔孔子以「子生三年，然後免於父母之懷」責宰予之不仁，亦大概言之耳。若援喪紀截算之，亦將限嬰兒必二十五月即去父母之懷，於事義可通乎？以愚斷之，三年之喪本實三十六月，有較然無疑者矣。閒嘗竊據《漢書》文帝遺詔，「服大紅十五日，小紅十四日，纖七日」之文，以爲此不但可證三年之喪實三十六月，並因可得禫服實七月之證。蓋自第三十中月行禫，連根數之，盡三十六月，恰得七月。文帝之詔以大紅、小紅當大、小祥也，以纖七日當禫七月也。《戴記》曰「禫而纖」，疏曰：「禫祭之時，玄冠朝服，禫祭既訖，而首著纖冠，身著素端黄裳。」又云：「黑經白緯曰纖。」戴德變除禮文，云「舊說繊冠者，采纓也」，以無正文，故以舊説而言。然則禫纖之制，戴德且無定説，要之，既禫而纖，則纖正禫之冠服，故文帝可以纖字代禫也。雖顔師古駁應劭以日易月之説爲無稽，然十五日、十四日、七日之數，即不取周禮，亦必舊典相因，故依而參差折算之如此，斷非率意憑空剏撰出之。師古乃謂文帝此制自率己意剏爲之，非有取於周禮，何謂以日易月乎？三年之喪二十七月，豈有三十六月之文？禫又無七月。應氏既失之於前，近代學者因循謬説，未之思也。竊謂師古號精《漢書》之學，乃於一代朝章國典之大，祖宗煌煌詔語，竟昧而不考，捨而不顧，不知因之以求古禮，乃反下依漢末鄭玄二十七月之制，謬以斷周公、尼父以來相因大法，可謂顛倒蔽昧，失是非之心者矣。《喪服》無三十六月之文，然又豈有二十七月之文乎？劉攽《漢書栞誤》據「以下」二字，謂文帝此制蓋斷自既葬重服已除之後，此言是也。然古人三年制服，本不截自葬後起算，衹連前始死之日通計以三年耳。觀經文總目列斬衰三年於後，又節節分著祥而縞禫而纖變除等制，可知三年斬服名義無除葬别計起算。原父解詔語甚的，然其譏説者不知計除葬日，則所見甚滯，殆沿師古舊意，内設成心，故迷真理。夫此十五、十四、七日合計，恰成三十六之數，必非無因，豈非以日易月通計，以滿三年之足月乎？翟方進自以身備漢相，遵用漢家制度，故亦服三十六日。然方進所遵者，以日易月也。而三十六之數，非始於漢家也。若唐玄宗直短以二十七日，唐閔帝以日易月，亦正以三十六日也。且師古、原父縱不信以日易月，亦豈不知四時之紀以十二月成歲，而三十六月恰符三年之足月乎？

夫三年之喪，聖經之明文也，以十二月紀年成歲，古今之通義，百姓之日用也。而漢儒喪服之制，因仍緯書，不名之三年，直名之五五，見於文字，著於碑石，蔽且謬矣。吾觀唐史《盧履冰傳》載田再思之言曰：「會禮家如聚訟，迂生鄙儒未習先王之旨，而闋人子之心，安足議夫禮哉？」又元行沖曰：「古緣情制禮，情理俱盡，因心之極也。」夫行沖特泛論一切上下輕重之服且如此，而況斯人第一重喪，反使文不偁情，何謂因心之極也？

又近儒顧氏亭林言：「服制一以周公爲正，後世有所增損，皆溺乎其文，昧乎其實，而不究古人制禮之意者也。」顧氏之言如此，而其説三年之喪亦止因仍舊文，無所辨正。至其偁今人過於古人三事：一曰《三年問》曰「至親以期斷」，今從鄭氏之説，三年必二十七月；一曰古人以祥爲喪之終，中月而禫則在除服之後，今自禫後乃謂之終喪。是其意方以從鄭氏得服二十七月爲幸，其説禫義尤魯莽，全昧周公制服設經文與實之正，張皇補苴，止於如此，其於古人制禮之意，殆亦未究也。

王充作《論衡》，自言宅舍多，土地不得小；户口衆，簿籍不得少。失實之詞多，虚誣之語衆，指實、訂宜、辨論之言，不得徑約。余非樂爲是譊譊也，其有聖人不易焉者也。莊子言：「三人行，二人惑，則所適不得至。」今也以天下惑，余雖有祈鄉，其庸可得邪？固知大聲不入里耳，高言何止衆心。然此所關至大，非若老龍吉之狂而非真，與夫須臾之説，不足爲堯、桀之是非者也。惟在文言文，究傷冗費，使世有如韓退之之改盧玉川、曾南豐之汰陳后山，則此猶可損千餘言。信乎筆力限於天分，文格囿於時代也。

此文既成後，始見近人錢塘王復禮《家禮辨言》中有「三年喪不宜折」一條，首引季璠爵里未詳。

之言云云。然繹其説，多疏漏，未審確。即如公羊、荀卿，年代先後且未辨，反謂公羊爲荀卿所誤。至纖禫日數未定，「中月」二字亦無解。最其後調停起復一事，遺本語末，其細已甚，殆近吏胥官文書之所爲，似未足與議經常大典。又其所引毛西河諸人之説，率皆庸淺習熟，老生常談，緩泛無氣力，不足以奪久敝之人心。

昔唐太宗見徐幹《中論》有《復三年喪》文，甚喜。及宋曾南豐校《中論》，此文已不可見。觀南豐極偁幹生濁世，獨能考六藝，推仲尼、孟軻之旨，述而論之，則此文雖不存，未知其説云何，要必有可觀，故能動太宗之意。惜乎，世既不能興行，而傳書者又無識，不知鄭重寶貴，而漫聽其亡逸，使與王玄感並湮也。

邑子張遇春亦嘗爲文論三年喪，但其義未廣，其辭未備，寥寥短篇，闇鬱不彰。吾故爲引伸之如此，未知於徐偉長何如也？

吾説雖如此，然恐徐幹之所欲復，及晉、魏兩帝之所欲行，非指三十六月之三年。或時短喪有不及二十七月，而幹欲復之，如唐武后之請服三年喪，本應服期也。至晉、魏兩帝，或是欲改以日易月之制，而行二十七月之服耳。古今事遠，不可究知，要之，恐此説爲近之。若三十六月之三年，古專以喪服名家者未及，當以應劭、王玄感爲大輅椎輪，吾文特加詳耳。補記。

若論此事，程子亦有誤説處。或問喪止三年何義？程子曰：「歲一周則天道一變，人心亦隨一變，惟人子孝於親至此猶未忘，故必至於再變，猶未忘，又繼之以一時。」按所謂「一時」者，據三月爲言，約之合爲二十七月也。夫三年之喪，期而小祥，又期而大祥，中月而禫，經有明文，棄而不言，乃爲繼以一時之説。且此止是解鄭康成，非解「三年」正義，並非解《公羊》、荀卿二十五月之義。淺蔽如此，必非程子之言。此見程書第二十二卷，坿於張繹《師説》之後。朱子固以比於傳誦道説之類也。又補記。

古之聖王行諒陰之制，百官總己，以聽冢宰，三年不言。春秋以來，諸侯廢禮不行，孟子以勸滕文公，而父兄不敢終異，弔者大悦。蓋孝德天性，不泯於人心故也。後世事變多故，誠恐冢宰不得其人，天無二日，國無二王，或不能三年不言，漢文帝刱爲以日易月之制，服大紅十五日，小紅十四日，禫七日，以足三十六日之數，兹可爲天理人情之準，仁至義盡，萬世行之可也，雖羊祜、司馬光極口詆之，殆未詳思其或有變故意外之虞也。宋孝宗雖謂「晉孝武、魏孝文實行三年喪服，何妨聽政？但晉武亦止用深衣練冠，朕當衰服三年」。愚按晉、魏、宋三帝，實爲聖孝，但止云三年，未委實行三十六月，抑或僅同後世二十七月之制，如唐玄宗止短二十七日。惟後唐閔帝，實遵漢文帝以日易月服三十六日。玄宗乃反不如，實由唐臣僻儒顔師古、張柬之輩誤之也。至於翟方進，身爲人臣，宰相又非一人專職，何必饕榮奪情，以遵漢家制度爲藉口？況方進後母有賢行而慈，方進少孤貧，欲至京師受經，母憐其幼，隨至長安，織屨以給方進。有母如此，而忍忘哀負心，以宰相之榮易之？是方進之不孝短喪，尚不如尋常居安無事者，而何責夫明之張江陵也。故嘗謂寧使漢廷暫時缺宰相，不可使人子一日無親。而史乃偁方進内行修飭，供養甚篤。夫以宰相之富貴而養其偏親，此何足難？史可謂取其小節而不識大義者也。㕑此一論，以諗後世之奪情者。又據《顧亭林集》有《與友人論服制書》，偁「關中至今三年喪，服三十六月」。此説如信，則是横渠之教未泯，昔横渠以禮教關中故也。

吴幼清《服制考詳序》謂：「先王制服，必中有其實，而後外飾以文，是爲情文之偁。徒服其服，而無其實，與未服等。王玄感欲增三年之喪爲三十六月，皆務飾其文，欲厚於聖王之制，而人心彌澆，風化彌薄。不探其本，而妄爲之增益，亦未見其名之有過於三王也。知喪不過三年，示民有終之義，則王玄感之説絀矣。」異哉，吴艸廬世所推爲名儒，而其迷惑悖謬乃如此。無論二十七月原非聖王之制，而喪不過三年，經語明白，何得誣三年爲二十七月，直以鄭康成爲聖王乎？至於情文之偁，聖王原不過以三年酌劑其大常耳，若覈求以實，則有不可致詰、不忍致詰者。試問艸廬能信古今天下凡服二十七月者，其哀情果皆偁不衰無虛乎？吾恐不肖者，即旬月、期月，即有無實而徒飾以文者矣，是且不待二十七月，安在必因三十六月，而始無實以致澆薄乎？以其無實不偁，不當服三十六月，如刻求其實，即多有不當服二十七月者矣。此與何休解《公羊》，譏魯文公亂聖人之制，欲服三十六月之服，皆悖者以不悖爲悖也。且以實計三年足月爲妄增，不畏糾者謂以二十七月當三年爲妄減乎？又觀胡紘論孝宗崩，光宗疾復康，自於宫中服二十七月之重服，則前孝宗自言「朕當衰服三年」，亦必止以二十七月無疑。以此例之，晉孝武、魏孝文二帝之欲復三年喪，亦衹二十七月可知。又補記。阮芸台太傅曰：「源源本本，殫見洽聞。分風劈流，無堅不破。其解中月而禫，真解拗獲，實前人所未及。其言未出，世莫能知；其言既出，世莫能廢。有功名教，實宇宙不可少之言，反之人心，無不允合。儻能由此興行，亦所謂功不在禹、孟子下者也。不圖暮年，獲見此奇特。」　仁和邵映垣曰：「姚姬傳先生跋《顔魯公廟享議》曰：『當時韓公亦上此議，與顔公意同。有云求之神道，豈遠人情？』朱子極推之曰：『禮學精深，得孝子慈孫報本反始之本意。』蓋議禮精密，上有以當乎先王之心，而下足爲後世大儒之所敬歎。至顔公此文，亦非弟博學工於詞説者之爲貴。然韓公之議不見用於貞元之末，顔公之説竟得行於建中之初，蓋顔公是時名偁位望，爲朝廷所信，固重於韓公云云。」此段議論，可移以評此文。至此文行否，要俟諸時會。蓋此事所關，固非特與唐之廟享一代一時之得失而已也。

合葬非古説

由百世之後，等百世之王，其因革損益之故，各因乎其時之宜。有上古之宜，有中古之宜，有後世之宜，有一時以爲宜，而不必今古咸宜，若荀卿所謂「端拜而議」者，壹審乎理之所安而已。太史公曰：「學者多偁五帝，尚矣，然《尚書》獨載堯以來。」蓋諸聖人者，生乎上世，每先天以開人，亦因時而立政，其所剏制表見皆不虚。顧純古風氣未開，人心渾樸，故其制作猶多未備。及至周公制禮作樂，緣情致飾，悉以人道推之，其事義益密，品節益詳，故孔子歎其「郁郁」而慕悦從之，結於夢想。而公當日亦自以多才多藝，能事鬼神，上哉敻乎，凡民無能動其喙者矣。

然世或謂周人尚文，實傷太縟，如《周》《儀》二禮，誠爲運用天理爛熟，大綱雖正，而繁文曲節，疲瘁難行。末流益甚，則以爲周公緣人情而制禮，事事即人道爲推，雖協諸人心而莫敢非，亦或遠於天事而失其本。一時若老、莊、棘子成輩，明目張膽，發爲貴本之論，誦言相非。彼固欲以輓世教之失，而不覺其言之過當。然不可謂其全無所見也。

嘗試論之：五帝殊時，不相沿樂，三王異世，不相襲禮，而孔子亦有「《武》未盡善」之言。若執一法，謂萬世可以永遵，則三代無庸改制，而古今只生一聖人而已足。顔子之問爲邦，何必兼酌四代而不盡從周也？則使孔子爲治，其所損益亦大略可知矣。子思子作《中庸》，雖發「爲下不倍」之義，謂不可生今反古，而必又曰「考諸三王，建諸天地，質諸鬼神，百世以俟」。上律天時自然之運，下襲水土一定之理，此即虞廷所傳之「一」「中」也。惟中而後可庸，若稍有毗於一偏，或過或不及，則不能禁後人之不有所變通也。即如葬禮，孔子之言曰：「古之葬者，厚衣之以薪，葬之中野，不封不樹，喪期無數，後世聖人易之以棺椁。」孟子之言曰：「蓋上世嘗有不葬者，其親死，則舉而委之於壑。他日過之，狐狸食之，蠅蚋蛄嘬之。其顙有泚，睨而不視。夫泚也，非爲人泚，中心達於面目，蓋歸反虆梩而掩之，掩之誠是也。」觀葬之本義如此，夫豈待有繁文哉？及至周公，龍輴魚池，飾牆畫翣，鐸紼麾葆，事義雲興，禮經所載，有不可勝數者矣。然猶曰「孝子仁人之掩其親，亦必有道」，謂比化者，不苟爲其薄於人心爲恔耳。至於禍福之説，亦因有可推而論者。葬者，藏也，既求藏其親之體魄，以人子之心推之，則必求其安而無害者。《孝經》曰：「卜其宅兆而安厝之。」此義得也。若其親之體魄安，而子孫亦安，一本之氣潛通，亦理之宜若可信者。北方高燥，地多火風，南方卑溼，地多水蟻，又有如程子所言「五當避」者，擇之不慎，則雖曰葬也，與向之委於中野狐狸與釋氏火化者何異？故孝子仁人求藏其親之體魄而慎擇，免於此數者之患，固理之至正至明而無可議者。謬儒訾之，未之思也。

唯獨合葬，愚竊疑而未允。非謂合之之必非也，特謂必合之之不必是也。夫人既死，則體魄必壞，勢不久存，故曰「衆生必死，死必歸土」。至於魂氣上升，延陵季子所謂無不之也，彼其魂氣且不必其常在不散，而又安必恆依於其體魄邪？彼於一己之體魄且不必其常依，而又安可仍以夫婦之情通之？亦見其罔而燭理未明，未達於鬼神之情狀矣。《記》曰：「所以交於神明者，不可同於所安褻之甚也。」《内則》曰：「禮，始於謹夫婦，爲宫室，辨外内。男子居外，女子居内，深宫固門，閽寺守之，男不入，女不出。」其死也，男子不絶於婦人之手，婦人不絶於男子之手，明有别也。夫生既有别，則死亦須有别，故衛人之祔也，離之。離之，是也，而世或據《詩》「死則同穴」之言，又臆造孔子善魯人之祔之語，以坿和合葬之義。不知古者葬有常期，而人之死無定年，往往相距數十年之久，是安能皆待於一朝而合葬？是以合葬之説雖見於傳記，而於經禮初無明文，未可以《檀弓》《白虎通》所記厚誣周公也。孔子論天子、諸侯、卿、大夫、士庶人之孝，備矣，未有合葬之語，而世顧以合葬爲周孔之教者，安也。

若謂周公緣人情而制禮，必欲使人之夫婦、父母常相聚於一處，則公亦安能必死者之魂氣之必皆爾邪？若必以此爲孝，則豈周公以前，上古聖人之不合葬者，皆不孝乎？而舜之大孝，不聞其以合葬得之也，又不知後世凡合葬其親者，其孝皆比於大舜，其賢皆過於古聖人否乎？善乎季武子之言曰：「合葬非古也，自周公以來，未之有改也。」是武子知合葬之非，特束於世傳周公之禮而許之耳。然則孔子合葬於防，何也？曰：其事政難信。且同一葬也，可合而合之，本無非也，余病夫可不必合，而以必合爲孝之固且蔽，因以罪夫大儒而誣謗之，爲義理生一癥瘕也。

昔朱子以紹興十三年三月喪父韋齋先生，明年葬於建寧府崇安縣五夫里之西塔山，奉遺命也。時朱子年十有四，自言幼未更事，卜地未詳，乃以乾道六年七月遷於里之白水鵝子峰下，距卒之歲二十八年矣。又於乾道五年九月喪母祝孺人，明年正月葬於建寧府建陽縣後山天湖之陽，距白水之兆百里而遠。後又因白水地勢卑溼，懼非久計，乃卜以慶元某年遷於武夷鄉上梅里寂歷山，並記韋齋詩有「鄉間落日蒼茫外，尊酒寒花寂歷中」，以爲殆若讖云。按此葬事具載《大全集》所撰行狀、遷墓記及壙誌。度當日所以不合葬及遷墓情勢，或因壙有寬狹，不能相容，或懼陵谷有變遷，如周王季之事者，年遠不可究知。要其可合可不必合、當遷與不當遷，必壹本於義理之正，決非無故而違禮違心，犯不韙以取大戾，復自爲文以留授後人指摘，可爲朱子信也。

孔子曰：「余所否者，天厭之。」孟子曰：「夫豈不義而曾子言之。」乃近人有錢塘王復禮著《家禮辨言》，内引盧正夫、張北山、李中孚、毛稚黄等言，皆謂朱子惑於風水，欲兩承吉地，故離隔其父母，不令合葬，極口斥詈，謂其忍心害理，比之世俗不孝悖逆小人之尤者。竊心傷之。夫小人之忌毒君子，恆欲摘其瑕、抵其隙以爲快，往往捕風捉影，深文周納，以莫須有之罪加之。近世之攻朱子多若此者，不可不辨。或曰：「《詩》有同穴之言，不可信乎？」曰：周人族葬，如《周禮·家人》所言，其次以昭穆爲序，同穴謂同壙也。但此《詩》本淫奔者之所爲，亦與陳乾昔、唐玄宗同意，何足述邪？況王復禮書中又改《詩》「穀則異室」語爲「生則同衾」，益爲猥褻，並失詩人語妙。又引吕坤之言曰：「生死同處，父母之情也，夫婦欲合室家之願也。分葬之，慘痛入心脾。」詞意皆不雅馴。又謂：「朱子自營壽藏於大林谷，欲與其妻劉氏合葬，而不令父母合葬，此乃終身之玷，後人當以爲戒。」是何言與？夫朱子自規壽葬名曰「順寧」，若其居心如此，何以爲順寧乎？小夫所不忍爲，而謂朱子爲之乎，竊謂此事非止關朱子一人之得失，實係天下萬世眼目，其利害是非，所繫甚鉅，非細事也。何則？禮義者，天地之所以立心，生民之所以託命，乾坤之所以正位，禮義倒，而乾坤或幾乎息矣。百家之説決於孔氏。乃自左丘明、公羊、荀卿以來，及周秦記禮諸儒，厖言謬説，往往臆託爲孔氏之言，是非混淆，多虚妄不實，則賴有有宋大儒程、朱五子者，明道立教，使後世有所折衷師仰，以爲其斗極。今若並程、朱而詆毁之，猶人欲有視而自壞其眼目也。故吾平生於世之毁程、朱者，輒斷斷争之而不敢避，誠有懼乎其害之大也。

竊妄意斷之，以爲朱子之遷墓而不合葬也，必其於義理無害而可行者。若於義理稍有幾微不可，但以欲兩承吉地，以圖風水、貪福利，人言不恤，以爲終身之玷，舉其生平所有一切講辨言論，不過以佐其欺世欺心欺天之具，而於人生第一大事、立身第一大節、名教第一大閑，悉悍然不顧，有如朱子，而可謂其若是乎哉？朱子説《中庸》至誠之立大本，以爲「無一毫人欲之僞以雜之」，又誌特奏名李公墓述李公之言曰：「臨事而無陰據便利之私者，可謂善人。」平心而論，朱子縱不得爲上聖至誠，將不得爲善人乎！此種議論，其始不過瞀儒崽士一知半解，妄逞謬悠而已，不知其罪乃上同於逆天地、忤雷霆、駡父母而無異。今將諸人之言列後，願與天下學者平議之。

有友人閲此文，意不謂然，面以三事相糾。其一曰：「今北方多墓園，後死者即啓前壙合葬，非必同時死乃可合。君文謂必同時死乃可合者，謬也。」余曰：「凡世之葬其親者，斷不能必人人皆獲吉壤。葬數十年之久，其吉凶必已可見。若其不吉，則不應復葬；若其吉也，則啓之恐洩真氣致禍殃，且有驚動體魄之嫌，則啓墓合葬亦不可謂得事義之宜。」其一曰：「周公以前，無合葬之禮，故無妨於不合。君文謂古聖人不合葬，不爲不孝，此説迂疏不中理。」余曰：「吾文本謂合葬原無不是，但不必以不合葬即爲悖逆不孝。周公以來，朱子而外，不合葬者亦衆矣。若必皆科以不孝之罪，指此爲元惡，如王復禮之論，既非朱子所堪受，即亦非人心所公許也。」其一曰：「據《四朝聞見録》中駡朱子者至多更甚，則此宜不足致辨。」余聞，乃不復言。夫人乃以毁謗大賢爲無傷，不必置辨，則是無是非之心矣，尚何可與言精義哉。

至孔子合葬於防，據《戴記·檀弓》篇云云，陳浩雖爲辨説，似猶失實。如用先儒説，殯爲殯母，解「慎」爲「引」，皆不成義理，亦不成事理。愚謂恐是聖父殯於五父之衢，四面復土致慎，若今之就攢室堆金葬者然。故孔子不知其爲殯，而誤以爲葬。及聖母殁，葬防，乃問於當時輓柩之人之母，然後啓殯合葬。此事乍觀之，似亦人情所有。不知聖人人倫之至，且聰明睿知，事無不察，豈有其父之殯與葬不能審辨？且聖母平日家庭，何無一言，而待問於鄰媪而始知乎？又以至聖大孝，合葬父母乃第一重大之事，何至不慎致墓速崩？又何以不俟葬事畢，急於先返，而委其事於門人小子？程子謂孔子先反，修虞禮，墓不堅，固非孔子也，乃責門人也。夫葬而虞祭，乃禮俗之常，何待於修？防在魯境内，非遥，何至無一信使僕役往來，必待子貢反問，而始知聖人自葬其父母？如此疏忽潦艸不慎，乃不自責，而反以責門人小子乎？此條載程書卷第十八，劉安節所編，淺蔽之甚，必非程子之言，亦不可信。補記。

姚石甫云：「合葬本無非是，但不合葬亦不得謂之不孝，此二語最爲平允。惟朱子始葬韋齋於五夫里中，遷白水，最後又遷武夷，是一父而三葬之也。五夫既奉遺命，而復改葬，是不以遺命爲嫌。但五夫既有幼不更事之悔，則遷白水時年已四十，不應又不詳擇，何以於慶元某年又遷武夷？葬親大事果可一再不慎如此乎？幸朱子以慶元六年卒，設壽至百歲，而武夷之葬有故，不又將改葬乎？此等處不能無疑，豈别有義邪？願更教之。」東樹曰：「詳觀來示，亦以不合葬未爲不孝見許，是免朱子一大罪，已異於王復禮等之論。但以三遷爲疑，是固不得不疑，且天下萬世所不能不疑，然愚以爲此何足疑也。人子葬親，求安其體魄於無患，此天理人情之正。惟地之吉凶則有非凡人術解之所能決定。韋齋無神術，則其遺命亦可違之不爲嫌，朱子雖解葬術，而亦非神仙家流，則擇地而誤，亦事之所常有而不足罪者。謂年四十而葬術必精，必當不誤者，此世俗輕薄誚詆不通之論也。既擇而不覺其誤，誤而覺之，於心仍不安，此天理人情之正，見朱子始終仁孝之心空平無纖毫私妄，可建天地而不悖，質鬼神而無慚。衆人之論，口角雌黄，意在周納朱子以罪，使無可解免以爲快。愚之意則在求情理之平，以信聖賢之心術行事渾然天理，一無成見，以解天下萬世之疑，非執意以解脱朱子爲阿坿也。此事祇以平常道理處之，不用深求，則得其實，政無用張皇也。孔孟復生，不廢吾言矣。」

昔孔子絶意、必、固、我，劉屏山臨殁遺言，誨朱子惟在「不遠復」一語，君子改過，一息尚存，不容稍懈。曾子易簀反席，未安而殁，以爲與其不得於理，過而死，何如改之。理得而死，安也。然則朱子之改葬，猶行屏山之教也。假使武夷之葬未終吉，即壽百歲，亦不得以老自諉。殷人患河，邦邑五遷，何傷於事義乎？惟世之庸人見不超色，聽不出聲，抱尺寸之義，囿丘里之言，固執一見，憑愚護短，顧惜顔面客氣，往往明知行誤，力自覆掩，不肯降心從理，虚心認錯。或指東畫西以飾智辨，或游移兩可自坿執中，若是者，皆未聞道，皆未奉教於君子，皆未足語於聖賢之學者也。即安有正誼明道、致知窮理、正心誠意如朱子之賢，葬親大事，猶待後生如王復禮、毛奇齡輩之持其短而攻其瑕乎？亦可以決信而不疑矣。

考槃集文録卷三

序

老子章義序

老子之書，不可謂非深於道者，特其用意之過，感衰世澆訛之俗，發辭偏激，遂若顯悖乎聖人。然究其指，不過曰無爲而無不爲，常使民無知無欲，以相安於揮樸無事而已。太史遷以「虛無因應」該之，可謂得其要領矣。自魏晉清談，寄心高遠，而制行全與相戾，豈知老子者哉？余嘗言古今絶學，大小雖不同科，而不傳之妙，與人俱亡。莊周之道，得佛氏擴之，其傳浸廣。老子之學，一傳而爲楊朱，已失其旨；千載以來，惟子房得其用，而其後無聞焉。然是猶謂嗣其道者之尠，乃若善説其書者，亦不可概見矣。陸氏《釋文》所引凡二十八家，今皆不存，存者獨一謬妄之《河上公章句》耳。唐宋以來，説者乃漸衆，然如蘇子由注不逮王輔嗣遠甚，而東坡顧偁爲奇特，何哉？朱子自言能得其義而不欲爲之，則以其説之流有害於事，故靳之耳。夫老子之言，固易知也，但解之者支離牽率，是以其義晦。今吾作解，合儒、佛之理而通之，其本義則竊取之朱子，其分章則以吾所私見者斷之。老子曰：

「吾言甚易知，甚易行。天下莫能知，莫能行。」凡求道者，但於近而易知處求之，則得所爲高遠；若於高遠求之，則有迂其難而卻阻者矣。老子豈欺我哉？嘉慶己未四月。

新修江寧府志序

新安吕公來守江寧之三年，乃克修輯府志，以三月開局，八月成書，又三月而鐫之版，其爲之易而成之速如是，是可欣矣。吾嘗以爲天下之事無不可爲，爲之未有不成者，然而世卒以少成事者，則未嘗不諉之於事之難爲。畏難者多則亦相與解説以自慰，而烏知彼固未嘗爲之邪？方公之來也，欲成此書久矣，雖以事故紛乘，於無暇能及之際，而其念慮，曷嘗須臾一刻忘於此三年内邪？然則此書之所由成之如是其易且速者，蓋早必於公之志矣。府志之不修，閲今百年，則其急待補綴者非止今日也，然前未有能成之者，豈顧事之本難邪？夫誠知其不難而爲之，爲之而即以速成如是，則亦豈待於今日哉？以今日之爲之有成，而益知前此之閲百年而未修者之未有志於爲之也，況於革興天下之大利病者邪？公之在官也，其豈弟之實見之政事者，固已箸於見聞，而無待於余言矣。若兹，蓋尤足以勉夫世之畏事不爲而諉之難者。自記云：其事例已見於吕之自序，故兹不復言之。

櫟社雜篇自序

周秦以來，諸子各以英資茂實，獵道裂術，散以爲文，咸自久於世。校其畛域廣狹，勝劣非一，然莫不本於壹而出之。後世之士，專欲工文章，而不務本，道術敝跬，致役乎文，游心竄句，紛紜於百氏之場，於是其人與其言始離而爲二。既以離爲二，則象而彖之，雖欲不參於三，以至於雜焉，不可得已。噫，吾觀後世文士，箸書愈勤，收名愈急，其能毳然不入於雜焉者，何其少也！平日無道術之積，及其爲之也，又不求其至。信乎膚淺者無所明其理，蹇蹶者無所昌其辭，如虞道園所譏。然則是亦安能有原泉放海，隨地湧注，超然造極，而皆歸有本，如古人之資深自得者乎？今余自集其文，不敢自欺，而命之曰「雜」，取別於古之以壹出之者，且毋俾後有作者見而笑余，謂同處於雜而惡以議人爲也。嘉慶四年三月。自記云：此己未年作。時余年二十八歲，於後爲學始壹正其趨嚮，雖未敢言能立本，而其於雜焉者亦庶免矣。雖然，又有病。夫文章之道，最忌正言直説，董子之文病於儒，故作者弗貴。吾生平爲文好莊語，此所以言之雖精而不入妙，識此以訟吾短。

陳氏宗譜序

陳，中州姓也，其在江州者，顯於南唐。按史，陳褒十世同居，宗族七百口，長幼共食，則世所號爲「義門陳氏」者也。自義門以來，族姓蕃衍，析爲九支，散處各郡，或顯或隱，世遠不具傳，而其箸者，曰才遷、公遷、思昇三人之子孫爲最盛。有曰和庭者，篤行君子人也，與予交最久。今三君之子孫，重修宗譜，而和庭之弟曰宗山者，實司其事，因介和庭以請序於余。

余惟譜諜之學，興於六代，而尤詳於唐。太宗詔高士廉、令狐德棻等修《氏族志》，❶稽正真僞，分爲九等，以定河北、江南之望。然太宗之言曰：「古者三不朽，謂之門户。」今皆反是，豈不惑邪？由太宗之意，其不徒以冠冕之榮爲等級高下，亦可知矣。此譜限勳格，所以遺譏搢紳也。三君之子孫顯冠冕者固不乏，而要其所以奠系世、辨昭穆、俾奕世子孫相維於不普者，必有所本，則亦無忘義門之貽燕也與。若夫胡滿之封、敬仲之祥、太丘之偉，望見諸史傳者，世皆知之，余不具論；論其在江州而出義門之後，信有可徵者，悉如譜所條列。

桑川吴氏宗譜序

聖人作《易》，每扶陽以抑陰。及哀公問昏禮，孔子爲正言天地之大義以對。蓋男女之配、絶續之交，上以事宗廟，下以繼後世，故著代之際，聖王重之。及後世男教不修，柔以乘剛，於是有婦人侵男子之權而代其行事者，聖人懼之，始兢兢以爲誡。若事之不幸，其男子所不及爲者，而婦人爲之，其所爲者，即關於絶續之大，事宗廟，繼後世。若吴氏婦者，吾知聖人復起，亦必與之矣。

桑川之有吴氏，失其始遷之世，明代有曰太咸者，始推第幾世永貞以爲始祖，蓋謹於傳信也。自永貞而後，迄今歷數十傳，系世脱紊，廟主燬缺，羣支不序，將復就湮。其裔孫曰君錫者，實痛於心，嘗

❶ 「狐德」，原誤作「孤」，據《舊唐書·高士廉傳》改。

欲繼太咸之譜而修之，不果而歿。未幾，而君錫之子及孫又相繼死殤。姑婦兩世，煢煢無依，嗣五齡族孫以承厥祧，蓋其不絶如綫也如此。嘉慶某年，其婦胡氏不忍其宗之湮，稟命於姑，捐貲延其族胡某梛爲《吴氏宗譜》，其言曰：「譜立而後宗族可稽，宗族可稽而後祖考之祀不墜。且俾他日修祠立祭，皆緣此興起，庶代吾夫以成其先志云。」昔張圓之妻劉氏能乞韓退之之銘以顯其夫，今胡氏所爲視劉益重且大，使推而則之，天下士大夫之思惟本原者，皆將勸而興焉，豈非仁義交盡之準乎？余既憫而嘉之，樂道其善，以爲之序。

王氏族譜序

吾嘗考古今氏族，一亡於秦漢，再亂於五代。晉、宋、隋、唐最重譜牒，設專官掌之，而矜門户，崇郡望，依託苗裔，謬妄難稽，譜限勳格，啓世訌争。故自唐以來，海内名家世譜雖詳，孝子順孫蓋有遠求其受氏之本原而不可得者矣。世俑貴族，莫如王、謝。顧謝氏自漢魏以上無顯者，始盛於晉、宋之際。惟獨王氏，自周、秦、漢至今，將相、名賢、大儒、碩學無代無之，而其族姓亦最繁。他族雖遠，宗無不同。王氏定著三房：曰琅琊，曰太原，曰京兆。然考之史傳，實有二十餘望，故王基、王沈相爲婚而不嫌。琅琊王氏，自俑出於王子晉，爲世所譏，則其盛衰崇替、支派同異之難稽，有自來矣。

徽之有王氏也，不詳其何望，當元末有名巽者，避張士誠之亂，由婺源清華鎮遷桐，生二子：曰宗二，曰宗五，始占籍桐城，洪武三年也。是爲桐城王氏之祖。自是仕宦蕃衍，遂爲盛族。然終明之世三百年未有譜。我朝康熙壬子，幾世孫某始刱爲之；乾隆癸巳，曰某者又重修之，閱今六十年矣。人愈衆，才雋愈起，今某某等復事修輯，而請序於余。余惟眉山蘇氏自唐武后神龕時遷眉，至宋仁宗至和閒，幾四百年而譜未立，是以老泉爲族譜，自高祖以上即不能知。今王氏雖於明代無譜，而自康熙壬子以來，所紀上世已詳，蓋已愈於蘇氏之僅能紀其高祖者矣。矧今某等又欲續修之，則其所紀益詳。自今以後，不至遠而愈湮，固孝子慈孫之事，而可爲世法者也。自記云：氏姓亂於五代，謂南北朝之五代，王荆公亦主此言；而顧氏《日知録》又以爲唐末之五代，二説並存，學者疑之。余此所指，晉、宋、齊、梁、陳，南北朝之五代也。

待定録自序

天下皆言學，而學之本事益亡。本事者何？修己治人之方是已，舍是以爲學，非聖賢之學矣。古者修己之學，學處貧賤而已，學處患難而已，學處富貴而已，學處死生而已。伊川謂富貴則不須學，竊以此記言者誤也，非程子之言也。夫富貴之人，處勢高，行意便，所及利害益廣，苟爲不學，則以其勢恣睢，非惟害及人心、風俗、民生、國是，終亦必將取爲身殃。君子無須臾離道，惡有富貴則不須學之言邪？至於治人，亦惟富貴有權勢者，其用爲切。矧由此而推，以處大事、當大任、決大疑、成大功、立大名，不惑不懼，其本皆在於是。故窮之所學即達之所用，非有二也。

余少貧賤，而困窮益甚，既無所因極，乃壹以學自廣。顧爲仁不熟，未能默識一貫，當其耳目暫交，天光偶發，惝惚有象，須臾亡逋，不可追憶。故每於旅枕不寐之餘，舟車波塵之際，忽有所悟，隨即劄記之；或紬思故書，欣然有會，則直記其詞，以當書紳。勤苦既久，集義自生，所得積至百餘卷。其歲月先後，蚤晚昏旦，一一蠅注其下，用以自考驗。初命曰「定命書」，後見劉宋顧凱之先有是名，乃改命曰「攖寧子」。攖寧云者，攖之而後寧也。今復改名曰「待定録」。嗚呼，余之困阨既無可告人，若其所獲於世所不争者，姑録而存之，以待後之君子論定焉，庶幾其非僭乎！若夫莊子所偁世有真人而後有真知，夫真知又有待而定者，則非余之所知也已。道光四年秋八月，東樹自序。

未能録序

閩縣孟瓶庵先生以損、益二卦歸之復卦，作《求復録》，曰《懲忿》《窒慾》《遷善》《改過》，凡四篇，用意密切，至矣善矣，然不逮蕺山先生《人譜》六言爲有始有卒。余參劑於劉、孟二書，自鞭其所後，爲十言以自程：曰謹獨，曰衛生，曰修内，曰慎動，曰敬事，曰燭幾，曰盡倫，曰執義，曰安命，曰積德。夫爲學之方，固各視其資性造詣，各有入手得力之處，不爲陳往迹以徇觀聽也。術家言吾歲行在卯，不利。幸殘生未泯，欲自刻厲，求免惡終。每自念，吾今日死，明日而吾尚存也，曷爲明日死，今日而吾先亡乎？凡不修之人，形雖未絶，而生理早泯，雖生而死已久矣。管子曰：「壯者無怠，老者無偷。」子曰：「朝聞道，夕死可矣。」又曰：「假我數年，卒以學《易》，可以無大過。」欲之未能，勉之而已，勉之何如，慥慥而已。如飲水，如耳鳴，雖鬼神不及知，亦自與鬼神同其吉凶。庚寅五月十六日，儀衛主人自序郡署東偏文昌樓下。以上十義，昔賢名理名言，至精且詳，不可勝舉。今日惟在自家切身檢點實踐而已，不作言銓也。

同日又記。

進修譜序

進修者，本《易》「君子進德修業，欲及時也」語，君子之學，進德以事天，修業以事人，舍是無所致其力。德者本體，卷而藏諸密者也。業者致用，放之而彌六合者也。德業並進，如釋氏教、乘雙修，漢學修教而不修乘，宋學之誤而偏者，修乘而不修教。而如程朱諸大儒，則必教、乘雙修，但德之精麤純雜、業之廣狹偏全，隨人所占，前載所記，可考而知也。天之所以與我者備矣哉！君子精其心而德隆，大其心而業廣，小人及偏材弗能也。譜者，百工技藝皆待規矩、繩墨、法式、模範以成其事，獨至爲人，自孩提至老，絶不一講，任情放意，各以私智蕩性虛憍客慧忿慾偏惑苟妄行之，父兄莫之非，交游莫之議，而無不予聖自狂焉，天下所以少成德全才者坐此。即少有一二質美志學者，不得其門，又昧於所從事，誤用聰明，功夫本末次序不知，卒蹈邊見偏見，至死不悟，可哀可憫，吾譜之所以作也。譜在四子、六經、諸史，然泛而求之，莫得其要也。蕺山、二曲「人極」「人髓」二圖，摹擬套習，又偏而多誤。惟丘文莊《朱子學的》庶乎近之，但單舉朱子一家之言，不如《小學》《近思録》完備。要之皆人譜也。皆譜，吾曷爲復作之？此吾所私具也。義理，天下之公，曷爲有私？吾所謂私者，如人皆冠履，視之則同，然而吾所自具者，合吾首適吾足，必不同於人之所有也。其譜之類，凡八：窮理一，密察二，實三，巽宜四，節五，止六，借所七，恆八。辛卯五月，方東樹撰。

時政策自序

《時政策》三首，其七事，蓋其尤切者，其餘猶有取士、删省條例二者，欲補作之，以擬主父偃九事八爲律耳。然非常之事，必待非常之人，苟不度時之足用吾言，而漫以沽其術，則未有不取戮辱者也。《易》曰：「『鼎有實』，慎所之也。」老子曰：「不爲福禍始。」蓋邀天下之奇功，必招天下之奇禍，如孔孟之栖栖奔走，知其不可而爲之者，蓋以天命悠遠不可知，吾但誠懇惻怛以事之，如大舜之底豫耳。此意諸葛武侯識之。下此若賈誼，猶出於忠愛。如范升之於王邑，則欲以售其才；如王通之於隋文，則苟以沽其名；若主父，則與蘇、張等，但以求富貴耳。苟不度時揣勢，則富貴未可求，而死於暴人之前也久矣，此獻璞刖足之明鑑也。乙亥六月十五日，方東樹漫筆。

雀硯齋文集序代

昔歐陽永叔擅有宋一代文章之譽，而其平日與學者言論，但語政事，不及文章，人或問其意，公曰：「文章止於潤身，政事可以及物。」嗚呼，公可謂能見其大矣！然而世之文章之士，以及操觚童子，無不知言歐文，若詢以公之政事，雖通才宿士，或不能舉其實，何公之所輕而人反重之，公之所重而人顧忽之與？將政事在當時，後世不克盡詳，而文章之所流傳者遠與？

沔陽張蓮濤，余己酉同年友也，學邃而文雄，尤講於吏治。其仕於黔也，歷宰諸縣，凡所爲措施勤恤者悉本諸經術。既乃不樂爲吏，一旦毅然決去，歸十年矣。嘉慶二十二年，余爲兩湖督延至武昌，將處以賓館，俾兒子請業於君。旋奉命改兩廣，蓮濤不果從行。蓮濤平日箸述甚富，所爲詩古文詞若干卷，舊皆已栞行。今都轉翟公實受業蓮濤，其服膺心悦甚摯，暇嘗告余曰：「某官江右時，曾栞先生詩集，至其文集，雕本既久，漫漶特甚，某今重爲校刻，公宜爲之序。」余惟蓮濤朋友契闊之情，都轉師弟拳拳之誼，皆不容已於言。且蓮濤蘊畜碩畫，限於職位，不及究施，則其所賴以流傳名字於不朽者，將不在是與？既以應都轉，並以質蓮濤云。

澄響堂五世詩鈔序

桐城以宦學垂六百年之舊家，劉氏其一也。劉氏之先有諱清者，於宋末由鄱陽遷桐，自是歷元明以巍科高弟躋清華、司刑憲者，相繼不絶。十數傳至廷尉允昌。深莊、鴻議、樸園、起鳳、栖麓奕世相衍，益大其學，羣從祖孫以詩文畫筆馳譽當代，風流輝映，比於鄞袁氏、豐氏。嗚呼，可謂盛矣！雖兵燹播遷，殘缺失次，不克盡傳，而觀其所見存者，則其不傳者益可概想矣。昔人箸書，或及其身而傳，或遲遲數百十年之久而後傳，或始雖盛傳而其後竟不傳，或始雖不傳而其後乃盛傳。此其遲速顯晦，殆有數焉存乎其閒，而不可以人力齊與？獨其傳不傳絶續之際，則賴有賢子孫之克承其家，抱殘守缺，網羅放失，有以存什一於不泯。孔子曰：吾説夏禮，是故之杞，而不足徵也。吾學殷禮，是故之宋，而不足徵也。然則子孫能傳其先業，使人得見其先祖之美，不因以卜其子孫之賢哉！

道光壬午，余客粵中，劉某謀刻其先人五世詩集，而屬余爲删訂編次，且乞序言，曰：「吾先世代有箸述，以年遠致殘失，今自先廷尉以上，隻字不存，自廷尉以下僅有存者，不及今收拾，吾懼數十年之後，並此區區者將全晦矣。」余受而讀之，竊見前輩典型塗轍有自，如廷尉之沈鷙、深莊之流美，栖麓之名貴，信足爲世言詩者之楷則。若此集遂行，固藝苑所樂推，而豈獨閭里之盛美也哉？

重刻白鹿洞書院學規序

書院之設，肇自唐開元中，與古石室精舍相似而不同。始東宫麗正殿藏經籍，置修書院。已而大明宫外搠集賢書院，學士通籍出入，蓋用以廣購求、事校讎也。逮宋嵩陽、廬阜、嶽麓、睢陽各立書院，以居生徒，賜之經傳，以相敎學。而白鹿洞經朱子設教其地，其精神所萃，千古猶留。登其堂而思其教，誠問學之津梁，入聖之階梯也。明弘治閒，郭堉始輯《白鹿洞志》，簡略未備。國朝康熙初，廖文英重修，後燬於火。星子縣知縣毛德琦重爲修補，廣搜遺事，自宋以逮我朝，興復沿革、藏書祀典、學田藝文及先正格言，靡不畢備，凡爲書一十九卷。披閱之下，慨然想見朱子當日所以集羣儒之大成，使斯道昭明，如日中天。其遺文教澤，一字一言，皆如布帛菽粟，後之人日游其天而不能盡察也。每思窮居約處，無補於世，必欲興起人心風俗，莫如崇講朱子之學爲切。會廉州太守何公謀取此志第六卷至第八卷所集歷來主洞諸先哲學規，別栞爲一集，廣布各書院，使奉爲繩墨，於以崇正學、儆斯人、成善俗而復於古道也。栞成，徵余言爲序。余喜與有同志，遂書以識其大恉云。

佩文廣韻匯編序

自平水劉淵首併《廣韻》之部，逮於黄氏公會、陰氏野夫，今韻盛行，世之學者不但不知字有古音，幾並不知韻有古本，於是唐韻亡。自宋鄭氏庠首分《廣韻》之部，逮於近時亭林顧氏、慎修江氏、若膺段氏，古韻盛行，世之學者始知字有古音，而周、沈以來所用之音、所定之本，皆不足據，於是後人之韻書行，而唐韻益亡。幸而《廣韻》尚存於世，而言今韻者不知求，言古韻者又以爲不足求，是唐韻將終必亡而已。嘗病邵子湘作《古今韻略》，以今韻本求古音，坿載紛然，止標漢、魏、杜、韓詩爲準，既不能如陳、顧諸君力求古經以訂周、沈四聲之失，又不能箸明《廣韻》二百六部之舊，使學者曉然知唐、宋人所用之韻之祖本。揚子雲所譏「童牛角馬，不今不古」，識者弗之重也。

吾友句容李君元祺，撰《佩文廣韻匯編》，以今韻本存《廣韻》舊第，篇目部分則從今韻，建類先後則從《廣韻》，而於今韻、《廣韻》兼收、分收之字，詳爲釐註，復移今韻之字之同切者隸從《廣韻》建首之字，區類相次，開卷犂然。書成，索余爲序。余惟《周官》「大行人」之職，九歲屬瞽史、諭書名、聽聲音，所以一道德而同風俗也。往者戴東原氏偁自漢以來不明訓故、音聲之原，以致古籍澡僞莫辨，蓋小學與經學相表裏，又如此其重。我朝文運昌明，超軼前古，凡諸經疏傳注，莫不仰秉聖裁，聿垂制作，而音韻小學，經諸儒講訂，亦復參微造極，同文之盛，薄海風行，洵非陸法言等之智所能囿也。但《廣韻》

乃孫愐之遺文，雖不盡合古音，而唐、宋以來詩人承用已久，誠恐世不興行，遂以湮微。今此書於部分恪遵《佩文詩韻》，而兼存《廣韻》舊部，俾承學之士於祇奉功令之中，藉以識古人之舊，庶原委得失，既有所考，而古籍亦賴以不墜焉。

刻屈子正音序代

《楚辭》之書，自劉安、班固、賈逵以來，隋唐閒爲訓解者尚五六家，宋時已皆不見，世所通行者，王逸、晁補之、洪興祖、朱子之注而已。洪本參用二十家之書，朱子作《集注》多本之，晁録僅予補於後。惟釋音，則自徐邈、諸葛氏、孟奧、釋道騫外不多見。朱子《集注》，專用吴才老《韻補》，明陳季立《屈宋古音義》已辨其非。然陳書簡略，尚多不盡。《山帶閣注》坿《説韻》一卷，伏讀《四庫提要》，偁其每部列通韻、叶韻、同母叶韻三例，以攻顧炎武、毛奇齡之説，亦非通論。余觀其書，據焦竑《國史經籍志》載，徐邈、釋道騫《楚辭音》一卷，謂朱子所不見者，今亦未嘗不傳於世，是未考竑此《志》多有未見本書而濫列其目之失，則亦未足信矣。

國初至今日，音學大明，江氏、戴氏、段氏、孔氏承陳、顧之後，覃精研思，博辨廣證，舉魏晉六朝唐宋以來一切譌音謬讀一復於古焉。其專爲《楚辭》音者，有毛晉、屠畯、錢澄之、張德純等諸家，然皆不合古音。桐城方展卿先生箸《屈子正音》三卷，其恉據《韻補》以正《唐韻》之誤，而於吴説之疏謬者，復引經傳及西漢、先秦古書疏通以證明之，庶幾讀應雅故矣。顧先生此書作於乾隆壬寅，其時顧氏書雖行，而江氏、戴氏之書猶未盛出，段氏、孔氏抑又後矣，故其分部審音如「魚侯蕭尤」之類，不能無小失，繼起者易周，而作始者難密，斯固古今之通趣與？ 余不敏，於形聲、訓詁之學，嘗涉獵而未精，喜先生是書足爲屈子音讀善本，爰爲雕板，以傳於世，而閒坿鄙説於後，則以墨圍今按云云，以識別之，用朱子《韓文考異》例也。《漢·藝文志》屈原賦別爲書，不曰《楚辭》，今先生所説自《離騷》迄《招魂》而止，題曰《屈子正音》，蓋據《太史公書》，不以《招魂》爲宋玉作也。 自記云：蘇厚子云：「朱子《答或人書》云：諸公偁號，合立一條例差等云云。王芳《麓樵筆記》：朱子《集注》之例，於程子偁子，諸家偁氏。子者，師偁也。氏有二等：有不敢以字偁而偁氏者，如程子門人尹氏、謝氏、楊氏之屬是也；有自漢以來注授經師亦偁氏者，如孔氏、馬氏、鄭氏、趙氏之類是也。若人非所尊而取之者，則直名之而已。此文江、戴、段、孔不應獨尊偁氏。」其説良是。余此所偁名氏，皆不應法，但行文不得不爾，姑仍之。而記若説以識吾繆，且以詔後來文家不可不嚴辨書例。

雙研齋詩集序

公卿大人之能，在於經國家、利民人；布衣韋帶之士，在於誦説議論、發明道德。韓退之自言能贊王公之能，而道大君子之美，彼其言蓋以自多，欲往而兼之，而不覺其意之溢也。若夫公卿大人，經國家，利民人，能事見於天下矣。而又以其餘發爲詩歌、文章，繇詠性情，潤色鴻業，飾表舒采，以光國而熙時，自皋、夔以來，迄於近世，臺省名公往往而是，則非特布衣之能而已也。

大中丞江寧鄧公，起家經術，由翰林出典郡，今天子嗣位之初，鋭意登賢，獨識其才，嘉其政，不由階資，爰自太守俾承臬事，五年之間，濤長方伯，遂躋開府。公自念受知殊異，益殫其忠貞，思所以爲政之要，可以守而不敝者，曰勤曰平。所至之處，爬櫛隱滯，顧畏輿情，款款業業，求不欺其誠。凡歷晉、楚、秦、皖，行之如一日，蓋舉所謂經國家、利民人者，既優優而敷之矣。而尤性耽吟詠，政餘之暇，不廢抽思，嘗綜生平所爲詩都爲若干卷，顔曰「雙研齋詩鈔」，命東樹爲之序。東樹聞命悚惶，私於友人曰：「是烏乎可？昔李商隱之作《會昌一品集序》也，見裁於鄭亞，迄今讀鄭公所爲，崇竑軒蔚，波渟嶽峙，偁衛公勳德氣象遠出商隱之上，固知大人之美，非大人之筆不能形。而況才萬萬不及商隱，其敢蹈退之之僭言以犯玆不韙？」三辭不獲，然後乃受而伏讀之。既卒業，歎曰：此殆有《卷阿》之遺音者與？蓋公之詩，上規雅頌，下攬唐賢，同源共流，一本於温厚。故篇中多沖瀜紆餘和平之作，絶唯殺猛起僨激之響。至其奇俊翃獲，亦如仁者之勇，力能侔造化、迴天地，而終不以勇力顯。蓋几几穆穆之度，交呈於性情文字之閒，而不可以人事彊者。而公虛懷若無，思賢不及，超然燕處，不留心迹，其於同時之士，有一才一技之可取者，悉羅而致之，揄揚偁説，不啻口出，蓋非但忘己所長，並若忘人所短矣。夫天下之理，苟非己性識所有，必不能兼取他人之有。《詩》曰：「惟其有之，是以似之。」又曰：「心乎愛矣，遐不謂矣。」公非特能兼布衣之能，而又能取之，取之不已，乃以下及於不能者，於此益徵公性量之宏，休休而不可涯涘已。不然，頌申伯之德者，必待尹吉甫，豈有以至微賤之士而敢干其職乎哉？故爲道公所以見取，及樹所以承公之意者如此。若徒論其詩之美，尤公之餘事也已。

徐荔菴詩集序

吾嘗論古今學問之途，至於文辭，末矣。於文辭之中而獨偁爲詩人，又其末之中一端而已。然而詩以言志，古之立言以蘄不朽者，必以德爲之本，故曰：「有德者必有言。」自漢、魏以來，至於今日，其閒賢人君子、高才碩士、英敏異量之徒，或以憫時病俗，或以抒情見素。百世而下，使人讀之，得以考其身世，睹其性情，如接其衣冠、笑語、聲音、面目，其高者，至並其時之風俗、治理、貞淫、盛衰，罔不載之以見，如孔文舉、曹子建、王仲宣、劉越石、陶淵明、杜子美、韓退之諸賢，猶可因以想見。詩之本用如此，故古今重之。文中子續經固妄矣，要詩足以覘其世與其人。後代作者，豈遽絶於風騷邪？邵子謂「删後無詩」，亦過矣。顧世之學者不惟其本原，或拘以格律，釐以人代，斷斷以優孟衣冠言詩，於是有言矣而不必有德，始失其本而示人以陋。數百年來衰敝相習，篇藉雖富，率夸浮流宕，不能與聖人言詩者合，王者之迹未熄，而詩固已亡矣。雖有河汾君子出，於時亦將何所采拾乎？夫《三百篇》爲詩之祖，而風不同於雅，雅不同於頌，《小雅》之材不同於《大雅》，而「無邪」之旨，「興、觀、羣、怨」之教，無不同焉者，豈不以言詩自有其本在邪？亦曷嘗置一人一詩於前，用一律以髣髴撫肖之哉？

合肥徐子荔菴，嘗舉孝廉方正特科，是其行誼，既重於鄉里，見於明時，固將揭其所修於身者，爲法於當年，流聲於後世，使人考其德行之成，卓然非尋常之所能及；乃猶不廢辭章之末事，而勤勤於吟詠詩篇，欲託以自名，豈欲以立德之餘紬而兼夫立言者與？夫立言，非德無以爲之本，徐子之賢，其必有以既其實矣。始吾識徐子於陳秋麓司馬座，徐子爲言與吾亡友劉孟涂善，因恨交余之晚。明年，余主廬陽書院，距徐子家不里許，因得數相見。又明年，余主亳州柳湖書院，而徐子先在州刺史署中。夫徐子與余交雖晚，而其踪迹之聚密，有爲親故之所不及，豈非相與有夙因與？然則徐子命余序其詩，其曷可辭？故爲本其素行，與詩教之大旨以爲言。

安徽通志序代

國家承平，聲教暨訖，大宇之下，休養生息，垂二百年。雖萬里之外，嶺海之陬，山川城郭，兵額田賦，倉儲征榷，師儒學校，風俗物産，文羅武絡，悉達京部闕廷之上，民氣動静，視之如咫。内外井井，不勞而治。圖志之用，關於政治，其益如此，是以各省通志，雖或舊有與無，而皆於雍正七年，奉世宗憲皇帝諭旨，一例輯修。書成，皆經奏進、栞板，藏貯布政司。而安徽省獨統於江南，乾嘉逮今，頗常增修，而無刱造。

道光五年，臣某奉命來撫是邦，實有問俗之責。念兹地千里，所轄府、州、縣，襟帶吴、楚，兼有揚、豫，較其疆域之廣輪，人文之殷盛，扼塞之險易，財貨之阜蕃，實與江蘇不相上下。矧自春秋、楚漢、三國六代以來，封建僑置，華離紛錯，其名區勝迹、遺文軼事，至頤而不可紀極。唐、宋、元、明，道路割併，職官建置，沿革隸屬不一，故事尤夥。今取士之額、漕輓之供、巡撫布政使司之設，皆有上下江之分，而志書獨否。地大物博，首尾要最不具，故《江南通志》多至二百卷，而安徽事略，猶未能詳。且

《江南通志》續修於乾隆元年，距今又閱九十四年，日月運於上，人事增於下，政典條例，因時制宜，屢經更定，文書案牘，多於積薪，稽考不備，何以裨益治理，昭示來兹？封疆之吏，職在補偏修廢，苟有可以利地方者，雖其未有，不妨剏舉，見既有端，不敢避縮。爰與布政使臣某、按察使臣某暨諸監司郡守，周諮協慮，謀剏爲《安徽通志》，僉議曰：宜。乃於某年月日，會同兩江總督臣某具疏恭請，欽奉俞允。條例初頒，綱領始布，而臣某旋奉恩命調任江蘇。於時，接任安徽巡撫臣鄧某踵成其事，酌籌經費，慎請名儒，開局纂修，歷今四載，始克告成。細目宏綱，詳明該括，俾舊章不致放失，文獻藉以有徵，於以彰我國家絫洽重熙，典章制作之盛，與《江南通志》並備史館采擇焉。是書，臣某實謀剏始，例得弁言簡端。謹拜手稽首，序其顛末如此。

重修太湖縣志序代

道光丙戌冬，余自鳳陽移守安慶，數年之閒，凡六屬邑令，雖遷調事故不常，然皆以賢能助余爲治。當是時，值前撫陶、張兩大中丞暨今鄧大中丞相繼剏修《安徽通志》，檄令各州縣一體輯修邑乘，送省志局，凡以稽一方之治理，上備史館采擇焉。於是太湖令山陰孫君始輯修《太湖志》，既成書，而請序於余。余惟太湖有志，其緣起本末，諸舊序詳之矣。顧自乾隆二十六年前邑令吴君重修，迄今又六十年，人事絫積，俗化遷移，君乃悉心爲之，稽考文牘，網羅搜舉，缺者補之，譌者正之，務俾文簡事覈，期於有裨治化，徵信來兹。余覽其書，文事粲然，洵足備一邑之文獻，可以覩見其民俗風土焉。輒復略爲商榷其凡例，是正其文字，庶幾體裁雅正，於以追媲武功、朝邑諸名編而無媿焉。蓋志與史相表裏，非所記覈實，無以推行諸政事。若夫浮文妨要，公家虚義，概無取焉耳。孫君既以賢能膺計典卓異，行將去此矣。而是書之留貽於後來者，得以藉手共勉爲實政，豈小補也哉！道光十年庚寅仲春。

朱字緑先生文集序

《杜谿文集》十卷，坿《白柴文》一卷，故編修宿松朱字緑先生及其子曙撰。道光辛卯，樹主松滋書院，其族孫麟憫先生無適裔，將代爲梓行，而屬余序之。其言曰：「先生集舊有栞本，既未盛行於世。乾隆時，開四庫館，禁書令甚嚴，其家不知而燬其板，惟鈔本僅存於今，又多摩滅錯亂，至不可讀。」樹幼即知先生名，而未見其文。既發讀卒業，則歎曰：「此豈僅一方之文獻而已！」蓋國朝名家箸書若此者，實不多見，是固將追古之作者如李翺、蘇洵、曾鞏輩，並垂不朽於天壤。惜乎世無傳本，知之者少，而可不亟亟焉表而出之哉！蓋先生受知於仁廟，嘗預武英殿修書之選，一時交游之士如萬季野、梅定九、閻百詩、何屺瞻等，並國初碩學耆儒，先生與之馳騁議論，並駕角立。而其文又皆經事析理之言，高峻曲暢，氣韻温厚，得法雄深，無一語爲時人所能措。如《與李二曲辨學書》《記闕里志後》，理明詞確，有裨人心世教。《記徐司馬三征事》，金中丞、吕沃洲等傳，表潛闡幽，足補史傳之不備。其他雜文，記言書事，皆關掌故，無虚詞泛語。而考其言之所至，其所得於内者，行又足以充之，孚於鄉黨，信於友朋，足以重天下而傳後世無媿也。世之文士汲汲箸書以邀名，而行無可偁，中無所積，剽襲標榜，憑藉聲氣以炫燿於一時，卒歸湮滅。而如先生之操修明潔，高文博辨，雖其一時未顯，而其光氣靈怪終不可遏抑，在在如有鬼神呵護，待其人而後發。故雖其子孫之式微，而承學後進不敢謝其責，而必爲之發揚暴露，以箸見於天下後世也，蓋有天焉，非偶然也。先生與吾鄉宋濳虚、方望谿先生交最契，其卒也，望谿爲之表其墓，而此集前濳虚嘗爲之序。樹惟書無重序，又自念末學鄙淺，豈足以重先生之文，使學者尊而信之？謹訂其脱謬，更易其卷第，言其大略，以質世之君子。先生平日所最措意者，有《游歷記》數十卷。今集中有其序，而未見其書，惜哉！道光辛卯九月，桐城後學方東樹序。

重刻數度衍序代

今海内言天文學，必推宣城梅氏。然梅氏曆舉新舊西法凡九家，皆在前，先繼善公其一也。夫儒者之業，惟天文爲絶學，非專家尠能通習，習矣而或不能精深，灼然有所發明，則亦不著。吾鄉前輩箸述如林，皆鮮及此學，故自余晉齋《八綫測表圖説》外，無一人問津者。近儀徵阮芸台宫保撰《疇人傳》，裒集古今，而先公實抗席其閒。公所箸《數度衍》二十四卷，箸録《四庫》，其義例具見《提要》，大抵新西法也。歲久板壞，字漶滅不可識，子孫貧不能修輯。某頃歲自蜀歸，始得購求紙本，重摹鋟板。又《四庫存目》載《揭方問答》一卷，亦言新法，今未見。揭名暄，字子宣，先檢討公弟子也。所箸《寫天新語》，亦在《四庫存目》中。聞國初有江西廣昌人揭衷熙，字静叔，於順治三年以推官護饟經泉鎮遇寇死，妻萬氏，子暄奮力殺賊報仇，事具邑志。衷熙箸有《天書》《性書》《兵書》，則子宣之學有自來矣，因坿箸之。道光八年戊子十月。

重刻劉直齋讀書日記序代

董子曰：「道之大原出於天。」天不言，而生聖人以代之言，故聖人之言，凡以明道覺世，陳其理而不彊晤，猶天之縣象而益加顯焉耳。周秦諸子，獵道術而裂之，刻意箸書，始欲私之以爲己言。道有純雜，語有偏全，要欲以明道立教則一也。降自東漢，以逮陳、隋，八代遞衰，文士之習盛，而道始隱。非道隱也，其言不足以箸之，而民無從有聞焉。其僅而有存者，大率如沙中之金，細而寡獲，不濟於用。及至唐，韓子因文見道，而道復昌。昔人功之以配孟、荀，而以爲不在禹下，由今觀之，其弗信矣乎？嘗論古今道術源流，唐韓子之於宋程、朱，猶之伯夷、伊尹、柳下惠之於孔子，亦於其言精麤淺深辨之而已。顧韓子之言以文，程朱之言多出於門弟子所録，小儒頗病之，以爲其體沿於釋氏，後人習以箸書，俚俗淺近，不應爾雅。讀夫言，弟觀其於道有離合否耳。詞之工拙，時代爲之，非所害也。苟其言足以質聖人而無疑，軌諸子而獨粹，雖箸書無文，抑豈文士離經詭正、浮華齷齪之言所可共帙同機而讀乎？某性顓愚，自壯至老，喜觀語録諸書，尤潛心宋五子。服膺既久，中閒仕宦，遠涉夷險，紛薄不一，而未嘗稍輟業。以之行身居官，反而自驗，亦時有得力於是，益信聖賢之學，體用交盡，口之所發，簡之所書，與躬之所踐無二焉。歷選諸儒，周、程、張、朱而外，不啻數十百家，雖高下不侔，而於道莫不皆有所發明。最後又得孝感彭魯岡、安丘劉直齋之書。魯岡之書近得雲夢程太守梓行，直齋之書雖有栞本，而流傳未廣，問之學者或不能舉其名氏。道光乙未，其族孫某官某人始以其書來，讀之精深明辨，多所發明，雖其視周、程、張、朱淺深高下未知何如，要其大致不合者抑寡矣。惟原書五十卷，今所栞行陸巢雲删定本止五卷，卷數縣絶，意其微言緒論，宜猶有可存者，而今不盡見，可惜也！某將重栞以廣其傳，余故道其所見，用識私淑之忱云爾。

芸暉館四世詩鈔序

夫蓄德久則其世必顯，雖曰自天篤之，然固人事之符焉已。維文章學問亦然，其積之益厚博，則其聲益遠流；其業世宿，則其致精極能也必益工，其於收名也必益遠。

鄉先輩退餘吴先生，處仁抱義，樂善務施，其平生所以陰行其德者無不至，而無邀名望報之心。嘗與其弟除夕夜遇孤童之無依而哭於塗者，二人問之，則其族子也，因攜歸，兄弟各撫育之，以至成人授室。先是，先生老而乏嗣，洎是至年六十一，始得冢嗣竹心大令，又十年復得種之太史，人以爲陰德之報云。厥後，太史生三子：長春麓，侍御；次星槎，刺史；次岳青，徵士。太史念兄竹心無子，以徵士嗣。而侍御二子：長子方，明經；次裔軒，大令，皆以文行仕宦顯於時。其餘羣從稚孫，烝烝林林，盈庭玉立。夫以百年之閒，孫曾鵲起，簪纓世禪，翰苑科名，畢萃於一門之中，而皆本於退餘先生一人之積絫，則余所謂蓄德久而其世必顯，其弗信矣乎？

退餘先生幼勤學，習舉業，而尤工於詩。既久困場屋，連蹇不得志，又初無子嗣，可謂不得志甚矣。而誦其詩，浩浩乎，渢渢乎，吟詠性情，攄述游歷，其胸中絶無忿怒愁苦之氣、哀怨侘傺之詞，則可謂之德音者與？竹心大令承庭闈之訓，其詩抒辭，雅潔可誦，不以作吏廢其嘯歌。及至太史，鯨吞虬横，薄雲霄，沮金石，馳騁乎山川之壯，研摩乎景物之華，觀其風格，時與唐賢高常侍、岑嘉州、李翰林相近，有初盛承平氣象，無塞苦困瘦之情。自中朝士大夫，及四方才士，莫不慕重之。然則太史之詩，豈獨爲一人之善？固上以大退餘先生、竹心大令之業，而下以開侍御、明經之緒，使人讀其詩，考其家世，父子祖孫，奕葉相承，信世宿其業者其致精極能，而收名益遠有如此也。故星槎、岳青既定次退餘先生及大令、太史詩各爲集，而並以侍御、明經詩坿於後，命之曰「芸暉館四世詩鈔」。嗚呼盛哉！昔曾子固言：自漢唐宋以來，能三世以文章特見於世者，代不過數人，今吴氏之盛若此，雖梁之徐摛、陵，庾肩吾、信，唐杜審言、甫，竇叔向、牟、鞏，宋眉山蘇氏，舉不足專美於前史矣。星槎、岳青以樹嘗及見太史，又習於侍御、明經，故命爲之序。樹無以辭之也，乃爲本其家世所以致斯盛者，由於蓄德積學之久以爲之言。若其詩之工卓然可傳於後世，讀者當能見而信之也。

吴康甫磚録序

凡人之學，雖一物之微，苟好之精且專，斯莫不有傳焉。非彊而致之也，以爲是亦道之散而所寄，故能分識小之用，歷世而不可廢。夫論學而至文字，六藝之一端耳。於文字之中而及於金石，於金石而逮於磚文，又其一端耳。然而論者以爲金石文中，國邑、大夫之名，年代、日月之紀，偏旁、篆籀之迹，有可補經傳所未備，《説文》所未及，考鏡得失所亦不遺，豈徒摩挲古物，寄興翫好而已，則磚文或亦分其一節邪？顧唐以前，金石之學未廣，自北宋以來，列收藏者至三十餘家，而其人非有閎博大雅之才，貫通經史，則往往不暇以好；好之矣而或貧賤屏處，力不足以致之，則又不足以聚，即偶蓄一二器，而亦不足以侈富。嗚呼，蓋其難矣。吾邑學問文章頗爲四方所宗，而金石學獨闕焉弗講，將恐泥小道而忘致遠與，何好之者絶少？前輩之流風，竟未有開而先之邪？

吴君康甫，年少而才秀，性嗜金石，自其在鄉塾時，即喜模拓篆刻。及仕浙中，既多與賢士大夫接，又多得地土所出，故其好之也愈篤，其求之也益勤。其説以爲，凡漢、晉鐘銘、印文、銅器、碑碣、瓦當之屬，一一取證之，以磚文可補諸體於萬一，於是輯爲是録，敘列精當，頗具條理，較昔諸家録文而未爲成書者特爲詳備，皆可觀亦可喜。昔歐陽《集古録》千卷，而趙氏書多且倍之；薛尚功《鐘鼎款識》四百九十三器，今儀徵阮相國益之爲五百六十器以勝之。剏始者難，繼起者易，亦其事理之所必然矣。夫古物之在天壤，有日減無日增，矧磚之質賤，不爲人所貴重而易湮毁者邪？得是録以永之，千萬年不朽，則此書之傳亦與之爲不朽，安在致遠泥小，不且爲吾邑開作始之功與？康甫寄書索余文爲序，故爲本其實事以言之。

周書武成年月考序

吾嘗論學莫大於説經，亦莫難於説經。説經者，必以義理爲主，而輔之以考證，稍偏焉，皆失之。而考證家於天文、曆算又必專門，始通其説，固非大儒罕能兼善。近世學者，務蔑義理，而專求之考據；談義理者，又率空疏不學。二者交病而不相能，此太史公所以歎《春秋》曆譜之不一也。

吾友馬君，嘗病先儒説《周書·武成》年月不合，因深箸劉歆《三統曆》之疏不可信，以致誤諸儒，而因以誤經文也。乃爲《周書年月考》一卷，據程氏厚耀《春秋長術》以斷己卯之無閏月，而《武成》日月皆合；又據《金縢》《史記》以定武王之卒年，而周公攝政、成王在位之年皆明。其言曰：必得其年，而後能定其月日。以經證經，事覈而詞信。蓋合儒、曆二家之言，信乎誠足爲治國文者要覽矣。吾初疑曆家之術，止可推明閏、朔、章、蔀、月、日，而不可考古。爲曆之年月，所當於古帝王事迹，史文有闕誤，即不能詳，故史遷《三代世表》不紀共和以上年月，以爲本於孔子之意。馬君曰：「君所言概論夏商以前，吾書弟爲周一代言之，而實有經史及儒、曆諸書可考，不當以史遷爲不可易之説。」余覽其書，信然，乃悔向所見之不宏也。自記云：其詳具於所與書中，可參觀之。

援鶉堂筆記序

《援鶉堂筆記》五十卷，鄉先生薑塢姚編修之言也。先生早歲歸田，專精修業，自壯至老，未嘗倦怠。其所校閲羣書，包括古今，探蹇雅故，凡墜簡、譌音、乖義、謬釋，一一是正。或録記上下方，或籤片紙簡中，反覆書之，旁行斜上，朱墨狼藉。然弟自求貫通，不希箸述。殁後，學者借鈔傳寫，致多散佚，或並原書爲人所竊，今其存者纔能過半，又頗顛倒脱爛，不可辨識。先生曾孫瑩，前仕閩中，始輯而刻之，名曰「筆記」，本其實也。惟閩中之刻，既非足本，又失於讐校，訛誤實多。及兹移官江左，亟事改補，以樹矗堪盡心，過蒙諈諉，於是始共商榷，隨文究義，彙以部居，檢校本書，足得依據，整齊首尾，標疊章句，乃定箸爲此編。微言奥旨，昔人未宣，眇識精解，當年罕對，後有作者，斯知爲貴。

汪氏學行録序

昔孔少傅文通君子魚，蒐輯宣聖而下子思、子上、子帛、子順之言行，箸書以存其先世之德。至太常子臧，輯而爲《孔叢子》，蓋言有善而叢聚之也。江都汪容甫先生，負海内盛名，士林之稍有識學者，莫不宗仰之，以爲通儒矣。而其上又有快士先生者，以工書善籀篆被當世重名，與王文簡諸名賢相友善。其上又有餘姚令君，以循吏起家，載在邑乘，殁而配食於社，如某某先生者。嗚呼，汪氏之明德遠矣。吾友孟慈户部，言論風采，以名教自任，文章學行，以聖學爲歸。懼先德之弗彰，乃聚而爲《汪氏學行録》。樹受而讀之，竊以孔悝之銘鼎、陸機之誦芬、謝靈運之述德，皆不若《孔叢》之爲篤信廣博，足以爲法於後世。孟慈，其子魚、子臧之亞與？桐城方東樹。

姚石甫文集序

文章如面，萬有不同。而苟求古人深妙之心，則雖千載之遠，如出一手；不得其心，往往好彊同其面，同其面而深妙之心亡矣。優人之肖人歌、泣、悲、愉，足移觀者之耳目，有識見之，必不以爲真古人也。夫文亦若是焉則已矣。本之以經濟，以求其大；本之以義理，以求其醇。表章紀事然後重，陶鑄性情然後真。不如是，則浮、則龐、則輕、則泛。然使不得古人深妙之心，則言經濟而冗，陳道義而迂，表章紀事蕪彖而失輕重，抒寫情抱鄙俚而乏雅馴。唐宋而後，陳政事之文，果足與兩漢齊肩與？而何論周秦？宋元以後，闡道義之文，果足與孟、荀、楊、韓並美與？而何論六經？班、范以來，紀事之文不絶，而翦裁弃取，識大小輕重體要者幾人？惟獨性情之製，自《三百篇》《騷經》而降，作者差多，是知文章之事，別有淵源授受。韓子曰：「不登其堂，不嚌其胾。」固非妄庸高名所可劫而有之矣。夫文章之體，如人之體，體不備，不可爲人，胼拇、枝指、隆背、垤胸，亦不可爲妍體。今人於筋骸肌膚之閒，偶觸風邪，則痺瘓不仁，以爲其氣與脈病也。至於爲文，則昧焉。一事之書，惟恐閲者之不明，剌剌然不啻自作疏解，及義理應有，思不能周，轉多欠闕。人之才，迫窘詰屈爲不足，恣肆變化爲有餘。譬江河之匯衆流，其匯愈多者，其波瀾益大。而才豪氣猛易於語言者，又患其冗費，繁而不能殺。是故有文矣而或無章，或知有章矣而又無文。降而不文不章而後稍知集字者，始封己自雄，作之者得少自足，閲之者以贗爲真，客氣虛憍，苟相夸奉，家自以爲遷、固，人自以爲向、雄，而古人深妙之心愈亡而不可見。是故覽其篇什，平岡曼陀、無奇境異勢者非文；誦其言辭，指前相襲、率意漫書、無删語造句者非文；徵其議論，糟粕常談、掇拾筐篋、駭新衒博、無玄解真理者非文。餖飣奇古以夸俗，不可以爲華；巷説乃諺而易通，不可以爲質。詔之以主理而腐，告之以求法而拘，導之以尚氣，猖狂妄行，而無節制。文章之道，欲其静而不躁，重而不輕，要而不泛，畏而不肆，節而不蕩，審而後言，言不失本原。若是者，斯其於爲文也當矣。

見今時無工文者，並無知文者。道思不深不能工文，經義不明不能工文，質性不仁不能工文。故古之工於文者，必有仁義之質。如不得已而後言，而後其言傳。而其致力之始，又必深求古人，沈潛反覆，翫誦研説之久，然後古人之精神面目與我相覿，而我之精神面目亦自以見於天下後世。以此衡之，唐宋以來，韓、歐、蘇、曾、王而外，作者如林，曾不多覯其匹。獨明歸熙甫氏出，始有以得夫古人深妙之心，而以續夫數百年不傳之祕，日久論定，無異喙矣。若夫知文與知道同，必以覺言覺，以知言知，而後言之淺深、高下，無非是也。如以水洗水，溼性同而其流自合。今之論道、論文者則不然。以未覺言覺，以未知言知，影響揣似，剿説雷同，以己凡淺測彼高深，如以泥洗水，質味所入，清流亦濁。在黄帝之告歧伯是已，其言曰：「誦而未能解，解而未能别，别而未能明，明而未能彰。」嗟呼，彼未知爲知者，聞聖人之言，不亦廢然自失與！

今石甫之於文，其有以得夫古人之心哉，抑猶未邪？不得其心，往往好彊同其面，而石甫之文，其於古人之面，不一一求肖；而余之知石甫者，又未能同其溼性之水，則言之雖工，恐未有當也。石甫平居，以賈誼、王文成自比，其學體用兼備，不爲空談，故其文皆自抒心得，不假依傍。余觀其義理之挪獲，如浮雲過而覿星辰也；其義論之豪宕，若快馬逸而脱銜羈也；其辨證之浩博，如眺冥海而覩瀾翻也。至其鋪陳治術，曉暢民俗，洞極人情得失，如衡之陳、鑑之設，幽室昏夜而縣燭照也。而其明秀英挺之氣，又能使其心胸、面目、聲音、笑貌、精神、意氣、家世、交游畢見於簡端，使人讀其文，如立石甫於前而與之俯仰抵掌也。則石甫之文，即未得古人之心，已自足傳石甫矣。而抑知不得古人之心，則其文必不能若是也哉。石甫固以陽明自待，而其出宰之縣，適即爲陽明所開，其民俗根株，獷悍難治，又與陽明當日所征八排峒僚無異。石甫之治此地，禽獮、獸薙、剔抉、爬梳，化誘若雨露，震讋若風雷，申嚴之法，誥誡之文，朗暢剴切，恢闊明白，又無不與陽明氣象相似。吾不知天特留此盤根錯節以待利器乎，抑故遣石甫居此，行其學，顯其才，以與陽明相輝映，俾天下後世知其志之不虚乎？曩石甫嘗爲書達諸公，極論治劇之理。及石甫治平和，一一行之於其言。嗟呼！石甫之學，既見於治矣；石甫之治與文，既見於當世，而又將揭之以示後世矣。然而人之讀其文者，或譽之，或輕之，未之奇也。吾嘗聞其言，其輕之者，固未必爲疵；乃其譽之者，亦不得爲當，要之皆未足爲知石甫者。夫治有明效，當世且不能知其所由，況能即其文而推以知其氣象之何似乎？知不知，亦何足損益？余獨恥讀人之文，而不能識其心胸、面目之真。使作者之心不箸於天下，亦古今斯道文章所同憾也，故亟爲箸之，使讀石甫之文者，有以考其迹焉。嘉慶己卯十月，序於廣東通志局。自記云：不免流蕩、夸浮、囂張之氣，有同躍冶之金。久不欲存，因姚集已行，不能掩矣，姑識之，以明僞體當裁。

考槃集文録卷四

序

漢學商兑序

近世有爲漢學考證者，箸書以闢宋儒、攻朱子爲本，首以言心、言性、言理爲厲禁。海内名卿鉅公，高才碩學，數十家遞相祖述，膏唇拭舌，造作飛條，競欲咀嚼。究其所以爲之罪者，不過三端：一則以其講學標榜門户分争，爲害於家國；一則以其言心、言性、言理，墮於空虚心學禪宗，爲歧於聖道；一則以其高談性命，束書不觀，空疏不學，爲荒於經術。而其人所以爲言之恉亦有數等：若黄東發、萬季野、顧亭林輩，自是目擊時敝，意有所激，刱爲救病之論，而析義未精，言之失當；楊用修、焦弱侯、毛大可輩，則出於淺肆矜名，深妒《宋史》刱立《道學傳》，若加乎《儒林》之上，緣隙奮筆，忿設詖辭；若夫好學而愚、智不足以識真，如東吴惠氏、武進臧氏，則爲闇於是非。自是以來，漢學大盛，新編林立，聲氣扇和，專與宋儒爲水火。而其人，類皆以鴻名博學爲士林所重，馳騁筆舌，弗穿百家，遂使數十年閒承學之士，耳目心思爲之大障。歷觀諸家之書，所以標宗旨，峻門户，上援通賢，下讐流俗，衆口一舌，不出於訓詁小學、名物制度，棄本貴末，違戾詆誣，於聖人躬行求仁、修齊治平之教，一切抹摋。名爲治經，實足亂經；名爲衛道，實則叛道。昔孟子不得已而好辨，欲以息邪説、正人心。竊以孔子没後千五百餘歲，經義學脈，至宋儒講辨，始得聖人之真。平心而論，程朱數子廓清之功，實爲晚周以來一大治。今諸人邊見傎倒，利本之顛，必欲尋漢人紛歧異説，復汩亂而晦蝕之，致使人失其是非之心，其有害於世教學術，百倍於禪與心學。又若李塨等以講學不同，乃至説經必故與宋人相反，雖行誼可尚，而妒惑任情，亦所不解。東樹居恆感激，思有以彌縫其失。顧寡昧不學，孤蹤違衆，河濱之人，捧土以塞孟津，不自度其力之弗勝也。要心有難已，輒就知識所逮，掇拾辨論，以啓其端，俟世有真儒出而大正焉。儻亦識小之在人，而爲采獲所不棄與？

漢學商兑後序

三代以上無經之名，經始於周公、孔子。樂正崇四術，春秋教以禮樂，冬夏教以詩書。及至春秋，舊法已亡，舊俗已熄，詐謀用而仁義之路塞。孔子懼，乃修明文、武、周公之道，以制義法，而作《春秋》。《春秋》亦經也，孔子雖未嘗以是教人，然其平日所雅言於人者，莫非《春秋》之義也。衛君待子爲政，子曰「必也正名乎」；陳恆弑其君，請討之；季氏伐顓臾、旅泰山，則使欲止之：此皆《春秋》之義也。至於哀公問政，子曰：「文武之政，布在方策。」《論語》卒篇載「堯曰」一章，柳宗元曰：「是乃夫子所常常諷道之辭云爾。」子曰：「道之以德，齊之以禮。」「能以禮讓爲國乎，何有？」又曰：「小子何莫學夫《詩》?《詩》可以興,可以觀,可以羣,可以怨。邇之事父,遠之事君。」又曰:「興於詩,立於禮,成於樂。」又曰:「假我數年,卒以學《易》,可以無大過矣。」故莊周曰:「《詩》以道志,《書》以道事,《禮》以道行,《樂》以道和,《易》以道陰陽,《春秋》以道名分。」六經之爲道不同,而其以致用則一也,此周公、孔子之教也。及秦兼天下,席狙詐之俗,肆暴虐之威,遂乃蕩滅先王之典法,焚燒《詩》《書》。於時,不特經之用不興,並其文字而殄滅之矣。漢興,購求遺經,於是羣經始稍稍復出。或得之屋壁,或得之淹中,或得之宿儒之口授,而固已殘闕失次、斷爛不全。賴其時一二老師大儒辛勤補綴,修明而葺治之,於是《易》有四家,《書》與《詩》三家,《禮》《春秋》兩家,號爲十四博士,則章句所由興,家法所由異,漢儒之功,萬世不可没矣。自是而至東京、魏晉,以逮於南北朝,絫代諸儒遞相衍説,辨益以詳,義益以明,而其爲説亦益以多矣。及至唐人,乃爲之定本、定注,作爲《釋文》,舉八代數百年之紛紜,一朝而大定焉。天下學者,耳目心志斬然一齊,兼綜條貫,垂範百代,庶乎天下爲公,而可謂之大當也。然其於周公、孔子之用,猶未有以明之也。及至宋代,程朱諸子出,始因其文字以求聖人之心,而有以得於其精微之際,語之無疵,行之無弊,然後周公、孔子之真體大用,如撥雲霧而睹日月。

由今而論,漢儒、宋儒之功,並爲先聖所攸賴,有精麤而無軒輊,蓋時代使然也。道隱於小成,辨生於末學,惑中於狂疾,誕起於妄庸。自南宋慶元以來,朱子既殁之後,微言未絶,復有鉅子數輩,蠭起於世,奮其私智,尚其邊見,逞其駁雜,新慧小辨,各私意見,務反朱子,其所謂道非道,而所言之韙不免於非,其於道概乎未嘗有聞焉者也。逮於近世,爲漢學者其蔽益甚,其識益陋,其所挾惟取漢儒破碎穿鑿謬説，揚其波而汩其流，抵掌攘袂，明目張膽，惟以詆宋儒、攻朱子爲急務。要之，不知學之有統，道之有歸，聊相與逞志快意以騖名而已。

吾嘗譬之：經者，良苗也。漢儒者，農夫之勤菑畬者也，耕而耘之，以殖其禾稼；宋儒者，穫而舂之，蒸而食之，以資其性命，養其軀體，益其精神也。非漢儒耕之，則宋儒不得食；宋儒不舂而食，則禾稼蔽畝棄於無用，而羣生無以資其性命。今之爲漢學者，則取其遺秉滯穗而復殖之，因以笑舂食者之非，日夜不息，曰「吾將以助農夫之耕耘也」。卒其所殖，不能用以置五升之飯，先生不得飽，弟子長飢。以此教人，導之爲愚；以此自力，固不獲益。畢世治經無一言幾於道，無一念及於用，以爲經之事盡於此耳矣，經之意盡於此耳矣。其生也勤，其死也虛。其求在外，使人狂，使人昏，蕩天下之心而不得其所本。雖取大名如周公、孔子，何離於周公、孔子？其去經也遠矣。嘗觀莊周之陳道術，若世無孔子，天下將安所止。觀漢、唐儒者之治經，若無程朱，天下亦安所止。

或曰：天下之治，方術多矣。百家往而不反，小大精麤，六通四辟，一曲之士，各有所明，雖不能無失，然大而典章制度，小而訓詁名物，往往亦有補前儒所未及者，何子罪之深也？曰：昔者周嘗封建諸侯矣，諸侯而下爲卿大夫，卿大夫而下爲士，士之下爲庶人，周固天下之共主也。及至末孫王赧，不幸貧弱負責，無以歸之，逃之洛陽，南宫謻臺。當是時，士庶人有十金之産者，因自豪，遂欲以問周京之鼎。十金之産，非不有挾也，其罪在於問鼎。後世之學者，不幸不見天地之純、古今之大，全賴程朱出而明之，乃復以其謏聞駮辨，出死力以詆而毀訾之，是何異匹夫負十金之産而欲問周鼎者也？是惡知此天下諸侯所莫敢犯也哉！故余既明漢儒之有功若彼，而復辨諸妄者之失若此，後有作者，亦足以明余非樂爲是譊譊也，其亦有所不得已焉者也。

節孝總旌録序

古者司徒掌教，在唐虞止有五品，在《周官》益以三物。知、仁、聖、義、忠、和，謂之六德，孝、友、睦、婣、任、恤，謂之六行。至其教國子也，則又有師氏「至」「敏」「孝」德、「友」「順」等行。而所以考其德行道藝以興賢者、能者，則專以統於鄉大夫。由是族師則書其孝、友、睦、婣、有學，閭胥則書其敬、敏、任、恤。自内及外，則有小行人以五物登其書，以周知天下之故。先王之教詳矣，而皆不及婦人，然後知其教之尊而有等。聖人重大昏，以承天地，以順陰陽，以重似續，以妨廉恥，以明婦順。《易》首乾、坤，《詩》始《關雎》，《少儀》《内則》閒及女事，先王之端風化至矣，而不聞旌表貞節，然後又以知其教之順而有倫。先王之教，尊男而卑女，抑陰以伸陽，以爲是固率於其夫者也。故以爲之綱，而比於君父，著三從之義，申七出之條。其出之之道，非止一行也，僅於一行，而其可出者，仍有六則，固不得以其一行而賅其衆行也。《燕燕》《柏舟》之詩，共姜、季姬諸人偶一見於經，非以箸其治亂之由，即以愍其人之不幸，而固未嘗以是不祥者縣爲至教，以風示天下也。劉向作《列女傳》，采古賢妃淑媛所以致興亡者，以垂鑑誡，風切世主，其所列者曰賢、曰孝、曰節、曰烈、曰慈、曰才，固不專重一節也。厥後史家踵之而作，其義率本乎是。自後世專重一節，於是女子之庸行，遂與男子之畸行並重於天下。蓋三代以上，女婦之賢聖者衆矣，而無傳焉者，當其常，則務自盡而無爲名焉耳。故曰中世之所敦，已爲上世之所薄，而遭變而見偁者，非其人之願也。及至秦人始嚴，著爲禁，而亦未有以旌之也。故女在室及婦人居常而寡，有舅姑在者，皆無殉夫之道。而後世並旌之，雖未合義，而愍志行，哀煢獨，善善從長，固君子所過而許之矣，忠厚之道也。

雖然，古者之節重於男子而略於婦人，後世之節謹於婦人而緩於男子。人之大倫五，以吾所聞見，惟婦死其夫及女子未婚而守貞者爲多，友之能信者差少焉，弟之能悌者差少焉，臣之能忠者差少焉，子之能孝者絶無而僅有。曩余嘗佐修《粤志》矣，見同局所纂列女至三萬餘人。道光八年，大中丞江寧鄧公翀修《安徽通志》，舉江蘇、陽武兩縣例，題請總旌節孝。於是吾邑除自明以來前已旌者不計外，又得三千餘人。以是類之，凡他州縣，雖其數未審實，大略亦不減於是。夫以一邑之偏隅，婦女貞節孝烈至數千人之多，而環顧通都大郡，數十百年之久，舉孝子者不得一二焉，其他義行如《周禮》所當書者不得一二焉。嗚呼，豈不媿與？

方其舉節孝也，揆之人人之心，亦豈不盡以若所爲者是難能可貴之美行也與？而曾不一思吾之節安在也？吾之孝安在也？吾之難能而可貴者安在也？以彼節婦非難能可貴故多邪？則無以服節婦之心，又與本志不相應。以爲己不必有奇行，而自有可貴者在邪？則其所謂可貴者，何絶不聞也！往者吾友梅伯言跋《復社姓氏録》，嫌其太多，吾以爲不然。此通天下而計之也，若以郡邑分計之，則亦僅矣。夫以通天下之善士，不過二千二百餘人，而以一邑節婦之數至且過之，不足爲多乎哉！而忠臣、孝子、悌弟、義夫、信友數十百年不得一二焉，不足爲少乎哉！噫！其亦反躬内省，惕然而一思之也哉！毛生甫曰：「閎整醇博，似曾子固。」

明季殉節坿記序

馬君公實箸《明季殉節坿記》若干卷，命其友方東樹爲之序。馬君是書，於諸賢殺身成仁之義，國家殊恩褒善之宏，及己所以欲搜補之意，既自具論其事，作爲序例詳矣。思欲賡續大義，而識庳學陋，弗克當其職而措其辭。久之，乃似有以得其本末之實，爰始敢爲之説，竊坿於君子尚論之義焉。曰：

吾讀《明紀》至熹宗，歎其政刑之傎，奄寺媢嫉，傷善之徒，接迹居位。雖以莊烈愍皇帝之恭勤思治，終亦蔽於賢姦之不分，故致忠良凋盡，國無與立。獨其下禮教信義之俗愈挫愈明。在位者既以身殉國，一時士君子及閭閻之義民號呼感憤，捐軀捨命，卒不忍渝其守，欺其志，以殉節義者，無地無之。以余所見稗乘野録，及各私家文集所記，爲正史所不載者，不可勝紀。蓋比於東漢之末季，實猶過之無不及。宋文丞相之死柴市也，自銘其衣帶云：「孔曰成仁，孟曰取義，讀聖賢書，所學何事。」嗚呼！諸君子其於讀孔孟書而克以成仁取義也，固信不虚矣。

論逆閹之殲艾，黨禍之株連，繼之以姦臣之翦剔，不應有此也。然卒得之斲喪酷烈之餘，而其多且若是，非必士氣新、民風厚也，蓋亦有所由致焉。當春秋時，亂臣賊子滋起矣。孔子懼，作《春秋》，述先王之道，明仁義之統。魯、衛之君不能用，退而以其説教於洙泗，化其道者七十餘人而已。陵夷至戰國，俗益陷溺。孟子、荀卿嘗亟明之，而其説卒不箸。漢興，一二大儒始稍稍明之，而政教不純，豪傑之士少，不能特拔於流俗。東漢光武首崇儒經，明、章以來，相繼表揚，立政造事，致法就功。大臣陳諫於君，悉引經術爲斷。教明於上，習成於下，故致一代風俗之美，獨隆千古。自是以來千有餘年，經訓雖存，世主或莫知其可用，學者復蔽於傳注，無復有能明先王之教以陶世者。宋儒出，乃實始講明切究，揚搉而發揮之，然後孔、孟仁義之道大明於世。雖婦人、孺子、盭疾之夫，行可不逮，而君臣父子之大倫，仁孝忠訓之大節，莫不概乎有以湛於其心。虞道園曰：先正許文正公實始表程、朱之學，以佐至元之治。故有元一代，風教學術端平醇正，無奇邪暴行。明高皇即位，首延禮儒臣宋景濂、方希直等，以率師表，優厚諸生，親幸太學與諸生會食。繼世未幾，靖難兵起，而忠臣義士殉國捐生，義動海内，魏、晉以來未之有也。孔、孟之道明，仁義之教洽也。嚮非程、朱諸儒講説之詳，有以啓沃其心，使之素知節義之爲重，何由得此？乾隆間，黔人謝濟世上書，偁明人之尊朱子，以私同姓故，因請以其所撰經説易朱子傳注。誕妄之人，事不足論。唐人尊老子，則真爲同姓也，而其治若彼，則即謂明人以私同姓故尊朱子，而收效若是，亦足矣，又何歉乎哉？三代以降，更姓易號者不一矣，而政教休明，克偁一代之宏規者，曰漢、曰唐、曰宋、曰明。顧漢人尚黄老，唐人崇道教，惟獨東漢及宋明人克明儒術，此所以邁絶古今而足爲萬世法者在此。世之鄙儒乃猶痛詆道學，力攻程、朱，甚且以明之亡歸咎於講程、朱之學，是惡知天下古今得失之大數乎？

韓子曰：「人之將死，其臟腑必有先受其病者。引繩而絶之，其絶必有處。觀者見其然，從而尤之，其亦不達於理矣。」自古實多亡國，而明之亡獨致節義之美如是，吾故爲推其所由致，以歸於孔、孟仁義之教，程、朱講辨之功，其誰曰不然？ 往者吾宗望谿先生言，華亭王司農之承修《明史》也，於吳會人士雖行誼無甚異者多列傳，而他省遠方灼灼在人耳目者反闕焉。 又曰秀水朱竹垞得《復社姓氏録》，以其後事徵之，死於布褐而無聞者十之三。 是則地處僻遠而史不及書，名位卑微而史又不及書，如余向所備見於野録、稗乘及私家文集者，不知何限，而猶恐未盡。 然則馬君之勤勤焉旁搜博稽，思欲以微顯闡幽也，亦惡可已哉。 毛生甫曰：「渾雄精密，於劉子政、曾子固爲近。」

馬氏詩鈔序

余讀史嘗由宋、元逆稽魏、晉以上，獨怪吾邑無達者。 唐曹松、宋李公麟，傳皆以爲舒産。 維明初姚氏、方氏始大。 中葉以後，乃遂有吳氏、張氏、馬氏、左氏數十族同盛遞興，勃焉濬發，而且先後克以忠節、名臣、孝子、儒林、循吏光史傳者，不可勝述。 又若祖宗以文學起家，妙能爲詞章，而子孫世宿其業，至今四五百年，繼繼繩繩，淵源家法，而益大其緒。 於是吾邑人文遂爲江北之冠，而他名都望縣恆莫能並。 蓋山川靈淑之氣發見有時，而人事因之如此，不獨禄位烜赫、科名震耀、簪聞搢紳而已也。

曩在康熙初，潘蜀藻輯《龍眠風雅》，李芥須、何存齋輯《龍眠古文》，率一姓各數人，一人各數篇。 爲什雖繁，而甄采多闕，蓋一邑之編，非一家之集也。 近方氏子孫始有輯方氏詩者，乃合一族之作者而全萃之，人至百餘，詩至數千，可謂富矣。 余又嘗爲劉氏序《澄響堂五世詩》，爲吳氏序《芸暉館四世詩》，然皆弟私其祖禰，未及旁宗。今吾友馬君公實輯馬氏詩，成七十卷，作者六七十人，合選詩四千餘篇，乃遂與方氏埒矣。嗟呼，吾邑名家凡數十族，其子若孫使皆能爲方氏、馬氏之所爲，安在潘、何二書不能備者？不可終備，無如其文之顯晦，子孫之絶續，有不能齊也，惜哉！昔曾子固言漢、唐、宋以來，能三代以文章特見於世者，代不過數人，而吾邑方、馬二氏乃宏延若是。由二家例之，他族特未成書耳，而其數諒未必多讓。是其功名顯濯，既媲於陳、桓、吕、竇、顧、陸、王、謝諸茂宗，而風流文采又足躋鄞豐氏、袁氏而過焉，使子固見之，其歎美宜何如也。

或曰：桐城人文固極盛，然獨望谿方氏、畊南劉氏及惜抱姚先生，爲能接古作者大家之統，海内偁引況諭，相與推服，特尊其氏，而並偁曰「方劉姚」。蓋日久論定，無異喙矣。「方劉姚」既出，則其餘誕章乖離，皆可置之不足道。吾以爲非也。夫觀天文者，覩日月之明而不能蔑恆星；察地理者，仰泰、華之高而不能剷廬、霍。且方、劉、姚自纂作者之籙，而爲人子孫各顯其先祖之美，其義固並行而不偏廢。余故因馬君之詩鈔爲箸一邑源流之大旨，俾來者有所考，而又以明天下事理無方，而不容以一道隘之也。

二十一部古韻序

古音韻，無部分之書。漢人小學書既不專主聲，李登《聲類》世亦不傳。今人所奉守者，獨陸氏之《切韻》而已。惟《切韻》經唐人修訂，用著爲功令，唐以後遵之，而莫知其非。唐以前所以變亂之由，莫知其所自。於是古今音隔，判然離爲兩而不相領。雖列土方言閒有存者，而時無子雲之精識好事，孰從辨而識之？近世有陳、顧、江、段、戴、孔諸家，追絶學，尋墜緒，迭興繼起，馳精入神，幾於補捉出八荒，而後古音大箸，偉矣哉！縱世未信，而其復古之功不可誣也。陳氏作《毛詩》《屈宋古音考》，破宋以來讀古經未合，而概委以叶韻之失，造始枘通，卓爾先覺。顧其書多用直音，於雙聲反切之源不箸，又於唐韻分部之失亦未究明。顧氏始就《廣韻》分宋鄭庠六部爲十部，作《音學五書》，於《詩》《易》皆讀以本音，殫思眇慮，博辨廣徵，實爲曠絶古今命世之作。而江氏以爲於《三百篇》之音猶有未合，復分顧氏十部爲十三部，作《古韻標準》。段氏後出，參劑師説，補顧、江所未備，訂平入相配之未確，爲十七部，作《六書音均表》，析支、脂、之爲三部，先、仙爲二部，定、侯爲一部，而以麻隸歌、戈，以皆、灰从脂，以佳从支，結撰至思，皆引馮據，益至精微。而高郵王觀察以爲其所考入聲猶有失，如以至、霽二部爲真之入；又顧氏誤以月、曷等部爲脂之入，亦沿而未改，屋、沃、燭、覺四部从屋从谷等二十五字，本侯之入聲，而《音均表》以爲幽之入，皆誤也。於是分緝、合以下九部爲二，以正顧氏仍从《切韻》之非，爲説四條，立二十一部而爲之表，自東至歌十部爲一類，皆有平、上、去而無入；自支至宵十一部爲一部，或四聲皆備，或有去、入而無平、上，或有入而無平、上、去，以九經、《楚辭》爲準，而不从《切韻》之例。

儀徵阮相國深韙其説，因屬吾友南海曾君勉士依其類例作《二十一部古韻》。余聞而疑之，私諗於吾友曰：「凡所以求古音者，將以證古經音，而非欲以施今用也。苟經音既得則止，非必尊古而卑今，以矜爲苟難也。夫《唐韻》固多誤，而其尤甚者，莫如九麻一部，及虞侯蕭尤之相亂，東冬屋沃之相承，既經諸家之訂，亦已明矣。而王氏之分部辨四聲有無，定入聲分部，其説又如此，是經首猶未得也。今吾子作韻，將會諸家而定於一，其將墨守王氏而遂已與？抑猶有所證於經違棄而改求者與？且王氏表弟立部，而多不具字，雖曰不用《切韻》之例，而不能不用《切韻》之字。今欲作韻，與表體異，亦與顧氏就經與《唐韻》爲之、孔氏就《詩》而爲之之體異，政當取《切韻》之字及其音而全具之，弟移其部分耳。若是，則於二十一部所從之部、之字之有所出入者，將奈何？夫絶學既罕明，君子不苟作，願聞所以爲之之要。」君曰：「古韻大旨當以《詩》《易》爲主，王氏二十一部確校段氏爲密，今固當主之，然亦猶有沿段氏之誤而未易者，如段以講从東爲第九部，而王氏東第一只注平、上、去，而不言講韻當別入，是同段以講爲東之上矣；物韻，段从脂爲十五部，王氏脂第十三只注平、上、去、入，而不言物韻當別入，是又同段以物爲脂微入聲矣；段以業爲第八覃談部，入聲，王別出緝部第十六，而又不注業合當在何部，是亦以業合从盍同段矣。竊按《説文》講从冓聲，《史記·甘茂傳》注講讀曰媾，此古音也，當入侯部；《易·繫詞》以質韻物，則物質自當入至部；《商頌·殷武》業葉韻、《大雅·棫樸》楫及韻、《小雅·皇皇者華》隰及韻、《板》之輯洽韻、《衛風·芄蘭》韘甲韻，據此，業、葉、楫、及，隰、及，輯、洽，韘、甲數字，以偏旁求之，皆當在緝部，此皆王氏沿段氏之誤而某欲僭易之者也。至王氏，又有第十五盍一部，竊疑《禮記》盍旦即鶡字，當在祭部；乏部，以窆、砭、泛等字律之，當爲凡入聲；帖部，爲忝入聲：此又欲改併而未敢決擅，尚有待於推求者也。」余曰：「是皆然矣。盍之專部，王氏因《切韻》之失，弟箸入聲，而不箸字，固不以祭聲之害、曷同讀而盡於《切韻》十四字矣。鄧嶰筠尚書曰：『盍从大聲，與盇同，當入祭部之入無疑。』又曰：『曷、盇、害同聲。』按《九辨》『車既駕兮朅而歸』，陳季立引《吕氏春秋》讀爲盇，然則盇、朅皆當入祭部，此當爲段氏十五部脂微齊之去聲音也。朅字从去，去讀羌據切，爲有疊韻而無雙聲。今江南人讀去皆作憇音，竊疑去當作羌例切，入祭部，斯於固韻除矣。《悲回風》固韻曙矣，《鵩鳥賦》固韻故度矣，而柳宗元《答天問》以去韻萃，疑朅與蚨怯等字皆从去得聲，而當爲祭部之入，此説前人所未及，未知於君意何如？或可采以備一説乎？曷亦有憇音，《蔡澤傳》唐舉曰『先生曷鼻』，徐廣曰『曷一作偈』，今以《廣韻》祭部偈、愒、揭等字律之，鶡固當入祭部。至乏爲凡入，乃顧氏舊説，吾子其無所疑矣。」君又曰：「余之爲此，大都以諧聲爲主，其指事、象形、會意等字無聲可諧者，則以義求之。又有雙聲得義，如旁溥、祖始之類。斷不能引陽唐部之旁入魚虞，引魚虞模部之祖入之咍，則以偏旁求之。又有以假借之字求者，如檇不从雋聲，入元寒部，而從公羊作醉李，入十三部；巉不从毚聲，在侵覃部，而从《西都賦》作嶃巖，入談銜部，皆其類也。至如有訓義入某部而韻不同者，如竊淺也，故《古音轉注略》以爲淺即竊之古字。然《莊子》竊竊皆作察察，按竊从禼聲，古文偰字，自當入至部，此又不從雙聲而以假借求韻之例也。然亦有不從諧聲而从雙聲爲韻者，如平秩借作便程，而或戜皆讀若秩，即同失聲在至部而不在耕青部。要之多以偏旁爲歸，如弻从㐁，㐁讀爲誓，一讀若導，一讀若沾。余歸入至部者，以弻重文从弗決之也。」

余既得聞此，因進而謝曰：「余於兹事，殆所謂未嘗覩字例之條者，而特以此爲古人小學之始功，童子皆知，而豈可不知？冀藉君書，幸麤識其崖略，以謝夫固陋而已。今君言若此，其審辨精密，允與顧、江、段、王諸作並不朽於千載矣。惜乎吾老矣，精力就衰，弗克從君請益而講辨其深賾之故矣。聊道其本始大概，以示讀君書者，俾知其改爲之指趣而已。」道光己亥九月，桐城方東樹序。自記云：余既爲此説，復審思之，去讀近倨切，《切韻》既入九御，若如吾説，以朅蛣怯字例之，當讀羌例、其憩切，不幾謂古人音有兩歧，當何所从乎？蓋古人有重唇無輕唇，去讀近倨切，重唇也，其憩切，輕唇也。然後歎古讀羌據切，雙聲疊韻，兩得之，兼輕唇重唇也。如居之讀其，今居入九魚，其入七之、四寘，則朅、蛣、怯等字入十三祭，亦不得謂之歧音矣。

許氏説文解字雙聲疊韻譜序代

許氏《説文解字》，小學家形聲之書也。書爲形聲作，而顧汲汲於訓詁者，蓋因聲求義，義明而聲亦愈以無疑。嘗考其例，以疊韻訓者十之五，以雙聲訓者十之一二。如天顛之爲疊韻，旁溥之爲雙聲，明顯易知，讀者皆曉。惟其於注語積字長贏中，必有雙聲疊韻字以爲之主，如神下云「天神，引出萬物」，引與神韻也；祇下云「地祇，提出萬物」，提與祇韻也。取諸同部，以供指撝，殆屈子所偁「玄文處幽」「離婁微睇」者。後來引申，罕發其秘，惟金壇段氏作註始明爲指出，而意非專主，遺義尚多。余喜其能發微，且可證余素論，因推廣之。既於許書所以用意之處，有見其斷出於是，而非苟焉爲之者，於是按部求索，一一標舉，積久成帙，輯爲專書，於以闡明許指，疏通段説，俾奥博之誼，粲然復明於世。復取各家注本，聚相讐勘，或猶有未允者，如妻字韻室，當爲一部，段氏既以妻聲入十五部脂微齊皆灰，又以至室聲入十二部真臻先，謂至讀如質聲。若是者，段雖讀疊韻而余書則不敢從，不以不同部者誣許書亂古音也。蓋許書教人因聲以求義，余書則欲人因義以求聲，知義之出於聲而聲以正，知義與義之相比坿而古音以明。知許書之雙聲疊韻鑿鑿如此，而羣經之雙聲疊韻無不可讀也已。

許氏説文解字雙聲疊韻譜序

古小學之事，形、聲、義三者兼併，而聲爲易。人之生也，有先得於聲而後始辨其形與義者，亦有同得於聲義而竟莫識其形者，故曰聲爲易也。故兩漢以上，無專求音之書，蓋其時去古未遠，文字亦少，皆有以得其正聲本音，大抵假借譬況，弟曰「讀若」而已明矣。世降而音殊，所以讀是音者，有按之心與目而了然，接諸口而茫然者，則所以求是音也，不能不爲書以專箸其事矣。是故古人詁經解字，弟使人因聲以見義；後人立部定韻，又當知有因義以求聲。是故魏世始有反語，齊梁始有雙聲疊韻，唐人始爲切韻之書，雙聲疊韻爲之體，反切以爲之用，其於求音至精也。故必雙聲之同，而後韻之部同，不明乎雙聲之同，而彊切以立爲部，此古今韻書所以多歧也。雙聲疊韻者，天地之元音也。古人由之而不及言，後人言之而時有戾。蓋古者人少而氣正，教一而風同，故其音不相遠，本天者多也；後世人繁而氣亂，氣亂而音庬，學者雖立法以求之，而不知反古以合天，故多眩惑也。故聲韻之學，求之於古則愈合，求之於後則愈棼。是故自其不變者言之，雖唐虞至今無異也；自其變者言之，則數家之説，百里之遥而有不可同者矣。是故欲通古義，必先明古音，而欲明古音，非仍於古書求之，則卒莫能得。許氏《説文解字》，主於形以解義之書也。其於求聲，不過曰「某從某聲」「讀若某聲」而已，此固兩漢小學書之通例也。近金壇段氏作注，始於許氏所解説閒注曰「某於文爲雙聲」「某於文爲疊韻」「某於文爲雙聲兼疊韻」，然後知許氏於雙聲、疊韻雖不名而言之，而固已號而讀之；雖不以之反切以求聲，而實可因以得聲之原。且其所讀皆古音，其諧聲莫不取於其所同部，學者尋其類例，觀其會通，於以識音均之原，嚴而不可越，則文字之音讀正，而義亦無不昭。而凡假借轉注交相用之故，亦無不畢貫，率由其讀，可以證古經音，可以證魏晉以來之譌音，與夫周、沈、陸詞諸人審音分部之不當，舉古今輕清重濁、弇侈緩急之所以殊者，悉迎刃以解矣。嗚呼！可謂不苟作而至精微者也。獨是許氏書行千餘年，而曾無一人精讀而發其祕，經段氏揭而明之，遂成稀有奇特，邈前世而未聞。論者謂音韻小學爲唐韻所蔽昧，沈霾千載，直至國朝諸儒始復大箸，豈不信哉！顧段氏雖言之，而不爲雙聲疊韻專明其用，其義猶晦而弗彰；又其所言，猶不無漏遺誤讀之處。高郵王觀察曰：「雙聲疊韻之字，義即存乎聲，求諸聲則得，求諸字則惑且鑿。」故作《二十一部韻》以明之。此皆知主於求聲以明義，特不知即古書專以雙聲疊韻明之之尤爲易明也。蓋不明雙聲則不能定所切之音，而不求之古書，則不知所切聲韻之或有牴牾，故有雙聲非聲、疊韻非韻者矣。

甚矣，學問之道，非一人之智所能畢其全功者也。尚書南陽公，名世應期，維周作輔，文羅武絡，兼綜條貫，而學海津逮，陶分不舍。七志之外，餘事及於聲韻，神解天授，匪人所希。其於近世諸家之書，靡不弗穿周洽，結解冰釋，參伍出入，纖毫必臻。當其詣微獨獲，有非成説所能囿。昨以政暇，成

《詩雙聲疊韻譜》，不著一語，昭顯覈密，遠益毛、朱，近埤顧、孔，既冠古今而獨出矣。兹復取許氏書，引申段注，爲《説文解字雙聲疊韻》，所以發明許恉，補正段説，見於所自序者，章畫志墨，如列宿之錯置。賤子怐愗，向於此學未嘗識塗，徒以相依之久，時時竊聞緒論，而性分有限，竟莫能通，弟以一孔之見測之。竊以劉熙譔《釋名》，因聲以求義；孫炎注《爾雅》，即義以求聲，以今方之，均若未逮此書之明箸也。二書輔行，可使前之言雙聲疊韻者，媿悔而不知近求；後之言雙聲疊韻者，愉快而逸於捷獲。絶學之明，關乎運數，豈偶然哉！豈偶然哉！道光己亥冬十一月，桐城方東樹謹序。

粤海關志序代

廷楨承乏兩廣總督，莅任之三年，長白豫公來爲海關監督，遠夷賓序，賦獻通贍，乃以其閒枷爲《粤海關志》。惟粤地近海，自昔偁商賈之湊，逐末取富，雖侈俗畜積足恃，亦長利國家隆富，奄盡地媪公私之積，九敘順歌。粤關所入，歲不過畮賦奇零，而王政所建設，守位聚人，制用爲大，故亦領於天子之經費。賈誼曰：「古之治天下，至纖至悉也。」余既幸遭值嘉會，又得兼董正厥務，《書》曰「立功立事，可以永年」，榮懷之慶，尚與公共毖之。

粤海關志序代

古之論征榷者曰：天地山海之藏，豪彊擅之；關市貨物之聚，商賈擅之。取豪彊、商賈以助國家之經費，而無專給於百姓之賦税，崇本抑末，經國之遠圖也。今征市雜税之法，統之於郡縣，而鹽政又有專掌，惟獨各關隘抽征商税，或設監督，或歸各直省督撫兼轄，分委道員，領稽其務，其職掌事例不同，同於征商而已。而粤海設關，其事與他處特異。蓋他處關征，以物爲程，不問商之爲何如人；粤海則通易貨物，抽解課税，皆責成於商，其制略與鹽法相等，一也。他處關征，不過内地民人；粤海所通，皆諸番外國，名曰市易，實寓馭外控内之宏規，偶未盡善，所關天朝體統，於恩威撫馭之方、利害得失之數甚鉅，故不可忽，二也。他處關征，客夠貨雜，不相爲謀；粤海則出入貨物，名色率有定椿，定椿而外一切有禁，三也。有此三異，故與他處但務征榷者不侔。洪惟我朝絫洽重熙，聲教四訖，航海來王，占風受吏，漸被之廣，爲前古所未有。顧職貢有圖，職方有紀，而獨於設關建官之緣始、阜貨通市之科條，僅存檔册，未有成書。雖大經大法具載《欽定會典則例》、皇朝《通典》《通考》《通志》諸編，而就一事考之，終少專箸。矧法令條制，因時制宜，屢有更定，日久事積，案牘塵坌，不及時勒成一書，箸明本事，何以敷宣聖化、昭示來兹？

道光十八年三月，某恭膺簡命，來司榷務，於循例供職之餘，近奉成規，遠稽前事，輒起纂輯之思。爰與鄧制軍、怡中丞暨諸同官往復商酌，僉以爲宜，其議乃決。爰始籌備經費，延請儒士，即於是年九月開局纂修，成《粤海關志》幾十幾卷，類爲十四門，每門之中又別爲子目、小序、按語，條分件繫，粲然悉備。大抵繁不致冗，簡不致漏。考之會典，具見法守之章程；本之則例，備知通變之權制。援引諸書，以相佐證。敘述詳確，不敢鑿空虚談；限斷嚴明，絶不旁羼地志。栞校既竣，爰識其端末，以弁篇首。

粤海關志敘例

《周官》冢宰掌建六典，六曰事典，以富邦國，以任百官。九職任萬民，六曰商賈，阜通貨賄。九賦斂財賄，七曰關市之賦。小宰均節財用，以八成經官府，曰聽取予以書契，聽賣買以質劑，聽出入以要會。九府掌受貨賄幣賦，皆慎其出入之用。司徒設十官治市，以教商各掌其賣價之事。司門正貨賄，舉其犯禁之財物。司關掌國貨之節，司貨賄之出入，掌其治禁。司馬九灋曰：施貢分職，制畿封國，設儀辨等，詰禁均守，比小事大。掌固分其財用，受法以通守政。職方氏掌夷蠻閩貉之人民與其財用，制九服之貢各以其所有。懷方氏掌來遠方之民，致方貢、致遠物而送迎之。合方氏掌達天下之道路，通其財利。訓方氏掌道四方之政事，與其上下之志誦，四方之傳道。形方氏掌制地域，使小國事大國，大國比小國。匡人掌達灋則，使無敢反側以聽王命。撢人掌誦王志，以巡天下之邦國而語之。秋官大小行人、司儀、行夫、環人、象胥、掌客、掌訝、掌交諸職，大抵於九經皆屬懷柔之政，故終其詞曰：「以諭九税之利，九禮之親，九牧之維，九禁之難，九戎之威。」觀周之設官，所以制財用、綏邦國者，何其若是之繁重周詳也。

自漢初與南粤通關市，自是以後，肇開九郡，舟車輻湊矣，而海舶猶未通也。據《班志》有譯長，與應募者俱入海市，所至國皆稟食爲耦。蠻夷賈船轉送致之，亦利交易。是中國商賈入海往市，而夷舶未來也。海舶通市起於隋、唐之際，而盛於宋、元、明。宋初，置市舶司，以知州兼使。元置市舶提舉司，衡其職守，不過與茶、鹽、坑冶大使同倫。明亦置三市舶司，而以中官主政。洪惟我朝馭外控内，法制嚴明。粤海設關以來，或兼轄以大吏，或監督以親臣，皆簡自欽命，崇其體統。口岸譏察，責諸舟師；給照引水，董諸澳丞；撫綏按馭，籌略大計，主之督臣，與周之六官大小維繫、相與流通之意同條共貫。蓋聖主立法，體大思精，後先一揆，有迥非前代之所及者。今當纂輯《關志》之始，竊仰窺㨘制之精，發明斯義，用以等百王而垂範焉。

宋濳説友撰《臨安志》，載詔令於首，然冠以前朝，非尊王之義。惟鄭居中等《政和五禮新儀》，首列御筆指揮，最爲足法。今用其例，恭載列聖謨訓爲諸蕃通貢通市專由粤省而戒飭者，用昭國家綏南懷遠、設官制用之大法，兼示一書之限斷焉。

國家一統之盛，超邁前古。諸蕃外國效順納款，雖在萬里視道如咫。然會同有館，職貢有圖，非一隅之志所宜侈載。惟其貢道所經，例由粤東者，於其國土、氏姓、封號、來貢歲月，及昔由粤省而後改由閩省者，悉撮大略，以箸粤關職幟。至其事例，詳載《大清會典》，不復備録。其來貢之國，壹以國朝爲限斷。若事在前朝及歷代者，各具史志，别爲「前載」一門。

貢與市相因，既嘉其君之嚮風，亦給其民之求欲。内地無須外洋之貨税，外洋必資内地之物用，許之通市，所以俯順夷情，包容愛育，覆幬之無私也。故凡通市之國名，來市之年載，交市之事例，互市之貨物，以及夷船之制度、數額，皆臚於此篇。至蕃夷住澳，雖事始前明，而現行無改，與歷代市舶不同，且爲關市之根本，故不以入前事而載於此篇之首。《周禮》設司市十官，官因市而設，有市則必有所以治之也。兼領專設之改差，文武職司之分任，品秩儀制之殊等，及大小總口設員、委員之添裁，胥吏、書役之數額，悉載此篇。其遷除去任之歲月，入《職官表》。

官以治其政令，然非商不能成其交易。十三行名號、緣始，與夫事例條件，以及商人報効、恩賞、品銜，悉載此篇。至通事之名色，於《周官》即象胥之職。於漢名譯長，譯傳言語，爲蕃漢交易不可少之用，然究非官司，故不以入《設官》篇，而坿於此。

有市即有貨物，有貨物斯有榷估。榷估低昂無憑，立之科則，俾有一定之制，斯上下不惑。宋初立法至輕，其後屢以抽解太重，致形陳奏。元世祖時，凡鄰海諸郡與蕃國互易舶貨者，以十分取一，麤者十五分取一。明洪武詔海舶市易皆免征。永樂時，西洋刺泥國等來朝，坿載諸貨，與民互市。有司請征税，不聽。其後立法率至十抽其二。萬曆季年，中官李鳳增粤税二十萬，粤商苦累，求免不得。我朝損益酌中，凡則例之所開載，歷有增除。溯自乾隆五十一年清理關務、條奏事宜以後，邇年復有改易。今以現奉嘉慶年新修《會典》及户部則例關册爲準。

既設税額，則有課額，課額有正、有羨。道光十四年，前總督盧公坤奏，比較近年粤海關徵銀，歲多至一百六十餘萬兩有奇，而商民晏如，外夷懽欣感悦，爲振古所未有。此皆由列聖深仁厚澤，涵濡培養，招攜懷來所致。雖於國帑大數無增毫末，而財阜貨通均安無患，固理人制用大經也。參價搭解、每歲發運解京事例，悉坿此。

《周官》理財諸職，皆謹其要會出入，不獨職歲、職内、司會、司書也。前科則課額，皆以經其入也。若夫禄俸工食、存留支給之數，内除澳門同知、香山縣丞及武職營弁歸布政司奏銷。皆定有均節之式，事關奏報句稽，不可不當。至若捐助軍需工程，裁荒善舉，一切在經費之外者，雖用數之仂，亦不可不紀其實，存備稽考。

《會典》及户部則例於關市一類，皆載有禁令，誠以利之所在，弊竇朋興，不可不申嚴法制。然如走私漏税、官侵吏蝕等弊，要皆各關通例，非粤海專條。粤海所嚴禁，如夾帶華人與違禁貨物出洋，及販賣鴉片、拖欠夷帳、兵船駛入内港，皆外海洋禁之大者，以其關於外蕃，比事耆輯，一以歸於市舶。其在内，民夷雜居，良姦混處，或澳夷滋事，或漢姦句引，陰唆煽惑，恣爲不法，在在皆須防範。是故出入有譏，去來有定，種種明文，縣爲令甲。不特俾夷商海賈懍遵天朝法度，恪謹毋違，亦以戢内地商民，使知劃一刑章，森嚴難犯。雖其職事掌之畺吏、地方有司，而實爲本關專責，固當特箸爲一門矣。

有一官司，則有一建置，其時其地，不可不詳識也。凡廨署務所，建自設關之初，省城大關、澳門總口及各岸小口、前山寨文武官廨、十三行夷館、礮臺、神廟等，凡因關市而建置者，總爲一篇，以別於地方及營伍之制。

粤關所轄之地，各郡縣皆有把截隘口，不獨省城大關及海舶所來，與夫前山、濠鏡、黄浦、虎跳門等地，苟迷其方向，則溝瞀莫辨。各爲一圖，俾開卷而千里如在几席焉。

凡志書皆分史體。史有紀、志、表、傳，地志有圖、表、志、傳。今爲榷志，有表、有圖，無所爲傳。而歷任官司在位名數、先後之次，雖在檔册，而稽覈爲繁，惟箸之爲表，斯一覽易顯。

箸書固宜知有限斷，而不得其事蹟之本末，則得失何據而稽？而事蹟本末，有在於前朝者，不得不溯其由來。今立「前載」一門，爲凡有涉於貢市之本末者則載之，然亦無取繁偁寡要，闌入宂長也。

志乘之書爲紀人物，故有列傳。而其傳多即采之列代正史、政書，非地乘之比，於法不得立傳。苟事績有可紀，論議有可采，亦略采其事入於此篇。至於諸蕃住澳垂三百年，長子孫，恭教命，其風俗物産、語言文字，誠亦不可不紀，然究於榷政無關，且印氏《澳門紀略》既箸爲專書，此《志》不羼載。此「雜録」一門，爲實關係榷政，而無門可坿者入焉。

右敘目通計爲篇凡十有四：曰訓典，曰職貢，曰市舶，曰設官，曰行商，曰税則，曰課額，曰經費，曰禁令，曰建置，曰地圖，曰官表，曰前載，曰雜録。其同在一門而事類較繁，别爲上下，都凡爲卷幾十有幾，其卷目具於左。

七經紀聞序代

異之於余爲邑子，又先後同學於桐城姚姬傳先生之門，顧余早官京師，繼逐宦轍，不克常聚，然每鄉黨親戚及四方友朋來談者，多道異之之賢，余固以熟識於胸中矣。道光七年，余撫皖，皖距江寧近，因就延爲兒子師，朝夕晤語，則見其容端，其氣肅，其論篤，其行方，其遇人和易，不露圭角，而中自嚴厲，信乎其爲忠信有道之德士也已。居久之，相得甚歡，不特兒子得所依，而余亦多所資益。辛卯春，攜其徒入都赴試，不幸病卒。嗚呼！其可悼也！

夫異之於書無所不讀，而皆能一一窮其窾要。其發而爲文，雄深浩達，而簡嚴精邃，曲赴乎法度，汪、魏諸家，殆莫能抗行，深爲姚先生所許。其詩締情隸事，拗意造言，得坡、谷朗峻，爽氣鮮意，近世詩家亦罕有到此者。異之歿之次年，余猶在皖，既嘗爲梓其文集，今年兒子恆自都中寄來異之所箸《孟子年譜》一卷、《五經紀聞》一卷、《四書紀聞》一卷，蓋友人梅君伯言以呈阮芸臺相國閲定者，前有相國手墨數行。適桐城方植之在署，植之故與異之久，故偁石友者也，故遂屬爲校勘。余觀漢、晉以來，説經者互有得失，亦互相申難，苟其説足以扶經義而裨來學，不妨並存，以俟後賢之擇從。異之此書其精者，直破二千年儒先傳注之誤，亦有與舊義異而未甚允者，取備一説焉可也。異之有子能讀父書，足世其家學。歐陽永叔偁「惟爲善者能有後，而託於文字者可以無窮」，異之殆足以當之矣。

七經紀聞序

《七經紀聞》四卷，吾友上元管異之同所箸也。儀徵阮相國、江寧鄧尚書咸重許之，歎爲通儒不朽，信非虛美矣。尚書前撫皖日，既嘗爲梓《因寄軒文集》，茲又謀栞此篇。東樹時適依幕府，故乃命以校勘之役。嗟乎，吾安能校吾友之書邪？吾友淹貫羣言，好爲湛深之思。當其得意，視揚子雲若儕匹。平生自忖於吾友相距之遠，中閒殆難以尋丈度量，而又安能窺其區蓋邪？雖然，是書也，吾友在日，數以相視，固嘗共商榷矣。當時論説未盡，今復審之，凡其所致疑於朱子者，於吾意多有未喻。故既爲之釐定部帙、勘正脱誤，閒坿鄙説其下以折衷之。義理之公，惟期求真得是。吾於吾友平生相期信，咸不有割名之心，固當無疑於所行也。且人之學與年俱進，朱子爲《論孟集注》，屢加改定，至老未已，故多有與《或問》不合一者，安知吾友若在，不自改其初説？奈何執其誤以遂其非也？至以《四書紀聞》歸《大》《中》於《禮記》，而以《論》《孟》坿五經，改偁《七經紀聞》，遵用相國意也。劄記之書逐日譽輯，不暇依經文次弟，武進臧氏《經義雜記》猶髣髴可見。今悉爲更次，取便閲者，則後死者校栞之職，知非禮堂寫定故也。相國之言曰：「其中有精覈者十之二三，有未妥者十之二三，有人已所透發而此猶未透者十之二三。」其所指不具詳，弟以蒙所酌測，如《書》「流宥五刑」「寇賊姦宄」，《般庚》「我王」爲陽甲，《洪範》錯簡，《金縢》「惟爾三王」，《詩·凱風》「自召祖命」，《禮記》「五帝」「五祀」「大夫彊而君殺之自三桓始」「經解」，《周禮》「九磬」「職方」「建國」「九服」「載師」「征民」，《論語》「不占而已矣」，《孟子》「狗彘食人食而不知檢」「王者之迹熄」「太公封齊」「追蠡」「夏后五十而貢，殷人七十而助，周人百畝而徹，周徹爲兼行貢助之名」「五霸」「白圭」等條，實足以正向來傳注所未及，康成、考亭應且頷頤，無論其餘。嗚呼，無媿立言也已！

連山綏傜廳志序

郡縣志書，能文簡事覈，訓詞爾雅者，率不多見。見者十餘，皆不出於秦，論者以謂秦猶有黄圖、決録之遺故也。而於秦志，尤推武功、朝邑，此固近世之通議矣。吾友姚君伯山，雄文碩學，兼秉彊敏理劇之才，初令臨漳，即箸循聲。改官廣東，知揭陽。揭陽，故號至難治之地，伯山爲之，甚有名聲威風，旋擢連山綏傜同知。綏傜設官僅逾百年，屢有拗併。康熙中有爲之志書者，殊闕略不備，且其時連山未歸同知專轄，今伯山實始拗爲之。余讀其書，誠所謂文簡事覈，訓詞爾雅，不朽之作矣。顧其體例，壹遵朝邑志。余嘗論朝邑誠奇筆，獨體例有未當。然伯山既以成書，不暇改爲矣。伯山書嚴於限斷，凡地與事之不屬專轄者，不悉載入此志。余既病朝邑，亦不取武功，以其皆不諳史裁，任意鹵莽，類例分合無理也。然余序伯山，則有似對山之序五泉矣。

重編張楊園先生年譜序

近代真儒，惟陸清獻公及張楊園先生爲得洛、閩正傳。自陳、湛不主敬，高、顧不識性，山陰不主致知，故所趨無不差，而清獻與先生實爲迷途之明燭矣。先生嘗師山陰，故不敢誦言其失。然其爲學之明辨審諦，所以補救彌縫之者亦至矣。先生實開清獻之先，清獻尤服膺先生之粹。顧清獻宦成而功顯，名德加於海内。先生行誼箸述，前輩論説雖備而終不箸，則以其迹既隱，而其書又不克盛行於世，學者罕見故也。去年秋，蘇厚子惇元自浙歸，攜其《全集》來示，且盛言當從祀孔子廟庭，並鈔輯諸序文雜傳，將以補《年譜》之闕疑。東樹受讀卒業，信悦服氍，如凍餓者之獲饔飧布帛也。因論儒者學聖人之道，徒正固不及中，中或不能純粹以精，而純粹以精必在於明辨晳，先生可謂深詣而全體之矣。

前輩倆爲朱子後一人，非虚語也。於是閒謁學使嘉興沈鼎甫侍郎，啓告以宜奏請從祀，並爲栞布遺書。極蒙嘉諾，且授以新刻陳古民所訂《年譜》。歸而細讀之，惜其尚未盡善，爰屬厚子重爲編次。厚子固好學而尤篤嗜清獻及先生書者。今以其所編來示，實較陳氏爲得其要領。昔劉伯繩譔山陰年譜，先生謂其學問源流、立身本末已備，文集之外，可以單行。吾於兹譜亦云然。夫先生學足於己，行修於身，豈在名之顯晦以爲損益？惟其辨道閑邪，繼往聖，開來學，則甚有賴於其言之存。既賴其言，而可不知其人、論其世乎？此《年譜》之作所以不容已也。且自朱子而後，學術之差啓於陽明，而先生閑邪之功其最切者，莫如辨陽明之失。惜所評《傳習録》不見，然就其總評及集中所論，皆堅確明箸，已足訂陽明之歧誤矣。若求其全書讀之，其説應在羅整菴、陳清瀾、張武承之上。因序《年譜》，略論其大概於此。道光丁酉十月，桐城後學方東樹謹序。

方望谿先生年譜序代

昔孔子於門弟子因材施教，以裁其狂簡，蓋於諸賢才分之所至，無不周知而熟計之矣。獨致使漆雕開仕，然有意外未信之説，何也？上蔡謝氏論此，以爲「學人之才性可知者也，獨其心術之微，雖聖人亦有所不知焉」。程子論此曰：「漆雕開已見大意，故夫子説之。」善乎學者不可不見大意也。學不見大意，則識器卑下，志趣狹陋，雖畢生勤劬用功，其成就卒無以躋乎上。歷觀古人，莫之能遯也。

吾鄉方望谿先生，少時自言其祈嚮，有曰「學行繼程朱之後，文章在韓歐之閒」，此其言雖若猶未臻乎極至，而大意則已見。卒先生後所成就，實無媿斯二語，可謂不欺其言者矣。夫人智之多少，以學爲齊，而子貢論夫子之學不厭，智在學先，豈非由夫子十有五時志學之始已見大意也哉？某薄劣不學，而於近世大儒，獨服膺張楊園及先生，往時既嘗爲楊園輯年譜矣。兹復取先生續集、《家譜》，及前後諸公私集事言有及於先生者，旮戢詳考，成《年譜》一卷，俾讀先生書者有所考。不惟發揮先生之學行，亦庶以啓來學之識智焉。夫闡揚絶業，必待絶德之人而後能得其全而無遺，惜乎某之非其人也。書成，序之如此，以識余僭且媿云。道光二十七年十二月，邑後學某謹序。

望谿先生年譜序

自太史遷剏史法，易《春秋》編年爲本紀、世家、列傳，皆綜一人之本末始終，而備箸其行蹟，異其等分，而不異其事義，遂爲後世史法相沿不可易之體。及宋以來，又有私家年譜之作。年譜者，補國史、家乘所不備，而益加詳焉。吾以爲此仍沿遷史十表年月之法，而易其形者也。

桐城名縣起於唐。自唐以前，人物罕登於史傳者。逮乎明代而後，桐城人文輩出，若忠臣孝子、理學名臣，後先接迹，昭垂乎史傳，昭耀乎耳目，遂爲各直省名都望縣所罕能並。統觀前後碩德名賢數十族，而於文學，尤推方氏。方氏在明則有密之先生，在我朝則有望谿先生。密之博綜淹貫，靡所不通，擅聲一代。然以語文章經學之廣大精微，經世立事之宏綱鉅用，實皆不逮望谿。即以古文一道論之，能得古作者義法氣脈，韓、歐相傳之統緒，在明推歸太僕熙甫，昔人號偁絶學。惟望谿克承繼之，實能探得其微文大義不傳之秘，以尊成大業。望谿而後，則有劉學博海峰、姚刑部惜抱，學者宗之，以比揚、馬、韓、歐，並偁曰方、劉、姚，翕然無異論。夫三先生皆各以其才學識自成一家，自有千古，蓋非特一邑之士，而天下之士；亦非特天下之士，而實百世之師。以愚究論其實，若從其多分言之，則望谿之學、海峰之才、惜抱之識，尤各臻其獨勝焉。然若置其品題，就其經學、義理以及所敷奏設施之實，絜之劉、姚，則偏全大小，裒然不侔。即同時若安谿、臨川諸公，比肩同志，所謂如驂之靳，然亦皆似不及之。先生書在海内，名在國史，後有知人論世者出，自有衷論，當知非鄉曲後生阿私溢美，如鄭梁之序南雷、南雷之序山陰也。

蘇厚子惇元沈精敏毅，學行深醇，平日尤篤嗜先生之書，以爲如先生者，不獨超文苑，炳儒林，而其淑身經世之略用，實有古大儒名卿之風。國史雖有專傳，而行誼問學之詳未能悉備，乃采合諸家傳記文字及其家乘而考訂之，爲之《年譜》，俾天下後世備見先生所藴之全。識大識小，信乎爲斯文不可少之作。書成，來乞余序。余淺劣不學，不但無以窺知先生之萬一，亦並不能究測厚子之蓄積，何能序此？固辭不獲，則據其所飍知者而道其實如此。道光丁未八月，宗後學東樹謹序。

劉悌堂詩集序

楚地盡江淮間，自蘄黄以東迆北訖壽春，其山脈起伏，蟠鬱千餘里，舒曠雄遠，自古以來多産賢豪英傑異士。若老、莊之道德，屈、宋之詞宗，搜奇抉怪，軼乎詩書，不獨智略武毅之儔也。而桐城於地勢尤當其秀，毓山川之靈獨多，人文最盛，故常爲列郡冠。是故自明及我朝之興至今日，五百年間，成學治古文者綜千百計，而未有止極。爲之者衆，則講之益精，造之愈深，則傳之愈遠，於尤之中又等其尤者。於是則有望谿方氏、海峰劉氏、惜抱姚氏三先生出，日久論定，海内翕然宗之，特箸其氏而配偁之曰「方劉姚」，以比於古之「班揚韓歐」云。方、劉、姚之爲儒，其所發明足以衷老、莊之失，其文所取法足以包屈、宋之奇，蓋非特一邑之士而天下之士，亦非特天下之士而百世之士也。雖其人氣象不侔，學問造詣不侔，文章體態不侔，要其足通古作者之津而得其真，無不若出於一師之所傳。嗚呼，豈妄偁哉！豈妄偁哉！非有真人，孰能真知而篤信之。

居今之世，欲志乎古，非由三先生之説不能得其門。而三先生之學之或有顯晦，則以得多傳人與否爲其候。觀所以致興起及所以就微謝，亦斯文絶續之幾也，何必後世？方氏没近百年，劉氏稍後之，姚氏又後之。及考方、姚之名，四方皆知，其門人傳業雖多，然除一二高弟親炙真知外，皆徒埒其聲而不克繼其序。劉氏名弗耀於遠，而其説盛行一時。及門暨近日鄉里後進，私淑者數十輩，往往守其微言緒論以道學，肖其波瀾意度以爲文及詩者，不可勝紀。將由高美者難幾，近已而易能與？抑成功大者，道固廣與？要有好學深思者，必能知其同造於極，同爲難至，而非可以淺嘗鑠化也，有斷然者也。至其教之所行，廣狹遲速雖殊，期以得真爲本，未可以一時之形迹定也。

吾友劉君悌堂，海峰族裔也，質性端慤，踐履甚至。其詩文宗述，本乎家學。夫躬踐履，則言有物，述家學，則造必深，宜非尋常文士所可及也已。曩者悌堂在京師，嘉興沈侍郎鼎甫以余名語悌堂，屬其來内交，故悌堂以其詩令余爲序。余於是本山川、表人物、正學脈、綜名實、究終始以爲之言，俾讀悌堂詩者知桐城文學之統緒，得考鏡其得失焉。

古桐鄉詩選序

選詩爲總集，蓋有權輿。正考父輯《商頌》，其後孔子本之，以删《詩》《書》。自漢以來，劉《略》、班《志》、阮《録》遞顯。集既專部而爲之一名，至於蕭梁而其體備，至於李唐而其號繁，或以體分，或以代斷，或以地別，綜終始，廣國文，尚矣。

桐城爲治，蓋兼得漢樅陽、舒及龍舒地，至唐始有今縣名，學者所譏。舒析其北邊，仍置縣，龍舒半併於桐，爲南鄉，樅陽盡東南至江。選詩者，域之以一縣已隘，域之以一鄉滋隘矣。昔在康熙之世，鄉先生潘蜀藻爲《龍眠風雅》。逮嘉慶時，王悔生灼爲《樅陽詩選》。兹文生漢光、戴生鈞衡又爲《古桐鄉詩選》。夫樅陽猶統縣名，若桐鄉縱爲寬鄉，在漢制不過百里，然而二生不憚割而專之也，匪私其鄉，蓋亦猶地別之義焉。何者？士生一方，睹其地前世無人物則蹙，其幸得之，則欣欣焉以喜。若夫有之益多且盛，雖一偏之隅，或至於數十百人，數百千篇，則愈欲録而傳之，人情樂善之同，固時有若是，豈徒爲足揚山川之靈而誇耳目於四方也哉！矧是數十百人者，其行誼各有可紀，此數百千篇，其句之雄傑，皆有可誦，則其擅一鄉也，猶其擅一國也。苟擅一國，極而進之，即可擅天下，推之古今上下百世而無閒焉。合之分之，特其迹有異便，而非其實之有差數也。諸子惟不以地自域，故其域之也不可緄。如水之瀾，如日之容光，充一而全可曰知也。學者囿於所見，卑小鄉縣，而以隘相詬病，是謂言天文者不當異辰次，絜地維者不必畫原平也，是昧於細大之倪者也。後有君子，尚取吾説而繹其實焉可也。自記云：起處一段，生甫以爲近陋。余心媿之，而未能改，記之以告學人，須知其故。

金剛經疏記鉤提序

受持此經，深觀佛旨，及諸菩薩及諸入位上流大士大師，而歎昔人自修之功行，及説法度人之功德，如是其深，如是其廣，如是其精密微妙，如是其辛苦猛利。教理各極，行果俱元，如空生之起請，彌勒之述偈，無著之判住，天親之斷疑，圭峰之纂疏，長水之作記，一理相承，無少差謬，各各文義鉤鎖，析及微塵秋毫。甚矣，昔人求道，慎重虔誠，其堅利觀照，直與金剛三義脗契，未有小智小德，輕心慢心，不脱下苦麤障，而冀上净妙離，氣浮心淺，麤粗苟且從事者也。自達摩東度，單提心印，不立語言文字，直指見性，號爲頓門。不踐初地，而降心有道，住心有方，明佛心宗，知其今古，行解相應，夫豈妄而非真？然向上諸佛菩薩，聞思修證，次第位地，及文字般若，泯絶弗彰矣。後之人欲求聖教，懵闇乖隔，夫孰從而聞之？自是五宗相紹，厥啓狂禪，野狐外道，擎拳竪拂，各逞宗風，蕩滅規矩，緬棄科法，未證爲證，真贋相糅，未必非達磨之有以啓之。嗟乎！古今學術源流變革，大抵如斯。其始者本以利之，及傳之久而失其統，遂成大敝。至若此經疏記，結集浩博，根究該審，階差不失，血脈潛通，如瓶翻水，二謗俱亡，堪與阿難埒勝。顧以昏髦，苦其文繁，又如大濱之所科會，標列榦名數目，頗爲繁碎，迷人眼根，陋於習氣，茲欲易了，姑從簡削，移其次第，改其面目，爲便用心故也。若其哲學，務覽全文。又疏主栞諸異本，自云源派不遠，信非虚語。獨於三果往來之義，因仍舊解，非但迷誤，亦至鄙淺。乃千載憒憒，雖諸菩薩，亦未審諦，殊不可解。所謂聖人有郢書，後世多燕説也。今竊取姚先生説爲詮解之，庶向來闇昧，因得豁如矣。

孫蘇門詩序

始吾讀木崖潘氏《龍眠風雅》，固以歎桐城人文之盛矣。後又見王氏悔生《樅陽詩選》暨吾門人文生漢光、戴生鈞衡等《桐鄉詩選》，不禁睪然高望遠想，而因以生其奓汰也。以爲桐城山川靈淑之氣所鍾孕於一方者，瑰異日新，殫所未見，若是其無盡藏焉。天下名都大邑，蔚然以能詩箸望者有矣。求其以一鄉一邑，其人至數百千之多，其詩至數百千篇之富，如茲數君子之所選者，亦可以觀止耳矣。乃今讀蘇門詩，於是又知有蘇門孫氏者也。蘇門生熙、雍之際，其人已在前矣。其詩卓犖秀傑，有過人者，乃王選僅載五言律詩、七言絶句各一篇，既不足以見其詩之所至，又不詳其行歷，其於存人存詩兩無賴焉。揆厥所由，則以先生死於客，其遺文散佚，又無子孫爲收拾，以故寥落若是。嗚呼，其可悲也矣！

今先生族孫磵泉獨竭數十年之力爲網羅放失，勤求近遠，得此百餘篇於籤縢湮舛、炱朽蟫斷之餘，謀爲鋟板，以傳於世，抑可爲感切而殷勤者也。往者先生族中有名峋者，係節愍公裔，其詩才清警豪雋，略與先生相埒。余以姻戚故，少時嘗及見之，今亦以無子孫，遂隻字無可覓處。文字之傳，託於人者甚重，而其間亦有幸不幸焉。以孫氏一族而有若是，則夫綜桐城數百十年、數百十族而縣計之，或多有若是者，必不免矣。惡在其能殫所未見，而以全箸夫一方之盛邪？雖然，是特人事偶有差互，而於山川鍾毓之靈，固無歉也。則即蘇門之詩而推之，益以徵桐城人文之盛之無盡藏也，豈不然哉？道光二十五年秋八月，邑後學方東樹敘。

官莊姚氏宗譜序

姚氏得姓於虞舜，神明之胄，炳然無疑。顧自唐以前箸史傳者不多見，惟獨唐以後乃大蕃衍耳。考其支分派别，地各不同，而同以吴興爲望，則後世爲譜者貴近而遺遠之通趣也。桐城之姚族有三：曰麻谿，曰苓澗，曰官莊。官莊之姚，自以唐姚思廉爲所出之源。原序偁其土著在山西，後乃遷徽之婺源，至元季有曰福三者，始遷桐之官莊，是爲官莊姚氏。官莊之譜，曾修於乾隆間，越今七十餘年，其子姓益繁，仕宦益起，不可聽其闕而不備，紊而無紀。今某某等乃克糾其族人而續修之。既成，來乞序於余。余惟譜牒之修，所以尊祖、敬宗、收族，天下人心之所同，無待於贊揚嘉美之虚詞，獨爲箸其本源之異同，以别於麻谿、苓澗者，固亦官莊之子孫所當信以爲紀實云爾。

璣珥沖劉氏宗譜序

桐城縣治之東北二十里曰麻獨山，有市區曰周漊岡，又北二里許曰璣珥沖，皆田塍農民所居。按字書，瑱、珥，玉之所以飾首耳者，璣，小珠之未圓者，又爲測天象之器，所謂「璇璣玉衡」也。此地左距龍門之古刹，右蓄龍潭之神異，纛山挺秀於其前，旗嶺繞綽於其後，清曠幽奇，其形勝亦靈區也。雖受名之始不可詳，而昔人嘉錫之義，亦從可思也。凡民所居，得山谷而秘，得原隰而紓。有山谷以含藏之，而後免於洩露；有原隰以蕃衍之，而後免於消耗。故能俾居者財産給足，家室和平，無餒凍之憂，無癘疫之苦。聞此處風俗純樸，無游手淫靡之習，詢其左右前後，聚族而居者多劉氏。道光丁未，有某某者輯修族譜，來乞余序。

余覽其譜所序，遷桐以來，自一世至今十幾世，雖無貴顯，皆修身蓄德，以行誼範其躬，以耕讀世其業，可謂德門者也。嘗嘅譜系之繁，始於秦漢之際，自是以來，悉多誣妼不可信。沿及六代，至於李唐，其攀飾益崇，其誣妼益甚，雖大名德之人，往往承習此陋而莫之覺。及宋歐、蘇二譜出，始嚴傳信之義，而爲後世譜學不易之法。又古今世族之盛，無若張、王、劉、李，蓋此四姓，無代不有偉望勳位、盛德大人。今璣珥沖劉氏序其先，獨於歷代諸名賢一無誣妼攀援之失，即此已足徵其家風之純厚矣。然則劉氏之先，雖無貴顯，自今已往，必有文章膴仕非常之人以大振其宗者。鬱之久者發必暢，此實天道，而山川之靈毓亦然。璣珥之可寶貴，詎惟抱空名而不既其實乎？此理之必可信而不爽者也。

則即以璣珥爲劉氏之望，以比烏衣馬糞之王、東西中眷之裴可也。

潛桐左氏分譜序

吾嘗論《世本》亡，而天下之氏族遂湮，其事蓋當秦漢之際。秦漢之際，王者興於艸澤，將相起於屠沽，皆不能紀其先。《漢書》載公卿名人，獨司馬遷、揚雄、馮奉世三傳而已。及魏晉之世，重門户，辨族地，以九品官人，而其誣坿多不可信；兼以種姓雜族，而中原之氏族益亂。及至唐人，最重譜牒，而諸家世譜，官爲修掌，並私家撰述，其書凡數十種。而帝王之族且不可信，此所以有玄元皇帝之祀也。其他新族舊族，如河北崔、盧，江東王、謝，其可記者，亦皆不能遠溯神靈之裔，惟以郡望相高而已。歷考古今通賢之論，無不以氏族爲病。至宋歐陽公、蘇明允作私譜，始定以始遷之祖明白可信者以爲祖，而後信以傳信，乃即於人心之安，此雖似隘而近陋，然不猶逾於誣坿之愚者乎？

桐城在江北號爲望縣，然自宋以前，故無人物，稽之史傳寥寥如也。及明以來，乃有世家大族數十百氏蕃衍迭興，而就中尤以方、左兩族爲之冠，則以斷事、忠毅兩公忠節，照耀遠近故也。顧斷事官卑名微，而其子孫特最盛；忠毅則功在社稷，名在敦史，兒童走卒，皆能道楊左事。顧觀其私家譜牒，亦無以大遠乎歐、蘇而别有可法者。今方且勿詳之，左氏先隸籍涇縣，始唐有難當公保障江南，封戴國公，廟食於涇，其弟難定公隨之。難定弟五子瑚公始遷安慶，又十一世們五公復遷潛，又二十六世爲傳公，生卒逸，其葬實在潛，傳公子代一公奉其母遷桐城，是爲遷桐之祖。此據其十一世侍御公及忠毅公子國棟敘如此，當明崇禎甲戌歲也。自是入我朝，子孫益繁，仕宦科甲益起，而譜久未修。今某等議續修之，此固尊祖、敬宗、收族之常舉，無庸侈談。獨灊山一族，自傳公以上，上溯僩五公十餘世，多不能詳，勢不能彊合。今衆議灊、桐兩族各分序其始遷可信之祖以爲信，不必彊聯爲一云。夫不可知則闕，豈非義理之正，而人心之公？斯亦足爲凡修譜而疑不能明者之良法也已。故本其族人共議之説，即書之以爲序。自記云：質確明白而已，無文章也，然自可存以爲信言。

培根支譜序

吾宗之望在河南，然自唐宋以來，族姓蕃衍遍天下，始無不遷自黟歙，始祖黟侯所受封邑也。惟源遠而末益分，故有同出黟歙而不同所遷之祖者，遂別族焉。宗兄四川冕寧縣知縣璋，以其所輯支譜請余爲之序，其言曰：「吾族凡九大房，自七世祖廷獻公以下俑中一房，中一房逮十四世太史公，以下凡三房，而我繼善公實爲太史第二房，是爲璋之本支。昔在明萬曆間，明善公始剏修宗譜。國朝乾隆間，恪敏公重修之，迄今相距又數十年，欲再重修，而族重丁繁，稽考不易，猝未能集事。是以嘉慶間我叔祖冶青公僅纂輯支譜，而十五世、十六世以下已有不能詳載者，璋今姑就本支見聞所易周者，輯爲茲譜，以備異時大修之采輯，名曰『培根』者，先祖讀書齋名也。子爲我序其所由，毋俾人疑余如私所出而忘其大宗焉者。」三辭不獲，乃爲綜其事實，揚搉而言之。曰：古今名德有大小，其聞傳於世亦有大小，聞傳之大小恆視所託以傳者之言之大小焉。是故載德與功與世爲無極者莫如史，其次則碑、碣、志墓、記事之文見於一代作者之傳集，其次則統志、通志及郡邑之志，又其次乃爲譜牒。是故有譜牒所載而志、乘弗及者，志、乘載之矣而名家碑志記事之文無聞焉，碑志記事之文爛如，而史傳仍弗及焉，於是其人雖爲一時所崇，而顯晦大小遂亦由此而爲差别。若夫譜牒所載，志乘亦載之；志乘所載，名家碑碣記事之文亦載之；名家碑碣記事之文載之，而史筆亦載之。又況淵源箸述，絶學代嬗，發揚振動，雖微史筆，亦自足以垂千載而不朽。若兹譜所輯，自斷事以來，忠節孝烈，炳如星日，若明善，若中丞，若太史繼善，理學名賢，海内所共知，豈同於無善而虚美之誣言也哉？吾嘗觀《南史》，其列傳王、謝、庾、胡諸族，雖曰國史，不啻諸族之私乘焉。及讀世所傳諸賢别集、總集，有不待讀《南史》而千載之下莫不習其人者，然後知韓子所偁「不待史筆而傳者」之爲篤論也。樹族自明初由徽遷桐，今十餘世矣，迄無貴顯者，既與君不同祖，而盛衰又縣絶，故因序君之譜，而爲本其郡望之源流，以識吾宗分合之由，有餘慨焉。道光己丑仲冬月，宗愚弟東樹謹序。

宜園雅集圖序代

道光甲辰九月十九日，會於西郊張氏之宜園。是日，俗謂之展重陽日。陶公詩偁「九日之名，舉俗愛之」，洪容齋釋云：「陽九數，爲老久義也。舉俗愛其名，愛久也。若至於展日，則益久矣，是皆於古人多壽之祝有合。」前涪州刺史吴君，年八旬，巍然鄉老，方以德行薰後進，可謂賢者，實爲大賓。宜園者，前南昌太守張君所營，以怡其尊甫封翁者，甲一邑之勝，軒墀閎敞，房序迴曲，竹樹清華。前一亭，臨水面平疇，於春時觀稼爲宜。後負山如列屏，蒔菊滿畦，几案間置盆菊皆滿，繽紛繁薈，五色燦然，雖秋卉也，爛若春葩。維時天氣晴暄，秋陽明麗。賓筵初設，殽核錯陳，觥籌既接，賓皆粹容。有儒一生，舉杯欣然，朗吟唐人崔曙《九日望仙臺》詩之末章，以況余也。夫淵明惟不樂仕，故以采菊飲酒自適。余羈於此，簿書鞅掌，終歲之間，求若此一日之暇樂不恆多有，何足以比陶公？雖然，古人仕止，各有際會，亦不得壹以陶公爲概，抑余有幸者。昔漢任延以少年爲會稽都尉，會稽頗偁多士，延皆聘請禮待，有龍丘先生志不降屈，延遣功曹修書記奉謁，吏使相望於道。積一歲，龍丘先生心服，乃詣府，願受備録。今諸君不以某年少不德，而皆惠然，自六十以上至八十以上，凡十有四人，于于畢至，幾比於宋洛社耆英之會。張翁年亦八十，神明温粹，顔渥如丹，步履飲噉如少壯，望而知爲德福兼隆者。其族兄封翁八十有三，其婣親左翁八十有二，皆葆性康彊，行不須杖。惟余與太守年同五十有二，偁最少，戲用司馬温公例得亦坿於會，於是四美既具，二難亦併，一日之間居然足以傲陶公、誇任延、紹洛社，雖不足以堪之，而謂不足以爲樂乎？爰屬工畫者繪爲圖，列序時人，疏其齒爵，俾各賦詩，用以抒情抱，留示後人焉。王右軍見人有以《蘭亭序》比《金谷園序》者，則大悦，古今人豈異情乎？

考槃集文録卷五

書後　題跋

書法言後

退之論文，屢偁揚子，而不及董子。蓋文以奇爲貴，而董子病於儒。余聞之劉先生説如此。然竊以爲退之所好揚子文，亦謂其賦及他雜文耳。若《法言》《太玄》，理淺而詞艱，節短而氣促，非文之工者也，退之所好不在此。夫立言者，皆欲其不棄矣，而不能爲不可棄者，理不當而詞不文也。文其詞而無當於理者有之矣，未有當於理而其詞不文者也。揚子徒知爲不可棄而不務培其本，畢生用力造字句已耳。或曰：「揚子成《太玄》，桓譚以爲後世復有子雲者必能好之。及宋司馬温公果篤嗜其書，意者其奥而世鮮知邪？」余曰：不然。夫孟、荀、揚、韓雖並偁，然孟氏之道班於聖人，今讀其書，充然沛然，高下曲折，涵天地而無極，指事而無不盡焉，曷嘗待於入黄泉出青天，若揚子之所爲邪？夫以揚氏書與孟氏相比，差等殊絶，若河潦之不可同覩如彼，而司馬氏猶非孟子而尊揚子，其修《通鑑》多取《法言》爲斷，是尚得爲知言乎哉。自記云：東坡不喜《法言》。海峰謂韓公好《太玄》《法言》，故其文字句奇。二說皆是，學者宜互參之。

書楊嗣昌別傳後

余讀《節南山》，反覆於亂本之所由，端在於用小人。小人「不懲其心，覆怨其正」，若性生一轍。忠智之士憂傷如惔，不敢戲談，至於四方靡騁，而國亦既卒斬矣，何其痛與！作此詩者爲百世戒，此所以列爲經也。

吴之入郢也，沈尹戌謀令子常沿漢上下遮遏濟寇，而己東毁其舟，還塞城口，自後合擊之。子常不聽，師喪身死，國隨以亡。楊嗣昌之敗開縣也，萬元吉謀以前軍躡賊中軍，自閒道北扼繇竹、梓潼，斷賊歸路。嗣昌不聽，師喪身死，楚蜀糜爛。

方子曰：是其事之相類，乃所謂「不懲其心」者，獨子常、嗣昌也哉。君子之論人也，庸不肖者無責耳矣。惟夫以猶可以有爲之資，而卒與庸不肖者同敗，身死不悟，爲天下後世戮笑爲可惜也。方其意氣自用，豈不謂己之所見非進説者之所及哉？而智計之士早熟籌焉，而知其必底於滅亡也，亦惟其愎諫而不詳思者決之而已，訊而不顧，顛倒思予，《墓門》所以歎也。洎乎拾瀋不可復得，爛魚不可復全，身親其敗者，恨不能起死者一一語之，而使之知悔，則何益矣。然使死者而知悔也，則史策所紀，殷鑒非遥，而何世之踵其轍者，趾相接也。甚矣，自克之難也！故君子小人之介，在懲其心，存亡禍福之幾，在懲其心。

書阮籍傳後

《晉史·阮籍傳》偁「籍終日言，口不臧否人物」。世之爲容默以適己事者，用意過當，致人心靡然不起，無復聞是非直道之公，而壹皆託於籍。余悲夫其説之足以害俗，而又非事實也。夫聖人不爲毁譽，謂無故虚加之耳，非昧其是非之實，而絶於言説也。古者《國風》之作，出於里巷匹夫之言，三代之世皆陳之，以觀民心好惡。如《將仲子》諸詩可見。當是時，其上之政教雖非，而賴其下清議足畏，故一時風俗禮義相維繫於人心者，久而不泯。及其亡也，孔子懼，作《春秋》。向使皆不臧否，則是經不得有六，而聖人亦惟致密於亂賊者之怒不可攖，而尚敢箸書以自表其褒貶之出於己哉。觀籍爲白眼以斥俗士，蓋臧否之尤者，故卒以見疾於鍾會。異哉，籍之臧否形諸目，而弟不形諸口耳，而世何以託之也？

詩人之美仲山甫也，曰「既明且哲，以保其身」，而特爲實舉其行曰「柔亦不茹，剛亦不吐。不侮鰥寡，不畏彊禦」。今之君子，則務隨時抑揚，隱情惜己，苟以混俗取寵而已。嗚呼！是皆析義不精，而特剽竊其近似，以遁於鄉原、老氏之學，而不顧害於人心風俗也，其又何偁美與？

書望谿先生集後

作室者卜里閈，量基址，程材用，庀工役，區堂廡房奥牆廁一一營之意中，而後翼然有室之觀。後人雖有丹堊之巧爲密麗，至於不失黍銖，終不如慮始者精神開闔於空虚杳冥之際，而與造物相往來也。凡事類然矣。

樹讀先生文，歎其説理之精，持論之篤，沈然黯然紙上，如有不可奪之狀。而特怪其文重滯不起，觀之無飛動嫖姚跌宕之勢，誦之無鏗鏘鼓舞抗墜之聲，即而求之，無玄黄采色刱造奇詞奥句，又好承用舊語，其於退之論文之説，未全當焉。而篤於論文者，謂自明歸太僕後，惟先生爲得唐宋大家之傳，維樹亦心謂然也。蓋退之因文見道，其所謂道，由於自得，道不必粹精，而文之雄奇疏古，渾直恣肆，反得自見其精神。先生則襲於程朱道學已明之後，力求充其知而務周防焉不敢肆，故議論愈密而措語矜慎，文氣轉拘束不能閎放也。

先後諸公學，既不能如先生之深，而又懵於所謂義法者，故其爲文不能如先生之潔，而知所鎔裁以合化於古人也。而公遂翛然於二百年文家之上，而莫敢與抗矣。鄉使先生生於程朱之前，而已能聞道若此，則其施於文也，詎止是已哉。

書望谿先生外集後

嘉慶庚午，樹從姬傳先生於江寧鍾山書院，見望谿曾孫傳貴，以先生集外文來請敘，其文止一卷。明年辛未，姚先生復得先生與鄂、張二相國論征準夷書，重爲跋語，謂後有刻先生集者，必宜入之。道光二十年七月，蘇生惇元自浙歸，以其所輯録望谿遺文一卷見示，則皆前後集所未刻者，並有先生前刻集中所有而今刻删去之者。其奏議一卷，則仁和邵懿辰鈔於方氏宗譜後而得之者也。且疑此文既刻於方氏譜後，則其裔孫刻後集者不應不見，而遺之，何也？樹曰：先生文集係手自定，其去留必有精意，非後生淺學所可妄測，惟山東韓理堂所輯望谿集外文有十卷之多。此奏劄獨爲一卷，其事約在乾隆三四十年閒，距姚先生作序時前數十年，文亦較多數倍，姚先生殆未見也。又據姚先生兩序，似以他文縱不存無害，而與兩相國書則必不可不存，所見誠是也。但樹考先生手定集，已載與常熟蔣相國論征澤望事宜一書，其詞意悉與此同，意先生稿或先擬與鄂、張兩相國而未出，後乃改而與蔣相國，遂以此爲可不必重出，而姚先生偶未察而云然與？要之，公之文宜以手定集爲主，而遺文奏劄當覓韓輯十卷本校正，乃爲善耳。宗後學東樹謹識。

書錢辛楣養新録後

錢大昕氏以南宋之亡歸獄於鄭清之之主收復，致挑邊釁，其言曰「南宋之速亡，由於道學諸儒恥言和議，理、度兩朝尊崇其學，廟堂之上所習聞者，迂闊之談，而不知理勢」云云。愚謂錢氏此論殆孟子所謂「無實不詳」者與？凡君子論事，須平心虛公，揆度義理，考詳事實，然後其言信，其論篤，傳之天下後世乃不致誤國殺人也。

近世漢學考證家因惡朱子，遂深疾宋儒道學。其箸説文字，率以邊見、偏見、顛倒邪見與争勝負。道理不足以勝之，則壹借國事虛搆影響，以莫須有信口駕誣，如姦胥、法吏舞文傷善，不論本案有無虛實，竄名其間以坐之耳。其論宋事，一言不及韓侂胄、史嵩之、賈似道，而惟弊罪道學；論明事，一言不及嚴嵩、魏忠賢，而惟歸獄東林，由其毒正邪心心版所印也。不知南宋立國，政恨其無志於恢復，不專任道學耳。使真有志於恢復如越句踐、燕昭王，舉任賢才如魏文侯、魏孝武，將收復可必，何致速亡？蓋收復，正論也。正論，國之元氣，治亂安危之所由，不可謂之迂闊。真德秀《請絶金歲幣疏》及朝辭所陳五事，與胡銓《諫和議疏》争輝簡册，皆萬世金鑒，而又可少之哉！文忠此奏在寧宗嘉定七年，王枏函韓侂胄、蘇師旦之首至金乞和。韓侂胄誠有罪矣，而函首乞和，亦太亡義而傷國體矣。文忠此奏振起人心，不可謂之迂闊。其言曰：「宗社之恥不可忘，國家之於女真，萬世必報之仇。高宗、孝宗值其方彊，不得已以太王自處，而以句踐望後人。今天亡敵人，近在朝夕。誠能以待敵之禮而遇天下之豪傑，以遺敵之費而厲天下之甲兵，人心奮張，士氣自倍，何憚於彼而猶事之哉！且所重於絶金者，畏召怨而啓釁也。然能不召怨於女真，而不能不啓釁於新敵。權其利害，孰重孰輕？」按文忠意以蒙古方彊，力能亡金，若我和金，不召怨矣。既和金，必與金共攻蒙古，是啓釁於新敵也。又曰：「用忠賢、修政事、屈羣策、收衆心者，自立之本；訓兵戎、擇將帥、繕城池、飭戎守者，自立之具。陛下以自立爲規模，則國勢日張，人心日奮，雖彊敵驟興，不能爲我患。」雖當時諫用兵者如丘崇華、岳婁機諸人之論，亦祇謂宜申警軍實，爲自立之計，觀釁俟時，委任得宜而後動，不可輕舉耳。蓋啓釁致兵而無以待之，是速亡之道。智者所見皆同，而非謂當忍恥忘仇，棄中原苟安而不當言收復，言收復爲道學迂闊也。矧當日收復之議，前出於韓侂胄之欲立蓋世功名，後出於趙范、趙葵之狃於收復淮陽，欲乘時撫定中原，收復三京，並非出於道學。但收復三京之議，其時史嵩之、杜杲、喬行簡、丘岳皆言出師之害，惟青山力主之，以致洛師撓敗。錢氏據此一段，又據當時在廷諸人之議，而真文忠又惓惓於復仇者，又爲青山所引用之人，故因而弊其獄於道學，以爲必真、魏所爲矣。不如此役祇當責青山、范、葵等無備輕發，如當時廷議所論云爾，岳曰：「方興之敵，新盟而退，氣盛鋒鋭，寧捐所得以與人邪？我師若往，彼必突至，非惟進退失據，開釁致兵必自此始。且千里長驅以争空城，得之，當勤饋饟，後必悔之。」范不聽。史嵩之亦言荆襄方爾饑饉，未可興師。杜杲復陳守境之利，出師之害。喬行簡疏曰「八陵有可朝之路，中原有可復之機，以大有爲之資，當大有爲之會，事之有成，固可坐策。臣不憂出師之無功，而憂事力之不可繼。夫規恢進取，必須選將練兵，豐財足食。而今將乏卒寡，財匱食竭，臣恐北方未可圖，而南方先騷動矣。願堅持聖意」云云。而不可謂主收復爲道學迂闊也。

且洛師雖敗，而南宋所以亡之故，禍胎病根實不由此，此端平元年之事，既敗之後，鄭清之力辭解政，不許。帝下詔罪己，乃召用真德秀、魏了翁。德秀言：「天之所助者順，人之所助者信，陛下儻能進德以迓續天命，中原終爲吾有。若徒以力求而不反求其本，天意難測，臣實畏之。」了翁入對，言事凱切，反覆利害之端，至漏下四十刻乃退。據史言如此。二公所陳，豈可謂之道學迂闊而惟主收復也乎？又按喬所謂事與前異者，蓋謂蒙古乃新敵，非如金人有宿仇深怨，久爲所弱等情事。畺埸之役，一彼一此，何常之有？但益修戰守之備，固可轉敗爲功也。又帝問恢復於孟珙，珙曰：「願陛下寬民力，蓄人材，以俟機會。」又問和議，珙曰：「臣介胄之士，當言戰，不會言和。」帝命吴泳艸詔罪己，泳訪於王萬。萬曰：「兵固失矣，言之甚恐亦不可。今邊民生意如髮，宜以振厲奮發，興感人心。」據當日在廷諸臣議論如此，未有以此役爲速亡之禍本也。亦並不由於用道學之故。開禧末寶慶初，史彌遠欲收召道學以爲名，既而以論濟王事忌之，諷臺諫盡劾去之，至謂真德秀爲真小人，魏了翁爲僞君子。紹定末端平初，彌遠死，洛師敗。鄭清之再召用真、魏諸賢，而是年真文忠卒，又明年而了翁去。故理、度兩朝名爲崇尚道學，而實未能盡其用，不特昧其忠信碩畫之非迂闊，而且以亡國大罪加之，豈非無實不詳之言與？但疑青山、葵、范皆尚非至庸劣之人，而趙葵出兵祇給五日之糧，徐敏子至洛，明日即乏軍食，至采蒿和麪爲餅食之。夫欲收復百年之地，而出師伊始支絀乃爾，全無備豫，雖嬰兒之計亦不至急促輕脱如是。及元師南下，饋糧不繼，所復州郡皆空城，無兵食可因，遂以潰敗，一皆如丘岳所策。

錢氏以大局責道學固誣而失實，而究無解於此敗之失。及爲反覆考之，而後知青山、葵、范當日所以出於此者，有可爲傷心者也。紹定五年，蒙古約共伐金，許事成以河南之地來歸。此秦人以商於六百里譎楚使絶齊之故智也。史嵩之不悟，遂許之共以亡金。此雖不見事勢，而於義無失。蓋與金爲世仇，得藉手以復之爲快。其時趙范不喜，引宣和約金攻遼受欺之事爲説，此見事勢矣，而於復仇之義爲闕。蓋不與蒙古，必助女真，而女真世仇，豈可助之？真文忠所謂「不召怨於女真，而不能不啓釁於新敵。惟當亟圖自立之策，不可姑爲苟安之計。若夫積安邊之金繒，飾行人之玉帛，女真尚存則用之於女真，彊敵更生則用之於彊敵，此苟安之計也。陛下以苟安爲志嚮，則國勢日削，人心日偷，雖弱敵幸亡，不能無外患。蓋安危存亡皆所自取，若當事變方興之始，而示人以可侮之形，是堂上召兵、户内延敵也」。此謂不和金亦不和元，但貴自彊，非史、趙二人所及矣。及端平元年，金果亡，而後宋之君臣喜可知也。是時，又值史彌遠卒，帝始親政，故改元端平以志喜也。於是青山正爲相，慷慨以天下爲任，欲及元人許歸河南之約，收復三京，此真千載一時之機會，喜不及待，故不暇積食蓄兵，而急往受之耳。事出有因，不惟非迂闊，亦非全出冒昧，而詎知姦臣誤國，不同心合力，事會蹉跌，不戰而敗邪？詳觀此役，由史嵩之不致餽糧，以致諸軍飢乏，潦艸倉猝，自潰引還。並非敵人彊盛，力戰不支，弓亡弦絶，傷夷挫衄，如黏没暍時事也。使是時糧饟充給，諸將秉承定筭，堅忍不退，申前日之約，且以「三京本吾故地」大義折之，盟信要之，元新得金，中原事勢未集，未必不退聽。如仍恃彊不聽，則用趙奢、閼與之説，力戰致死，以勇爲勝，師直爲壯，必可勝之。如此而又不勝，則亦曲在蒙古，非我無端生釁，則用樂毅、田單之謀，因我民之怒，退而修備蓄力，激起人心，志在必於收復，則中原可終爲我有也。是故青山、范、葵此舉原非孟浪，所恨太脆弱輕脱如嬰兒之戲，出乎常理當然之外。千載而下，覽其事者，可爲太息憤懣者也。而錢氏顧指此爲道學迂闊，不識理勢，主收復以速亡，可謂蔽昧無知，全非事實，吠影而已。

逮後淳祐十年，史嵩之去位，青山再相，收召衆賢，用余玠帥蜀，一意出師，興元之役雖無功，而未有大敗。乃十一年而青山卒，又二年爲寶祐元年，余玠死。玠良將，蜀之長城。帝信讒以斃之，而蜀遂不爲宋有。青山卒之歲，淳祐十一年。蒙古憲宗蒙哥始立，而以其弟忽必烈總制漢南，開府金蓮川。淳祐十二年，元主以關中河南之地盡封忽必烈。又六年爲開慶元年，是年九月，忽必烈渡江圍鄂，賈似道乞和，忽必烈聞元主卒，引還。明年，景定元年二月，忽必烈自立，是爲元世祖建元中統元年。統觀自端平元年甲午，青山、范、葵收復三京，及是開慶元年己未，蒙古渡江，二十六年間，事迹如此，謂之謀國不臧可也，謂由道學誤之，非事實也。

紹定、端平以還，女真既滅，蒙古方彊，滅國四十，亡金以及於宋，事勢駸駸不可得已。燕丹不劫秦，秦亦必亡燕；宋雖日乞和，蒙古亦必滅宋。當此之時，惟有用賢可以自立，乃宋以史、賈輩當之。

夫陳賈、鄭丙、韓侂胄之攻道學，已出虚誣。今前渡江日，開邊釁，蹙國命，實出於賈似道。乃錢氏不以責似道，而弊獄於青山，以致其毒螫道學之誕説邪心，甘自坿於賈、丙、侂胄，其用意如鬼蜮含沙，最爲可惡。

若以和議爲可恃，則前此秦檜殺岳王，史彌遠函侂胄之首矣，而究何能弭女真之寇哉。若以主收復爲挑兵釁，則端平以後，未有收復之謀也。若以道學誠足以亡人之國與，則元世祖未即位之先，開府於金蓮川時，首召姚樞。樞陳修身、力學、尊賢、親親、畏天、愛民八事，皆道學之大經。世祖嘉納，動必召問。又召用廉希憲，希憲以孟子性善、義利、仁暴爲對，世祖善之，目爲廉孟子。及即位，首召竇默、許衡，問以治道。默首以綱常爲對，且曰失此則無以自立。又言帝王之道在誠意正心，心既正，則朝廷遠近莫不一於正。元主敬禮之。及元主立太子，太子問王恂心之所守。恂曰：「嘗聞許衡言人心如印板然，印板不差，雖摹千萬本皆不差；若板本差，則所摹無不差者。」太子善之。史偁許衡陳政大約以《大學》修身爲本，其爲祭酒，教弟子尊師敬業，下至童子亦知三綱五常爲生人之道。虞道園曰：「先正許文正公實表章程朱之學，以佐至元之治，人心風俗之所係，不可誣也。」考史者偁蒙古始興，而得大儒爲之輔佐如此，豈偶然哉？夫姚、竇、王、許所陳皆道學迂闊之言，而元用之以興，何獨宋用之而速亡哉？錢氏之論，殆如淳于髡以魯之削歸罪于公儀子、子柳、子思焉耳。

道學之病，誠患其迂闊儒緩，失之弱耳。若不主和而主收復，乃其發彊有爲，不肯苟安忘仇，此臣子之大義，乃反以之爲罪邪？統觀古今㧗守之主，有以一成一旅而光復中興者矣，未有以大朝立國當忍恥忘仇。以主收復爲道學迂闊，不知理勢也。古無不亡之國，然寧爲亡國，不爲降國。蓋天下原有亡勝於存、死勝於生者，或由才略不足以濟，或由天命已去，不可如何，如楚項羽之亡、田横之不屈，皆彊而亡國，非由道學迂闊以速之也。由錢氏之論，率萬世臣子不爲越句踐、燕昭王，弟作秦檜、湯思退，而後免於道學之迂闊也已。种師道謂李邦彦曰：「某在西土，不知京城堅高如此，備禦如此，不知何事便議和？公不習武事，豈不聞往古有戰守乎？」又曰：「公等國之大臣，腰下金帶自不能守，欲以與金人，若金人要公首級，當復何如？」明日金使人禮稍絀，上顧師道曰：「彼畏卿故也。」當彊敵壓境，朝廷拱默，李綱、師道猶能抗方張之氣，阻城下之盟。而錢氏乃以南宋立國，不應主收復，爲道學迂闊，不知理勢，以速其亡。況本無其事也。然則其所作《廿二史考異》亦何用也，❶不過搜覓細碎，眩博以邀名而已，於資治致用無當也。張南軒《孟子説》解「交鄰國有道」章，以修德、行政、養兵、訓民卒、殄寇仇爲言，詞氣激發。胡文定《春秋傳》於夫椒之事、朱子《詩傳》於《王風・揚之水》亦然。以此例之，錢氏之於學，殆未嘗奉教於君子也。

書劉文靖渡江賦後

孫北海曰：「世人軒劉静修而輊許魯齋，以其仕與不仕也。然魯齋當元人伐宋，世祖問之，魯齋不

---

❶「二」，原誤作「一」，據錢大昕原書名《廿二史考異》改。

對，世祖知其意，遂不復問，而心賢之。靜修《渡江賦》張大元人伐宋之舉，云『留我奉使，仇我大邦』，殆如露布。此賦可令魯齋見與？」樹按：北海是言殆未詳考靜修之心及其事實，而輕於立論也。昔丘瓊山亦以《渡江賦》爲幸宋之亡，黜其從祀。惟崔後渠以爲欲存宋，孫夏峰力主之，而論者終未釋然於瓊山之説，是皆未考其事實也。

《元史》本傳，魯齋生金章宗泰和九年，按章宗以泰和八年十一月崩，無九年。蓋當宋寧宗嘉定二年己巳，上溯紹興十年庚申，河南地歸金七十年矣。下歷金哀宗天興二年甲午金亡，魯齋年二十六歲，又歷帝昺己卯宋亡，魯齋七十一歲，又二年爲元至元十八年卒，年七十三歲。劉文靖生宋理宗淳祐四年甲辰，上溯天興二年金亡，相去十一年而始生，上溯南渡一百十餘年。魯齋懷孟人，文靖容城人，若以中原皆宋土，爲金人所得，以宗國爲義，則皆當爲宋人。若從土斷，則魯齋固當爲金人，劉文靖生於元滅金之後，固自爲元人也。觀其作理宗宫扇、度宗古墨詩，題皆書宋，又作《金太子允恭墨竹畫馬》詩，題皆書金，則文靖固自謂元人也。

當開慶元年時，蒙古渡江圍鄂，命賈似道援鄂。似道密遣宋京乞和，許割江南偁臣納幣。及元軍還，似道襲殺其殿卒，匿議和事，以諸路大捷江漢肅清奏，帝以似道有再造功。似道使其客廖瑩中作《福華篇》以頌鄂功，通國不知有所謂和也。及蒙古遣使來徵和議，似道恐泄其事，幽之於真州。剌垣邏守使臣上書，請見請歸，且極陳和戰利害，不報。蒙古主屢遣使，以稽留信使，侵擾邊疆來詰。李庭芝奏言，蒙古使者久留真州，皆不報。劉文靖賦以渡江命題，以「留我信使，仇我大邦」二語爲言，實見速南宋之亡，禍釁在此。夫似道此舉，挑兵釁以速於亡，實爲元師渡江本。案當時雖宋之臣民亦咸忿疾其事，文靖元人，言之何忌？北海乃以諱國惡之義律之，不亦謬乎？全謝山曰「蘇天爵以爲哀宋」，可謂得文靖之心矣。

書許魯齋集後

明丘瓊山尼許魯齋之從祀，以其嘗爲宋鄉貢進士也。按魯齋生嘉定二年己巳，金人以嘉定七年遷都汴，是年魯齋年僅五歲。魯齋懷孟人，懷孟在汴都西北，金已改爲南懷州，置沁南軍矣，魯齋安得逾汴而就宋之舉也？自嘉定七年下逮端平元年甲午金亡，魯齋年已二十六歲。是年趙葵、趙范收汴京敗還。明年分樊城、新野、唐鄧置鎮北軍，以備蒙古，境治不及懷孟。十九年壬子，蒙古主以關中、懷孟地盡封忽必烈。二十年，忽必烈出，王秦川，召魯齋爲京兆提學，年已四十六歲。此前未仕時，嘗避亂徂徠山，往來河洛，就姚樞受書，居蘇門山，皆在金在元，未聞歸宋也。使魯齋於金亡之後而得歸宋爲鄉貢進士，史文何不一記之？寧宗、理、度之世，史於道學諸賢出處無不詳記，何獨於魯齋而忽之？宋、元同滅金，使魯齋於金亡而歸宋然且不可，況仕元乎？瓊山不以此斷之，而係宋爲義，謂宋鄉貢進士不當仕元，又無確據，恐不應《春秋》之法。何者？君臣父子之義一也。人生於某氏，即當爲某氏之子孫；民生於某國，即當爲某國之民人。若人不幸生於微賤，一旦其族被世家所滅，論者謂此家本微賤，當改歸此世家，爲其子孫，理可通乎？魯齋父祖爲金之民人及百年矣，一旦引夷夏之防以斷之，何以異於是？且金、元不當爲載記，王秋澗言之矣。當時采之，作金、元二史，不得蔑之，謂金不得爲代也。魯齋辭樞柄，臨歿自疚不能辭官，戒家人勿得請謚。及劉文靖之所譏議，皆以是故，但不如瓊山以宋爲義耳。瓊山之言未詳所出，恐記載妄説，姑記之俟知者定之。若魯齋嘗爲金鄉貢進士，則於情事誠或有之，然不可確知矣。

書徐氏四聲韻譜後

汲古閣刻許氏《説文解字》有二本，一爲徐氏鉉奉勅校定許氏始一終亥本，一爲李氏燾《五音韻譜》本。李氏本元明以來刻者多，流傳浸廣，鉉所校許氏原本刻者絶少，則豈不以其偏旁奥密不可意知，學者艱於尋檢也哉？我朝通儒輩出，博綜好古，邁軼前代，而尤崇尚小學，海内攻《説文》之業者先後不下數十家，於是宋版始一終亥大字、小字本悉出，段若膺《説文訂》敘之詳矣。吾獨怪諸家刻李氏《韻譜》不用仁甫序，而仍以許氏、徐氏序及表冠其書，遂使承學之士不知此本出於何人。段氏譏顧亭林誤認李書爲徐鉉等所定，而不知其失在於刻者。然世攻《説文》之業者，所見此二本而止耳，近人所刻小字大字本而止耳，其鉉、鍇所定《韻譜》，世罕知之。

道光庚寅，始從友人借得曝書亭所傳本，尋究體例，與李氏異者二。李氏雖異其部次，而偏旁安堵，聲韻所協，仍偏旁之本文，學者尋檢未爲省力，誠有如虞道園所譏。鉉命鍇以《切韻》次者，既移其部次，即不顧其偏旁，期便尋檢，無恤其他。李書仍用許氏説解、徐氏等注，徐書則聊存訓詁，其餘敷衍别爲通釋，其曰五音者即四聲，而分上下平耳，非宫商五音也。鉉敘固明言五音分五卷矣，而徐氏堅妄詆仁甫，謂四聲五音之不分，其謬已甚者，真瞽説也。竊以兩家箸書，皆各有當，其指各分見於其所自序，政無庸妄議也。此本題「篆韻譜」，篆字流俗人妄加，非徐氏之舊。或疑亭林號博極羣書，不應不見仁甫敘，而以燾書爲鉉等所定，其所見或即此本，段氏譏之非也。吾以爲不然。據亭林所自言，並始一終亥本，且以爲難見，何況此本傳者絶少，未聞他刻。近浙人張氏士俊所刻《繫傳》前坿録李氏《説文解字五音韻譜敘》，乃仁甫敘鉉書之文，非自敘其書也。其自敘所以改爲者甚詳，見於馬氏《通考》，亭林偶忽之，故誤認耳。虞道園偁至元中瑞陽學宫所栞《韻譜》，徐氏堅所偁坊閒行本川本者，皆李氏《韻譜》也。

皖上修褉圖跋

江右陳叔安得明衡山文氏畫卷，不知其何作也，見卷中景物人士，有類於修褉者，則目之爲《修褉圖》云爾。余獨以爲不然。皖上者，叔安狡獪戲題之，以誣文氏，以愚時人也。或以衡山有高名，故叔安假之以爲重，衡山自作畫，叔安自修褉，其事若風馬牛之不相及，衡山何由重叔安？叔安何由扳三百年以前之衡山哉？天下事皆妄所結，苟求其實，則皆粉碎。且叔安之兄伯游之記具在，明明敗露，未嘗真謂衡山爲叔安作圖也。記中十四人縷縷指實，適徵其戲耳，叔安之不能誣衡山也明矣。且宇宙景物，古今未嘗有二也。世人以眼識空華，彊生分别，若自天地本擲觀之，足相與啞然笑也。叔安修禊，其人不異卷中人也；伯游作記，其文不異《蘭亭敘》也。卷中人士景物不異皖上人士景物，即不異蘭亭人士景物也。孰爲晉人，孰爲今人，孰爲山陰，孰爲皖上，吾不得而知之也，然則又何妨專而私之曰皖上云。人心多妄，妄起於有著，著緣取，取緣貪，貪生癡，至其癡處，皆有故絶可思。而右軍以之興悲，叔安以之游戲，其心豈復有著處哉？道光丁亥正月，桐城方東樹跋。自記云：似東坡游戲文。

題潁上搨帖圖

吾友管君異之持此圖索題，言曰：「同先祖爲潁上教諭，時潁上黄庭石已碎，其存者可二百餘字，在諸生卜士誠家，先君借而搨之。其後先祖、先君相繼歿，家歸江寧，手澤皆散佚矣。同僅於故紙堆中得此，裝潢成册，丹徒張寶崖崟爲作《潁上搨帖圖》。先祖事迹具同所爲家傳。先君爲人孝謹忠信，年僅三十九而歿，時同方九歲，漫無所省記，今可見者獨此而已。」言未卒，泫然而泣。余曰：「然。古之名賢，嘗有以一名一物，微細之端，而流風遺韻，使人鄭重愛惜而傳之不朽，非以其物而已，以其人之懿淑而因以及於是物焉耳。而況子孫於其先人手澤所存焉者乎？不然，世之貴人金多身閑，争買書畫，如東坡之欲付與一炬隨飛煙者，其曷足偁？」既以應異之，因書其後以歸之。

援鶉堂筆記書後

古人校定書籍，綜覽義旨，軌式前則，有大體、有細意。大體炳諸所裁，細意隨時而發。一出通賢之手，即爲凡例。故曰自揚雄、劉向方偁斯職。歷覽古今，若馬、鄭、賈、服，逮於陸元朗、孔沖遠等之於經，應孟如、徐遠於、顔師古、胡身之等之於史，類皆以英敏之資、勤鋭之志，識明心專，反覆討論，鑒别精審，意詞方雅，采獲分散，貫穿齊一，周其藩籬，窺乎區蓋，脈絡次弟，曲得其指。故每編校一書，所費日力即與自箸一書等，是以獨步邁俗，無媿雄、向。準此而論，求之近人，惟惠氏定宇、何氏屺瞻、盧氏抱經、錢氏竹汀四家，識精鑒密，差足與於斯流。顧三家書皆整雅，惟獨何氏之書體例乖俗，殊乏裁製，前人以紙尾譏之，良爲不虚。間取而衡之，似遠遜後來錢、盧二家條理淵密、枝葉扶蘇、精神焕發也。推尋其故，蓋由錢、盧手自訂箸，何氏出後人𢍰次，不得其措注之宜故也。蓋傳其所僅傳，而其不傳者與人俱亡矣。是知書非自訂而託之後人，多成增謗，少成減謗，尠不失其指者。先生平日校勘羣籍，本以糾繆正誤，拾遺補闕爲旨趣，使編其書者納於謬誤闕陋之途，遺誚通識，比於誣謗，能無懼乎？編審既畢，特發斯義，以諗來者。笑古人之末工，忘己事之已闕，不敏之媿，重爲口實已。

潛丘劄記書後

吾嘗論達巷黨人偁孔子之大，特驚以爲博學，鄉使孔子而爲一書，考證三代典物、文字，其必過於蔡邕、劉熙、應邵，不待言矣。而聖人於夏、殷之禮，亟曰能言，而卒不抗己，以爲之文獻。平日教人，惟日用下學、躬行切己之是務，雖博弟子以文，要不出乎《詩》、《書》、六藝，豈不以民彝物則，萬世經常不易，循之則心身安，事理得，而治化興；昧之則心肆身裁，學術歧，而政俗敗。古之立學校，將以傳先王之業，流化於天下，必使學者明於古今通達道理。凡其所爲學問而考辨之者，亦學乎此而已，亦辨乎此而已。後世學異而言多，言多而妄多。學者不顧其本，惟務逞私揚己，驚愚賣名，相與掇拾細碎，爲無益非要、失實誤世之言。其説經考史，論議所及，罔是非之真，而以害於人心義理者不少矣。則皆所謂無德者眩，有德者厭，名爲考信，而實欲行其私説，支離畔援，非愚則誣者也。是故觀其書不見根源本領，使人讀之，心志馳騖，愁惑蕩焉，而無所止。可以資口耳，而無益於身用。雖由是更廣爲千百卷，猶莫能盡。宇内無此，書不見少；學者不讀此，無損於學。雖竊大名，亦徒榮華於一朝，而末由施用而不朽。爲學若此，亦足傷也。

或曰：「若吾子言，是考證不足以爲學，則孔孟所偁博學詳説者謂何，且不幾率天下而陋乎？」曰：「固也。吾以學者忘孔孟也。若猶念孔孟也，將必志乎其所本者以爲先而後可也。若舍置其本，而專務乎此，而曾不要之以約禮反説，此吾所以病之也。」近世言考證之宗，首推深寧王氏、亭林顧氏、太原閻氏。吾觀王、顧二家之書，體用不同，而皆足資於學者而莫能廢。非獨其言覈實而無誣妄之失，亦其箸書旨趣猶有本領根源故也。閻氏則不逮矣，然亦頗博物條暢，多所發明。讀其言，如循近澗觀清泉，白石游鱗，一一目可數，指可掬，其用功塗轍居然可尋見，異於池竭而自中不出者也。特其體例不免傖陋氣象，矜忿迫隘，悻悻然類小丈夫之所發，故不逮王、顧兩家淵懿渟蓄，託意深厚，類例有倫，此固存乎其人之識與養焉已。雖其書出後人脊輯，非其所手訂，而詞氣大體之得失，固不可掩也。

書惜抱先生墓誌後

先生之葬也，其家僅埋石，誌生卒姓氏而已。樹慨先生名在海内，而當時名卿學士無銘詞，於事義爲闕，屢欲表其墓，輒以愚陋不足以盡知先生之所至，嫌於僭而自止。道光十三年，來常州，見先生從孫瑩所作行狀，及先生門人新城陳用光、宜興吴德旋、寶山毛嶽生並武進李君兆洛各所爲誌傳文，其於先生志業行事，揚搉發明，燦然無遺。於是始喟然歎曰：「乃今而後，可掇筆矣。」而瑩及毛君固謂樹：「子終必爲一文，以卒子之志。」樹曰：「然。昔虞道園有言：子程子殁，叔子爲行狀；張子殁，吕與叔爲行狀。表伯子之墓者文潞公，表張子之墓者吕閣下也。是皆大臣，一言以定國是，非常人之詞。而吕公曰『不敢讓』，知知則不敢讓也。知有所未盡，安得不讓乎？朱子作延平行狀，而延平之墓銘無聞，黄直卿、李方子作朱子行狀，而朱子墓銘未見，豈非門人之言足以盡其師之道而無待於他人乎？」竊援斯義，乃敢舉愚意所欲言者，系而書於後曰：

古今學術之傳，有衆箸於天下人之公論者，有獨具於一二人之私識者，私識之中，又有其深且切者，則各以其所見言之，以繼夫不傳之緒而已。夫唐以前，無專爲古文之學者。宋以前，無專揭古文爲號者。蓋文無古今，隨事以適當時之用而已。然其至者，乃並載道與德以出之，三代秦漢之書可見也。顧其始也，判精麤於事與道；其末也，乃區美惡於體與詞；又其降也，乃辨是非於義與法。噫，論文而及於體與詞、義與法，抑末矣。而後世至且執爲絶業專家，曠百年而不一覯其人焉，豈非以其義法之是非、詞體之美惡，即爲事與道顯晦之所寄而不可昧，而雜冒而託邪？文章者，道之器；體與詞者，文章之質。範其質，使肥瘠修短合度，欲有妍而無媸也，則存乎義與法。自明臨海朱右伯賢定選唐宋韓、柳、歐、曾、蘇、王六家文，其後茅氏坤析蘇氏而三之，號曰八家。五百年來，海內學者奉爲準繩，無敢異論，往往以奇才異資，窮畢生之功，極精敏勤苦，踴躍萬方，冀得繼於其後，而卒莫能與之並，蓋其難也。

近世論者謂八家後，於明推歸太僕震川，於國朝推方侍郎望谿、劉學博海峰以及先生而三焉。夫以唐、宋到今數百年之遠，其間以古文名者何止數十百人，而區區獨舉八家，已爲隘矣，而於八家後又獨舉桐城三人焉，非惟取世譏笑惡怒，抑真似隣於陋且妄者。然而有可信而不惑者，則所謂衆箸於天下人之公論也。侍郎之文，静重博厚，極天下之物賾而無不持載，泰山巖巖，魯邦所瞻，擬諸形容，象地之德焉，是深於學者也。學博之文，日麗春敷，風雲變態，言盡矣而觀者猶若浩浩然不可窮，擬諸形容，象太空之無際焉，是優於才者也。先生之文，紆餘卓犖，樽節隱括，託於筆墨者净潔而精微，譬如道人德士，接對之久，使人自深。是皆能各以其面目自見於天下後世，於以追配乎古作者而無忝也。學博論文主品藻，侍郎論文主義法，要之不知品藻，則其講於義法也慤，不解義法，則其貌夫品藻也滑耀而浮。先生後出，尤以識勝。知有以取其長、濟其偏、止其敝，此所以配爲三家，如鼎足之不可廢一。凡若此者，皆學者所共見，所謂天下之公言也。雖然，天下之學其名既箸，固久而愈耀，遠而不磨，要其甘苦微妙之心，則與其人俱亡焉，此斲輪者所以亟悟夫齊桓也。

今東南學者，多好言古文，而盛推桐城三家，於三家之中又喜偁姚氏，有非姚氏之説莫之從。嗚呼，可謂盛矣。而吾獨以爲人知姚氏之文之美，猶未有能得其微妙深苦之心也。不得其心，則其於知也終未盡。夫學者欲學古人之文，必先在精誦，沈潛反覆諷翫之深且久，闇通其氣於運思置詞、迎拒措注之會，然後其自爲之以成其詞也，自然嚴而法，達而臧。不則心與古不相習，則往往高下短長齟齬而不合，此雖致功淺末之務，非爲文之本。然古人所以名當世而垂爲後世法，其畢生得力深苦，微妙而不能以語人者，實在於此。今爲文者多，而精誦者少，以輕心掉之，以外鑠速化期之，無惑乎其不逮古人也。諸君誌傳所以論先生之文者至矣，樹特以其私識者淺言之，俾學者時省觀焉，以助開其所入云。自記云：先生爲先曾大父門人，先子及樹從游最久，講授無異師弟，而生前實未正師生之偁，恐後人疑之，坿識之於此。毛生甫曰：「中有微言，自足不朽。」

管異之墓誌書後

君與吾性皆少可多否，而君差能借人以言，故稍取時譽。吾嘗與君劇論此理，以爲好人而知其惡，惡人而知其美，天下一人而已。古之君子隱惡揚善，奬成庶類，求益於人焉耳，非爲蔽於己也。使己之義理未明，而妄以行誼許人；己之文章未成，而妄以是得許人，是以古聖人義理之公、古作者精微能事，第爲吾饋遺悦人之具，而足使天下失是非之真，是謂無忌憚。幸而爲宰相，論道經邦，官人任使，綜覈名實，主持風教，以一天下之視聽，而或乃駑驥同秣，石玉雜糅，毁瓦畫墁與良工大匠均偁，而無所勸懲，曰仁乎，其智不備也，是謂混濁。夫以無忌憚之心，而躬混濁之行，其事之所效，又足以令天下失是非之真，此豈非妄也哉？謂己之譽不過循斯須之人情，天下是非之真原不存乎吾言，則自待既太薄；謂己之譽果不謬於聖賢之義理、作者之精微，則其視義理精微亦太誣。昔孔子不敢爲毁譽，不得已而有譽，必有所試。今人自視己德，果已如聖人之明乎？抑猶未也？則妄譽之誤世，比於一手掩天下目，可乎哉？吾往與君言如此，今銘君，如有不信，恐君空中將與吾辨，故不敢也。海内論古文之學者，以爲其傳在桐城，謂吾宗望谿宗伯、劉耕南先生、姚姬傳先生也。姬傳先生所傳弟子數人，皆頗以能文偁，然皆不逮君獨至之論。後世其信，今未可家諭户説也。

書史忠正公家書後

道光十三年四月，樹與寶山毛生甫嶽生，同客武進縣齋。生甫出忠正此書搨本，曰：「此吾亡友鎮洋彭甘亭兆蓀所貽也。」又曰：「有汪有典者，爲書名『史外』，别載公三書，揆其詞旨，似俱在此書後。」因言《明史》偁大兵以四月二十日至揚州，二十二日薄城下。《明史》不言破城日，《明史稿》紀以爲二十五日。公此書偁四月十八日圍城，從其始至也。又云越二日，礮擊城西北隅。是公此書發於二十一日，距公死僅五日，顧有所不盡本末。

史言公初娶李夫人，繼娶楊夫人，皆無子。夫人嘗欲爲置妾，公太息曰：「王事方殷，敢爲私計邪？」後遺命，以副將史德威爲後。而是書所云「炤兒」者，爲公何人邪？公母弟二人，可模早卒，可程爲庶吉士，都城陷，降賊，公請置之理，福王以公故，貸令養母。是書所屬爲保護其母者，皆公從父與兄行，而不及可程，豈薄之不及邪？獨汪氏所載三書，最後一書乃遺其伯叔父及兄若弟，則所謂弟者，可程邪？武進李申耆兆洛言曰：「《明史》以可程爲母弟，獨宜興史屺銘以爲從弟。」又曰：「屺銘名問和，有學行，所爲《孝烈李孺人傳》，事尤有足感人者。」李孺人者，李夫人女弟，爲可模妻。可模卒，李哭泣五晝夜，絶食幾死。太夫人素病瘵，忠正殉國後益劇，李侍湯藥久不倦，病革，李割臂肉以進，太夫人卒得生。其後平湖孝廉馮洪圖，冒忠正名，起兵破巢縣及無爲州，兵敗被執，堅冒公名不改。大帥命太夫人面質之，李偕楊侍以往。李有國色，姦人聶某見而豔之，欲彊取之以媚大帥，且怵以必從。幣至，太夫人驚悸不能決，則以授李。李從容曰：「是不難。」即攜幣器入，割鼻及兩耳投器中，使僕婦捧以至。太夫人號痛，謂使者曰：「爲我持謝貴人。」聶失措，躍馬逸去，當是時，李氏之節幾與忠正比烈。何者？事起倉卒，而斷行之無難也。汪氏書亦載此事，但以可模爲可則，馮洪圖爲馮韶伯，既曰鹽城人，又曰浙人。自記云：此橅《張中丞傳後序》，頗歷落，有奇勢，而陳侍郎用光極訾詆之，生甫仲倫亦不取，姑記以質深於文者，以決吾疑焉。

切問齋文鈔書後

《切問齋文鈔》三十卷，雲間陸中丞朗甫纂。其恉以立言貴乎有用，故輯近代諸賢之作，建類相比，以備經世之略，大約憲法吕東萊，其用意固盛美矣。厥後賀方伯耦耕爲《經世文編》，則搜采益富，體例益備，要陸氏實爲之嚆矢云。樹嘗合二編所輯而讀之，竊見諸賢之作，其陳義經物論議可取者固多矣，而淺俗之詞、謬惑之見亦不少。雜然登之，漫無別白，非所以示學者之準法也。且陸氏之論文，又非矣。其言曰「是編不重在文」，其説當矣。而又曰「以文言道俗情，固高下之所共賞」，又曰「道在立言，不必求之於字句」，又曰「文之至者皆無意於爲文，無意爲文而法從文立，往往與先秦兩漢唐宋大家模範相同」。嗟乎，談亦何容易邪！循陸氏之言而證以卷中之文，將使義理日以歧迷，如湯潛菴推陽明功業而並護其學術，不知功業在一時，學術在萬世。學術誤則心術因之，心術壞則世道因之。陽明率天下以狂，而詈朱子爲洪水猛獸，其罪大矣。當日宸濠之事，即無陽明，一良將足以辦之，孰輕孰重？以潛菴之賢，猶黨同倒見，況於真無識而託忠厚之名者哉？按陽明之功誠奇偉。觀其臨事能盡得屯卦道理，可謂賢矣。然當但服其功，不得因此謂其學術非誤也。文體日以卑僞，而安得謂克同於先秦兩漢邪？

夫文字之興，肇始《易》繩，迹其本用，原以治百官，察萬民，豈有空言無因而爲一文者乎？特三代以上，無有文名，執簡記事者，皆聖賢之徒；賡歌謨明者，皆性命之旨。文與道俱言爲民，則洎孔氏之門始。以文爲教，四科之選，聿有專能，自是以來，文章之家傑然自爲一宗而不可没，固爲其能載道以適於用也。淩夷至於秦、漢，道德滑然絶矣，而去古未遠，文章猶盛。往與姬傳先生言，西漢文字皆官文書，而何其高古雄肆若彼！魏晉以降，道喪文敝，日益卑陋。至唐，韓子始出，而復於古，號爲起八代之衰。八代者，東漢、魏、晉、宋、齊、梁、陳、隋也。故退之論文，自六經、左、史、莊、屈、相如、子雲數人而外，其他罕儷焉。於是重古文者，以文爲上，非祖述六經、左、史、莊、屈、相如、子雲者，不得登於作者之籙。重用者，以致用爲急，但隨時取給，不必以文字爲工。二者分立，交相持世。淺識之士，眩瞀惶惑，莫知所宗。苟事調停，終未得理。間嘗折衷斯義，以爲必重古文而後謂之文乎，則自東漢以來至於今，又將以至於萬世而無窮，天下所用以治百官、察萬民者，一日不可無，而安能待之遥遥不世出之作者乎？謂隨時取給之文，但使有用，即與作者無異，則自東漢至於今，工爲致用之文，不知幾千百人，而何以都不傳於後，而獨此寥寥數作者，光景常新，久而不敝，而爲人所循誦法傳乎？可知文章之道，別有能事，而不得以不知而作者彊預之也。

陸氏又謂有用之文如布帛菽粟，華文無實者如珠玉錦繡，雖貴而非切需。吾又以爲不然。使世之人皆惟是取給於布帛菽粟而已，則是禹可以惡衣承祭，而不必致孝乎鬼神，而山龍華蟲之飾，與夫珍錯玉食之供，凡三代聖王典禮之盛，皆可廢也。且夫菽粟入口，隔宿而化爲朽腐矣。吾人三年不製衣，則垢敝鶉結矣。是故今日之菽粟，非昨日之菽粟也，已敝之布帛，非改爲之布帛也，此隨時取給之文所以不傳於後世也。若夫作者之文則不然。其道足以濟天下之用，其詞足以媲墳典之弘，茹古含今，牢籠百氏，與六經並箸，與日月常昭，而曷嘗有無實之言，不試而云者乎？今不悟俗學凡淺，不能爲是，而徒指夫猥子浮華無用之文，以爲口實，是尚不足以杜少知之口，而何以服作者之心乎？孟子曰：「取食色之重者，與禮之輕者相比，奚翅食與色重也。」吾觀集中諸賢之製，其意格境象，字句詞氣，多與古人不類，且有甚猥俗不識禁忌者，而便謂足以躋於先秦、兩漢、唐、宋大家，其信然乎？俗言易勝，繆種易傳，播之來學，將使斯文喪墜，在兹永絶，亦文章之阨會也。況彼所謂菽粟者，或糅以秕稗矣，或糅以雜毒矣。彼所謂布帛者，或易以刻楮矣，或易以木葉矣。善乎虞道園有言曰：「循流俗者，不知去陳腐；彊自高者，惟旁竊於異端。」如朱彝尊《與譚子羽書》、淩廷堪《復禮》、黄中堅《佛氏論》等文皆是。凡若此者，辨之不審，非殺人則以誤人。以此爲用，非良用也。

然則如之何而可？曰在《易》之《家人》曰「言有物」，《艮》曰「言有序」。夫有物則有用，有序則有法。有用尚矣，而法不可偕，必有以矯而正之，講明切究，遵乎軌迹以會其精神，使夫古人音響之節、律法之嚴，學者有所望而取則焉，豈可以隨俗恆言，任意驅役楮墨乎？作者之徒宜謹之於此。韓子曰：「記事者必提其要，纂言者必鉤其玄。」非要非玄而冗長並録，是《書》不止百篇，《詩》不止三百，非惟汗牛充屋不能盡載，且適以罔道迷人。故曰白黑分矣，而務去之，乃徐有得也。纂輯之家，宜謹之於此。若都不能，則但取經事，不與論文可也，三通是已。毛生甫曰：「於義理文章皆有關係，可謂立言不朽者矣。」

書劉貞女紀略後

嘉興錢侍御儀吉言其巡視西城之年，平谷民婦某氏自絞死。下指揮驗狀無他傷。民之父、婦之父母列詞皆曰：「婦以舅怒其夫，懼而死，死愚也，無寃。」余察婦所以死者甚可疑，日訪於其傍近，麤得其顛末。趣召民，受詞一如其父言。問諸鄰人，亦如之，乃獨引婦之父母及兩弟，反覆導之，卒皆如民父之言。蓋婦家愿而畏事，鄰人懼訟之及而不以實告。余雖顯然明白，而終不能引道路之言證成於訟廷。惟自疚身有土地之責，而不能爲匹婦伸理冤枉，因書其事以箸某氏之隱節。侍御後游廣州，因以語於祁中丞竹軒。中丞曰：「是獄不窮治，則死者之心安。」因尚論夷齊、衛輒事，曰：「求仁得仁，此婦亦是心耳。」侍御所讞獄在道光十三年，而十六年又有劉貞女事。劉貞女者，儀徵人，許字某氏，年十七爲歸，妻於其夫家，而實未即成婚。居半歲忽自歸，誓不再返。父母驚而詰之，泣不言，既而亦喻其有難言之隱，不卒詢而聽之。女勤鍼黹，操苦役，爲父母服勞。未幾而父殁，踰年而母又繼喪，女侍疾奉湯藥不解帶者百餘日，弗懈。父母殁，女哀毁，欲以身殉，不飲食數日，賴諸親勸勉，始節其哀。自是以後，代其兄經家事。兄本貧窶，疊遭大故，兼頻年水患，饑饉相仍，家一歲而數遷。女食不飽，衣不温，曾無幾微愠恚意。至十六年某月日夜，忽自經死。女兄澍實爲文以紀其事，而曰：「妹不死於初歸之日，懼以死傷父母心也；不死於父母殁之日，不忍以事重絫兄弟也；不死於饑寒播遷之日，恐人謂其不堪貧也。及今家稍裕而卒以死，是妹之善其死以全其貞也。」

方子曰：女未嘗一日忘其死，而顧以死不得其宜，不遽死。文信國至柴市之殉而心始畢，王炎武乃欲早迫之，非但不能知信國，抑猶於義之辨析未精也。嗟呼！聶政之姊能顯其弟，貞女之兄能表其女弟，豈非賢哉？豈非賢哉？若平谷民婦之兄弟雖愚，而卒得錢侍御、祁中丞爲之表其微，炳如日星矣，又何憾焉！余故爲牽連書之以箸其義。

孫節愍公事略跋代

孫大令潁昌以其先節愍公殉節事略，及方恭人命子書來乞題詞。余覽其事，爲之喟然興歎者非一二端已也。維昔明運既終，南都再覆，唐藩入閩。王有英略，枕戈泣血，淬厲思奮。其時舊臣之有聲望者尚多，方招徠而用之，以期克濟。乃支梧海隅，受制鄭氏，卒以顛滅。蓋天命眷顧興朝，非顛木之甹枿所能圖者矣。且自黄漳浦脱。大事已去，不可爲矣。楊公暨孫監軍一旅之師，區區效命弗屈，視前此專閫諸公，其於成敗大數已不足爲關係。而聖朝寬大，取其成仁，不遺藎節，特恩曠典，一體賜謚褒卹。孤忠毅魄，死可不恨。方恭人以弱女子，九死一生，拮据艱阻，卒緜其世而保大之，可謂爲其難矣。郭義士俠烈爲心，拔人孤兒於亂軍間，其事尤偉。而孫公子間關千里，崎嶇兵險，歸其季父骸骨，兼惠及楊公。《詩》曰：「孝子不匱，永錫爾類。」公子有焉。汪太淑人憐其子，以及其主帥，極天理人情之至公。是役也，忠臣、死友、節婦、孝子、烈士、義僕、賢母各伸其志，以共成其義，洵千古患難中一彦會也。史體謹嚴，止載大略，向非家乘可徵，則是衆美者不幾湮晦弗彰哉！余於公有枌榆之誼，顧不得聞其死事之詳，故既慶孫公之有賢裔，而又悲楊公之無後，而終得託於孫公以長保其墓祀，又不幸中之幸哉。

左忠毅公家書手卷跋尾

吾邑之所以重於天下者，以多鄉賢故，而鄉賢之尤箸者，無如方斷事、左忠毅二公。斷事忠貫日月，惜官位卑小，無甚事業，惟其潛德獨昌大其後裔，遂爲一邑冠。若忠毅，則事關社稷，身繫安危，楊、左之名赫然在人口耳，至今童嫗皆能道之，雖古偁龍逢、比干，何以加焉！是其遺迹所留，雖片紙隻字，子孫守之；重爲墨寶，後世見之，詫爲眼福，人心之公理固然也。

吾友馬君公實藏有公在獄中所寄家書，淋漓淚血，令人感動，實爲世珍。道光甲辰春，公之族裔某復示余以此二書，則定陵升遐之日，光廟御極之初，公受命巡視屯田時所寄二親之言也。某言得於公裔孫某家故紙堆中，其前後表裏爲一，無知傖子塗污殆徧，遂攜歸，翦裁裝池爲此卷，故書末語皆不完。樹既正容莊誦訖，則見公之所以告其親之言，即所以告其君之心，拳拳國是，一意無間，百世下猶可想見其寤寐如結之致。《詩》曰：「我心匪席，不可卷也。我心匪石，不可轉也。」是豈矜心作意、取辦於一時，慷慨以成名者所可同日語哉！然翫其詞意，公是時蓋猶願爲良臣，而未決爲忠臣，而惡知其後來之局，遂魚爛不可拾邪。馬君云往年邑侯趙明府嘗於公裔孫處得十三書，亦皆被塗污者，今檢對鈔本，則此二書儼然在焉。前書於「臨時再差人」下缺百有十七字，後書「歲底也」下缺五十二字。然則趙明府輯録時尚完好也。嗚呼！佛經言凡所有相，皆是虛妄，生滅異住，刹那不常。統觀明事暨公始末，俯仰皆爲陳迹，詎不信夫！矧此一紙之書，安保其不終化爲飛煙，而又可常抱翫也哉！

雖然，賤而不可不任者物也，匿而不可不爲者事也。若據現在以徇斯須於世界，則如上所陳，亦尚非駢拇淫僻之行也，而又何議焉？

跋史忠正公答孝烈姚夫人之子吴逸谿君手札

明季流寇，肆毒雍、豫、楚、蜀，江北尤甚。一時士女，捐生取義，所在皆有，無慮數千百人。孝烈姚夫人，亦其一也。於時閣部史忠正公撫皖，同巡按御史張烜上其事於朝，得旌門焉。厥後史公以父喪里居，夫人之子逸谿君以啓陳謝，公答書云云，即今所傳卷中手筆也。以樹觀之，疑前當有寒暄敘答語，或逸去，僅存此六十餘字耳。自太傅文端張公暨諸前輩老先生題識揚搉，歎美至詳且盡，固不容復贊一詞。顧余考諸遺文軼事，有不能不慨然於公之言者。

謹按，忠正前娶李夫人，繼配楊夫人，公弟可模妻，即李夫人女弟也。可模早卒，李絶食幾死。忠正殉國後，太夫人居金陵，嘗病劇，李割臂肉愈之。有貴人某豔李，彊欲娶之，李忿詈拒之，不可，則髡髮割鼻及一耳示之，事乃得已，則世所傳史八夫人者也。考姚夫人殉節在丁丑之歲，忠正答書在己卯，李夫人之事在乙酉，相距七年，當公答書日，詎知節孝之人近在其家邪？即公深觀時變，或私計密慮，自辦一死以酬知報國，而烏知女婦之節亦出其家門邪？雖然，公之言曰「節孝之門，後必昌大」者，則不能無疑焉。謂公之言不信與？則姚夫人之後，自逸谿君數傳而巍科顯仕，照映閭里，揚名海内，其子姓嬰被，英英鵲起，方興未艾，不可謂不信也。謂公之言信與？則公身且乏嗣，而八夫人之後未有聞焉，可謂信乎？ 姚夫人之節，奇節也；忠正之札，寶墨也；題識諸公，名賢也，可謂盛美矣。嚮非其子孫之賢且貴顯，則此諸美者未必傳，傳矣亦未必其盛若此，不可謂不信也。然而當日不幸被寇難，同一殉節，捐生無慮數千百人者，不必其皆克有後，有後矣又不必其皆賢，賢亦不必其皆貴顯，以致其節行流傳之盛若此，則天之報施善人，已不能合符一轍，彰信無憾，而烏在其可必乎？ 獨是當日題旌夫人者，並有直指張公，而逸谿之謝啓不之通，羣公之題識弗之重，而夫人之節，炳然昭耀於百世，獨與史公之書並箸不朽。然則吴氏子孫所藉以顯夫人者，獨賴公書之存，而其言又適有驗焉，則是烏可謂不信乎哉？ 嗚呼，孝節之門，後必昌大者，天道之常也；其不然者，變也。史公之後不昌者，事關千古，不必以一人一家私之也。夫君子之言天者，亦道其常而不私焉者可也。

跋楊忠烈公與吴司馬公三書

右明楊忠烈公與吾鄉司馬吴公三書，公之族裔孫卓仁所藏，友人姚石甫、馬小眉、朱魯存跋尾，亦既感時撫事揚搉言之矣，以東樹考之，其事多牴牾不合。石甫云：「楊公此書，蓋在天啓四年削籍之後，因據本紀謂書所偁當柄爲顧秉謙、魏廣微。」小眉據勅書偁「公以天啓四年正月總督宣大、山西，二月改命督薊遼」。又據《孫承宗傳》謂「楊公此書，皆公督薊遼時事也」。朱君云「是時，已與左忠毅諸君子削籍歸矣」云云。按《明史稿·神宗紀》，公以萬曆四十二年巡撫四川，其總督宣大、山西，《明史》無傳，年月不可考。要之楊公此書，正公在西師日無疑也。若天啓四年，楊公以劾魏璫削籍，時公督薊遼，雖是年正月先有總督宣大、山西勅書，然旋即改命，且楊公以十一月去，公以三月督薊遼，莅任已久，而書中方言「今公以西師行用臨淮，入汾陽軍」故事，以冀其轉移前轍，又不合矣。且薊遼在東，何云西邪？考楊公於神、光、熹際代之日，争選侍移宫，與賈繼春訐，冬十二月，抗章乞去。天啓二年，起禮科給事中。然則公此書當爲萬曆四十八年泰昌之冬去國時及天啓元年之事也。楊公書在是時，則吴公之總督宣大、山西亦必是時也。其事蓋在楊公未起之先，獨書中所云不肖之履虎尾，得此猶福，尚感聖恩，結此忤逆璫之局，似指劾忠賢事。夫楊公之劾逆璫，固將以死自處，而猶欲從赤松、子房從容作無官一身輕之計，謂山中人猶可無慮，公不應闇昧於事機如此。此書一則臨行據鞍，一則到家後薦翁應元者。案公以十一月削籍，吴公以明年三月冠帶閒住，相距僅三閱月，不應此三月之内疊有三書，故愚直疑此書爲泰昌之冬去國時及天啓元年之書也。是時，王安未死，忠賢未盛，故公猶有「弟恐中外大柄，倒授中璫，將來不可收拾」之語。若天啓五年，則許顯純、崔呈秀已用事，璫燄大熾，中外沸騰，劾疏中所言已如彼，不得猶如上「弟恐將來」云爾已也。獨小眉據《孫承宗傳》疑高陽與公有未洽，此則不可知。考高陽與遼撫張鳳翼争畫關退守之説，嘗請勿設撫臣以撓戰守；及與督臣王象乾争趙率教王楹事，又請勿推經略總督，以一事權。此事在三年十一月，故十二月有停推薊遼總督歸經略之命，及廷議不可。明年三月朔，王象乾以母憂去，朝廷用吴公爲總督。五月，孫公自劾乞罷，舉趙彦自代，不聽。六月，命王守謙往關門諭留，而《傳》偁承宗惡本兵多中制，偁疾求罷。是時，趙彦爲兵部尚書，而公舉以自代者，則未知公意所惡爲趙公與？爲吴公與？據《南陽集》三十五忠詩，則高陽固以公與楊公並重已。今據《熹宗本紀》

作天啓元、二、三、四、五年時事，四官表並六君子姤禍年月，俾公歷仕時事，與楊公、孫公並箸，而僧契靈家狀之牴牾，不復辨也。丁亥二月，鄉後學方東樹謹識。

跋蔡文勤公與雷翠亭副憲手卷

庚寅五月，玉農太守招寓郡齋。暇日，偶示所藏蔡文勤公與雷翠亭副憲手札長卷，及諸先輩識跋，展卷敬翫，既幸獲覩墨寶，詫爲眼福，抑於事有因緣，不能無慨然也。憶嘉慶戊午，樹主新城今督學丙閣學士陳碩士用光家，得讀翠亭先生文集鈔本，心知嚮敬，然未知其始之受知於文勤如此其重也。文勤學術、經濟之傳爲楊文定，海内共知，若翠亭副憲，則非師友淵源者，或未盡悉聞。副憲與陳凝齋、朱梅崖兩先生相切劘，講學宗朱子，爲古文師魏叔子，三君子之傳爲魯山木先生仕驥，實爲高弟，克大其成。後山木先生見先師姬傳先生，心折焉，以爲古文正脈在桐城，遂命其子嗣光及甥陳用光來學於桐，用光即凝齋孫也。樹之獲交魯、陳二友，而因以得讀翠亭副憲之文也。由此其後，嗣光早卒，惟石士今達爲顯仕，感念師友存殁升沈，益望石士以克繼先師者，上嗣山木、副憲。莊子曰「江河合水以爲大」，況固源流一派者乎？雖然，此猶爲文章之末而言之，若夫太守什襲之意，則必將使凡見此卷者，皆繹文勤本恉，讀書行己，實踐其迹，以庶幾如副憲之堅鋭向前，以弟一人德業自命也。若徒矜翰墨，歎賞名言，則此卷之藏亦等於煙雲之過眼，豈所以樂承於先輩者哉？豈太守所以什襲之意哉？後學桐城方東樹敬識。

記左繭齋先生詩後

樹少時見家藏左繭齋先生詩一卷，爲先曾大父手録本並敘，嘗在先叔季默公行笥。先叔既客殁於外，莫知所終，則此詩亦與之俱亡矣。追維人事，萬古銷沈，一如夢幻，世宙茫茫，悲恨何限。兹於故書堆中復得此鈔，而前後缺佚過半，凡自四十二葉至六十三葉止，中又缺弟四十三葉，共詩一百三十二首。據先曾大父敘偁，先生臨殁，以其稿專屬删訂，重亡友之末命，爲乙其十分之二，得一百六十首有奇，爲梓以行世。而吾家竟無其板，訪之邑藏書家，皆未見。桐城先輩詩，其氣格蹊徑往往相近，而先生作尤奇峭奡闢，噴薄不顧。信乎先曾大父敘所云「令讀者未嘗相識，如見其人，以爲其志之所持有本故耳」。又據《望谿》《海峰集》諸傳記文偁，先生名文韓，字秀起，少保忠毅公曾孫，而未生先生仲子也。卷末有《同從子左仁看梅》詩，而《望谿集·左仁傳》云：「先生於仁爲遠昆弟行，仁早卒，先生未嘗見。」疑望谿誤也。又敘偁與從弟策頑詩居多，今此鈔纔一再見而已。又袁太史枚記《采石弔古》詩，以爲孫麻山先生名學顔字用克之作，今在卷中題曰「采石懷古」。又卷中《哭陳敬持》詩一首，則確爲孫作，然則此鈔不盡爲先生詩也。又卷中誤編剩人和尚詩三首，初不知爲誰，以爲與宋遺民鄭思肖等類，後見《廣東通志》，知爲韓姓僧，名亟可，字祖心，博羅人。尚書文恪公曰：「纘子少爲諸生，忽棄家，入羅浮。江南既下，坐事，戍瀋陽，有《剩人集》。」而先曾大父詩集中有涼涼生、苦竹山人、何求老人，皆不知姓字，山林隱逸，前輩零落，無從諮詢，可慨也。又先生尊考字未生，而卷中有「無情天亦成空老」，有「用人休説未生」句，疑此亦孫作也。自記云：張莘農尹《石冠堂文鈔》云：「苦竹山人張純，字吾未，處士張來遠之子。來遠舉孝子名，載《江南通志》。」蘇厚子云：「望谿《左仁傳》云『書以付秀起，俾列家乘以示邑之人』。恐非看梅之人，或係兩人邪。」又云：「嘉興人言吕東莊，自偁何求老人。」淵如按：涼涼生即麻山先生。

合刻歸震川圈識史記例意劉海峰論文偶記跋

右歸震川《圈識史記例意》、劉海峰《論文偶記》各一篇，學者所受微言奥論、文章真傳在是也。或曰：「自昔作者，弟以其文傳而已，未有舉其所以治文之方而箸之爲言者，若此則幾於陋與？」余曰：「然。凡後人之所言，皆前人所不言，非不能言之也，以爲吾不言而使人以意逆之，則其思之深、得之固，而其味長；言之愈悉，使人習口耳而不察，道聽塗説，不得其所以言之意，反以褻吾至教。古之達者，蓋深有見於其得失如是，故不惟不暇，亦不敢，非弟爲其名迹近陋，避而不爲也。然則二先生之慮不及此與？是其言當從棄置而不足采與？是又不然。凡後人之所言，多前人所未嘗言。孔子之繫《易》，由伏羲觀之則陋矣。漢唐以來，儒者説經所發明，由先聖賢觀之，皆可曰陋。然而至於今而傳注不廢，以爲不如是不足以有明也。爲其冥冥羣即於昧也，孰若以吾所覺覺之也？是得聖人成物之智者也。傳言者當論其言之當否，不當屑屑泥名迹怙一曲，若鄭緩之爲儒也。百家衆説，愚誣謬種之傳盈天下，而顧欲屏其妙要者而揮之，亦過矣。是二説也，學者兩擇之而取衷焉可也。」二篇舊皆刻本，今張子小石欲取合録之以廣留傳。余故箸所聞大意，並坿韓理堂跋語，爲治古學貴文章者得有考焉。

書歸震川史記圈點評例後

古人箸書爲文，精神識議固在於語言文字，而其所以成文義用，或在於語言文字之外，則又有識精者爲之圈點、抹識、批評，此所謂筌蹏也，能解於意表而得古人已亡不傳之心，所以可貴也。近世有膚學顓固僻士，自詡名流，矜其大雅，謂圈點、抹識、批評沿於時文傖氣，醜而非之，凡刻書以不加圈點、評識爲大雅。無眼愚人，不得正見，不能甄别，聞此高論，奉爲仙都寶誥，於是有識真西山、茅順甫、艾千子爲陋者矣，有譏何義門爲批尾家學者矣。試思圈點、抹識、批評，亦顧其是非得真與否耳，豈可並其真解意表、能得古人已亡不傳之妙者而去之哉？牝牡驪黄，誠迹論矣。其外所以爲天馬者安在？非得九方歅其人者，孰能辨之？姚姬傳先生之類篹古文辭也，原本有圈識評抹，後來亡友吴佑之重鐫板本，誤信人言而盡去之，吾苦争之而不得，可惜也。今此本栞傳，大雅則誠大雅矣，試令後來學人讀之，能一一識其文中之秘妙哉！此關學問文章一大義，吾故不得不明以箸之。宋程時叔撰《春秋本義》三十卷，凡采一百七十六家之言，前有問答、通論、綱領及點抹例一卷，中有所謂紅黄青黑側截點抹之别，成容若栞入《通志堂經解》，徐東海因其中有闕葉，不敢擅增句讀圈點，何義門謂圈點有亡皆宜照依元本，而東海必欲一例，竟全未刻句讀點抹，何甚惜之。夫圈點評抹，古人所無，宋明以來始有之，去之以爲大雅，明以前所無，國朝諸公始爲此論。吾以爲宇宙亦日新之物也，後起之義爲古人所無，而必不可蔑棄者亦多矣，荀卿所以法後王也。後人識卑學淺，不能追古人，而又去其階梯，是絶之也。自記云：其義可存，文則略倣南豐《魏鄭公傳書後》。

鄧尚書譜韻圖跋

雙聲疊韻，六朝以前人人皆用之，人人皆知之。周、沈晚出，嫌其局僿，斥以爲病。四聲既顯，文家遂廢不用，寖亦少知，故齊、梁之世，時人多見疑問。謝莊、羊戎之倫，敏口慧心，輒造新語，不言本證。唐人求音不得，反偁借之西域，信佛弟子獨得真傳。《華嚴經》每卷首皆載《西江月》詞一闋，云：華嚴字母衆義親宣，善財童子得真傳。字母紐弄，欲昭反昧，徒益紛紜。至於有宋大儒如朱子，又莫知本韻，率讀以叶。明三山陳氏，實剙古音之説。逮乎國朝，顧、江、戴、段諸家繼起，古音大明。惟諸家之書但言古音，未劇論雙、疊。金陵鄧嶰筠尚書，以爲元音依永莫備於《詩》，溯始《關雎》，卒乎《殷武》，爰及政暇，資以成譜，指文命韻，析句諧聲，不著一語，奥秘悉章。宋後羣書，無此簡體，遠求其對，《爾雅》、毛傳，殆可類偁。於以輔成均表，揮發聲類，通之於六籍，可用閦覽，翫化無窮。千世之下，與三百篇並行，莫能析而廢之。不朽大業，其出有時，自非應期，惡能遇此。後有揚雲、陸詞，斯知足貴。既已成譜，復爲是圖，命題其前，因述緣來。即用本體作三絶句，以當述贊云爾。

江南春詞跋

倪雲林《江南春詞》三首，明代吴中諸賢屬而和之者，凡三十九人，最後萬曆間朱狀元之蕃蘭嵎聚而書之，並續和四章。蘭嵎籍貫金陵，最有書名，清詞名翰，可誦可觀，洵偁四十賢人矣。迂翁人品、畫品高峻絶世，亞於黄鶴山樵。當日外國使臣行千金求一窺清秘閣而不得，百世下其風采猶可想見。卷中諸作，氣韻清曠，天然拔俗，咸不媿迂翁原倡。卷前有金箋，翫其題識，知爲揚州馬氏小玲瓏山館秘藏本。雍、乾之際，海内昇平，士大夫多以池館賓客、收藏鑒賞相競，而馬氏尤箸，幾可方元時顧阿瑛。獨怪厲太鴻館馬氏最久，而曾無一言及此，豈未之見邪？此卷不知何時歸於仁和趙氏一清小山堂，余從趙氏裔孫恆借觀，閒以呈於兩粤制府尚書鄧公。公一見擊賞，謂是宜傳留藝苑，用永名蹟，因屬董琴南觀察影鈔付棸，而歸其原璧於趙。且題《高陽臺》一闋，自書於後，以當跋尾。格響清綺，楷法勁妙，其於卷中諸賢，非但徑可把臂，抑應齊當頫首。觀察藝鑒洞密，鉤橅維肖，姿致如真，無殊響搨。於是既使五百年聲名文物葳蕤蔥蒨，聚見一時，而尚書暨觀察仕優而學，又因以增一翰墨因緣佳話，是重足尚也。道光戊戌夏六月，桐城方東樹謹識於粤東布政使署九曜一石之南軒。

記史司寇因字作外本蘭亭跋

蘭亭自宋熙寧中薛紹彭取定武官庫石本刻，損五字攜歸。其後大觀時，詔取薛氏石置宣和殿，自是有二本。趙子固所藏姜白石五字未損肥本，所謂落水蘭亭者也；明柯九思所藏五字已損，瘦本也，其實皆一石也。至薛刻副石爲金元人移去，所謂國學本也。宋刻石本，定武外又有潁上井中所得者極佳，今石亦毁不可得。大抵蘭亭原本既貴，士大夫各以家藏本鉤摹入石，毋慮數百本。孫退谷言南宋理宗御府所藏一百一十七本，又有游丞相所集亦百餘本，西川胡氏所收二三十本，而定武本自南渡後不復可得，凡一帖而摹者十家，其面目必十，而況其爲數百家邪？曩見王夢樓太守跋姚姬傳先生，況字作三點，攬字作兩横，本以爲惟寶晉齋摹定武本與此同，然不得未損本觀之，不能定其是非。今已損本尚不可得，何況未損？昔人謂評蘭亭如聚訟，信哉！至此本「因」字作「外」，乃是俗刻，史定爲唐蠟者，妄也。

馬一齋先生遺書跋 二首

有正言繁偁，而人不悟且厭之者；旁見側出，無意立言，自然流出，見者如獲異聞，深解意趣，而因以明道者。古之善言者，蓋嘗有若是之人也、之言也，非蘄取於人而以求售其言也。孟子曰：「觀水有術，必觀其瀾。日月有明，容光必照焉。」有本焉如是耳。見世之箸書者，剽竊苟且，速以歲月而邀名者皆是；淵潛静深於大本，積而厚發者不數遘。卒其速成邀名者，終速朽而無名，而不數遘者，人轉以其希有而貴之如法物焉。於是浩帙重編，有不若微文細意者矣。

竟陵胡承諾箸《繹志》六十一篇，輯稡儒門精言，而儱侗紛沓，心尚麤觕，如庫藏簿大官庖以夸寠人餓夫，又如以飴密粔籹餧嬰兒，未飽者不得飽，既飽者慮或損腸胃。嗟乎，《繹志》其一耳，如《繹志》類者不可勝數也。

鄉先輩馬一齋先生，闇然篤志君子也，平日不以經學理學樹幟志爲杓人，其遺文亦寥寥無多。然嘗讀之，入其中而耳目洞然一明焉，心志暢然一適焉，如行平岡曼陀而時見瑶艸琪花也，如望長空白雲而忽見霞綺也，如循近澗清泉，白石游鱗，一一可數而可掬也，不專談道而道見，則歎曰：此殆其有本者。不然，何世之以經學理學箸書專家者，求其心得�獲一二似此而不得也？往者見安谿官獻瑶《石谿集》、吴江顧汝敬《研漁莊集》，與先生是集蓋相若云。世有知者，或不以余言爲妄也。同里後學方東樹謹書。

《翊翊齋筆記》二卷，一齋先生所箸也。曩樹嘗爲先生作遺文跋尾，偁先生不以講學立名樹幟，時未見此記也。玆先生曾孫樹華始以此見示，敬讀數過，則歎其醇正審諦，言言心出，非口耳陳言者比。於此見先生檢心之切，嚮道之真，洵足爲聖學津梁矣。至其憫時病俗，亦時欲以其言效鍼石之用於世，然後知先生但不以講學立名樹幟，非不講學者也。抑知非有此講辨之根柢，而烏能茂彼文學之敷榮乎？因悔前言闕漏不實，爰書此以訟吾過。道光丁酉四月，後學方東樹謹識。

書嘉定黄氏日知録集釋後

黄氏偁得潘檢討删飾原本，又得閻、楊、沈、錢四家校本，以爲先生討論既夥，不能無少滲漏，四家引申辨證，亦得失互見，然實爲是書羽翼也。東樹按：餘姚陳梓古民《書日知録原本後》曰「稼堂先生當時急於問世，任意點竄」云云。竊謂二家之言不必可信。觀先生自敘及與人書，皆偁三十餘卷，今黄氏所栞仍三十二卷，則此自係先生臨終絶筆自定本，稼堂弟曰得手稿校勘而已，未必敢有所删飾點竄也。黄氏又偁後得原寫本以校潘刻，得者大半，此言尤非是。果爾，則必是取作者所棄，以廢銅充鑄，政先生所罪者也。要之《日知録》無用釋，後人或有所引申糾正，各存其所私箸可也，政不必沾沾自喜，坿此書以掊擊詰難爲自重地也。伏讀《四庫提要》，於閻若璩、沈巘、趙執信一一致譏，獨謂此書或迂而難行，或愎而過鋭，則顧氏應亦頫首於地下。以樹所見，諸家之説，惟歙程吏部魚門論亦最得平，而是集所録九十餘家説，獨未見采取，何耶？

考槃集文録卷六

書

與羅月川太守書太守後復姓程，官至巡撫

月日，方東樹頓首再拜，謹獻書月川先生太守閣下。頃在通志局，屢得拜見，荷蒙德盛禮殷，不以凡庸見簡。今當遠去廉州，繼見無期，又恐閣下一旦遷擢他去，是所懷終不伸於左右。是用忘其冒昧，輒以書自通，惟閣下鑒其進言之意，不以造次爲罪，幸甚幸甚。

樹聞日月遞嬗，人與世相閲，不能無古今。若夫道德文章之懿，人心風俗之同，政化治理之實，性情學術之公，三皇以前則吾不知矣；若唐虞以來，則以爲與今無異。是以孔子、孟子生春秋戰國之際，而其所守所陳必本仁義，偁堯舜，非若是迂也，誠以由其道，則古猶今，否則雖生聖人之世，而一切苟且，甘自菲薄，若江海之日就汚下，於是相與造作妄論，以爲古道必不可復，證多慰同，併爲一談，牢不可破，亦何賴乎？且夫古今者，名邪？實邪？如以爲名也，則古今之義非有升降也；如實也，則今之所指爲古，亦古之今也，而今之所謂今，又將爲來者之古也。天地未嘗改移，而俯仰之頃，人各以其

目睫之智，分今古於其閒。然則古今名實非有定在也，貴人知所自立耳。世言文章政事稍稍近古者，必偁兩漢，自漢而下非無文章也，非無政事也，而不能政平訟理使庶民迴心嚮化者，理教不興，姦宄不禁，吏無以儒術考文章、經世務，而道德齊禮有未充也。積之無其本，施之無其效，而曰今不如古，將謂民有異心，而孔子、孟子所陳，徒設虛論，以爲欺罔乎哉？

古者自天子以至庶人，莫不由於學，語其要曰修己治人而已，是故體之爲道德，發之爲文章，施之爲政事，故通於世務，以文章潤飾治道，然後謂之儒。故朝廷所以舉賢良文學者，將欲有所表而以次用之也。漢宣帝每拜刺史守相，輒親見問，察其賢否，曰：「與我共此民者，其惟良二千石乎？」又曰：「太守，吏民之本也。」是故漢世良吏於兹爲盛，宰邦邑者競能其官，或務仁愛教化，學比齊魯；或務成就安全，姦人自屏；或識事聰明，糾剔姦伏，號偁神明；或平正居身，仁信篤誠，感物行化；或簡煩除苛，禁察非法；或制立科令，勸人生業。若召信臣、杜詩偁爲父母，任延、錫光變革邊俗，第五倫、孟嘗、宋均清行出俗，能幹絶羣，王堂、陳寵委任賢良，職事自理，魯恭、吴祐、邊鳳、延篤、劉寬興利除敝，使人不欺，政迹茂異，令名顯聞，斯皆理行第一，一時之良能已。自漢以來，世不乏吏才，而或不本於儒術；及乎儒術盛矣，而施之事用又往往不酬。於是俗吏僻儒，華文之士，違用背憎，各矜其能，而不相爲用。南州風俗脆薄，自非修士，尠識學義，瀕海阻麓，外寇内伏，飄忽聚散，姦宄易興。又市通蕃貨，地多珍寶，財産易聚，掌握之内，價盈千金，富則淫，窮則盜，先利輕死，果窒愚悍。而官斯土者，又往往以黷貨營私，損其風施，非得大儒骨鯁魁壘、耆艾措理通古今者，潔廉自將，設立制防，則亦何由整齊而變化之。

伏惟閣下秉清修之節，蹈《羔羊》之義，本好惡之正，得寬猛之宜，懷賈誼、倪寬之經術，兼尹翁歸、趙廣漢之廉能，所至之處，興立學校，革易俗敝，觀納風謡，求民病利，約己奉公，居官如家，其有冤嫌久訟，歷守所不能斷、法理所難平者，莫不曲盡情詐，厭塞羣疑，移風改政，猾惡自禁。所居民善，所去見思。朱邑不以笞辱加物，袁安未嘗鞫人臧罪，嚴君嗤黄霸之術，密人笑卓茂之政。凡如此比，以閣下方之，誠無所多讓。非懷德義志古之風，其孰能若斯乎？樹奔走四方二十年矣，所見今之從政者，實心實力如閣下，未之見也，未之聞也。嘗以爲於今之世不復見古人，乃今於閣下遇之。及得閣下之文，伏而誦之，然後歎爲治之本，其所由蓋在是也。閣下之文，指事陳理，義蕴閎達，一一皆可施之實用，而其質殻之氣，醇篤之論，實足以蹈迹兩漢。往與師論兩漢之所爲文，皆官文書也，而高古醇樸如彼，良由直道所見，言言有物，譬如言食之飽，言衣之煖，天下萬世皆可取信。非如後世文士，馳騁淫費，釣采華名，但依倣格調，矜夸辨博，爲浮靡無實之談也。以閣下之治，證之閣下之文，以閣下之文，考閣下之政，信乎言足以志而行足以化，則以爲閣下之文與其政斷斷乎其近兩漢也，非貢諛也，非溢美也。

樹無狀，亦嘗志乎古矣，顧道不加修，文不彰身，行能闒傫，窮居約處，無由自表見；獨其素所蓄積發悟於古者，不能竟默。不揣固陋，輒思以其所欲論次設施者箸書。見世之所爲學者，違背理本，偏僻破碎，務攻宋儒，以張門户之私。方且憂其破道，思立説以救其敝，自比於孟子息邪説，正人心。好尚不倅，孤蹤違衆，則欲以此求合於時，亦自知其顛仆而終不振矣。然惟古人身在困辱，爲舉世所不知，都無餘限，獨以不獲見知於大賢爲戚。以樹自度，誠不以飢寒困窮攖其心，以隘其生，俾得從容以畢其業，志趣所就，他日或當有功於先聖來學，亦閣下志古之懷所樂與者也。昔人或思士而無從，或歷説而不悟，或日進前而不遇，或遥聞聲而相思，智之於賢，豈可盡歸之於命哉？輒布區區，惟赦其狂愚而諒察焉。不宣。樹再拜。

復羅月川太守書

月日，方東樹再拜，謹復書月川先生太守閣下：十一月二十六日廉州役還，蒙報書千百言，謙沖之盛，誘掖之勤，爲賜甚大。反覆觀誦，且感且懼。東樹前讀閣下《嶺南集》，至《呪貪泉》詩及「没願化龍」之語，伏而歎曰：嗟乎！此即伊尹一介不取，思天下之民有不被堯舜之澤，若己推而納之溝中之意也。律己之嚴，仁民之志，悉於是乎見之矣。故竊自以爲能獨見閣下之心，而私幸其於今之世復見古人也。兹誦來教，益信大雅之懷，識宏論篤，謝華尊素，足以信後世、質古人而無疑矣。

今之太守循格例，謹銜轡，動有牽制，誠不若漢世官尊權重，得以自行其意。然而爲政之本，在一心，不在位之高卑也。孟子曰：「今有仁心仁聞，而民不被其澤，不可法於後世者，不行先王之道也。」孟子之時，王澤寖微，列邦諸侯，兵戈搶攘，政教酷隘。一二名卿，因時救敝，權宜譎霸，苟簡雜施，故孟子思以先王之政易之，其時然也。夫古今異治，民俗異宜，執古之法以御今之民，不可也，故荀子曰

「法後王」也。國家法令昭明，列聖權衡斟酌百王所以範圍不過者，至詳且悉，其於先王之法無以異也。然而民或猶有不被其澤者，非法之不善，從政者將之以法，而不將之以心也。苟且簿書，奉行故事，巧相牽避於功罪之途，是免而無恥者，在官固然，而民何責邪？來書云前後所莅，士民望奢情慤，如赤子之依慈母，竟不忍負，必爲揣量肥瘠，懃懃懇懇，以備求安全之術。閣下自度之，其所以致之，豈嘗有出於今法之外而爲之？不過將之以仁心仁聞之誠，而其澤已不可勝既矣。故使今之從政者皆能若是，則令且優於天下，何況太守？閣下其無疑於所行也。雖然，位高者及遠，位卑者及薄，德大者禄大，望隆者位隆。今天子新即位，汲汲理化，登崇俊良，詔中外大臣明慎保舉。閣下清介之風，宏濟之抱，久乎於上下，則推先憂後樂之志而廣施之，將舉斯世之民，莫不被堯舜之澤者，安在愷弟之愛，止及於一方，爲龍之願，必待之身後邪？

東樹前書論兩漢官文書之美，蓋偏舉所貴者言之，非謂閣下之文盡官文書也，亦非謂兩漢官文書外便無文也。且就官文書言之，如《春秋》一經，荆公斥爲「斷爛朝報」，此真官文書也，而大義炳如，聖筆謹嚴如彼。推而上之，二典三謨，周誥殷盤，凡聖帝明王賢臣碩輔所用明治化陳政事，孰非官文書邪？其在《易》曰：「上古結繩而治，後世聖人易之以書契，百官以治，萬民以察。」則文字之用，其原亦可知矣。韓退之、柳子厚論文，必原本六經，如莊周所偁「《詩》以道志，《書》以道事，《禮》以道行，《樂》以道和，《易》以道陰陽，《春秋》以道名分」，大小精觕，其用無乎不貫。至聖不作，道德不一，於是中賢小儒始歧其用而不能相通。要之，文不能經世者皆無用之言，大雅君子所弗爲也。諸葛武侯千古一人，而陳承祚所上《忠武集》、《出師表》外，皆手教也。閣下之文，所以經事適用者，皆足與古人媲美矣。此即少不合於八家，固無慚於作者，而況八家集中亦官文書爲尤美哉。

又東樹前論古人文章皆由自道所見，得閣下引賈誼書證之，益可信。蓋昔賢平日讀書考道，胸中蓄理至多，及臨事臨文，舉而書之，若泉之達，火之然，江河之決，沛然無所不注。所以義愈明，思愈密，而其文層見疊出而不可窮。使待題之至而後索之，烏有此妙哉？雖然，文章之道，得之非難而爲之難，爲之非難而知其所以爲爲難。東樹雖嘗學之，顧其所爲甚陋，在嶺南所爲者尤麤豪放縱，時亂以淺俗常語，無復古人韻格。獨其議論，或偶有可采。不意大君子欲成人之美，樂善過取，比擬崔、蔡，承飾之下，惶媿無地。

夫道德、文章、政事三者，閣下次其分合之由，如臨白日以觀掌文，信無所遁矣。至於考證之學，蓋自漢代以還，通儒宿學讀書審慎，是正脱誤，辨審異同，詁解音聲，鉤鈲章句，其大者毛音鄭簡與道相扶，其次者名物典章於政爲輔。歷世既遠，箸述轉紛，通才碩彦，接踵而出，使來學者變學究破傖陋以炳於經籍之府，其用亦可謂宏矣。東樹乃獨敢非議之，何也？來教偁引宋代鄭、魏諸賢以相敦勉，雖其鄙劣，敢不承命。顧竊有未盡之意，敢終爲大雅陳之，以質愚蒙焉。

國朝考據之學超越前古，其箸書專門名家者，自諸經外，曆算、天文、音韻、小學、輿地、考史，抉摘精微，折衷明當。如崑山、四明、太原、宣城、秀水、德清，根抵學問，醇正典雅，言論風采，深厚和平，敻矣尚矣，雖漢唐名儒不過於斯矣。及乎惠氏、戴氏之學出，以漢儒爲門户，詆宋儒爲空疏，一時在上位者若朱笥河先生及文正公昆弟、紀尚書、邵學士、錢宮詹、王光禄及蘭泉侍郎、盧抱經學士十數輩承之而起，於是風氣又一變矣。此諸公者，類皆天姿茂異，卓越常儔，彊識博辨，萬卷在口，能使有學者瞀厥耳，無聞者蕩厥心，馳騁筆舌，論議濤湧。

然而末流易雜，變本加厲，弊亦生焉。海内英俊傾其風，黠其舌，懷其利，相與掇拾破碎，搜覓羣書，苟獲一字新義，即詫爲賈人得寶，違背理本，棄心任目，不顧文義之安，但出於漢者主之，出於宋者非之，託爲輔經，實足亂經。始不過主張門户，既肆焉無忌，則專以攻宋儒爲功，主名詆罵，視同讎敵，幾於惡聞其聲而比之於罪人。此其風實自惠氏、戴氏開之，而揚州爲尤甚。及其又次者，行義不必檢，文理不必通，身心性命未之聞，經濟文章不之講，流宕風氣，入主出奴，但以一部《説文》，即侈然自命絕業。朱子有言，書愈多而理愈昧，讀書愈勤而心愈肆，浮名愈盛而行義德業愈無以逮乎古人。不知孔子所以教人爲學者，果若是已乎？此風在今日偏蒸海内，如狂飈盪洪河，不復可望其澄鑑。勢將使程朱既明之道，復入於晦盲否塞，而人心風俗日即於狂蕩，其害真有過於楊墨佛老者。

夫讀聖賢書而不通於心，不有於身，猶不免爲書肆，而況析言破道乎？昔孔子辭多能博學，而詔及門文吾猶人。孟子曰：「博學而詳説之，將以反説約也。」學不反約，而以有涯之知逐於無涯之場，此韓子所謂「黄金擲虚牝」者也。其閒豈不有才，所患在於亡本。且夫今之學者皆能譏明儒空疏矣，竊謂明儒德業之盛，匪特今人遜之，求之漢、唐、宋外不多其比，惟不泥小道也。及乎季年，升菴、澹園始以淹博立名，然而楊氏、焦氏之所就，已大不如前人矣。嘗取二家之書觀之，其精正可信者纔十之三四耳，其餘駁雜失實之論不可勝舉也。夫取人貴寬，求人貴恕，至論學術，是非得失攸關，則必有確乎不可奪者。至於文章亦然。昔北地、弇洲主持壇坫，海內承風，而歸熙甫斥之爲妄庸鉅子，獨宴然寂處安亭江上，爲舉世不爲之學。弇洲臨没，乃始悔之，爲作贊曰：「千載有公，繼韓、歐陽。余豈異趨，久而自傷。」嗟呼！如弇洲之高才偉識，進學改過，世有幾人哉！不遠之復，在聖門獨偁顏子耳。陸子静云：「凡人溺於勢利者可回，溺於意見者難回。」然則其識益陋者，其所執必益堅。若今之漢學諸公，其終迷矣，不悟矣，無從望其能開矣。又若艾東鄉，當李、何、王、李極盛之時，獨主孤軍，力追絶緒。由今觀之，東鄉之言，字字抉遷、固之心，言言啓韓、歐之鑰，迄今二百餘年，學者猶未能盡曉。而淩廷堪、汪中之徒，直詆韓退之、歐陽永叔文非正宗，視同土苴。甚矣，文章學術僞者易售，真者難逢，此孟子所以好辨而莊生所以齊物也。東樹不揣固陋，嘗竊病之。思欲立説以辨其妄，而材卑學落，地賤言輕，思得一二大人君子在上位者爲人望所屬，庶幾如閣下所論，足以震蕩海內，開闔風氣。名之所在，利亦隨之。所有偏宕卓犖之士，冀其見收，悉轉移而歸之正學，則彼俗人莫不靡然向風、悔過自責。猶之利禄使然也，不猶愈於風狂無本之學乎？乃求之當塗居盛位者，或以刑政簿書爲急而無暇文教也；幸而有之，則又專主於向之所謂漢學者。伏覩閣下所至之處，以興起人心教化爲志，私心儀則久矣。昨者獻書，固以傾其景行之誠，亦將幸而得所託焉。特未信而言，人以爲妄，故其詞含茹蓄縮而未敢遽伸，豈以文章自媒鬻求知哉？

又閣下言東林清議之害，禍延家國。竊尋此論，百餘年來，搢紳大夫皆同此云云矣。東樹嘗反覆究之，竊獨以爲不然。孔子曰：「天下有道，則庶人不議。」惟夫刑賞失平，而後清議出焉。當明之季，神、熹失柄，乾綱解紐，國是日非。諸君子在位言位，意存匡弼，當是時，無所謂東林之黨也。尋東林之禍，始於救淮撫李三才，而成於忤魏忠賢。故凡争辛亥京察者、衛國本者、發韓敬科場弊者、請行勘熊廷弼者、抗論張差挺擊者、争紅丸移宫者，概指目爲東林，借魏閹毒燄一網盡之，故孫黨、趙黨、鄒黨、熊黨之目，猶之《點將録》之意。然則疾君子指爲東林黨而惡害之者，特閹黨之所爲耳，吾徒何爲而助之攻乎？當日以鄒元標之講學爲邪黨，而逆黨至以真儒擬忠賢，其是非果安在乎？東林諸賢誦法程朱，其所講論建白，行義風節，於今可見。一時臺閣寺省諸公，宏才碩學，孤忠大節，經略展施，接武而出。天下望之，朝廷賴之，何莫非東林氣類乎？特風氣太盛，閒亦有一二不肖依坿其閒，而正人君子固已多矣。尋徐兆魁之言，其詆如彼，詳倪元璐之辨，其實如此。日久論定，不當復循衆人之談，隨俗坿和，蒙以惡聲而不置白黑也。

論者謂任議之過，患在於太畸競，意氣筆鋒，必欲彊人從我，求勝於理而不審勢之輕重，好伸其言而不顧事之損益，以致殿上之彼己日争，閫外之從違遥制，如萬元吉之所論者，誠有然矣。然當時之爲此以致誤國敗事者，豈皆出東林之清議乎？抑在廷噂沓之言官乎？且夫朝政有失，大臣不言而後小臣言之，當局不言而後局外言之。大臣不言，而復諱敗遂非，則小臣愈言之而愈攻之；當局不言，而復黨邪撓是，則局外愈言之而愈攻之。嗚呼！「發言盈廷，誰敢執其咎？如匪行邁謀，是用不得於道。」乃自古歎之矣。人主無執兩用中之明，當國者無樸誠通達，敢違衆議獨行，而徒責小臣以言高之罪，咎局外以出位之謀，是皆無虚衷罪己之誠，務委過於人，憚自責而不彊力於求治者也。

詳觀明致亡之由，蓋非一道。譬人之身，病已深而不起，或投之攻劑，或投之補劑，而病人之情，醫人之情，旁人之情，淆争不已，而固已僵斃矣。今不究病之從來，醫之得失，而第責旁人之論，以爲是實傾人之命也，何以異於是？是故明之亡在神、熹，至懷宗立，而國勢已不可爲矣。清議之誤國在懷宗圖治之日，而東林之殲滅在忠賢肆虐之年。論者以明亡之故蔽罪東林，可謂不察其本末矣。若夫當魏閹弄權之日，社稷將覆，爲人臣子，立於其朝而食其禄，烏能默爾而息乎？卒其奮不顧身，起而搏之，身殲家滅，海内痛心，而欲與後來之阻孫傅廷之守關中、撤吴三桂隨樞輔迎賊者同罪，豈不冤哉？是故謂此三事爲清議誤國則可，謂楊漣之擊魏忠賢、高攀龍之劾崔呈秀爲清議誤國則不可；謂救李三才、護熊廷弼，争京察、國本、科場、挺擊、移宫及最後劾楊維垣、房寰爲清議則可，爲誤國則不可。且自顧允臣既錮之後，朝廷日以建言防人，以越職抵罪，當是時，可謂能禁清議矣，而其效竟安在？

大禹聖人，縣鞀建鐸；衛武悔過，矇誦師箴。國人謗王，召公比之防川；鄉校不毁，子産於以補過。孔子删《詩》，不廢《板》《蕩》。諸葛武侯之教下也，曰「願諸君勤攻吾短」。《小雅》廢而政教衰，清議亡而風俗敗。歷觀古之仁聖賢人所言若彼，清議何負於人國哉！故清議之戒，爲士人不能理性，裁抑宕跌，慎所與，節所偏，悻直標榜以掇禍，如漢甘陵之謡及公族進階、魏齊卿所爲耳，不謂有國有家者當禁人言也。是故清議黨人之名，惟漢哀、平、桓、靈，明神、熹之世有之，皆以用宦寺憸人而致。

彼弘恭、石顯之奏蕭望之、劉更生朋黨，欲專權擅勢，果是邪？張成教子殺人，河南尹案之爲非邪？侯覽家人殘暴百姓，太守部督郵不當劾之邪？而漢之黨禍，蕭望之、周堪、劉向、李膺、張儉爲之首矣。蓋此輩稔姦大惡，忌君子之發其覆，繩其罪，故起而反噬之。君子亦有君子之氣類，一人見枉，必有營護而援救之者。彼姦人者念只誅一人不足以鋤其類，故被之以黨人之名，而後可以盡翦之也。苟人主明於用賢，宰相公恕無私，則朋黨無自而成，又烏用布告天下使同忿疾邪？

且所務於清議之黨者，在天下之鄙俗耳。若乃大臣自爲黨，甚至人主亦有自黨其權姦者，則又何説？夫不能絜矩，而好惡徇於一己之偏，如《大學》傳所引《節南山》之詩，興喪之幾，殷鑒不爽，不此之察，而專禁在下之清議，豈正本之論乎？宋張嵲言：「國家之禍，莫大於朋黨。今一宰相用，凡其所與者，不擇賢否而盡用之；一宰相去，凡其所與者，不擇賢否而盡逐之，宜朋黨之寖成也。」胡安定亦言：「謂某爲某黨而必欲盡逐去之者，皆非人主之意，乃後來相代之大臣也。」嘗觀宋高宗一紀之閒十四命相，明懷宗十七年閒五十命相，由此言之，朋黨安得不成？又況人主自黨其權姦者邪？宋高宗初即位，詔求直言，雖詆訐勿罪。其後進士梁勛上書論秦檜，帝大怒，曰：「講和斷自朕志，秦檜但贊朕而已。近者無知之輩，鼓唱浮言以惑衆聽。」詔送梁勛遠州編管。夫當時言不可和者，張壽、張闡、胡寅、胡銓等議，得失炳然。高宗黜李綱、趙鼎，專用秦檜，殺岳侯而主和。或以兩宫之故，而屈己事仇，猶之可也；然終高宗之世，土地、金帛、子女盡而兵革不息，其效如彼。秦檜既死，而猶身爲護之，以罪言者，此非自爲朋黨邪？孝宗初立，詔士庶陳得失。淳熙二年又詔：近世士大夫好唱清議，恐相師成風，激成東漢黨錮之禍。夫不察東漢之所以傾亡者，在遠君子親小人，而徒區區以黨人爲患，亦異於蜀先主諸葛武侯之見矣。

夫論黨人者，不曰造言誹訕朝廷，即曰僞學亂疑風俗，甚則謂其人合謀樹黨，圖危社稷，故人主怒之疾之尤甚。由今觀之，二漢及明黨人所争，果訕謗邪？恭、顯、牢、修之言，果信不妄邪？當蔡京、秦檜當國日，天下無敢道程子之學；史彌遠當國日，天下無敢道朱子之學。僞學之禁，可謂嚴矣。由今觀之，程子、朱子正邪？范致虚、陳公輔、胡紘、施康年、汪沆、沈繼祖、林栗諸人正邪？至於陳東、歐陽徹之請誅童貫、高俅，罷汪黄而留李綱也，張觀等七十二人之請斬湯思退也，汪安仁等二百人之請朝重華宫也，楊宏等之請留趙汝愚也，德祐中諸生之數陳宜中也，明東林之擊魏忠賢也，果圖危社稷邪？彼諸姦者不危社稷，而清議欲去之者反危耶？唐何蕃等二百人留陽城，柳宗元遺蕃書，偁引無稽之言，謂曾參徒七十，致禍負芻。卒其抗朱泚之難，六館之士無污賊者。尊朝廷，重國家，壯士氣，可謂清流矣。彼宗元當此，恐不能也。惟獨復社諸人《南都防亂揭》爲犯聖人已甚之戒，然其時元氣已喪，偏隅宴安，諸生所斥，獨一阮大鋮耳。閣部擁兵權，無中撓，天將廢之，誰能興之？則明之亡始終於清議無與。

必若杜止清議，當如李綱所論，先變革士風，士風厚則清議自止。若梅陶月旦之論，亦非懿士所許也。故如何平叔、王夷甫、殷深源以風流相尚，竊盗虚聲，無濟實用。此乃所謂清議亡國耳，東林非其比也。人主不察，見謂清議亡國，亦以爲云然耳。究其爲議者何人，誤國者何事，不能别而白之，則又恐爲彼姦人者所中，爲怨隙者得相陷害。州郡又或承望風旨，濫及無辜。則是非清議之能亡人國，借清議亡國之名以怵人主，而剥喪元善爲足亡國耳，此非細故也。先王之政，罪人不孥，何有於黨？苟不破流俗相沿之論，解散清議亡國之疑，使君心宅於寬，而刑政得其實，豈所謂休否之常經乎？

今生重熙絫洽之後，聖明在上，政教隆，風俗厚，士無由有詭激詖邪之行，故可相與講明而爲此議耳。若在朋黨已興之日，則此論即疑亂之罪所歸矣。緣來教諄諄勤誨，輒敢披陳一切，伏惟赦其狂愚而有以裁教之。幸甚。幸甚。坿獻所爲文五首，執事餘閒賜之觀覽，亦可見鄙志所執已審，而非率其褊隘，忤俗犯怒，蒙輪以當一隊者也。重違台教，無所逃罪，統祈亮察。不宣。自記云：此文粗麤浮淺，剽而不留，不復成章，姑以論議有可采存之。

上阮芸台宫保書

月日，方東樹頓首再拜，謹上書芸台宫保閣下：昔韓退之自多其文，以爲能贊王公之能，而道大君子之德。伏惟閣下道佐蒼生，功横海望，歲路未彊，學優而仕，歸墟不舍，仕優復學。凡所措布，皆裕經綸；凡所撰箸，皆關聖業。三十年閒，中外咸孚，萬口一舌。使退之復生，且將窮於言句，又豈晚進小生所能揚搉其大全者哉？然惟閣下早負天下之望，宜爲百世之師，齊肩馬、鄭，抗席孔、賈，固以卓然有大功於六經，而無媿色。信真儒之表見，不虚矣。

竊獨以學術顯晦，遞相升降，猶之三代之運，忠質循環。上溯嬴劉，面稽昭代，其閒二千餘歲之隆污消息，可得而言矣。有明中葉，以空疏狂禪談學，文業雖盛，而淹貫者稀。其後升庵、澹園諸公以博綜立名，而麤繆踳駮，亦淺甚矣。夫精非麤人所信，博非精人所能，二者分塗，由來自昔，固不可比而同之矣。國家景運昌明，通儒輩出。自羣經諸史外，天文、曆算、輿地、小學，靡不該綜載籍，鉤索微沈，既博且精，超越前古。至矣，盛矣，蔑以加矣。然竊以爲物太過，則其失亦猶之不及焉。《傳》曰：「火中則寒暑退。」今日之漢學，亦稍過中矣。私心以爲於今之時，必得一非常之大儒，以正其極，扶其傾，庶乎有以輓大過之運於未敝之先，使不致傾而過其極，俾來者有以考其功焉。以此求之當今之世，能正八柱而掃粃糠者，舍閣下其誰與歸？

不揣檮昧，嘗箸有《漢學商兑》三卷，引其端見大意，蓄之笥中，未敢示人。非惟迹近競名，懼以忤世犯患，抑實以事關學術，鄉里鄙生，見聞不出街衖，未睹於天下是非之全，疑而不敢自信故也。繼思世有大儒，而懷疑不謁，亦見其自外於君子，即聾從昧，顓固而終於愚惑矣。用是輒敢寫録，冒昧獻之左右。雖知蕪陋淺謬，然意在質疑，事同請業，非布鼓雷門之比，不復引以自嫌。伏惟經綸餘暇，俯賜披閱，明正是非，俾解愚惑，用循奉以遵厥塗，幸甚幸甚！干冒威尊，不任屏營之至。樹再拜。

答人論文書

夫文家品藻及所以爲文之方，昔人論之已詳，吾無以益子也。無已，則請舉一淺説，爲古人所不必言而實切中夫今人之要害者，曰精讀而出之勿易而已。

世之爲文者，不乏高才博學，率未能反覆精誦，以求喻夫古人之甘苦曲折。甘苦曲折之未喻，無惑乎其以輕心掉之，而出之恆易也。若夫有知文之失在易而出，力以矯之，又往往詞艱而意短。詞艱意短者，氣必弱，骨必輕，精神氣脈音響必不王，是則其詞雖不易，而其出言之本領未深，猶之失於易而已。

古之能精讀者不若是。是故揚子雲教桓譚作賦，必先讀千賦。明歸太僕嘗於公車上取曾子固《書魏鄭公傳後》文讀之五十餘徧，左右厭倦，而公猶津津餘味未已。嗟乎！此所以繼韓、歐陽而獨立三百年無人與埒，豈偶然哉？唐劉希仁與韓、歐陽齊名，退之文中亦嘗推之。今讀其集，亦尚不失風軌，然而世未有偁其文，甚或不識其名字。彼爲文而不務其至，而徒自踴躍於一世者，視此可以懼矣。子姑歸而精誦三年，然後知世之爲文者皆出之易也。

與友人論師書

來教偁自退之作《師説》，後來學人多有續爲之説者，雖意恉各殊，而皆得一義，於以輔世翼教，至爲弘益，不可廢也。愚舊蓄一疑，久未敢發，敢因明論所及而私佈之。

近世士夫援上慕勢而無階，則壹以師密比之。夫師也者，隨道義所在而爲之名者也，惡可以私妄勢利媚説、自菲薄爲也。韓公曰：「時無孔子，不當在弟子之列。」孔子没，門人以有若似夫子，欲以事夫子者事有若，曾子不可。陳相説許行，而從學其道，孟子責其倍師。若慕勢而以空名劫其號，非但無義，抑實可鄙甚矣。何北山爲朱子再傳，而未嘗受人之北面，亦不敢輕師於人。古者君師不分，故曰「天降下民，作之君，作之師」。周公以九兩繫邦國，「三曰師，以賢得名」，「四曰儒，以道得民」，則皆人師也。司徒本俗聯師，儒師以德行教民，儒以六藝教民，則師爲人師，儒爲經師。至《文王世子》「釋奠於先聖先師」，則先聖，人師；先師，經師也，皆所謂傳道、授業、解惑者也。若夫近世科舉時文之師，與巫醫、藝術、百工之師相等。又有形名、錢穀、幕學之師，分儒者之一節而專門，雖不知本，亦供世用。則皆有授業、解惑之實，固當偁師。惟夫鄉、會主試房考，及外吏保舉屬官，乃公忠循職，舉賢援能，以人事君之義，而冒師生之名，殊不應禮，甚無謂。夫受爵公朝，拜恩私門，爲國用人，而已收其恩，師與門生，兩犯不韙。

昔韓文公出陸宣公之門，終身未嘗偁師。陸文安爲吕東萊所取士，鵝湖之會，東萊視文安如前輩，不敢與之論辨；文安對東萊則偁執事，對他人則偁伯恭，亦未嘗以爲師也。舒文靖公不師其座主，亦不門生其所舉士。明霍文敏公韜亦不師其座主，丘瓊山亦嘗論此，以爲不應偁師。近陳説巖相國薦陸清獻，及見，不用師生偁。説巖大激服，且云：昔年馮益都薦魏環極，已曾薦王阮亭、汪鈍翁，皆未嘗用師生禮。嗚呼！可謂以禮自處而又能以禮處人者也。

世禄之家，往往多門生故吏。苟如張安世、謝瞻、羊祜、柳玭、王曾、王旦之所戒，則政當避之，而又可侈爲榮名乎？且士子幸由師儒起家，舍大司成不師，而獨親此，尤爲失其類也。甚者有慢其伯叔，慢其幼所受業貧寒之師，而獨隆其房師、座師、保舉之師者矣；薄其昆弟，薄其昆弟之子，而推恩此師之子弟者矣。又甚則即此師也，苟失勢衰落，度不復振，則其待之亦寖薄。自有此師，而世多失其本心，又況淪夷以至斯極也！昔三代聖王必有師，而四岳薦舜，不聞有門生天子之號。若白樂天將相門生，乃鄙言耳。獨范文正公之認晏元憲，自是盛德，不在此例，惟足下裁之。自記云：《潛丘劄記》曰：明之士夫積習，師弟重於父子，門户又重於師弟。得罪於父母者有之矣，得罪於座主者未之有也云云。

答友人書

來教偁引某君之言，蒙心竊獨未安，略爲吾子陳之。夫子厚所偁太史之潔，乃指其行文筆力斬絶處，此最文家精深之詣，既非尋常之所領解。若宋儒固未嘗有譏遷史不潔者，即有言語，亦不過謂所記事蹟不必盡可信耳，而如「桐葉封弟」，子厚已辨之矣。今乃憑虚構誣，而曰使以宋人眼孔觀《史記》，必謂其不潔。若自埘於能知遷文之潔者，而又不顧歐、蘇、曾、王眼孔之非劣固宋人也。

近世風氣，但道著一宋字，心中先自有不喜意，必欲抑之排之以箸其短失，而後快於心。乃至宋人並無其事與言，亦必虚搆之，以爲必當如是云爾，以見宋人之迂固不通，殆若一無所知如此也。及考其所以抑之排之之説，率皆昧妄顛倒影響無實之談；考其所以抑之排之之心，皆因憎惡道學諸儒而發，樹爲是常切悲恨。

凡文章義理，以及吾人言語行事爲得爲失，莫不有本。孟子曰：「盍亦反其本矣。」莊子亦曰：「請循其本。」其本一差，則所向莫不差，此古今天下是非所以紛紜，物論難齊，而至道隱而不見，蓋非一人一朝之故矣。至惜翁撰古文詞，取海峰息争，政以海峰不能持論，而集中此文題較正大，且取其意格，足與蘇氏相比，故入之耳。究而論之，則海峰此文其本未充，其理未足也。何以明之？夫古今學人，講説辨論，勤苦萬方，求至於聖人而已，而卒莫能至。今乃令天下萬世之人，皆置是非不必辨，皆若已至於聖人，弟爲是恢然有餘而無不包，有是理乎？是蓋暗本東坡《孟子子思論》而益揮發之耳。若有辨之者，則正犯其所譏，則是以此箝制天下人之口，相率爲罔爲模稜，而壹託於聖人恢然有餘而無不包。烏知孔子之言語、行事，及所以教人者並無是乎？夫物之不齊，物之情也。孔門四科，才性之殊異，無如之何也，他日，孔子曰「小子不知所以裁之」，孟子曰「孔子豈不欲中道哉」。非因人有性質造詣不齊，而謂至道之止極者，因可不必求詳，亦不必教之使皆企乎中庸也，則何以曰「有教無類」，而又曰「審問、慎思、明辨之」哉？辨之不明，安知是非之真，而奉以爲吾道之正乎？由海峰之論，則聖人者，人人皆優爲之，弟隱情結舌，聽其紛紜，而吾弟以恢然包之，而無事矣。無論學之不講，道之未明，日即於昏罔無知，而無所取正，且將使誰包誰乎？抑彼此互相包而皆足於道乎？且既學聖人，而置是非不必辨，是使聖人下夷於諸子百家而莫之貴，而又何必自欺其心，徒奉虚名、崇虚教，曰聖人聖人云爾哉？是皆昔之鄉原所以譏狂狷，及近世學者攻朱子之餘唾，而海峰方飾爲高論，亦淺之乎其爲言矣。惜翁取之，偶未審也。毛生甫曰：「言有關係，持論確而不頗。」

答姚石甫書

石甫執事足下：九月十七日，故里人來，攜足下閏四月自漳州所惠書，久不見，見手書，喜甚。及展誦，益徵深愛過於所懷，伸紙闔開，不能自已。僕孤窮於世，匪獨無見收之人，乃至無一人可共語，胸中蓄言千萬，默默不得吐。今春來嶺外，本欲依節帥爲俯仰計，顧鶗不變其音，雖徙越猶之在楚也。當塗嚮好，惟在鴻名茂實之英耳。如僕稚騃，又素譽不立，則其僵仆危困，爲時所忽，不亦宜乎？緣足下來書相觸發，感念生平，不覺傾困倒廩，語無詮次，意不主一，要當握手一談，惟足下亮之察之。

樹聞人有恆言曰：「士伸於知己，屈於不知己。」又曰：「志與天地侔者，其人不祥。」此兩言者，世以爲名言矣。以愚論之，是乃所謂詖辭，非知道者之言也。莊周曰「至言不出則俗言勝」，亦烏能盡人而明之哉？道不遠人，與天地侔，要不外於至誠之實，盡其性以盡人之性，如是而已，非有加奇於平常日用之外也。君子既知道，則殀壽不貳。修身以俟公卿將相，時至則爲之，否則老死牖下，轉於溝壑，皆天命也，亦何祥不祥之有？跅弛之士，爲奇論以駭世，而不悟其言之可笑也。至謂「士伸於知己，屈於不知己」，此言亦甚小。夫曰己曰知，亦視己可知之實，與知我者之智之大小，此其知皆以我與人爲量者也。若孔子下學上達，知我其天，由今觀之，當日顔、曾數子而外，世豈有知孔子者哉？而聖人無入而不自得，故曰「遁世無悶，不見知而不悔」。必有孔孟之道而後可語於人不知，必有伊尹、顔子之樂，而後可語於無悶。莊子記子輿之死，歌而託之於命，則猶若有慍焉。潛龍之德，惟聖者能之。

僕少騃拙，於人事多所不通，惟篤信好古人，以爲道可以學而至，聖可勉而希。縱其心志，與俗背馳，犯笑侮，蒙齒舌，異人同情。少年氣盛，不以屑意，以爲古之人乎類若此矣。吾苟於彼者若，則必於此者遠矣，益奮不顧。憶自十一歲學爲文時，先子承海峰先生暨惜翁倡古文詞之學，僕耳而熟之，雖不能盡識，然亦與於此流矣。其後十八九時，讀孟子書，憮然悟吾學之更有其大者切者，遂屏文章不爲。性喜莊、老及程、朱、陸、王諸賢書，讀之若其言皆如吾心之所發者。以觀近時人文字，輒見其踳駁謬盭，爲不當意。既嗜好不侔，棄俗自尚，故久困不能自伸。家貧，無以供菽水、給衣食之奉，奔走求所入爲養。二十餘年，顛沛失蕩，所至輒窮，憂患疾病，日與死迫。羈旅異地，每遇良辰會節，瞻望家園，凶祥莫卜，中夜推枕起歎，戚然不知涕之流落也。昨於丙子歲先子棄養時，祖母年九十，呻吟旦夕。妻病痺篤，廢不能起立者，已六七年。家本空乏，逋絫千金，歲月追呼無虚日，三世遺棺，浮攢未葬者八。僕本支又甚單，内寡兄弟，外無期功之親，飢寒無所控，緩急無所告，闔門數口皆待僕以幾倖存活，既不可留以居，則決舍之以出，身纔出門，回顧老弱，存亡殍絶，不能相顧。丁丑，旅困江寧，自春徂秋，日求於人以度時日，誠有如韓子所云，當時行之不覺，事過思之，如痛定之人思當痛之時，不知何以能受之也。是冬漂泊揚州，由揚州復返金陵，適遭祖母喪。聞訃之日，躑躅悲號，欲歸不得。賃居祇樹僧舍，除夕，典衾付寺僧充賃值，而不能具薪米。當是之時，如舟行日暮遇風，顛頓於洪濤鉅浪之中，篙櫓俱折，舟人束手，相向呼號，而莫知所止泊。僕受氣本弱，自生時先慈已懼其不育矣。十二歲先慈見背，余病痁至不勝喪，其後頻咯血怔忡。受室後，余妻之母恆患余寡其女。三十外，始稍稍壯健。今復洊遘大憂，繼纏哀酷，患氣中傷，天和内損，髮秃齒落，萬念灰滅，魂魄喪失，精神遐漂，聰明墮落，如八九十許人。彼不知我者，或能加侮辱，蓄縮忍受，不復自明。摧折久，故氣愈下，然往往亦於天轉親焉。

夙有幽憂之疾，苦不能寐，於是因以其時而鋭思夫道。每念吾今日死明日而吾尚存也，曷爲明日死今日而吾先亡乎。先時爲學，亦頗泛濫老釋雜家，或爲之撰述。近反求之吾身，所見似日益明，有所獲輒劄記之，名曰「待定録」。歲月既多，積至七十餘卷。其心豈遂以爲不得志於今，猶望見於後世哉，亦曰富誠不可求，從吾所好焉耳。此閒多上才，獨僕以薄劣居同下。客人既不知僕，僕亦不欲求人知。聲塵寂寞，望實交霣。乞食蕢豆之餘，寄命葦苕之上，列貪薰心，進退枕險，意興沮敗，生意全無。嗟呼石甫，吾其已矣。足下料之，其果不祥邪？抑果絀於不知己也邪？昔敬通自慨，欲修道德於幽明之路，以終身名爲後世法，僕亦猶庶幾昔人之風乎。

曩在幼楷座上，偶與客泛言及原始返終。客摇首曰：「此至微妙，不容易言。」余時心知此客之未能了此也，遂不復談。夫所謂原始反終者，亦言忠信行篤敬已耳。故夫子曰：「未知生，焉知死。」程子曰：「生之事即死之事。」張子曰：「存，吾順事；殁，吾寧也。」曾子曰：「吾得正而斃焉，斯已矣。」莊子曰：「善吾生，乃所以善吾死。」若然者，皆至近至切之實務，引而爲高妙則失之。此意二千餘年閒小儒不識，固非此客所及也。

且夫人世所争，不過愛惡、攻取、是非、名實、利害、毁譽之閒耳。吾能忍辱，不入好惡諸相，而人可以莫疑矣。天之所制，不過死亡、貧賤之命耳。吾甘窮，窮而餓，餓而且死，死而裸葬，上以縱施烏鳶，而下以飽螻蟻，而天可以無罰矣。吾患道德之不修，憂辱死亡緜於天命，豈宜以動其心哉？

粤中，石甫曩所舊游，其人士風氣既知之矣，無俟僕言。獨怪潮、惠爲退之、子瞻所過化，而其文章淵源曾無有毫髮近似，惟獨瑰琦磊落之士見於史乘者爲不少，豈鍾於山川之性者材易成，而得於講授學問者未有師承邪？知石甫秋閒度臺，臺雖海外，然久被聖化，已與内地等。石甫所以治之者，爲猛，爲惠，爲媿厲，爲整齊，必有定見。然愚意則欲石甫以管子「四維」先之，使知尊親也。東坡所謂欲爲箕子留此意於遐荒者，石甫其可不念之哉。道遠不常得通書，故言之不覺其冗。海外新政，尚冀垂示一一，以慰逖聽。餘不宣。再拜。自記云：蕪淺麤露，躍冶可憎。

與范光復論解淑人節行書

范君足下：承示雲中勇烈任公遺集，及哲嗣伯卿提督所次公行狀及其弟叔卿事狀，並《二峩堂集》《學愚集》。讀未數葉，斂容起立，復坐端誦至數通，灌然泣下。夫忠孝至性之感人，雖異世猶有不能已者，況生同世而耳目與之近相接者邪？

觀勇烈貴顯於時，威加於敵，其行事大節，章章如此，天下既莫不聞而重之，況其名蹟又已箸之國史，則其傳於後世，以追配古之忠臣，固無少媿。伯卿純孝懿行，仕宦之迹，偁其門風，而其遺詩，清詞雅格，實又卓然足以不朽，則伯卿之自足以傳於後，又無可疑者。叔卿至性淑質，世濟忠勤，雖不幸早世，而按其行事，亦當坿其父兄以傳。施夫人親承孝聖皇太后徽音褒予，有節婦兼忠臣之目，固坿其夫與子以傳矣。惟解淑人遘遭愍凶，夫亡子絶，煢煢流離，暮年依於愛壻，而其女復卒，爲尤可悲，亦安忍獨令其無傳？嗟呼！此其一門忠孝節賢，羣萃並集，而得以有傳於後，豈偶然哉？令勇烈之死，僅取於捐軀効命，魯莽殺身，而非本於平日讀書之篤，講學之邃，則身雖能忠，而其妻若子及婦，亦未必能率由德教，以共成其一門之懿行若此。

伯卿兄弟不幸俱乏嗣，使非足下能篤親顧恩，要信鬼諾，受其遺文，栞布以行於世，則勇烈之心迹與其學問之粹美，必不能傳於天下後世，使人得有以考其成仁取義之有本，刑妻翼子之所由，則足下成人之美，表人之微，有合於古君子之道，亦得坿勇烈父子以傳。

獨以解淑人事命僕爲詩，則有不可者。蓋此等題，獨宜於文，不宜於詩。古名手大家率不輕作，決作之，亦不能佳，後人亦罕傳之。《柏舟》《燕燕》諸什，皆其人所自詠，如《焦仲卿詩》又不容再擬，其他傳者寥寥。古人次婦行獨有傳誌，而又非可施之生前。夫乞人詩文爲其足傳耳，令其人有知其詩文足傳邪，則必不肯爲之詩矣。若尋常俗士不知其義而冒爲之，又不足以傳，然則雖得之盈千，直捆載而置之耳，亦何取邪？僕之文知不足以傳於後世也，如不得已，他日當爲一傳以次述其事，然要豈足賴哉。既不獲承命，敢布其愚，惟照察。不宣。

答葉溥求論古文書葉君，粵之嘉應人

東樹白，葉君足下：辱書言文章旨要，並示所爲記序雜文，意甚勤，詞甚摯。然竊怪足下相知未素，不察其蔽，且固勇信而過施之，爲失所問耳。僕本無所知，往在江南，一二同學業爲古文，以僕喜議論，妄以此事見推。要之，僕所謂望其塗轍而未能由之者。昔曹子桓譏劉季緒才不逮作者，而好掎摭利病，而子建乃獨喜人定正其文。足下以子建自處，而命僕爲季緒，此僕所以發書屏氣、媿汗交下也。夫以足下所有如是，而進不自足，謙謙下問，雖僕庸虛，其敢復顧時人譏笑，畏忌銜忍，不一吐所懷以答高義、塞厚望邪？請誦其所聞，惟足下詳擇其衷焉，可也。

僕聞人之爲學，每視乎一時之所趨，風氣波蕩，羣然相和，爲之既衆，往往工者亦出。獨至古文，恆由賢知命世之英，爲之於舉世不爲之日，蒙謗訕，甘寂寞，負遺俗之纍，與世齟齬不顧，然後乃以雄峙特立於千載之表，故其業獨尊而遇之甚稀。自唐、宋逮明，若韓、柳，若歐、曾、蘇、王，若歸熙甫，其人類數百年始一登於籙。嗚呼！蓋其難矣。

抑又嘗論，欲爲文而弟於文求之，則其文必不能卓然獨絶，足以取貴於後世。周秦及漢，名賢輩出，平日立身，各有經濟德業，未嘗專學爲文，而其文無不工者，本領盛而詞自充也。故文之所以不朽天壤萬世者，非言之難，而有本之難。若夫所以爲之之方，可一朝講而畢也。然而羣喙鳴動，蓄心各異，是其所非，非其所是，顛倒妒惑，昧没不返，後學之士，欲求聞古人之真，舉一世空無人焉。夫古之人以其本而發之爲文，軌迹不侔，家自爲則，其人已亡，不能復起自言其心。俗士淺學，各蔽其愚，人各云云，吾亦云云，則烏知吾言之獨是邪？人言之且非邪？就令吾言是矣，而古人已死，其孰從而定之？且人之言曰，爲文宜何若何去何取，吾弗過而問焉；吾之言曰，爲文宜何若何去何取，人亦弗過而問焉。退之有言，究不知直似古人，又何得於今人也。而要有不易之論，不可已之情者，吾取不詭古人，不迷來學，自足吾心而已。故凡吾所論文，每與時人相反，以爲文章之道，必師古人而不可襲乎古人，必識古人之所以難，然後可以成吾之是。善因善刱，知正知奇。博學之以別其異，研説之以會其同。方其專思壹慮也，崇之無與爲對，信之無與爲惑，務之無與爲先，掃羣議，遺毁譽，彊植不可回也，貪欲不可已也。及乎議論既工，比興既得，格律音響既肖，而猶若吾文未足追配古作者而無媿也。於是委蛇放舍，緜緜不勤，舒遲黯會，時忽冥遇。久之乃益得乎古人之精神，而有以周知其變態。是故文章之難，非得之難，爲之實難。道德以爲體，聖賢以爲宗，經史以爲質，兵刑政理以爲用。人事之陰陽、善惡、窮通、常變、悲愉、歌泣、淩雜、深賾以爲之施，天地、風雲、日星、河嶽、艸木、禽獸、蟲魚、花石之高曠夷險、清明黲露、奇麗詭譎，一切可喜可駭之狀以爲之情。及其營之於口而書之於紙也，刱意造言，導氣扶理，雄深駿遠，瑰奇宏傑，蟠空直達，無一字不自己出，而後吾之心胸、面目、聲音、笑貌，若與古人偕出没隱見於前，而又懼其似也而力避之，惡其露也而力覆之，嫌其費也而力損之，質而不俚，疏而不放，密而不僿，陰陽蔽虧，天機闔開，端倪萬變，不可方物。

蓋自孟、韓、左、馬、莊、《騷》、賈誼、揚雄、韓、歐以來，別有能事，而非艱深、險怪、秃削、淺俗與夫餖飣、剿襲，所可襲而取之者也。夫文亦弟期各適一世之用而已，而必劇心刳肺，齗齗焉以師乎古人，若此者，何也？以爲不如是，則不足以爲文也。此固無二道也。嘗觀於江河之水矣，謂今之水非昔之水邪，則今之水所以異於昔者安在？謂今之水猶昔之水邪，則昔之水已前逝，今之水方續流也。古之人不探飲乎今之水，今之人不扳酌乎古之水。古水今水，是二非一，人皆知之；古水今水，是一非二，則慧者難辨矣。蚩蚩者日飲乎今之水，有人曰吾必飲乎古之水而不飲今之水，則人必笑之矣。蚩者日飲乎今之水，有人曰若所飲今之水，實仍即古之水，則人猝然未有不罔於心而中夫惑疾者也。夫有孟、韓、莊、《騷》而復有遷、固、向、雄，有遷、固、向、雄而復有韓、柳，有韓、柳而復有歐、蘇、曾、王，此古今之水相續流者也，順而同之也。而由歐、曾、蘇、王逆推之以至孟、韓，道術不同，出處不同，論議本末不同，所紀職官、名物、時事、情狀不同，乃至取用詞字、句格、文質不同，而卒其所以爲文之方無弗同焉者，此今水仍古水之説也，逆而同之也。古今之水不同，同者溼性；古今之文不同，同者氣脈也。雖然，使爲文者，古人已云云矣，吾今復取古人所云而云之，則古人爲一文，已足萬世之用，而復何待於吾言乎？夫文猶己也，生民以來，四海之衆，而中以有己立己於此，將使天下確然信知有是人也，則必不俟假他人之衣冠、笑貌以爲之，亦明矣。奈何世之爲文者，徒剽襲乎陳言，漁獵乎他人而以爲之己也？徵是以覈之，將見子不復識其父，弟不可辨其兄，羣相怪惑，無能求審此人面目之真，而己安在哉？是故爲文之難，非合之難，而離之實難。雖然，合可言也，離不可言也。故凡論文者，苟可以言其致力之處，惟在先求其合，苟真知所以爲合，則以語於離，不難知矣。若於古人艱窮怪變之境不知其難至，而以爲與己不甚相遠也，則其人又不足以語於合之説者也。

真力不至，則精識不生。蛟龍之攫搦，虎狼蝮虺之毒螫，邇之可以殺人，而慢易與之。家雞野鶩之畜，無足愛貴，而威鳳寶之。史言大秦國有駭雞犀，置犀於地，雞見之卻走。而人之過之者，蹴踏踐履，童孺丈夫千百而無稍異也，豈人之智不若雞與？彼其性不相習，則其天弗能通也。世之俗士，名爲讀書，彼其於古作者之製，實未嘗相習，故其天弗能通，亦若是也已。粤無雪，土人見微霜，目之爲雪，此固不可以口舌喻也。是故文章之難，非真信之難，真知之實難。大荒之東有山焉，名曰大言，謂之大人之堂，其去中國不知其幾萬里也。欲造之者，必道君子之國，然而或行數十里焉，或行數百里焉，或行數千里焉。行數百里者視數十里者爲近之，數千里者則彌近之矣，而要其爲未得至也則相若。昔程子以説相輪之喻斥介甫，吾謂今之談學問者，皆介甫之説相輪也。百工技藝之人，同治一事，其知之精者往往獨勝，又況以未知爲知也邪？雖然，文章之道固貴於知矣，而知又視其智之淺深大小偏全之量。同聞異受，天地縣隔。孔門弟子日侍乎聖人，而游、夏之知不同冉、閔，冉、閔之知不同顔、曾。譬如水焉，甕、盎、盤、盂以及湟、潦、溝、澮、河、淮、江、海同爲受水之器，廣狹不可同日而語，要各滿其量者，亦各隨其器也。莊子曰：「世有真人而後有真知。」夫真知又有所待而定邪？

往者姚姬傳先生纂輯古文詞，八家後於明録歸熙甫，於國朝録望谿、海峰，以爲古文傳統在是也。而外人謗議不許，以爲黨同鄉。先生晚年嫌起争端，悔欲去之，樹進曰：此只當論其統之真不真，不當問其黨不黨也。使二先生所傳非真邪，雖黨焉，不能信後世；如真也，今雖不黨，後人其能祧諸。要之，後有韓退之、歐陽永叔者出，則必能辨其是非矣。此編之纂，將以存斯文於不絶，紹先哲之墜緒，以待後之學者，何可不自今定之也而疑之乎？孟子論道統，舍伯夷、伊尹而願學孔子，管、晏豈足顧哉？古之善言文者，必喻之江海；善觀江海者，必觀其瀾。熙甫、望谿、海峰三先生之得與於江海者，其瀾同也，學者亦必涉其瀾而可哉。緣足下意篤詞懇，聊相與略陳其概，其以此賡時人之詬駡，所不敢辭。不宣。

復姚君書

姚君足下，辱教推僕以文學事，情詞過盛，既媿且懼，不敢當。然短淺之衷，所以有類於是者，蓋亦有由。感相愛之深，輒復爲知己一剖露之，伏惟亮察。

僕受性迂疏，材能薄下，特爲時人所忽，棲身賤素，名姓不出於鄉里。二十年來，飢寒困迫，顛沛失蕩，無以自存，其遇可謂窮矣。然生平情塗氣岸，不敢苟且浮虚，剽取名聲以忝先哲。流遁之志，決絶之行，固窶益疾，久困而不知變。每念古之君子坎軻疲曳，分甘溝壑，一無所挾以自張，獨其素所蓄積發於文章者，爲不能遽泯。故竊不自揣，嘗好以其所欲論次設施者箸書，自天德、地業、人理凡數十萬言，名曰「待定録」，藏之篋笥，無人可與共語。

客或嘲之曰：「古今之治，方術備矣。其存於載籍者，學士大夫尚憚明之，又奚以之亟亟溢名爲也？」曰：禽鳥棲於深林，不以人不聞而闕其音；柴胡、桔梗生於沮澤，不以人不求而化其性。君子之人，判天地之美，析萬物之理，觀古人之全，各爲其所欲爲，以自爲方，雖世不取，猶勝爲無益於天下也。故曰原其無用，亦所以爲用也。人之生壽不齊，上者八九十年、六七十年，中者五六十年，下者謂之不禄，要亦不減三四十年。此數十年閒，弛張趣舍，顛墜不反，火馳不顧，分流異適，瞬息便盡。要其刻情繕性，依倚道藝，以成名立方，必無敢忽不踐之地，憖置遠術也。是故吾修之於身而爲人所取法，莫如德；吾飭之於官而爲民所安賴者，莫如功。若夫興起人之善氣，遏抑人之淫心，陶搢紳，藻天地，載德與功以風動天下，傳之無窮，則莫如文，故古之立言者與功、德並傳不朽。

夫文之關於世道人心如此其重，而世爲文之家如牛毛，求其卓然足配古作者而無媿，曠代不一覯，則又何也？亡其才之未美，學之未優與？將設心之初，徒思捷成速化，蘄勝於人，以鶩一時之名與？夫情志既動，篇詞爲貴，煥乎之用，抽心呈貌，不可掩也。故迪於周全之道者，其文粹以精；取諸偏至之端者，其文峭以秀。其餘仰高希驥，風流可知。故古之人恆由其文以鑒别其人，卒如其言不爽。乃若今世之爲文者，可知矣。掇拾筐篋，馳騁淫費，夸示末學，欺其耳目，坐自尊大。甚者不肖，用諛譽榮内，取悦公卿，以邀一切之利。海内稷稷，如列邦小侯，地醜德齊，莫能相尚，而且曰起古人，與把臂抗行，吾見有絶裾而逸去耳，不則殼之矣。若人也，其招於世也，殆若槿者也。槿耀榮於朝旦，蔭不移而已銷落也。

故文章之敝存乎學術，學術之陋繫乎人心。今欲振之，莫若先鼓其立志。蓋人之才無知愚勇怯，惟志之所在，則莫不有立焉。聖人以爲之的，六經以爲之弓，左、馬、莊、《騷》、韓、歐以爲之彏，激而發之存乎志。夫志也者，所適於文之矢也與？雖然，有患，則志在爲利與志在爲道，疑而不可決也。視其所營，爲利、爲道可辨也；觀其所存，爲道以爲利，莫可辨也。夫利之與道，其不及遠矣。然而同處也，同榮也，同得也，孰令之而爲？孰禁之而不爲？欲惡去就橋起而不足以定之，於是聖人乃以空名行媿厲之術，以濟其所窮。今語人曰：「爾爲學在於鶩一時之名，邀一切之利，則罰將及焉。」其人不應也。又語之曰：「爾爲學在於鶩一時之名，邀一切之利，是古人所羞。」然後其人怵然而動於心，瀌然而面發赤焉。有名有實，以致其實；循名責實，以定其名。故君子不立志，君子而有立志，必將修胸中之誠而求配乎古人之位。嗟乎！論文而本於是，然後其文足以鼓盪天下，配德與功，昭乎與日月侔新，悠乎與山川齊壽，豈猶病其榮華銷落也哉！

往吾宗望谿有言，文章雖小術，然失其傳者七百有餘年矣。由今觀之，非夫賢知命世之英，曷足與此！周秦諸子獵道術而勤之，道雖不該，而其文瓌瑋諔詭，連犿而不可窮。自漢以來，逮於唐宋諸大家，殊狀共體，同聲異貌，莫不充實而耀，深宏而肆，彼其於道，概乎皆嘗有分焉者也。劉歆、柳子厚植節雖污，要之根柢深厚，博大稠美，能自久於天地，才士也夫！夫尊古而卑今，學者之流也，亦非僕之所敢出也。區區之懷有在於是者，聊爲言之，足下其亦有取焉否也。懼不當盛意，望必有以裁教之，幸甚。不宣。

與馬君論周書年月考書

馬君足下，承示大箸《周書年月考》，循習再三，欽服何極。自非好學深思實事求是，惡能有此鴻識鴻論，以折衷漢、晉、唐以來諸儒，而歸於至當。顧慚譾陋，無能有所坿益，竊於尊指所已及者，妄有所引申，以終未竟之緒。尊指大義有二：一在考定月日，一在求定其年。言曰必得其年，而後能定其月日。然則雖曰二義，其實固一事矣。向來紀年，諸家皆以受辛元祀爲丁未，三十三祀己卯爲周武王十三年克商之歲，後七歲爲成王元年丙戌。先儒説此可疑者有四：一則《書序》《史記·周本紀》偁武王十一年伐商，與《泰誓》十三年文不合。或力信爲十一年，或以十一年爲十三年之誤。若林之奇、蔡沈、王柏、金履祥、陳櫟諸人，説各不同。班《志》據《書序》《洪範》以十一年觀兵，十三年克紂，以箕子歸，是矣。一則疑此十三年若文王若武王不決。其以爲文王者，《易緯》偁文王四十二年以虞芮質成受命改元，公羊、鄭玄傅會之妄，唐孔氏及宋歐陽永叔辨之明矣；其以爲武王者，程子論伯夷、叔齊叩馬之事，以爲《史記》所載諫詞非也，武王伐商，即位已十三年，安得父死不葬之語？班《志》據九年大統未集之文，合文王武王而通計之，則亦仍文王受命改元之説焉。一則武王崩之年數與成王元年丙戌之紀不合。班《志》據《文王世子》以武王爲克商後七歲崩，皇甫謐以爲六歲，宋胡士行、明陳大樽以爲四歲。足下據《周本紀》《封禪書》，謂武王以克商後二年崩，其文與《金縢》合。又據陳泗源《古曆》推成王元年實丙戌，上推克商之年爲甲申，此中間止二歲，以合《史記》《金縢》之文。曰「武王以聖人之德，如在位七年之久，不應天下尚未定」。且曰「班《志》以居攝七年繫之周公，夫周公人臣，以成王之年繫之，於義未洽」。獨據《竹書》成王在位三十七年，以居攝繫之成王，而班《志》以成王爲在位三十年者非是，謂《竹書》雖僞，而此可從。愚按班《志》本以魯曆紀魯，故以居攝屬之周公，故偁踞煬公七十六歲，入孟統二十九章首云云，非虛天王之年屬之周公，如後來共和故事，則不得以此譏之。其據《三統曆》，以成王在位三十年，雖援引不一，而前後實無甲子之紀，有總數而無年。考《史記・魯周公世家》偁周公恐天下叛周，於是卒相成王，而使其子伯禽代就封於魯。而班《志》紀成王元年曰「此命伯禽侯魯之歲」，其文固已明矣。與足下所疑周公居攝七年，然後爲成王元年者，不同也。足下推成王元年實丙戌，此亦難信。何者？若以十三年爲己卯，則武王克商二年崩，成王元年當爲辛巳；若以克商之年爲甲申，成王元年爲丙戌，則受辛元祀不得爲丁未，十三年不得爲己卯。反覆研究，不獨足下之言未敢阿從，即千載以來儒者、術家之言皆無取焉。夫漢、晉、唐以來儒者，以術算推求古經傳年月，其術不爲不工，其説不爲不詳，究之紛紜百端，迄無一合。吾嘗斷此曰：日、月、至、朔、置閏、章、蔀皆可推，而古帝王所歷年數及干支所當不可求，非不可求，傳説失實，遺文簡脱，傳聞異詞，不可考也。故吾嘗以爲曆家之説，皆由後爲數以合古，非得乎古以順合乎今之數也。爲數以合古而不合，則摭拾傳記，繁偁異説，以穿鑿之。是故曆家之説止可推天，而不可考古。古不可考，則並其所爲天者壹誣而亂之，是以其説愈多而愈可疑也。孔子及司馬子長知之，故孔子敘《尚書》，不論次其年月，子長作《三代世表》，共和以前無年數。追尋表意，見子長之識卓越羣儒，克繼孔子之志，獨有千古，不虛耳。劉恕《通鑑外紀》於共和以後據《史記》年表編年，共和以前皆謂之疑年，不標歲陽歲陰之名，並不列其數。且如丙戌之年如何定之，不曰以至、朔、月、日、章、蔀積而推之而以得之乎？不知後人以朔閏積推一一可成章蔀，此章蔀中至朔月日當何干支之歲？此干支之歲當何帝王曆數之紀？百家乖異，不經難信。王應麟云：「帝堯而上，六閼逢無紀。」致堂胡氏言：「有書契以來，凡幾鴻荒，幾至德矣。」《廣雅》偁自開闢至獲麟二百七十六萬歲，分爲十紀，蓋茫誕之説。劉道原《疑年譜》謂大庭至無懷氏，無年而有總數。堯舜之年，衆説不同。《三統曆》次夏、商、周，與《汲冢紀年》及《商曆》差異，故《四分曆》以上元至伐桀之歲十三萬二千一百一十三歲，《三統曆》以爲十四萬一千四百八十歲，其牴牾不合如此。然此猶以上古世遠難稽，愚請言其近者。如《泰初曆》以甲寅爲元，《漢志》以爲丙子，而前人皆以爲實丁丑。夫丁丑距甲寅遠矣，而儒者方據以推前曆上元泰初四千一百六十七歲。今本《史記》注「四」下「千」上多一「年」字，此據《困學紀聞》是正。至於元封七年，爲適得閼逢攝提格者，烏足信乎？吾嘗求其故，由不知古人以歲陰紀年，不以甲子，甲子惟用以紀日，通推章、蔀、至、朔以求曆元，故班《志》箸紀曆數未嘗有干支之當。自數家以甲子紀年，於是有謂受辛元祀爲丁未、爲己亥者，武王克商之年爲己卯、爲甲申、爲辛卯者，成王元年爲丙戌、爲丁亥者，紛紛異論，由不知古人不以甲子紀年，而於班《志》又未嘗詳讀焉。何者？班《志》據《三統曆》及《洪範傳》，偁武王克商歲在鶉火。夫鶉火於辰爲午，則太歲宜在未。彼諸家偁己卯、甲申、辛卯者，不亦遠與？然後知經傳參差可疑，而不可信者在此，而不在彼焉。

足下又謂武王未克商必不改正朔，深以僞《孔傳》及《正義》以《武成》一月爲建子之非，又疑蔡氏以一月爲建寅之月，與下文四月丁未、庚戌月日不合，而獨斷此一月爲商正建丑之月，以爲月既爲商之月，則春亦爲商之春。愚又不能無疑也。夫漢、晉、唐以來，諸儒以三正説六經，言人人殊，故有謂皆用夏正者，《逸周書》、劉知幾、蘇子瞻、蔡沈、程大昌也；有謂改正朔必改月者，《白虎通》、《尚書大傳》、孔安國、鄭康成、唐孔氏、宋楊時、丘光庭、熊朋來、趙汸及近世顧氏炎武也；有謂以夏時冠周正者，何休、程子、劉絢、胡安國、朱子也；劉、胡、朱子皆本程子。有謂周時三正並用者，鄭康成也；有謂改正朔不改月次者，魏了翁也；有謂《周官》「正月」爲周正，「正歲」爲夏正，《詩·七月》爲夏時，「一之日」爲周正，以爲兼存者，張氏洽《集注》也；有謂《春秋經》用周正，《傳》取國史者，葉石林也；有謂諸侯史有用周正、有用夏正者，劉原父也；有謂建子改月爲東周變法，非周公之本制者，徐圃臣也。凡諸數端，或斷其義，或騁其詞，古今相持，未有所決。今足下不信一月爲建寅之月，而獨以爲用商正，是亦用改正必改月之説，特以武王未克商，不當遽改耳，略與孔《正義》相近。愚竊以爲，既以十三年爲周之年，又以月爲商之月，春爲商之春，於文爲不類矣。程子《春秋傳》曰：「周正月非春也，假天時以立意耳。」朱子云：「加春於建子之月，見行夏時之意。」按此雖論後來《春秋》，亦可明周正偁春之義。《東萊講義》於「春」字略焉。足下之言，雖辨正而未安也。然則武王未克商而遂可改正朔與？曰：昔者莊子與惠子觀魚於濠上，而偁其樂，因互窮其知，惠子不服，莊子曰：「請循其本，我知之濠上也。」今吾亦請循其本，曰此固《周書》也。以周史紀周年、奉周正，於武王何嫌哉？夫推步算術，後人密於前人，而陳氏所推既與班《志》各蔀首皆合，而班《志》所推，自一月壬辰至三月己丑晦、明日閏月庚寅朔小餘、三月二日驚蟄、四月己丑朔死魄、甲辰望、十六日乙巳旁生魄，與所引《武成》月日又一一脗合矣。不特此耳，又與所引《外傳》日在析木，月在天駟，辰在斗柄，星在天黿，亦無不脗合。昔閻百詩自駁所用劉原父《十月之交》辛卯朔日食，以爲説經有不必以理拘者，此固以推步爲準矣，而又何疑焉？或曰此僞《泰誓》，惡足信邪？班《志》引《書序》《武城》《外傳》《洪範》《泰誓》，而獨不及「十有三年春」之文，於時僞古文未有也。足下偁班《志》繁偁《書傳》，傅會以箸之於篇，則亦以《書序》爲不足信，因一例譏之，不知僞《孔傳》偁觀政於商在十一年，克商在十三年，政由《書序》襲爲此語，古文咸不同乖異，而此固一家之言也。雖經僞序亦僞，然序在前，故班《志》得引之，但班《志》前引《書序》，惟十有一年武王伐紂承文王受命九年而言也。後據《禮記·文王世子》偁武王在位十一年，此箸其曆數，而下引《春秋殷曆》紀魯，繫周公攝政七年於武王後七年崩之下，皆著紀總數而無年，凡此固非曆術所得知矣。歲陰紀年之法，有左右超辰名號，前人説此亦多異。歲者，歲星也，其神曰歲陰，亦曰太陰，亦曰青龍，即太歲也。鄭康成曰：「歲星爲陽，右行於天，太歲爲陰，左行於地，十二歲而一周天。」《天官書》曰：「歲陰左行在寅，❶歲星右轉居丑，歲陰在卯星居子。」由此觀之，愈違愈遠。歷十二辰而復會於次，其行之有贏縮，積百四十有四年而歲星超一辰，即歲陰亦超一辰，此其大經也。歲陰與太歲爲一物，《爾雅》在寅曰「攝提格」，

❶「左」，原作「五」，據《儀衛軒文集》改。

至「赤奮若」十二名是也。乃歲陰輪值十二辰之名號，非即十二辰也，故《爾雅》太歲在甲在寅，《淮南》直日，寅在甲，卯在乙。又曰：「太陰在寅在卯也。」錢君辛楣譏小司馬誤解《爾雅》歲陽歲陰之名，當矣，但又別太歲、歲陰爲二，謂《爾雅》太歲在日在辰，兩太字爲後人所妄加，即如是乃使人不知太歲爲何物，與《天官書》及康成説戾矣。《説文》：「歲，木星也。」《爾雅》郭注：「歲，取歲星行一次。」《洪範正義》：「自今年冬至及明年冬至爲一歲。」《周禮》太史「正歲年」，康成注：「中數曰歲，朔數曰年。」謂自今年正月朔旦至明年正月朔旦爲一年。中數三百六十五日四分日之一，朔數三百五十四日。由是觀之，歲星一日行十二分度之一，每歲行三十度彊，十二歲一周，以密率計之，故不容不有超辰。古人以閏正中朔，以超辰之法正歲星歲陰之行次，法異而理同焉。後人既不能辨明歲年之殊與歲星、太歲之分，又牽拘於曆術，而彊以甲子排推之，牴牾不合，又不能闕疑，則相與以史傳爲訟。蓋千餘年鮮有能達其故矣，然後知馬、班之不可及焉。錢君又謂「歲陰常在太歲前二辰，太歲當云歲星，後論超辰誤同此。如太歲在子，太陰則在寅；太歲在丑，太陰則在卯」。此以隔二辰爲説，與《天官書》隔一辰左右異行者不同，且如是則皆左行，何云歲星在天右行邪？此讀《天官書》及鄭注未審，而妄造臆説以疑誤學者，其言不可信矣。何以明之？《分野略例》自女八度至危十五度，於辰在子，今尺自斗二十一度至虛六度爲子也。丑終婺女七度，故班《志》曰「泰初元年前十一月甲子朔旦，冬至，歲在星紀，婺女六度」。故漢《志》曰「歲名困敦，正月歲星出婺女」。以歲星每月行三度不足計之，則右轉入子，正月正出婺女十一度，故曰出也。然則明年歲陰左行在寅，歲星右轉在亥，又明年歲陰左行在卯，星右居戌，逐辰違去。《史記》從寅起，班《志》從子起，其法不同。惟超辰之數，錢君乃據師春説大衍曆議，則以爲百二十餘年而超一次，及戰國之際至哀、平閒率八十四歲而超一次。近邵氏《爾雅正義》據晉灼説亦以爲八十四年云。雖然，不得其箸紀所當之歲，雖有超辰置閏之法求之，而亦無所傅之焉。竊權來指，尋爲此説，未知當否？惟大雅直諒，還有以教之，幸甚。管異之云：「震川評《史記》，如大塘上打縴，千船萬船，不相妨礙。」又曰：「曉得文章掇頭千緒萬端，文字就可做了。」唐宋八家後僅見斯文。」

答友人書

今世之士，無論所學有見與否，而皆好自尊大，蘄勝於人，作氣勢，立畦町，不待接其言論，而其意氣固已不可降抑矣。有觸其機，淺者瞋目忿争，深者恚恨入骨，於是率相與貢諛阿美，不置白黑，以互相推譽，謂之解人。客有以詩卷視余，余爲偁曹子建好人定正其文，客以爲譏己，則大恚憾，至今未已。夫其求勝於今人如此，則必不能及於古人亦明矣。

然嘗推論其事，亦自有本。夫人性皆有所蔽，鮮能確盡理實。彼惟有所不知，而後與吾見異，則安能於一日之閒遽奪其所異，而與以我之同哉？是非本無常，雖孔、老易觀，亦各有不能定者，又況吾人奮其私智而欲人之已從也邪？弟就其無定之中，而各以近相通，斯亦可矣。

夫文章小技，然必有入理之功，經世之用，開拓其心胸，遺棄乎淺俗，出入乎經子，游觀於事物，深究乎古今文家之變，而後以其雄直之氣，瑰傑之詞，以求中乎法律，逼肖乎古人，而不襲其貌。嗚呼，是亦難矣。若乃恃古人往矣，不復能言矣，於是家自以爲遷、固，人自以爲向、雄，漫相矜埘，以贋爲真，其稍有知者，又往往得少自足，己既不疑，評者又失，此蘇子瞻所以有捫燭叩槃之喻也。唐、宋以來，號能文者無慮數十百家，日久論定，其卓然不可易者八家而已。有明一代，獨推震川一人。此非後人之敢有所靳許也，毋亦古人自與相親，因把臂以同行耳。

僕非能知此者，辱足下虛己咨詢，故貢其所聞，惟采擇之，幸甚。

與姚石甫書

近爲一書，辨劉念臺先生之學，極知瞽妄，然亦自有説。夫自明以來，争陽明之學者，紛紛聚訟，至今未已。平心論之，陽明之功不足多，而陽明之所以措注從容、不動聲色以成是功名若無事者，則雖留侯、武侯、鄴侯莫之能過，可謂體用兼備，幾於識心無寸土者矣。陽明以朱子學於事物支離困苦，難成而不得其本，故提出良知，以爲道之本原在吾心，而不在外物，以是果得受用，果成大功。而又以之降服當時許多豪傑，使皆北面相保，既明效大驗，則益居之不疑。學者亦即以是信之不敢議。殊不思直提向上，此非上智不能，如陽明者，固閒氣僅見千百年不數遘者。夫以閒氣僅見千百年不數遘之賢，而必以此爲天下率，謂學者由其教皆可以一蹴而幾之，揆之人情，夫豈能必此不導人爲猖狂妄行，流爲惑世誣民不可得也？故由陽明之教，不待其徒有敗闕而後識其非，即以理縣測之，亦知其斷斷必至於彼矣。然則其以良知混致知，及「天泉證道」四語之謬，非徒語言之失而已也。故凡學者之不肯陽明，非謂其人其才其功名可議，正謂其學術教法恐流爲誤世焉耳。

歐陽南野與唐仁卿書，乃極舉陽明行事之不可及以推之，此信其一人，而不究其教法之將誤於人人也。且南野既以此尊陽明，謂不可及，則生是使獨矣。然使由陽明之教而復皆如陽明，則陽明不貴；若不復能如陽明，而但成其猖狂，即南野將亦必知其不可矣。夫以顔子之上資，而夫子猶必循循誘以博文約禮，而不慮失於支離，何獨病於朱子也？朱子之教本於孔子，雖似支離困苦難成，然由其說，則中、下皆可循上智，亦不能越萬世無弊，其亦可矣。若慮學者苦其難成，俾趨於捷徑，則堯、舜、周、孔不敢作是念，而爲設之教法也。舜命契爲司徒，敷五教，曰在寬。寬者，謂裕以待之，使優柔漸漬，以漸而入，不聞有捷法，如所云不習不慮，不假外求，爲善學善教也。

雖然，弟即良知爲教，學者體之猶有所入得力處，此雖失孟子本旨，如羅整菴所辨，然使反本循本，自證其心，猶之可也。今山陰竊其意而諱其名，移以歸之慎獨，其形似是，及考其所以爲說，絞繞蔽昧，使人不得反其意，殆所謂款言者與！款言者其失與詖淫等，大不如提唱良知警切易曉，猶有益於學者也。

或謂：「當日諸人悦服陽明若彼，今之學者猶必爲之左袒，意者陽明真既聖矣。子將毋淺昧不足知乎？」曰：昔徐無鬼以相狗悦魏武侯，特謦欬於流人焉耳。當日諸人去人滋久，故聞足音而喜耳，然而已多有看朱成碧井飲相捽者矣。❶若夫今人，則並未有真知，不過浮情客氣，畏難好奇，豔其功名，樂其簡易，以爲一蹴而可以建功名，則可以爲聖人，則何爲而不從之？夫由陽明之教既爲如來禪，語上而遺下；又爲祖師禪，全以作用機變籠罩，孰謂孔氏之門而有是哉？所以前人諸有知學明理憂世者，咸慮其有生心害事之失而力辨之，不敢以之易程朱之教者在是也。是故以歐陽永叔《正統論》推之，則陽明者既不能居天下之正，又不能合天下於一，而胡能漂程燼朱而息衆説定衆志也？不然，樹豈不知王、劉高名縣日月，而敢輕爲蚍蜉之撼以自絶哉？自記云：二祖時，有道恆法師令其徒破祖，其徒至，輒欣依不去。恆後遇之塗，謂曰：「我用爾許力開汝眼，今反爾邪。」徒曰：「我眼本正，因師故邪。」余觀《傳習録》，見徐愛初聞所見甚正，而被陽明彊辨遂邪，惜乎不及道恆此徒能悟受正法也。

與魏默深書

毗陵話别後，不奉教言，倏忽十餘年矣。秖以溝瞀無知，不敢扳援當世英豪傑士，引分槁枯，蟠泥曳尾，道固然也。兹八月日，於葉某處得示大箸《海國圖志》兩函。耳此書名已久，遲而未見，急拭昏眸，悉心展讀，甫盡卷首四條，不禁五體投地，拍案傾倒，以爲此真良才濟時切用要著，坐而言，可起而行，非迂儒影響耳食空談也。方今聖人達聰求治，思賢若渴，惜乎無有以此獻納彤廷，俾得匡時效用

❶「捽」，似當作「捽」，疑形近而訛。

九事八爲律也。連日繼晷，一字不遺，一息未間，於五日内始畢業，乃廢然掩卷而歎，曰：昔水伯之誇秋河也，及觀於海，然後旋其面目，望洋向若，謂乃今始睹子之難窮也。竊謂得百騶衍，不如得一魏默深。雖此書亦多本之正史諸志，及諸家載筆，故事多徵實，語無鑿空。至其萃編大旨，別具鑪錘，體裁明整，斷制主意，要歸有用。近人矜言三大奇書，若此實足當其一也。所謂此自是其勝場，安可與争鋒？石甫《康猷紀行》比之，特園林一角屏山耳。

東樹行年八十，平生無他技能，惟亦彊好箸書。然前此所栞，亦未有奇者。惟暮年潛心性命，勇自精進，欲希踪衛武公。十年以來，箸書十六種，幾百餘萬言，亦知大聲不入里耳，不敢一字輕以示人，偶於一二至好微露穎末，乃竟以此犯不韙，交口呵斥，目爲名教罪人，心知其不然。然迹孤勢單，噤不敢申辨一語，要待百世後傳之其人耳。今妄以六種遠求教正，伏乞平心審是，作皋陶之聽直也。竊以聖人至道，不出明體達用、内聖外王，放之彌六合，卷之退藏於密。如足下之學，直可建立事功，以經綸世用，而如樹所存真體精微，似亦未可輕蔑。今年庚戌，自元旦至七月，續又成書八卷，則自以益造真實，足以發明《易大傳》及《中庸》《孟子·盡心》邃旨，欲及餘生栞而存之，惜乎貧未能舉也。《易》曰：「惟君子惟能通天下之志。」是以覼縷肆言，無任汗悚。不宣。

復戴存莊書

頃奉手翰，展讀未半，使僕惶悚無地，駭汗震慄。在足下虚衷樂善，嘉與借飾，不啻口出，鄙人内顧自量，則不能不驚疑而至於失度也。來教謙尊之偁，尤不敢承。昔張楊園不敢爲人師，況僕之下於楊園百倍而未有級者邪？柳子厚亦云「爲他人師且不敢，況敢爲吾子師乎」。惟韓退之自負起衰八代，抗顔爲師，彼誠自審，故不自讓。然而李翺、張籍終兄之而不師，亦可見古人自處有不苟然者也。

僕少愚闇孱愞，徒以過庭之際，竊習先子及先友談蓺久，遂淺嘗浮慕，望先輩門牆而意之，其實未有深知，亦未嘗用功也。二十以外，奔走謀養，蹙蹙四方，於今五十年，憂生救死之不暇，奚暇言學？中夜生平自訟，所負於親戚骨肉之隱罔極莫償，所負於聖賢道德往哲學問之指，豪毛而萬未有一焉。捫心思疚，痛自傷悼，無一足比於人。當其發心，誠至恨不欲生。所賴無他嗜好，性拙鈍，不喜逢迎，故不爲俗彖所牽，得以其閒時奮私智，以窺鑽古人於一二。今老矣，其於前修已行之道，略似望見塗轍，而聰明墮落，精氣銷隕，不復能自策厲前進。當此之時，惟有自惕之不足，又可僩然自肆而爲人之師，遂非長傲以自益其虛憍浮動之客氣邪？足下代僕思之，可乎？否乎？

足下之學，已見大意，詩文波瀾意度，已得古人妙處，所當用功以實其所見耳。學之無窮，其進境亦與之無窮，此非他人之所能益，況如僕者，又不足以益子邪。僕之文麤，而礦氣未除，其於古人精醇境地實未能臻，又於六經根柢未有所得，故不自信，決意焚而不存。其他箸亦皆剽竊淺陋，惟空言析理之説，或有可取，亦在學者之擇之，未敢自是也。總之，僕之自問，衹見其歉，未見其贏，但有自悼，無敢自喜，惟足下諒之。

《感應篇暢隱》，凡稍有識者，固皆知輕之以爲陋，所見誠然。然僕所稍自慊以爲無倍於大雅，而迥異於長編重軼，託門户於經史考證，駁雜紕陋，疑學術而誣聖教者，轉在此書。如有肯爲傳布者，擬以刻版歸之，僕本不箸名，又豈私其物？但須付託得人，毋置之腕脱之地爲可惜耳。艸艸佈達，不盡言意，惟珍重。不宣。

考槃集文録卷七

記

金陵城圖記

古之圖經，有圖有經，《職方》所謂「以周知天下土地之圖」也。《隋志》所載，世無傳本。晉裴秀嘗箸六體，理趣精奥，知之者鮮。世俗志乘之書，因仍弇陋，率爲方圖，截然一幅，摹寫山川，猥標八景。若加辨正，名地參差，了不盡其形勢，有識嗤鄙，不其然哉。此金陵圖，斜長闊狹，皆因山爲之，類豬龍形，有首有角，有目有脊，有尾有足，按以分率準望，方邪迂直，銖黍不差，其得裴氏之遺意者與？按建康作邦，基於張紘之論都，侈於謝安之造晉。洎隋氏平江南，六朝之迹殄絶無遺。有唐一代，僅傳韓滉石頭之戍耳。厥後楊、吴、徐氏更造江山、宫井、御街，重開生面。潘美之暴，闠市蕩然，小民至以竹屋爲居。明祖集慶定鼎，式廓丕基，内爲十三門，外爲十八門，連岡帶郭，截淮包山，形勢之壯，甲於曩古。而聚寶等門城雉則仍南唐之舊，惟於西北地邐闢擴，倍極崇侈。國家撫有區宇，始改明故宫城爲駐防城，此圖内載將軍等署，知爲改建滿城時繪呈本。嘉慶十五年，樹與修《江寧府志》，客有持此圖見示者，因倩友人摹一本以供覽翫，每一展對，猶想見明祖造天之雄略，國家綏定之鴻模也。自記云：此圖藏之二十餘年，頃張之壁閒，爲一常來客竊去。故物繫心，嘗爲作一詩以記其事。

新建廉州湖廉社學記

國家崇獎文治，一道同風。既立學宮，復詔各直省郡縣建設書院，而鄉遂遠郊，又爲之立社學。社學者，即古小學，亦曰少學，成湯以訓蒙士，文王以教小子，而《周官》所謂家塾黨庠者也。以其距郡縣遠，故各立於當社，俾一鄉之子弟往學焉。其有秀異者，則升於學，謂之書社。自三代以來，越漢、唐、宋、元、明，歷代因之。

粵東社學，視他省尤異焉。世宗皇帝時，詔粵東郡縣咸立社學，歲發帑金二十四兩，延師教課經書，兼訓官音。於時南海社學至一百二十，番禺七十餘，其他州邑少不下數十。逮乾隆中，以粵音丕變，當事者始議裁汰帑項，而社學漸廢。嘉慶十九年，亳州何公某來守廉州。越明年六月，合浦諸生彭漢光等二十有七人合詞來請，曰：「郡城東北二十里内有大廉、六湖兩垌，廬井萬家，子弟之願學者無從得師焉，請於兩垌之交地名紅嶺建立社學，以惠我子弟。」公聞之，喜甚，亟爲請於院司。既得報，而鄉人之能好義者，諸生之與職事者，咸各以其貲來助，遂以某年月日經始，某月日落成，凡爲門幾座，堂幾閒，號舍幾區，庖湢畢備。合之用錢若干數，除先已撥置黿白寮網地租入若干，續又分撥羅召田入官地，及大溢大王埠潮荒田，今易吴雲騰買受己産大塘田陂頭塘土地面等處共若干數，以充入之。

道光元年，公始將礱石紀其剏造本末，而乞余爲之記。因進諸生而告之曰：昔韓退之在潮，牒修鄉校，以郡人趙德有學行，請爲衙推官，句當學事，至今潮人以配食昌黎之廟。今太守之賢，不異韓公，爾諸人如有意爲趙德乎，則願有以相詔也。夫學莫大於立身，立身之道在行己有恥而已。古人何人也，立身揚名，可爲法於天下後世，而我猶未免爲鄉人也，是則可恥之大者也，而其本必在於讀書。蓋書傳所記，自天地民物之理，修齊平均之道，與夫聖賢之言行，古今之得失，下而至於食貨之源流，兵刑之法制，莫不畢載。其閒賢豪名士觀其本末，必能有以激發吾之志氣，開拓吾之心胸，廣益吾之聰明聞見。逮行成名立，凡所爲功名事業之本，皆在於是矣。自正學不明，世之爲士者不知學之有本，於是士無不讀書，而其所以求於書者，不越乎記誦文詞之末，以釣聲名、干禄利而已，是以志趣日以卑陋。朱子有言，書愈多而理愈昧，讀書愈勤而心愈肆，浮名愈盛而行誼德業愈無以逮乎古人。夫讀聖賢之書而不通於心，不有於身，猶不免爲書肆，況所讀者之又非聖賢書乎？

廉僻處海隅，其民之能爲士者常少，幸而有之，其文學記誦之博，英敏秀傑之資，或無以先於他郡。唐、宋以來，雖以名世大儒接踵來居，又未聞有能摳衣請業，而得其學之傳者，故其人物不多顯於天下。雖然，士特患不立志耳，苟能廣讀書以開發其志氣，交相激勸以成其德業，將舉張文獻之名德，崔清獻、余襄公之經濟，丘文莊之文章政事，陳白沙、湛甘泉之理學，海忠介之風節，裒而有之，俾百世下聞其風者，頑廉懦立，亦分内事耳。孟子不云乎，今曰舉烏獲之任，是亦爲烏獲而已。若循俗卑下，無高遠之識，日用之閒閭閻汶汶，證多慰同，蔽於時流淺薄之名，習爲浮華無益之務，几席雖設，圖史雖存，師不知所以教，弟不知所以學，其何以人材鵲起，風俗美盛，英偉奇特，於以追古人，高當世，而以面目視向所舉諸賢乎？ 夫賢豪不擇地而生，語曰：「十步之内，必有香艸。」況廬井萬家之地，而謂無士，是誣吾人也。

今社學初立，故爲采朱子之言，陳其大要，以語諸生，使無忘今日立學本意。 諸生勉旃，其無負太守之望可也。 至職事諸人，於法例得書姓名，及先後撥置田租弓步租入之數，悉列碑陰。 主廉州海門書院，桐城方東樹記。

新建珠場社學記

事有相因而起者，必其有慕乎名懷乎利而爲之，然而有出於義者，則此心之公，此理之同，同而之於善者也。 太守何公既議興湖廉社學，越六旬，郡城東南七十里珠場鄉諸生李遇春等十有八人亦來請，曰：「蓋聞道之在天壤，如泉之在地，泉不擇地而出，教亦不擇地而施。 吾州在中國西南，萬里炎天漲海之外，其士之能爲學者嘗不逮他郡。 今幸賢太守來莅此邦，敷文育德，修飾學校，以惠我廉人。湖廉之士既聞風而興起矣，而珠場獨無，吾一鄉之士戚焉。 願因太守以請，亦得立學，以比湖廉。」公聞之，益喜，曰：「語云：『一人善射，衆夫抉拾。』此之謂夫。」因復爲之請於上官，而得報焉。 其鄉人之能好義者，諸生之與職事者，亦各以其貲來助，遂以嘉慶二十一年四月，在於土名鐵絲垌地方興造，七月落成。凡爲門幾座，堂幾間，齋房幾區，共用錢若干數。除先已撥置田寮山網地租入若干以充膏火，而諸生馮掄模等復呈請撥社學後官山一片種植松樹，續又撥入羅召田入官地，及大溢大王埠潮荒田、今易吴雲騰私産大塘田陂頭塘土地面等處田若干畝，歲入租銀若干，以充入之。

道光元年，太守始屬桐城方東樹爲文以記，將刻於堂除，以視永久。樹因語太守曰：「天下事良法美意，誠可貴矣，然往往有其事雖若出於義，而其實則非者。今諸人之争立學也，其有志於修身考道經史文章之實用乎？抑苟慕乎名，懷乎利，徒役志於會文甲乙之虚美，租入薪膏之弋獲乎？今之書院，其敝可得而言矣。月課季考，不出時文，一暴十寒，虚應故事。就試者，赝襲倩代，潦艸苟率，敷衍濫惡，相沿不恥。校閲者，朱墨雜糅，儱侗胡盧，苟相諛説，脩膳取盈，膏車而去矣。師若弟，汎汎若浮江之木，適相值而不相求。嗟乎！是相率以求名而不成爲名，相率以求利而不成爲利。苟講明學問，約己立志，行爲士法，文爲世貴，當世推重，後世流傳，豈慕於會文甲乙，兒童角逐，無足輕重之小名乎？行成言立，仕則道濟一世，顯揚先祖，榮及里閭，即使時命不偶，亦足俎豆千秋，豈懷於區區租入薪膏銖兩之小利乎？夫心胸不開，則聰明必隘，率郡縣百千羣士而相蔽於積習鄙陋之俗，父師不察其謬，子弟不知其非，此何由造就人材而成全器，豈不與設立學社良法美意大相剌謬乎？」太守曰：「是皆有然矣。子其即以此意言之，徧告湖廉、珠場兩社之士。」

永安城重修大士閣記

事有視之非急，而可以化民成俗者，其惟興廢舉墜乎？在通都大邑繁庶壯麗之區，或不見功，而在荒陋僻遠，則其爲維繫之益大矣。何以明之？人之情，積習於狹隘褊嗇之觀，則其氣日衰而神不王。苟入其邑，而城郭溝涂、街衢閭舍皆修整高峻，不惟肅往來之觀瞻，實足以培起地脈，增壯民氣，使人樂而趨焉，漸以成聚成市不難矣。故《周官》冢宰以九兩繫民，而大司徒又安之以本俗，一曰美宫室，即此義也。

廉郡東一百八十里有永安城，剏於明代，國初設駐廉防同知。嗣雍正二年，同知遷防城，乃移駐合浦縣丞及龍門協水師守備於此，凡以扼重海疆，用柔輯邊氓。顧其城無市肆，居民稀少，廬舍不滿百家。中城有大士閣，上以奉大士，下爲四達之衢。嘉慶庚辰，廉州太守何公以事過此，憫其將就傾圮，躡而觀之，則鐵木堅好，半可仍用，因諭縣丞姚某及鄉耆民，勸令募金修復，使無任其敗壞。既落成，太守請余文爲記。余惟大士之祀在寰宇，無可言者，獨喜其有助於化民成俗之政，且以不滿百家之人民，能輕施樂捨助發善心，此又足以召迎和氣，蒙被神庥，風雨時節，災害不作，是可必也，故樂爲言。

蓋聞名賢之迹，世所樂偁，過其地者，往往流連慨慕，想見其爲人，況官斯土生斯土，而湛於其心志耳目者哉！

費公祠記

粤東廉州府東百二十里有山曰大廉，高百餘丈，緜亘數十里，蓋一郡之鎮也。考之於志，則以漢合浦太守費公得名，而郡又以兹山得名。道光元年，太守何公行部至此，喟然而歎曰：「古言循名責實。實之不存，名於何有？費公治合浦，既以廉箸，兹山又以費公得名，而費公曾無肸蠁，是數典忘祖，何以昭示後人？」爰與士紳等議建祠屋三閒，祀費公於兹山之上，俾官斯土者師其亮節，生斯土者沐其仁風，盛德至善，終不可諠也。太守又曰：「兹山五徑險隘，登其峰，周嚮而眺，連岡迆邐，俱在目前。北與粤西博白地相毗連，尤爲宵小販私出没徑由之藪。兹祠既建，不特兵役巡緝瞭望往來有停泊之所，而湖廉兩峒居民由此遂免邨尨之警，蓋所謂一舉而兩善備焉者也。」

太守屬余爲記，爰本太守之言，書以遺彼士紳，俾後人無忘費公者，並無忘何公也。費公名貽，光武帝時人，見范書《譙玄傳》。

重建東坡書院記

欽州，秦象郡地，漢元鼎開九郡，則不知是時州屬交阯與？合浦與？唐章懷太子於《馬援傳》注引《廣州記》言援立銅柱事，今欽州分茅嶺爲援立銅柱故蹟，然後斷知此當屬交阯。或曰：「漢分茅嶺不在今處，江左以後，屢經離析，梁置江州，隋開皇始改曰欽州，至煬帝大業初復改爲寧越郡，則又别於交阯郡而二之。」顧其爲地，當中國西南，萬里瘴海，炎天之外，而萬山之中，土瘠民貧，逼接外裔，歷代以來，義取羈縻。任延、錫光守交阯，始爲立媒官，設學校。唐宋之世，例爲遷謫之所，雖名世大儒接踵來居，未聞有摳衣請業而得其學問之傳者，故其名偁豪傑，記誦詞翰之功、科目仕宦之名，常無以先於他郡。我國家文教涵濡，海隅荒徼，罔不湛被，人文輩起，邁於古昔，如馮子敏昌其尤者也。嘉慶二十四年，金壇朱君來刺此州。是年值仁宗睿皇帝六旬萬壽，而此州向無慶祝之所，惟就龍神廟緜蕝行禮。君念臣子職無大小，皆以奉揚大化，宣示國恩，此州壤接外夷，邊徼之民無以肅其觀瞻，生其敬恭，非特臣子心有不安，抑亦非綏靖邊郡之體。州治東向有東坡書院，剏自雍正初歲，久傾圮，爰與同官及士紳共議，即其基址，於中敬謹建造萬壽宮，而於其左側建復東坡書院。於某月日經始，某月日落成。其萬壽宮，爲正殿三間，東西朝房二間，宮門一座，東華、西華門二座。於是遠方臣民，儼然如奉天顏於咫尺矣。其書院，爲後堂三間，中祀東坡像，旁爲山長寢室、庖湢等所，前爲講堂三間，頭門一座。又於門外修復宋陶弼所建天涯亭一座，亭前立平南古渡坊。朱君曰：「是役也，皆諸士紳自以貲輸，親身督理，故用費甚省，而蕆功甚速云。」夫以邊徼萬里之遠，窮山極貧之地，其士民一聞公義，而趨事如此，可謂能忠信而好行其仁者矣。然非刺史忠誠孚信，奉宣德意，亦不能必其信從如此也。是乃向之任延、錫光所願聞者也。朱君來請記，余嘉其事，遂不復辭，而爲道其懿實，以諗來喆。桐城方東樹記。

新修鶴山縣學記代

鶴山開縣，始國朝雍正十年，世宗皇帝實賜今名，從其望也。其地距省治二百九十里，毗連恩平、開平、新興、高明、新會諸邑界。崑崙、曹幕、大雁，萬山中林深箐密，谿澗陡絶，宵匪藏匿，傜蠻盤踞，往往跳梁滋事，如昔時李山官七梁經玉張組珠等，其已事矣。余奉命督粵八載，未嘗不以瀕海阻嶺遠州下邑，或猶有伏莽爲憂。癸未歲，元和徐令宰是邑，即命其搜剔荍灌，翦除荆蒯，有則殺無赦。徐令下車，親履古勞、遵名、新化、雙橋、古博、官田、黑坑、蘇海等墟，果獲渠魁四十餘人，寘之法，然後餘孽散除，良民賴以安業。顧治無常士，惟在有教。苟不深惟其本，思所以轉移之方，則彼愚民無知，習染所迷污者，可盡殺哉，故庠序之謹不可緩也。鶴山文廟，當時刱始，本多艸略，歲久，益以圮敗，徐令於是倡勸邑人共效輸助，鳩工修葺，自寢殿、甕門、兩廡、齋宫、射圃悉更新之，然後焕然規模大備。繼自今濟濟生徒，峩峩儒術，入孝而出弟，尚義而懷刑，即有傑驁不馴之夫，亦將有所觀感，回心嚮仁，盡化爲隆平之秀民矣。會多士來請記，因書此以貽之，多士勉旃，其毋忽斯言也。

安徽布政使司題名碑記代

國家設官於各直省，有總督以制軍，有巡撫以撫民，有按察使以明刑，然惟布政使專地方之成，故凡人士之登進，財賦之均輸綜覈，悉布政使主之。蓋明初置左右承宣布政使司，布政使本元行中書省所改，故其體嚴，其政密。外統於内，相承爲一，其屬有參政、參議、經歷、都司、照磨、檢校、理問、司獄等官。我朝因之，有損益。康熙六年，復裁右布政使歸併一官，然猶有經歷、理問、庫大使等員，故布政使得其人，則一方民俗之美惡、吏治之舉廢、財賦之贏絀恆由之。故觀治者，恆由此以考其時之得失、賢否，故其人不可不記也。其賢者，去而爲巡撫、爲總督，入而爲卿長，登槐贊元，比肩疊迹相望，故其人尤不可不記也。安徽布政使，舊駐江寧，乾隆二十五年增設江寧布政使司，而安慶布政使司始歸於安慶。是時，建置廨署，一切經始艸刱，閩中許公松佶實當其事。觀其所自爲題名碑記，極論所以改歸居近便治之理，且歷箸厥職，以期責後來居此官者之效，詳哉其言之矣。今去許公之時六十餘年，向許公所期責者其人凡幾輩矣。又如前所云去而爲巡撫爲總督、入而爲卿長爲宰相者，又凡幾輩矣，是皆不可不記其人，以視於後者。事修於官，名在於壁，以爲故事，垂於無窮，其可已乎。若夫奉職守官，以布宣聖天子之大化，俾此邦民登衽席，治進敦龐，則尤欲偕我僚屬相與恪恭兢惕，以共厲之也，遂刻石以記。乾隆二十五年以前在江寧者，先已有記；二十五年以後至今道光七年，凡□十□人。具官某某記。

桐城新建魁星閣記

進士科，始於隋大業，盛於唐貞觀、永徽之際。搢紳雖位極人臣，不由此進者，終不爲美，此唐王定保之言也。自是以來，歷五代、宋、遼、金、元、明以迄於今，國家所以收英才之用，士人所以梯靖獻之身，齊耳目，湛心志，若上帝之所兩用福極以賞罰乎人者，有必出是而莫易於是，帝亦默喻其志，而設爲神焉，以陰司其柄，則世所祀文昌魁星是也。辨之者曰文昌非梓潼，張惡子亦非張仲，蓋列星之在於天者，而魁爲羹斗，徐鍇所謂「斗首爲魁而柄爲標」也。器名而星象之，漢人轉詁爲首者爲魁，宋人又轉詁解舉之試而冠其曹者爲魁，復以文昌在斗魁之前，因祀魁星於文昌之宫。而朱衣神，則又因歐陽文忠而坿會之，其事皆不可信。嗟呼！爲是説者，自以爲能持理論，兼得考據矣，而余抑以爲不然。今夫匹夫千萬人，心志之所結，天地且弗能違，而況儒士讀書談道，聰明靈智，彼其心志之所奔，積之數百千年而益固，而謂不足以動天心乎？且夫後世之所有，半上古之所無，未可以曲士之見閡之也。董仲舒論露、雷、風、雨，不過二五之氣凝釋合散所爲，而後世則實有神以主之。漢平帝時，天地六宗以下，小神凡千七百所，豈必盡上古所有邪？人心之神與天地之神昭明肸蠁，微分鉅合，充塞於無閒，而人所與接，又以事人之禮事之，爲之像設，爲之廟庭，爲之牲牢酒醴，爲之爵位名號。天子至尊，百神是主，又儼然致勑詞命，以崇其典禮，使非實有神焉以尸之，將謂是皆虚誣以譎世乎哉？《傳》曰：「天視自我民視，天聽自我民聽。」文昌魁星之司科名，亦若是焉則已矣。

吾邑科目，昉唐曹夢徵及宋李伯時兄弟，至明而大盛，及今殆且千百人。夫科目全乎人，而神之枋馭則主乎天，則雖欲不謂蒙神之庥，不可得矣。顧文昌有祀，而魁星無專祠，於禮不備。形家者言孔子廟東南隅，當邑之巽方，主文明之象，其形氣於建魁星閣爲宜。於是邑士某某等合幾十幾人，共釀金爲屋三楹。上爲閣以妥神。階前爲池，名曰「化龍」。又爲梯以升閣，名曰「雲梯」。凡皆以爲登進之頌云爾。先是，此地爲江氏住宅，其基則蔣氏之世業也。當衆議既定，江翁遂捐其宅，而蔣氏亦捐其地。又求大木以爲樑，衆難其材，某鄉唐氏聞而亦捐焉。閣既成，神像未立，諸生某夢有神背立於破廟中者，以像求之，果得之於東郊龍神廟之廡下。奇偉瑰雄，偁其神號，實異常設，於是遂新而祀之。嗚呼，是皆非偶然矣。是役也，共費金錢若干，及捐貲首事人等姓氏例悉列書碑陰。以某月日經始，某月日落成。合詞來命東樹爲之記，並系以詩曰：

文昌六星，北斗魁前。既司天禄，亦象物先。昭明耿耀，流精上垣。昉唐禋宋，載祀逾千。祝號斯易，人其代天。校德降福，如衡施權。載彼桐國，龍舒之閒。衡嶽天柱，西來蜿蜒。川原翕翼，峰勢迴旋。篤生哲彦，峻我邦賢。忠參龍比，孝武參騫。贊槐開府，烏柱貂蟬。下逮枝官，不計員銓。文儒德士，肩比踵聯。世臣喬木，四方於喧。凡兹人傑，實荷神甄。何以報之，兀此修椽。式新丹雘，爰庀几筵。峩峩冠服，升降孔虔。歌以侑觴，神聽彌妍。與邦咸休，祥習萬年。

廣東省城新建義倉記代

道光十六年冬，余自皖撫奉命督粵，朝京之日，相國儀真公見，謂粵省雖東南一大都會，然地濱海，民稠而田少，土地所出恆不足以食本地之民，故常仰給於西省。往余在粵嘗諭令通洋米以濟內地，利甚溥便，子其率而行之。既下車，中丞今陞刑部尚書祁公見，謂廣東省城煙火萬家，商賈市舶輻幪，豪右聚處，掌握之内，價盈千金，然皆逐末，本食不足，卒遇偏災水旱、三登不書之歲，米價騰貴，而飢民不免殍困，甚且竊發爲盜。故督宫保盧公議欲遵行古法，諭令各州縣建立社倉，會以水災不果，而盧公旋殁於位。今據廣州宦紳士衿某某等公請在於省城地方建立義倉；而私相勸課，各富紳捐輸銀兩，糴穀以貯，不糜費官帑分毫。余聞欣嘉，既準行之矣。於是以舊西湖倉爲東倉，舊惠潮道公署爲西倉，共爲倉廒二十座，屋六十間，計貯粟可六萬石。東倉十二廒中祀倉神三間，司事住舍庖湢共九間。西倉八廒中祀盧公等禄位牌所三間，司事住舍庖湢共六間。以十七年三月經始，十八年三月落成，通計收捐銀十二萬五千餘兩。除建倉工費用銀一萬二千九百餘兩，備糴穀銀四萬兩，見實存發商生息銀七萬兩。

在事諸人來乞文爲記，余惟兹倉之建，中丞之盡心爲民，諸捐户之好義樂施，在事諸人之始終勤勞，鄉梓用意之仁、舉事之美，既各極其聰明仁愛之願，量而無遺矣。抑余猶有所慮者。事非止一時一地而已也，其必將籌乎萬全，俾庶事細大可程可久而不壞，而後無負於今日之意。已然者掤之之勤既有然矣，未然者守之之艱更甚於掤，從來法雖良而徒法不能以自行，況立法苟未盡良，何以爲守？故先王既竭心思，又必繼之以不忍人之政。余爲權之，蓋有數事焉，請得爲諸君詳言之。

夫義倉之法倣於朱子，初立於崇安，後遂條上其説，孝宗以頒於四方，詔民有慕行之者聽，而官府無或與焉。朱子之法，歲一斂散，其言曰：「既得紓民之急，又得易陳以新。」其法以中夏受粟於倉，冬則出息什二以償，可以抑僥倖，廣儲蓄，即不欲者勿彊。歲或不幸小飢，則弛其息之半；大祲，則盡蠲之，於以惠活鰥寡，塞禍亂源。誠慮穀久不易，則將化爲浮埃聚壤而不可食；一旦不獲已而發之，而不足以惠民，豈非計之未周法之未善而卒於虚敝可惜哉？雖然，又慮爲法太密，鉤稽太過，使吏之避事畏法者視民之殍而不肯發，真有如所云「粟腐於倉，民飢於室」之患。或將發之，上下請賕，爲費不貲，官吏又來往不時，而出納之際，陰欺顯奪，無弊不有。或所得粃糠居半，而償必精鑿，計其候伺亡失諸費，往往過倍，是以貸者病，而民之懔懔於飢歲者猶是也。故社倉之法，不可以司於官。然使里社不皆得有可任之人，如今日諸君子之忠信明察，相與上下一心，以謹出入，則又慮其計私以害公，而其弊更有不可勝言者，亦終於蠹敗而已。故社倉之設，其要在於立法之善，而尤要在於得人，斯皆朱子所嘗諄復詳言之者矣。朱子又言，成周之制，縣都皆有委積，以待凶荒。而隋唐社倉，實爲近古良法，而今皆廢矣。獨常平義倉，尚有古法，然皆藏於州縣，所恩不過市井惰游之輩。至於深山長谷力穡遠輸之民，則雖飢餓瀕死而不能及也。由朱子之言弟立於州縣而尚慮遠鄉之民向隅不及，令人思之，有惻然不忍代爲想者。今省會之地，商賈市舶輻輳，豪右聚處，而諸君尚能爲鄉閭立此無窮遠計，而遠州下邑不幸而遇災祲，本鄉無備，豈能越千里而請粟以救飢哉？然則盧公之所慮，欲令各州縣設立社倉，其尤爲切於經政之實用哉。故今於祁公之所已行者，固欲諸君長慮遠計爲經久不壞之法；而遠方州縣之未行者，余方將卒盧公之志，而與諸牧令暨各州縣紳庶亟圖之。雖窵州下邑，其紳庶多貧弱，不能如省城之衆且富，舉事易爲力，而苟隨地以濟其鄉，量力所及，不限多寡，亦無不足之理，其壹皆即以此省倉謂之儀式先導可也。嗚呼！君子爲政，苟審於分之所當，爲力之所得爲，而盡其心焉，其於濟人也，不已多乎？因記省倉並及其事，至捐輸人户、數目及司事姓氏，例得列諸碑陰。自記云：此文後半所言令屬縣各立社倉事，鄧制軍未行，此文亦因改而未用。蓋因朱子社倉其後行之，不勝其害故也。然不行，實可惜。

廣東省城新立義倉記代

圖民之要，莫先足食，足食之經，莫如積貯。史志所書，歷代利害昭然，而惟粵東爲尤亟。蓋粵東爲東南一大都會，幅員二千里，商民錯處，海舶雲萃，大抵逐末者多，本食不足。又瀛壖溟漲，人稠而田少，土地所出，恆不足以食本地之民，故嘗仰給於西省，兼徠吕宋、臺灣米以濟。猝遇偏裁水旱，市價騰貴，洋舶不時至，則人心惶然。向來諸公莫不惕然，重以爲慮。今制府大司馬江寧鄧公，暨今陞刑部尚書大中丞竹軒祁公，軫念民瘼，爲先事綢繆之計，合議於省城地方，遵行古法，建立義倉，積穀以備平糶，旋據廣州紳宦士衿某某等幾十幾人呈偁，該郡屬諸富紳義民私相勸課，情願各捐輸己貲，市穀積貯，不糜費官帑分毫，兩大府欣嘉準行。當是時，某實陳臬事，錢穀非其所司，但從旁贊歎碩畫而已。戊戌三月，倉厫落成，適方伯阿公某入覲，某攝布政使篆，於是諸在事者來請文爲記。余惟漢常平之設，初止以供京師，其後乃令邊郡皆築倉。隋義倉之法，始令諸州百姓及軍人勸課，當社共立義倉。朱子嘗偁隋唐社倉極爲近古良法，惜乎皆廢，獨常平義倉爲可行。但常平主於官，義倉主於民，二者交有利病。然苟立法果善且密，又得人以謹其事，圖民之要，孰大於是？余嘗稽之粵東錢穀之數，與他省異，蓋錢實贏於穀。今以有餘之錢聚不足之穀，又收之於豐歲無事之日，轉移之閒而得失利害較然兩平，雖曰民爲之而實官導之。其在《易》曰「有孚惠心，勿問元吉，有孚惠我德」。兩大府惠民之心，民孚之矣，可不謂百世之長利乎？若夫地方之坐落，廩厫之閒架，經始之歲月，捐輸之多寡，積貯之數目，以及在事諸人之姓氏，一切例得揭諸碑陰者，制府記既詳之矣，兹不復箸，箸其所欲言者。

新建桐鄉書院記

天下萬事萬物，莫非道所發散宣箸，世人習矣不察，行矣不箸，故恆隱而不顯。子思子知道之用費而憂其隱也，故揭知、仁、勇示人以入道之門，而謂之達德。淵哉粹乎，言欲入道者不可離知、仁、勇，凡事類然也，故曰達也。雖然，知、仁、勇道所分見，特道中之一事，若道則無乎不包，是以昔之哲人尊之以先於天地，親之以切於身心。學者舍是爲學則非學，教者舍是爲教則非教。而世之妄人猶以學道相詬病，豈不哀哉？吾於新建桐鄉書院，而以爲可即之以求明夫道焉。

桐城在漢屬廬江郡，兼得舒、龍舒、樅陽三縣地，至唐始有今縣名。其謂之桐者，《春秋》定二年「桐叛楚」，杜預曰：「廬江舒縣西南有桐鄉，古桐國。」昔漢朱邑嘗爲桐鄉嗇夫，遺言葬此。杜預時未有縣名，故舉桐鄉爲言。考漢制，寬鄉僅得百里，狹者數十里不等。顧歷代省併沿革不常，舒即今舒城縣，而桐鄉地形不能截然定其址之所在，今特以杜預所指舒縣西南及朱邑墓約略證之，即華離析絕大約不出乎此境。則謂此所建書院地即漢桐鄉，校其名實，其非妄有穿鑿安處傅會也，可無疑也。雖然，自漢立鄉以來即有此地，至於今二千餘年矣。宋元以前，此地之爲陌阡、爲亭堠、爲荒汪野水，號狐兔而舞鼯狌，吾不知何如。若近代以來，固久爲市鄽闤闠之所聚，煙火千家，輿馬紛闐，雞犬相聞，丘陵艸木之緡，望之暢然，亦可謂舊國舊都矣。然往來行人過此，見見聞聞，曾未有憑軾盱衡，感今弔古，謂嘗有斯文之聚於此也。此固事之所不奈何，無足怪者。今一旦欻然構講堂，崇閈閎，峻階陀，大屋塗墍，牆隅深邃，胄子侁侁，若舞風雩，良法美意，煥然作新。顔延之云：「在昔輟期運，經始闊聖賢。」譬如以十仞之堂縣衆閒，卓乎文翁之肆矣。山川氣象如故，而耳目爲之一變，何其興之易也！余聞之，是鄉人多好義，又幸皆給足，集議初成，各以其家財來助。蓋其擎之者衆，故其成之也速；爲之者悦，故其舉之也不勞。若使朱贑條其風俗，安見今不如古，不足與漢桐鄉比盛哉？夫以千載難明之迹，而克證以明之，非知無由也；以千載未有之事，新而舉之無難，非勇無由也。至一鄉之人，咸能輕財嚮義，富而好仁，又彰彰若是，此一舉也，知、仁、勇三德備矣，故竊願有詔焉。夫今之所以建此書院者，豈非爲勸學與？學之大，豈非欲求以明道與？道隱而難明，非知、仁、勇無以開入門之塗。今即此書院之建，而固以確效乎知、仁、勇之實如是，則由此以推於學而求以明夫道也不難矣。凡來學於此者，其以吾説切而反之於心，所謂即事以窮理者，當必憬然有所啓悟，而無蔽於舍近求遠之失也。孰與夫他書院之教徒以詞章記誦，而溷夫學問思辨之正大也哉？若夫經始年月、首事姓名、工役財費、庖湢房序之制，例得書於碑陰。道光壬寅冬十月，邑士方東樹記。

重修谷林寺續置田産碑記

古今談佛者，惟顓頊以一「空」字該之；古今罪佛者，亦惟顓頊以一「空」字蔽之。王介甫曰：「浮屠之法與世人殊，洗滌萬事以求空虛。」伊川程子曰：「佛氏談空，譬如人閉目不見鼻，而鼻自在。」以余論之，是皆未嘗深究佛法，而慢隨世俗習傳，恆言以誣之也。夫佛法不專埽蕩，尤重建立。蓋二乘斷滅，惟私於己；菩薩忘身，利人濟物。故曰無爲，而又曰無不爲也。故辟支羅漢不得與菩薩並位，又況三果小乘以下哉？夫佛所謂空，特謂無我耳，豈滅一切世法哉？故經曰：「如來者，即諸法如義。」又曰：「如來説一切法，皆是佛法。」又曰：「我所作功德而無我所。」故世儒不察，而以埽蕩斷滅爲佛法，是不知三身之有化應、四智之有成所作，豈大乘之教哉？佛説《般若經》，屢呼諸菩薩、摩訶薩而付屬之。摩訶薩釋名勇心，此人能作大事，不退不悔不驚不怖不畏，故能荷擔如來無上大法，成就不可量，不可偁，無有邊，不可思議功德，故曰諸佛皆具二嚴。歷觀古德，阿育王後惟天台智者大師建立最廣，傳偁其建大道場四十八所，造像八十萬尊，具四悉檀，生四種益，功未有高焉者也。此雖世法，實龍象也。

桐城縣北吕亭驛右舊有清泉寺，相傳三國吴魯肅讀書處，邑志不詳建剎所始，但云歷傳唐宋至明永樂間，僧了美重建，崇禎時燬於兵。國朝順治三年，僧元白重修，元白退，院寺漸荒落。邑紳公請靈遠應公住持，靈遠有高行。康熙四十六年，聖祖仁皇帝南巡，書扁額，遂更今名。濟宗在明初法運中微，至萬曆間，三峰、漢月、道藏剖石壁宏禮，具德門席最盛，而具德徒侶尤衆，所謂五千衲子下揚州也。吾未見《續傳鐙》《續略》等書，未知了美、元白、靈遠何人法嗣，於濟宗世次弟幾，抑或旁出，要之世近，當可信不誣也。初靈遠既住寺，因將前各姓所施田種並在寺山場悉行封禁，歸寺執業。其後住持僧，有將山場截賣數處、田種典出若干者。道光十年，今晴嵐朗公接事，撙節積纍，除重修寺宇、將所典賣山場田種陸續備價贖回，又代償還前住持借貸一千數百餘千文，並添置田畝若干，均係力自經畫，未嘗籍助檀施。現擬稟請省憲，遵昔示禁，永遠不許典賣，以保道場，因來乞余文爲記。

余惟晴嵐所爲，雖未及智顗之廣且多，然就本寺言之，亦可謂有功、德而合於佛法建立之義矣。又惟文字者，所以載道之器，古人所爲立言與功、德同偁不朽，故余平生爲文不敢作空言，必建立一義，使有補於世，以爲縱文字卑弱，而其義足不敝於天壤，亦足與其事其人並垂久遠，故兹所發明建立之義，既表佛法真正，又以著晴嵐之功德焉。昔歸熙甫作《保聖寺記》，亦云「文字爲天地間至重也」，寺無廢而不興，而文章之傳絶少。今按，自建安二十二年魯肅歿至今千六百四十有八年，此地興廢、寺之刱建不可考；即自明永樂以來，住持寺僧亦寥落不詳，豈非無文字以紀之之故？吾文患不傳，幸而有傳，則是晴嵐，豈可不知所重乎哉？ 至其山場田種弓畝之數，例揭碑陰。道光二十有六年冬十月，邑士方東樹撰。

邊城策馬圖記代

道光十四年，蒙古達拉特旂甲喇納令特古斯私將本管牧地，招收民人耕種，佳貝子達計多爾濟查知，親往驅逐，致被民人等砍傷。二等台吉薩音吉雅綏遠城將軍奏聞，奉旨交山西巡撫鄂順安督辦。余時以冀寧道奉差，偕歸綏道瑞福會同歸化城副都統惠顯，馳赴薩拉齊廳之包頭鎮地方會審。包頭鎮距歸化城三百餘里，爲内蒙古西二盟所轄地，與土默特烏拉四子部落、鄂爾多斯皆毗連壤接。大青山者，在漢名陽山，又名陰山，自雁門以北迆邐至山海以來，緜亘如城障，相屬不絶。是役也，計程凡二千里，計日十旬，雖共使事，亦偁壯游。故既爲詩四章以紀其事，復倩鎮江張荼農解元爲作是圖，時以覽觀，用不忘宦轍焉。又考《史記·李將軍傳》「渡河據陽山北假中」，徐廣曰：「北方田官主以田假與貧人，故曰北假。」又《漢書》趙並使勞北邊，還言五原北假膏壤，殖穀異常時。以並爲田禾將軍，發戍辛屯北假中，以助邊餉。然則北方田土肥美，又恆以假貧人，乃自古而然與？年月日記。

考槃集文録卷八

贈序　壽序

贈陳仰韓序

昔蘇子瞻作《方山子傳》，稱其少之時豪俠使酒，馳騁好劍，晚乃類於隱君子之所爲，以爲不遇於世而遯焉。余竊以爲不然。横渠張子少時走馬論兵，慨然以經世爲務，一見范文正公，即去其浮動，而卒進於大儒。然後歎賢豪之所自待者重，初雖迷於世習，一經感變，而不遠之復，翩然翺翔於寥廓青冥之上。塵壒世俗之民，渺然不復可識其心胸面目爲何如人，又況克由於廣居正路而優入聖域者與？

吾友陳君仰韓少時躭詩縱酒，喜游工制蓺。年五十，忽棄其所業，折節學爲古文。夫適康莊者，雖舉足晚，必有至焉，如由於徑也，雖狂奔盡氣，疾馳竭力，而必傷其行也。今陳君志於古文，雖若未逮於横渠之所志，而固已儕於方山子之徒矣。抑吾嘗謂天下學術非一，而惟古文最難。苟非有仁義之質，經術之功，固不可僞而襲焉。故自司馬子長、劉子政、揚子雲、韓退之、歐陽永叔以逮於明歸熙甫諸君子者，非弟其文之工，乃其人皆於道無懵焉。今陳君欲自昌其文，非志於橫渠之所爲，則其文必不傳。故吾欲進陳君於文，必先進陳君於道，勇於善變如陳君，其必有以及此矣。嗚呼，其可量也邪！

贈譚麗亭序

道光癸未，方子居韶，不自意而蒙毀焉。念毀者古之君子所不免，默默閉門若不聞。有譚子者，獨來諗余，年耆而貌癯，聽其言忠信抗直人也。告余曰：「某本江寧上元籍，八世祖祁乙字伯卿，故東林黨人也，官南京刑部侍郎，忤魏閹落職。懷宗立，起爲嶺南按察副使，因家於韶，故余今爲韶州人。」余既異譚子之爲人，及聞此言，益以歎賢者之子孫固殊於常人也。既而譚子讀余文，謂余有文也；聞余言，謂余有道也。時時過從，因抵掌憤發其胸中所藴蓄，余益以知譚子之賢矣。又久之，余毀益甚，至合一國上下之人羣惡而幾欲殺之者，譚子殊不懌。余謂之曰：「子胡然邪？曩余讀《莊子》，慕庚桑、南伯子綦之爲人，恆有味乎其言，以考吾平日所至，雖未俎豆見賀如二子，然亦時蒙謂賢焉。今衆人之猖狂也如是，意者吾之於道益邪？方竊以自釋，而子反爲吾嗛乎哉？」雖然，吾聞譚子蓋亦久蒙毀者，今又不避譏讒，而倜然暱就於舉國共非之人，則譚子之於毀固已安之，而猶爲是不懌者，以嘗余之意邪？譚子甚貧而廉，無子，有老母，不能具旨甘，而率其弟之子祺日以讀書學古人爲事，怡然若以餓死爲可樂者。且固命祺從余游。譚子審之，吾與子既以貧與毀終矣，又欲以遺於祺邪？

送毛生甫序

盡天下之人，數百年以來，其偁文也，是非齊一，翕然無異論者，於唐則韓愈、柳宗元氏，於宋則歐陽修、曾鞏、王安石、蘇洵氏父子。此八人者之在當日，其自視孑焉，曠若無儔匹，矯首以視四方，虚無人焉。韓氏論文，恆舉左丘明、司馬遷、相如、揚雄數人，而外此弗之及，而人亦不以其言爲靳。然猶以爲當時或出於意氣所託，奮其私見。及至今日，其去數人之世亦以遠矣，而世有知文者，矯首以視四方，於彼數人之外求其儔匹，仍虚無人焉，於是然後乃知斯文之有屬，非苟然也。

道光十三年，客吾友姚君石甫武進官廨。武進有文家曰張君臯聞，已前死，不及見；識寶山毛君生甫、宜興吴君仲倫、吴江吴君山子。三子之文不同，要之與臯聞相上下。於是心竊怪而疑之，私謂文章雖小道，然求其作者命世，恆數百年不多人。今吾少在邑，則友孟涂、石甫，長游江寧，則交異之、伯言，後又得元和沈君小宛、陽湖陸君祁孫，今又一朝而得生甫三子。既生同時，又並在大江以南，何其於古所得之難者，而今獨聚之易且多如是？俄而曰：是曷足怪？韓、柳固並世矣，然且相愛重如彼；若歐、曾、蘇、王師弟朋友，或近在一方，或萃聚一門，其仕又皆同朝，其文章既震耀當世，流傳且千載。考其平日相謂推偁之詞，至今按之，一一不虚，此必非虚誣標榜所得劫而有也明矣，何獨至吾徒而疑之？惜乎異之先死，惟吾數人者獨存，而吾又衰羸，方纍於家室老病，不復可望成學。生甫有高識雄才，而齒又方壯，其文效法班固，重厚精密，故於其别，道此以張之。自記云：略似韓公筆意。沈、陸、二吴、生甫年皆少於余，今皆早喪，而余以衰老獨久存於世，復省斯文，爲之慨然。而五人之文，又皆無收拾，未知其果能箸顯而不湮没否，益可悲矣。壬寅五月。

送張亨父序

吾友姚石甫爲言，建寧張亨父，今之奇才也，武威潘石生吏部嘗爲作《閩海奇人歌》，余固已嚮往之矣。辛卯二月，亨父過桐城，一見傾倒，因出其《婁光室稿》見示，讀未終卷，則惕然驚歎，信石甫取友不虚。嘗謂唐以後詩人以李、杜、韓、蘇爲四祖，作者以是爲胚胎，譽者以是爲餉遺，究之得骨得髓，恆數十百年不遇一真，此昔人所以致慨於大雅之不作也。亨父七言古詩，如秋空霜鶻，振翮獨邁，精神發動，萬里無阻；五言沈壯蒼鬱，氣盈勢遠，造意發想，自我玄宰。賞者咸謂其七言逼太白、東坡，五言逼少陵。要之，論詩政不必如此拘拘，以形格相求，如人睡夢初起，蒼黄不辨，亂道妄指，適足爲醒者笑耳。九方甄之相千里馬，豈以毛色、牝牡爲辨識哉？亨父於古今作者皆少相推許，而獨心折白羊山人。余未見山人作，而亨父推服之如此，則山人可以想見。余以卑賤無聞於當世，盛名之士多不相接，獨有異之、伯言、生甫、石甫數子。今又得吾亨父，可知十步之内，必有香艸。惜乎余之惡質不克往儳焉，而無差池其臭味也。吁，其可媿也與！於其行，道其情好之實以爲别。

辨志一首贈甘生

甘生生同里，少長於徐州，隨其舅氏宦故也。余老而歸，始識之。其人年雖弱而秉性忠信，行身正直，有可以希賢入聖之資。念遨游四方數十年，閱人多矣，見未有如生者。顧其人獨有所短，則以幼未嘗學問，讀書不廣，文采、時名弗耀，以是若稍絀於其儕。一日來請益，余告之曰：子胡然也？夫古今學脈道統，以孔氏爲斗極，固天下之通義，而無異議矣。《魯論》記孔子之教弟子，首重孝弟謹信、親愛，而以學文爲餘力餘事。子夏論人，苟能盡賢親君友之道，雖未學必謂之學。甘受和，白受采，記有明文。士先器識而後文蓺，不待裴行儉能言之也。余嘗曠觀今昔，竊歎名教傷心之故，多出於士類，未嘗不推其所由。則緣爲士者，每挾其文章學問以自矜，内以驕其父兄，外以傲其同類，於是因以自肆，因以自飾，因以自恕，因以自藏其身而欺其心，是故其人多一分學問，即多一分過愆。何則？學未辨志，而多取古人之智以自益，若洪河之匯濁流，雖澄之而不可清，故昔人譬之飲藥以加病。朱子曰：書愈多而理愈昧，讀書愈勤而心愈肆，浮名愈盛而行誼德業愈無以逮乎古人，則非學之能誤人，徒學文而不尚行，務末而遺本故也。

今子年方壯彊，即用力學問，猶未爲晚，但須決所從事耳。試取《論》、《孟》、《大》、《中》、五經、小學、《近思録》，及周、張、程、朱之書，潛心究翫。書不多閱，則爲力省又皆得本源，則路徑無差；再取《通鑑綱目》觀之，於以見古人行事之是非得失，以證吾心不易之理，則黑白昭然，不特有以辨乎古，亦即藉以堅定乎吾之識與力，以此立身行道，即以此應當世之用而有餘矣，而又奚必以文章末技爲歉乎哉？夫君子爲己之學，與秀才博士不同。誠能立定志嚮，豎起脊骨，八字著脚，一直行去，鬼神將避道，豈必如今學者浮沈悠忽，舍己耘人，忙忙一生，徇世俗起倒，或以博溺心，以華滅實，無一人敢承當大道者？四海茫茫，孰是堪受業之人？故人而欲秉學，須具大根器、大智慧，先辨志始得，思惟終始，痛自刮磨，如救頭然，不舍晝夜。若趁慣過日，父兄師友見止等閒，日聚徒説閒事雜話，即讀書作文亦止爲取利禄聲聞計，無有人直指性命相爲者。光陰虚度，日復一日，一旦身盡，與艸木衆生同朽，無一善可留於世。其好名者，縱有一部詩稿、文集，而學未知本，言成淺薄，於世於身，何足爲有無乎？至爲人師匠，亦大不易，須是善知識，道業純熟，反經守正，又有成物之智，始得力不誤人。

余今方便爲子姑設兩義以相盡，惟子内自決擇之。其一若見爲人閲世，則當念歲月如流水，駒隙不相待，刹那即失人身，斯爲可懼，固惜陰趨事以成德業；其一若見爲世閲人，則當念天地無窮，人壽命有限，何苦於電光石火之頃，迷執癡貪，徇欲妄作，無益之擾，閒言末節，毫髮不肯饒人。其倜者怨天尤人，歎老嗟卑，不安義命；其彊者直逞志作業，自墮三塗地獄；其清而靈者，亦止爲一己之名，汲汲箸書，剿説雷同，言與行違，居之不疑，毫無功於天地民物。故名士之後多不昌者，爲其無實善而多取名也，如魏文帝《典論》所言不過如此。所以屈子賦遠游，首言哀生人之長勤，蓋哀其勤所不當勤，而不知勤其所當勤。若孳孳之學道爲善，惟日不足，何哀於勤？此李習之所以拜禹言而哭也。雖然，飯所以爲肥也，壹飯而問人奚若，尸子譏之，亦在乎勉彊熟之而已矣。黄石齋引施四明之説，謂

「天下病虚，救之以實；天下病實，救之以虚。朱子有見於詞章記誦之失，故救之以義理」。此淺見妄説也，是不知孔、孟、程、朱之道，徹上徹下，不隔古今，天不變，道不變，所謂庸常不易也。佛學者有曰：宗無延促，一念萬年。豈區區爲補救一時之計乎？如國朝學人有鑒乎明人之空疏，舉爲考證漢學，其末流之害，乃至忘其身心禮義名節，其失又甚於空疏。又黄梨洲云：「學問之事，析之愈精而逃之愈巧。三代以上，只有儒之名而已。司馬子長因之而傳儒林。漢之衰也，始有壯夫不爲雕蟲之論，於是分文苑於外，而不以亂儒。宋之爲儒者有事功、經制之異，《宋史》立《道學傳》以别之。未幾，道學之中又有異同，明鄧潛谷又於道學之外立心學。究之封己守殘，其規爲措注，與纖兒細士無異。天崩地坼，落落然無與於吾事，猶自埘於道學、儒林，同歸無用而已。」此論似是而未究其實也。古之真道學者，豈如是乎？不究其實，而徒於其名區之，雖名爲學道，奚益乎？子今欲爲學，須於此大介處辨明之，則自知所從事而無誤於歧趨矣。

贈馬雲序

金陵馬雲，工畫，尤妙寫真，嘗自比唐之曹霸。道光乙巳冬，來桐城，謂余曰：「必爲君寫像。」余曰：昔顧長康欲圖殷仲堪，殷自以形惡不欲，今吾貌寝而癯，氣輕神薄，常顧影自憎，又可圖邪？竊同仲堪之不欲也。且義不止此。昔程子謂人之圖形者，苟有一毛髮之未真，則其子孫即不得以爲親。此其説似迂，然由此可以悟理道誠僞虚實之精，亦講學之切義也。古之作史傳者，於其人雄俊英特者，閒亦略及其狀貌一二語，以致景慕。究之其語傳，而像未有傳。米元章爲李伯時説晉王、謝、支、許共游山陰事，伯時隨其言以意作《山陰圖》，狀四公意態各妙，遂爲名蹟。其實伯時何嘗親見四公哉？古人有言，「人貌榮名」，此自以名榮，而非謂其貌真然也。莊子言：狆子之食於其死母者，少焉眴若棄之而走，爲不見其使形者耳。申屠嘉謂子産曰：「吾與子游於形骸之外，而子索我於形骸之內。」由二子之意，則形骸非人之所寄以存者也。尸子曰：「人之欲見毛嬙、西施，美其面也。」若夫黄帝、堯、舜、湯、武，美者非面也，人之所欲觀者其行也，所欲聞者其言也，而言之與行皆在《詩》《書》矣。且吾聞之，堯黑，舜瘦，禹瘺，湯跳，皋陶馬喙面如削瓜，伊尹面無須麋，而世共尊之曰聖人。形骸妍媸，本無關於妙德，而況非其人者乎？惟夫元勳碩輔，功名燀赫，於旂常則圖之於淩煙、麒麟，以記功宗。又若幽人畸士，如謝幼輿輩，清風高韻，迥出塵外，允宜著丘壑中，是二者俱於圖像宜。若余至微賤，才能行業無聞於時，衰羸困乏，爲鄉里小兒所賤簡。七十老翁，精華銷竭，身心俱忘，前有垢谷，後有痤丘，尚何圖哉！尚何圖哉！且馬君徒欲寫吾之貌，而不能寫吾之心，後世不得吾之心，則必不重吾之貌。浸假而得見吾貌，亦徒以馬君之畫增重焉耳。是馬君之大有造於我，而終無益於我。馬君慕曹霸之爲人，不知霸所寫佳士及路人，今皆安在？而霸之名固至今不朽矣。然則馬君自以其意爲之，如伯時之圖支、許可也，肖與不肖，固不必論也。抑聞晉范宣初不好畫，及見戴安道畫《南都賦》，乃始咨嗟，甚以爲有益。姑洗吾目以俟之，馬君自行其確然之志，知必有以化予者也。

贈文生序

孔門論學論道，不出智仁二德。顧仁道至廣，聖人重之，不輕許人，而獨以許管仲。夫仲之於仁，特其用之外著亦淺耳，故嘗疑此二章出《齊論》，矜誇功利俗習而託諸聖言耳。後世純學備德者少，古今賢豪，大抵全任天資以成其詣。其資於仁多者，往往失之愚柔；於智多者，又往往流於譎詐。故聖人平日與及門諸賢論學，或欲其以智全仁，或欲其以仁善智，所謂裁之也。

文生鍾甫，質美而性明，事理通達，固本仁以爲用，而於智偏多。其行之既於事多濟，亦咸乎於人。顧吾以古今君子之失，多坐未能守經而好語行權，故嘗立論，以爲學者制行寧固守經以依於賢，毋慕通行權以忘託於聖。觀聖人論盡性之事，曰：「與天地相似，故不違；智周乎萬物而道濟天下，故不過；旁行而不流，樂天知命，故不憂；安土敦乎仁，故能愛。」生自審之，果能不違乎？不過乎？不流乎？不憂而敦且愛乎？飲水者冷煖自知，他人不覺也。生將遠別，來請益，故以此告之，生其無以老生常談忽之也。道光庚戌七月初九日，時年七十九歲。

王母秦太恭人七十壽序代

古賢達之英，學足於己，行修於身，抱負非常，以其魁壘不世出之才，掇高科，膺膴仕，名於時，與海内搢紳馳騁輝映，所至民歌其澤，士仰其風，遠之有望，近之不厭，舉世莫不載其德儞。而夷考其行能之所自成，則往往由於母德純懿，勤苦善教，天人叶應之所致。蓋自傳記以來考之，不爽於斯言者十常八九，而非人子欲榮其親，姑爲是歸善之説，亦非人之欲榮是人者，推其意而徒爲是虚美之詞也。

安徽設省，以南北分治，而在江之北者，其郡邑率當衝道，傳車星使，往來於楚、粵、滇、黔者，旁午驛騷，日月告至。而桐城尤近省會，號爲至劇，雖其人文風俗嚮教知義，不爲難治，而地廣民庶，賦役殷繁，故凡來令是邑者，大吏必慎選其人，有廉明敏幹能於其職者，斯克勝其任而無事。不然，則或虞困躓。道光乙未冬，江夏王令君來權邑篆。明年丙申六月，代罷，時未久也，而化已洽，地雖偏也，而及甚溥，農夫相與歌於野，役吏相與頌於庭，邑之士大夫相遇不謀而交譽於道，則以爲令君之被人以恩信，漸民以禮義，識事聰明，糾剔姦伏，興民之利，袪民之害，簡煩除苛。大抵以篤誠長者勤勤懇懇，使百姓寬息，民懷其惠，上下不欺，皆樂從化。循吏之聲，求之於古，惟漢之東、西京克庸克比。先是，令君以翰林改官知縣，授寧國之南陵，凡在任幾年，政尚寬平，獄無冤囚，援例應升知府，未上需銓。自任南陵之日，即迎養壽母秦太恭人在署，板輿所奉，歷任相從。

歲之月日，爲太恭人七十壽辰，而令君亦以是日值縣弧之慶，於是邑之士民以爲稀有，謀所以悦令君者，因以致榮於太恭人，將爲文以壽。余惟歸熙甫有言，古未有於其生辰而爲壽者，《豳》詩始著「躋彼公堂，偁彼兕觥」之頌。自是而詩之言壽者不一，顧皆虚相祝頌之詞，如史之所偁爲壽者耳。迨後壽節慶賀始於朝廷，而及於公卿，然爲文以偁壽者亦無之。其爲之文者，或乃最其人之生平而概書之，又儼如家傳，皆非古，不足法。雖然，以爲慰人子之情姑可矣。且夫富貴壽考三者，天地龐厚之氣所積，而得之者恆參差而不可兼必，既已得之，而可不謂吉祥善事乎？夫愛人者必愛其人之親，愛其人之親必願其壽考而康寧，而壽考康寧必本於攸好德，《既醉》之詩所爲以備爲福也。令君爲治，所效之於見見聞聞者，人知其賢比於兩漢之循吏矣，而不知其本太恭人之教於平日也。夫以令君之賢雖使遺佚不遇，而其文學行美猶足以榮其親，而況其仕烝進方始，功名令望之垂於無窮，不可涯量也哉。故爲太恭人壽而思所以慰悦之者，必備述令君之賢，俾邑之羣士拜誦於太恭人之前，太恭人其亦樂聞之，而爲進一觴乎。

何母方太孺人八十壽序

國家設官爲治，内外相維，職事相聯，而其端必自州縣始。故既爲之牧、令、丞、尉以親民，又爲設立校官以督其士。《記》曰「三代盛王必有師」，分至明，義至重。由是以達於國之太學，位有大小，其職事一也。世人不惟大體，乃或較官資之崇卑，揣肥瘠，差冷煖，以爲之喜惡，豈徒用意之鄙，且不幾與設官之本相刺謬乎？

明康德涵爲《武功縣志》，世偁謹嚴。余觀其作《官師志》，於邑之賢士大夫及他職官皆不載，而多爲校官立傳，意甚不取。既而思之，康公之意將徒爲一己之親厚而私與之與？抑以其人之賢而有不能已於言者與？

池陽何君菊亭以孝廉與大挑，應得知縣，辭而不爲，改就教職。道光十有四年來司鐸桐城，以純明温謹之姿，循循然以德化多士，不特多士樂其和易而親媚之，即邑之耆耈暨致仕諸鄉老皆相敬愛，以爲粹然儒者，不媿師資也。桐城與池州壤相接，水程至近，舟楫易達，於是迎養壽母方太孺人在署。春秋佳日，蒔花奉觴，雖較之高爵膴仕者華幕鼎食微若未逮，而儒官静素，室有餘閒，修夕膳，潔晨餐，供養敬謹，福德方遐，而且孫曾鵠峙，學詩執禮，太孺人精神益康彊，怡然顧之而樂。以是爲養，在菊亭固無忝於古名賢安親之義，而太孺人以儉德居貧，教其子以清修士節，風於有位，亦何媿於古之賢母也哉。

歲之十月某日，爲太孺人八十壽辰，邑之先達暨多士將爲文以壽，而屬序於余。余惟古未有於其生辰而偁壽者，壽於生辰，而亦絶無爲之文者。元明以來始有之，而歸熙甫集多至八十餘篇，又嘗自矜爲《顧文康夫人壽序》，盛言顧氏得其文足以爲榮。竊謂熙甫既循俗爲之文，又復自矜其能，皆非古法度之士所宜有也。雖然，韓子自偁其文能道大君子之美，歐陽子亦曰能傳人之善者，在於畜道德能文章之士，然則人之爲文，固貴其善言德行。而人子之欲榮其親者，必求能文之士以屬之，始足寄以不朽。熙甫之所爲與其言固失矣，而其文至今存，則其所壽之人亦與其文至今俱存，豈不重賴其文哉？惜乎余之非其人也。且夫經之述母德者亦備矣，在《易》之《晉》曰「受兹介福，於其王母」，《詩》之《頌》曰「魯侯燕喜，令妻壽母」，《既醉》之篇曰「釐爾女士，從以孫子」。古人之言如此，然則亦毋徒訾熙甫矣。既以答羣士，於是遂書之以爲壽。

陶雲汀宫保六十壽序代

大司馬宫保雲汀陶公總督兩江之七年，政通人和，休徵物應。丁酉十月之吉，晉六秩觴。具官某官司有守，不克躋比偁觥爲壽，謹拜手稽首，而謹獻言曰：

江南財賦之亹，地廣務繁，而制府統轄三省，兼理河漕鹽務，百政坌集，肩荷尤鉅。皇上慎重封圻，倚任心膂，既俾公久任安徽江蘇巡撫，周諮利病，至是簡畀，彌專用篤，保障至意，此唐虞任賢勿貳之盛復見於今。而公自受任以來，感特達之知，益矢藎誠，整身秉義，以率麗三省庶吏，殫智竭思，圖維大小之政，兢兢業業，夙夜匪懈。於是天子紓南顧之慮，百姓樂化日之舒。一時沐浴德化者，咸祝公之壽，而願其益久於江南焉。昔周之世，周公治陜東，召公治陜西，皆以久道化成。既周公歸朝，而召公猶在外，故周公作書，嘗偁「天壽平格」以望之。解者謂坦然無私之謂平，通徹三極之謂格，惟至平而通格於天者則天壽之，俾保乂其國家。故周公舉伊尹以下六人克盡平格之實者以況召公，其後召公果逾百歲之久。然則賢臣之壽考而久居其位，豈獨一身之福庥哉？夫亦國家之所殷賴也。往歲丁亥，值公五十壽，某嘗圖公歟歷以來，所以利國家，奠民人，保釐東南諸大政，畫册十有六，各繫以詩，進諸座側。越至於今，又歷十年，爲時益久，任益鉅，而公莊敬日彊，精神純固，設施之洪，經猷之大，視某嚮所圖詠者益茂益崇。然則由此以往，其勛猷德望，又不知其何若，則以爲克盡平格之實，保乂國家有如周公之告召公者，而何歉乎？抑又聞之，詩人之誦大臣者，莫如申伯及仲山甫，《崧高》

《烝民》是也。由今繹之，二詩之指，大約皆言賢臣之生繫主德之隆，克邀天鑒，故曰「維嶽降神」，又曰「昭格保兹」也。至云「秉彝好德」，則詩人自言其誠，見山甫之德有可好之實如此，而非徒爲是頌美之詞而已。某舊仕江南，奉德音久，雖今嶺海遼隔，而景行之誠無閒近遠，故竊舉《詩》《書》之義以當擇言云爾。

馬母左太恭人壽序代

余與馬君公實同官中州，既稔其爲賢，則益相親密。趨公之暇，往往過從劇談，與之論古今事理，昭晰微隱，多所啓發。性彊記，於勝朝事蹟及朝章掌故尤熟習，縱言所及，如瓶瀉水。嘗私念薄宦不足爲輕重，而資此爲樂，最平生之幸。其後公實補官汝南，旋請養歸里，予亦改調，忽忽十餘年閒，繫飢渴切心唯甚。兹公實寓書，以今歲夏四月爲其母太恭人晉九秩觴，乞余言爲壽。余惟馬君世族，其先代爲名臣碩學，見於史乘及名公卿之文字者，既顯且箸矣，而其先大夫只君先生賢明哲惠，又已彰於其邦族鄉人之耳目，皆無待余言。惟太恭人門内之懿美，則聞之於公實者差詳，故因述其大端以致頌祝之意，而弗敢辭焉。

公實之言曰：「先大夫少孤貧，太恭人所以佐助之者備極劬瘁，食貧茹淡，上奉姑，下育教子女，不以閫内事貽先大夫憂，而所以接待親賓，祭祀烝嘗，百務肅然，莫不辦給。家賴先大夫經營遺業，及予兄弟所續增置，幸汔小康，而太恭人儉慎之節不改於初，惟以敬祖收族訓予兄弟，無忘先人之志。」夫古之言壽考者，曰「勤則壽」，曰「恭則壽」，曰「仁者壽」，太恭人於是三者可謂克兼之矣，則其所以臻茲遐年者，豈不以是哉？ 公實之述太恭人，雖不主是三德以爲言，而以余繹其實，亦何其脗合也。 抑嘗論古無生日爲壽之禮，其見於經者皆平日頌禱之詞。 六朝及唐始於是日開筵觴客，及元明以來乃有專爲之文者，《歸太僕集》中至有八十餘篇之多，究其言，亦不過推原盛美、敘情好、徵德行，以致其㒺美，較《雅頌》所陳轉爲近實，故君子亦無譏焉。 公實以余言書之於屏，俾來壽於堂者昭然知太恭人之以公勤與仁而致茲壽也，不亦可以風乎。

方淑人六十壽序代

吾族仰承先祖之蔭，絫世以才賢爲名宦顯四方者多矣。 而門内之懿徽，尤不可以指屈。《詩》曰：「宜其家人。」又曰：「令德來教。」是固一家之盛美，而亦古今所㒺願者也。

某月日爲族弟石甫觀察方淑人六十壽辰，石甫蒙聖主特達之知，由淮南監掣同知，不次超擢臺灣兵備道，宣力海外，淑人攜副室居里門，奉祀烝嘗，課教幼子，以無貽石甫内顧憂，俾得竭心仰報君國。方氏固多賢媛載於志乘，先後輝映，而於余族，尤世迭婚媾。 今茲淑人，又其嗣音者也。 石甫性至孝，顧少貧寠，所以爲養者恆菽水不充，時形拮据，淑人佐之，潔膳羞、承意指者靡不曲盡其道。 及石甫成進士，作令閩省，迎養二親於署，而其力始紓焉。 石甫愛才好士，勇任恤，内而族親，外而四方朋友，凡一技一能之稍有名㒺者，恆周濟之，至於頻數再三而不倦。 遠近待其舉火者，無慮數十家。 力不能給，則俩貸行之以爲常，積絫至鉅萬無悔。淑人助之，曾無一言尼止嗟怨，可謂風火正位交相愛者矣。石甫年將五十，未有嗣，淑人畜姬，力勸納爲箍室，遂於癸巳年生子孟成。孟成者，石甫時爲武進縣令，挑濬孟河，適功初成，故名之以志其事也。昔魯人之頌其君曰「令妻壽母」，吾以爲婦女之德，必其先能爲人之令妻，而後能爲人之賢母。壽也者，又其德之所孚而萃焉者也。余縶宦京都，不克鞠𦝫俩賀，爰寄斯文，述其懿美之可俩者，以侑觴焉云爾。

馬母程太孺人八十壽序代

嘗論古今賢豪之士，多本於賢母之教以成。蓋歷考傳記，往往不爽焉。雖然，賢子之行易見，賢母之德隱而罕傳，是故苟非與其子交之久、契之深，則不得聞其詳而悉其行之懿也，古今類然也。

余以道光元年任山東兖沂曹道，識桐城馬毅卿先生，欽其賢，因延以課兒子衍秀數年，衍秀今已得中庚子恩科舉人。馬氏固桐城世家，四百年來，以科第仕宦學行顯者無慮數十百人。其先太僕公，仕明神宗朝，爲名臣，載於《明史》列傳；其從兄元伯，又與余同官工部。毅卿厚重篤誠，造次言行不苟，望而知爲端士，故尤相親密。顧久困場屋，遂以諸生援例官廣西思恩府百色巡檢，今選湖北南漳縣方家堰巡檢。本年秋八月，來謁余於直隸總督署，因言將以二十三年正月日爲其母程太孺人俩八秩觴，而乞余言爲壽。且曰：「母程，桐城世族，幼嫻姆訓。于歸，逮事先王父母，孝養盡其職，大事盡其禮，事先君子盡其道。夷險一節，敬訓之德，洽於宗族，孚於親黨。有子三人，今惟某存。某今幸捧檄，喜得薄禄以養，然不若得仁賢之一言爲尤足榮也，敢以是請。」余既悉馬氏之族望，又聞毅卿述太孺人之行，重違毅卿之意，其曷敢以不文辭？故爲本毅卿之言，而箸相知之始末，俾毅卿歸而張之於屏以侑觴焉。且使里之人登堂而來祝者讀之，證以夙夕所見聞，知賢豪之生必本於賢母，而其母之賢，非有與其子交之久契之深，則亦無以知而詳之顯而傳之於世，信如此也。

劉絅屏七十壽序代

國家設官，文武分治。唐虞以前吾不知，若成周以來，固爲治之通義矣。雖然，人知其爲分，而不知聯事又有宜合者也。聯事之合，非謂以文統武，蓋有時武亦有助文爲治之事焉。以文統武，特在勳階，上秩貴臣有臨涖之分義；以武助文，惟方州劇邑，胥才孔亟之區而後見，如吾邑營職絅屏劉君是矣。

君本籍山左，世以戎行起家，尊大考及尊考皆官皖省，故遂占籍爲懷寧人。君生而倜儻，幼即以經濟自任。未弱冠，騎射矯捷，拔出儔衆。初官太湖，整飭營伍，緝匪安良，其長官皆倚任而器愛之。道光□年，改調桐城。桐故劇邑，又當衝道，傳車星使，往來於楚、粤、滇、黔者，旁午驛騷。雖其人文風俗嚮教秉禮，而地廣人稠，賦繁役重，令尉雖賢，常不暇給日。君下車之初，逮於近年，不幸連遭水患，東南瀕江之鄉田廬漂没，哀鴻徧野。大憲委員及令君及地方紳士竭力籌辦荒政，凡賑銀糶粟給粥，君悉爲之協理，一體辛勞，不分畛域。時出籌議，用心彌至，悉中機宜。不特栽黎實戴君德，即大府曁搢紳前輩咸欽其賢。吾所謂武亦有助文爲治者，不其信與？本年盜賊蠭起，君不閒風雨，每夜出署巡緝，閭閻得以安堵。君既仁心爲質，而其才猷筋力又足以濟之，使得盛位大權，俾足以盡展其素，豈非干城腹心之寄與？月之某日，爲君七秩誕辰，里人來徵余文爲壽。余既久聞君賢，往歲乙未奉命典試江西道，出里門，幸得與君相接見，聽其言論，觀其氣貌，益信所聞之不虛。君之子，現官懷寧千總，德配向孺人，與君齊眉雙壽，是皆足徵君之以德備福如此。故爲述其大端，俾鄉人書於屏以張於君之堂，以侑觴焉。

蔣邑侯曁德配曾宜人五十雙壽序

福閩蔣侯既涖桐之三年，政修治洽，農不違其時，士不失其教，獄市無擾，吏胥敕法，百爾顓蒙，罔不沐浴膏澤，佩服政教，喁喁然嚮風靡已，循聲播聞，聿箸成效。以前十六年在潁上縣獲鄰境盜首，奉旨以知州升用。於二十三年三月，補授無爲州知州。未去任，先五月某日，值侯曁曾宜人五十雙壽，於是邑之士紳某等同申祝賀，而命邑士方東樹曰：「子宜擇其言。」樹曰：「然，固所欲言之於心久矣。」

蓋侯之爲政，其大者彰彰在人耳目，曰教士，曰惠民，曰興利，曰除害，而其節之清，操之廉，行之勤，出之慎，無倦以忠，難徧以言舉。桐在江北爲望縣，人文風俗夙勝於他邑，然地廣民稠，又當七省要衝，號偁繁劇難治，而侯之治之也裕如。桐邑城鄉舊有三書院，侯延請學師，率興課教，親爲評閱文卷，時分禄俸以奬勵殿最。又與學官弟子款曲延接，有如家人，未嘗不以立品去邪奮立功名爲誨。又於北鄉孔城鎮敦勸富室，剏立桐鄉書院，一以教其鄉人，一以無忘漢朱大司農之遺愛焉。桐邑東鄉瀕江，田多患水，向有陳家洲諸圩，圩内田數萬畝，爲東南鄉一大保障。連歲江潮漲漫，灌圩決溢，田廬漂没，哀鴻滿澤，數十百里，井賦無輸，停徵者再。侯勸諭賑濟，親自給散，露宿風餐，不避寒溼暑熱，民得安集。又籌經費，督率首事，辛勤修築，圩得復故，賴以保全。此侯莅桐三年内政之最大者也。又桐雖無大猾巨盜，而亦偶有江姓束姓者稔惡，箸聞上憲，名捕綦年不獲。侯不動聲色，以計掩取如探掌。其他嚴究訟師土棍，重刑以懲，而虚誣架訟之風以息。桐俗惑於青烏之説，或貧窶不能葬其親，自郊關四鄉，權攢淹柩不葬者或數十百年不等。侯出示敦勸，並籌費以助極貧無力者，嚴飭地保，按户曉諭。期年之閒，遠近舉葬者至數千棺。此所謂澤及枯骨者，非邪？又裁荒之後，瘟疫流行，侯采祕方，並製良藥，散給施救，貧憊者多賴以活。夫人曾宜人，系出名族，世多仕宦，家傳治譜。其所以佐侯爲治者，靡不克盡其智仁之方。先是，宜人族兄曾侯令桐城，最愛士，士林至今思慕之。及是，宜人又來佐我侯，故桐士尤爲歎美，如有親故之情者焉。《詩》曰：「豈弟君子，民之父母。」我侯有焉。又曰：「辰彼碩女，令德來教。」宜人有焉。抑又惟書契以來，言善政者，三代而下，惟兩漢爲近古。某竊衡之，以爲侯之爲政，殆庶幾焉。於是遂徵其實而書之以侑觴，兼以爲去思之頌云。

廖君達大令七十壽序代

余讀《南史·循吏傳》，偁齊傅季珪父子治縣，縣内偁神明，時云：「諸傅有理縣譜，子孫相傳，不以示人。」我國家郅治熙隆，登三咸五，一時在位大小臣工，肩比踵連，難以一二數。而桂林陳文恭公尤爲箸顯，名在搢紳。公所輯《從政遺規》及《法戒録》等書，傳布徧於海内，遵而行之者莫不箸惠懋實效，仁人利溥，豈若季珪私於一家之比哉！公後百年，而有廖君達大令者，以治縣多善政播聞遠近，咸云：「大令位雖未尊，而其賢固足繼其鄉先達流風遺教不媿也。」往歲壬辰，余奉命典江南試，道出臨淮，君時宰鳳陽，因得接見。挹其言貌，固已心儀之矣。乙未科主順天試，而哲嗣鼎立適出余門，自是款洽既久，始獲飫聞君治行之詳。

君先世爲江右人，明季始遷臨桂，曾祖學博公以科第起家，祖彰明公昆季六人登鄉會榜者五，君昆季七人，三膺鄉薦，四列膠庠，才賢之盛，萃於一門，爲邑里冠。君年十九，中式乾隆壬子科舉人。嘉慶辛酉，大挑一等，以知縣用，分發安徽，歷任六安州州同，望江、桐城、建平、鳳陽縣知縣，歷署廬江、天長、繁昌、霍山、宿松縣事，所至皆箸循聲。道光戊戌，揀發貴州，歷署興義、安平縣，現任印江縣知縣。其在廬江也，邑多淫祠，或藉以漁利，君嚴禁之，俗爲之革。其在桐城也，歲大水，君倡募銀米賑糶，安集流亡，事皆周備。箸《荒政》一書，後令遵其成法，多所全活。其在鳳陽也，洪湖水漲，民田多漂溺，君於例賑外，捐廉繼賑，民賴以活。豫、陝官兵征臺灣，所過驛騷，君竭三旬之瘁，晝夜靡懈，支應出境，一無濫失，供張辦而兵民相安。其在霍山也，民田沙壓坍卸八百餘畝，前令不爲申理，君下車已逾期，爲補請大憲開除。若其鋤豪彊也，攝廬江篆，甫下車，杖府役之滋擾於縣者，謁守不謝，人目爲彊項。宿松豪右守備徐某，與劉姓争洲地，訟涉多時，牽絫甚衆，君一訊而服，悉置於理。桐城東鄉土棍某糾集亡命數百人，乘災搶奪，勢洶洶欲爲亂，君禽爲首者置之法，餘悉不問，衆遂帖然。其平反獄訟也，壽州劉六子一案，府讞入其罪；涇縣王條調姦致命一案，府讞照和姦定擬。君在省奉鞫得實，皆平反之。其爲民興利也，望江城堞頹壞，捐千金倡修，並改建清城、耀鯉兩門。邑故濱江，上至漢口，下至金陵，往來差役，率拘民船支應，日給百錢，民不堪紊。君勒示江口，永革除之。在宿望時，兩遇災旱，或謂宜半徵以裕國課，君悉請蠲緩之。及其至貴州也，初署興義，興義在黔、滇、粵三省之交，五方雜處，盜賊充斥。前官規避處分，不肯究治，姦民益肆無忌。君下車，嚴刑捕逐，盜風以息。又邑爲嘉慶初新設，俗陋甚，君爲改建學宮，暇輒與諸生講課，人比之文翁云。其赴補印江也，過省垣，值安平有劫獄事，大憲檄君往署兼捕逸盜。盜逃至雲南，興義民感君，代爲捕得之。大府擬題獎，君力辭，請赴新任，衆皆賢之。君性静逸，無嗜好，政暇唯觀書，閒爲吟詠，有詩集若干卷。此比於古人日食一升飯，而不飲酒，矜爲治譜之奇術者何如也。今年某月日，爲君七十壽辰，鼎立來請余文爲壽，故爲述所聞於鼎立者，而並箸其淵源於鄉先達者如此，道其實也。

姚石甫六十壽序

道光二十四年甲辰冬十月，爲吾友姚石甫六十初度，其族人徵余文以爲壽。余惟古之奉觴而上壽者，必致其規諫之詞，今將舉石甫行能才美而言，則慮人以爲虚僞而非實，且近於諛頌，而乖擇言之義。於是爲援朱子、陸子兩大儒之言，而揚搉其意焉。

朱子曰：「大凡天下之事，莫非實理之所爲。蓋由物而觀，有其實乃有是物；以事而論，亦有其實乃是有事。大之爲日星昭赫乎在上也，實有其爲昭赫也；細之爲五行百産充牣於在下也，實有其爲充牣也。體之於人，學術以實而成，道德以實而箸，文章政事以實而偁，功業聲名以實而久。」此朱子之意也。陸子之言曰：「千古以上有聖人出，此心同，此理同也；千古以下有聖人出，此心同，此理同也。東海有聖人出，此心此理同；南海、西海、北海有聖人出，此心此理率無不同。其所以同者何也？實也。不實則惡能同。」象山陸子極提一「實」字以明道立教，其大指發揮，莫切於此。世風不古，末俗多誣，大道燦陳，昏而勿思，於是乃有專騖於虚僞而詭以爲實者。是故稽其學術全未有實也，而妄以爲實推之，德行、文章、政事莫不皆然。三季以來，至於今幾千年矣，中閒之人若流水，不可涯量，不可紀極。當其時，意氣聲華，各予智聖，而有亡之數，終不係之。究其傑然不可磨滅，惟此數十百人之有實者相望於天壤。後之人美愛斯傳，非必有親戚相與之雅，昵比燕好之私，稠乎不謀，咸信悦之，而無疑是説也。歷物之意，莫不謂然，而卒鮮有人克彊己使然。居嘗慨歎，私竊怪之，乃今而於吾石甫豁之也。

石甫之少，日勤於學則實勤於學，孝於親友於兄弟則實孝於親友於兄弟，此非吾一人之私言也，蓋實無閒於其父母昆弟之言也。石甫嘗慕賈誼、王文成之爲人，則實克究賈、王之志事以效於行，故其釋褐而始仕爲縣也，則實克效其理縣之能。及其遷而爲鹽官也，則實克效其轉運之法。進而受知於天子，超授監司刑名也，則實克效其監司刑名之職。而且在所治之地，則實克信於其所治之民；其在海外，則實克信於海外之民。其伸威於外夷也，外夷雖忌之惡之，亦實克令其敬畏之。至於仕之所嘗同僚也，則實克使同僚咸歡樂之。其睦婣任恤於梓里之戚友、四方之交游，則實克使戚里交游咸感念之。是故讀石甫之文章，則實克詮乎道理焉。考石甫之政事，則實克劘劀乎利病焉。聆石甫之言論，則實克辨析乎異同焉。接石甫之氣貌，則實克散開乎老洫之陰凝焉。故凡石甫之所以將其實心實理者，雖未知於嚮所偁千古以上、千古以下、東海西海南海北海之聖人，及所慕賈、王之德業爲何如，而要其以一實致設施之有效、衆志之咸孚，則以爲於朱子、陸子所論無爽焉。蓋吾非止壽石甫於六十也，實將壽石甫於千載百世也；亦非私於石甫一人也，實欲風人，使皆由於實以成材而懋德立事而輔治也。覽余文者，其尚能信吾言爲實而非阿私其所好也乎！

石鏡心太史六十壽序代

鳳麟之爲物也，不蘄用於世，世亦不責用於鳳麟。然非氣化當極盛之時，則此二物不見，見則世無不徵以爲瑞。是故鳳麟見而不蘄用，鳳麟不損其爲德；世見鳳麟而不用，世亦不損其爲盛。非不用也，彼固不以獲用爲德也。

鏡心太史暨其子廣均清才令器，時之鳳麟也，而其父子咸以少年掇巍科，蜚聲翰苑，是鳳麟之見於世也。然而鏡心一司文柄，兩充館修，年纔四十即歸而不出。廣均登弟授部署，以寡兄弟奉鏡心家居，雖非終不出者，而恬淡不競於勢位亦明矣。鏡心父子不出，而朝廷亦不責其必出，吾故曰：「鳳麟之爲物也，不蘄用於世，世亦不責用於鳳麟也。」昔召公作《卷阿》之詩曰：「鳳凰鳴矣，于彼高岡。梧桐生矣，于彼朝陽。菶菶萋萋，噰噰喈喈。」而歸於「王多吉人」，「王多吉士」，以「媚于天子」。漢元狩元年獲白麟，於時詞臣作詩，以爲黄德之顯，則亦爲非氣化極盛之時，此二物不見，益信不虛。以今方昔，何必周、漢獨專其美？攸銛待罪宰相，天子以時平無事，使持節出督江南，雖遭際郅隆，陰陽水旱盜賊之無警，究之責深任重，時虞隕越，是攸銛之用於世，世亦以用責之攸銛，而恆慮不勝其用也。以視鏡心父子鳳麟之德，遠矣，美矣，弗可望也已。

廣均爲余丙戌會試所取士，以今年三月爲鏡心六十攬揆之辰，乞余言以侑觴，故爲本其父子之才遇以美之。雖然，廣均其歸語而父，黄帝之沼，文王之囿，梧桐竹實，泉甘艸美，繁林茂翳，尚其肯來一游與？

封翁桂軒先生壽序代

周漢以來，賢士大夫以經術飾成吏治，其見於刑政張弛損益者，有悱惻愛民之誠，而無操切彊民之苦。於是民之被其化者，有懽欣和樂之風，而無畏懼隔塞之情，上下相安，君子小人各得其分願，往往相與推原其所本，而樂道其善之所由來，蓋風人之義如是。

廖侯既來治吾邑之明年，政通人和，士民之愛悦之者，益樂親近瞻依，故得悉其封翁桂軒先生之德之實；乃相與歎曰：「我侯之賢也，抑封翁之有以啓之也。」及讀先生所箸之書，與其所爲詩文，益歎先生之人之不可及，蓋誠於爲仁者矣。聖人論仁曰取數至多，又推其效曰「仁者壽」，先儒有言仁以天地萬物爲一體。先生之自少而壯而老，事親能竭其力，愛弟能盡其恩，勇於爲義，誠於讓名，勤於爲學，篤於誨人，綜其所爲，無不一出於仁。然後又有以知先生之宜克有令子而享康彊逢吉之休者也。

蓋先生生本右族，世載清宦。考曰四川彰明縣知縣，乾隆戊午科舉人。彰明生三子，而先生其長君也。當乾隆四十年間，金川用兵王師載途，軍書旁午，杜公所謂牧出令奔者也。彰明内軫民瘼，外籌供億，先生實悉心荷理，俾無遺誤。其後，彰明調辦口外軍需凡六年，先生往來省視，倍經艱虞。少失怙，事繼母太孺人孝敬倍至。彰明之仕也，兩季皆幼，先生撫養教導，以兄兼師。彰明國爾忘家，不以擾其心，蓋有子克家也。先生少工舉業，凡十應鄉舉，不售。乙卯科，擬解者三日矣，卒以後場摒棄，先生自是絶意進取。彰明嘗命以援例出身，先生不肯，願讓於兩季。嘉慶元年，詔舉孝廉方正，鄉黨及當事者將以先生應，人莫不以爲榮，而先生顧力辭。蓋其不苟於取名，而讓於德也如此，非其中有大過人者，能如是乎？

先生生七子，四入膠庠，三登賢書。我侯之仕於皖也，先生以嘉慶十年來就養官齋。十四年，恭遇覃恩，錫類受六品封。旋於十六年歸里，悠游林園，惟日課諸孫以讀書，成就後進爲己事。其居鄉也，修復學校，表章先賢名迹、碑碣，皆違衆獨任其事。其所箸書，一皆訓俗型方之意，無在不以濟人利物爲心。蓋巋然爲一邑之鉅人長德，童孺婦嫗莫不信其爲仁人也。

今年九月某日，爲先生九十開六之辰，某等被賢侯之德者，咸進而言曰：在《書·洪範》之論五福也，必歸於攸好德，古之大人保福禄而享遐齡，率由斯道。然則世俗頌禱之詞，固不足進於先生。惟我侯以康濟之才，展其經猷，以上載國恩，克成先生之志，而大其施，是則先生之志也。我侯亟以此言進，庶幾先生以爲然，而樂進一觴邪？

方墨卿壽序代

桐城以宦學垂五百年之舊家，方氏其最也。理學名臣，文章經術，先後無慮數十百人，海内談望族者莫敢或並。吾師勿菴先生，紹先德，擅雄藻，行修而學殖。弟子輩每私議，先生而負其所有以發名於世，與天下俊雄瑰偉馳騁角逐於木天石室，爲國家宏其教，豈特一邑之師而已哉？顧先生老而不遇，平生不泛交，不與當世英髦盛名之士相應答，獨以其學教於一邑。一邑之人，用先生之教而發名於世者踵相接。里巷族婣子弟，無論輩行之卑尊，年歲之少長，有不爲先生之弟子者，十不一二。則是先生之教既行矣，又何必發名於世而始足隆宗而光國哉？先生爲文，高言潔韻，渾脱瀏亮，脱去筆墨畦徑萬萬。乾隆壬子鄉試房考，嘗以弟一人薦，不中。先生性曠達，不以得失爲欣戚，亦不爲崖岸。每逢科舉之歲輒赴，曰：「吾以盡吾能而已。」平居與人無町畦，有招則就之，或極飲大醉，嘲謔罵譏，人皆樂親之而不厭。今年七十矣，而耳目聰明，視聽飲噉弗稍衰，性情、顔貌、笑言、游好弗少減，執筆爲弟子評閲文字，蠅頭細書端謹楷正弗少懈，人皆曰先生蓋有得於中而然也，先生曰：「吾何得哉！吾平生惟知樂吾樂而已。吾無位而忝竊文譽，爲衆人師；吾無子而有五女，足以娛意；嘗教兩姪皆成立，且以爲嗣，嗣雖殁，而有孫二人；吾貧而衣食亦未匱，吾老而精力健甚，足以任勞勩；吾不學而有詩文集，足以與人覆醬瓿。天之與人恆不足，吾幸有是五樂，吾何歉乎哉？」於是弟子又私議先生之行如此，先生之言又如此，然則先生果有得於中而然矣。昔鄉先輩望谿先生爲高素侯序，於時公卿學士争爲詩頌，高公獨揭望谿之文於壁。然則先生於弟子，亦有喜其言之質而揭而不棄者乎？既以爲先生壽，並敬以質之先生。

家仲山八十壽序

密之先生仲子位伯有裔孫曰瑋，字仲山，以今庚戌歲十二月日届壽八十，乞樹爲之序文，其言曰：「以子能文，冀得藉以壽我於無窮也。」余與仲山不同族，故無輩行偁，少小亦不相識。及君解組歸田，適余亦倦游還里，時相過從，因漸相習久，遂相親愛。君少未嘗學問，而資性誠篤重厚，存心制行一以忠信爲本。暮年，每日讀《論》《孟》四子書，作楷字數百以自課。余嘗謂子夏賢親君友未學爲學之言，惟君乃得彷彿云。君長余一歲，往歲慶七十，余實爲之序，其行履仕蹟已詳，今無以益之也。無已，則惟以壽言之。

古之得上壽者，如周之召公年百六十，宋之文潞公九十六，是皆聖賢之徒。國楨人瑞，天壽平格，以仲山擬之則不倫。若葉少藴所記宋賢，如張鄧公年八十六，陳文惠公八十六，富鄭公八十一，杜祁公八十八，及李文定、龐潁公皆及八十。《西園雜記》記明大臣壽考者，王端毅、魏文静而下十三人，是皆執政大臣，中外引瞻，且同朝而不必同時、同里，皆與仲山不倫。惟宋洛社耆英及南陽菊潭同飲潭水，得上、中、下壽；又唐升叔達《三易集》有《南翔八老人詩序》曰：「徐爵九十六，趙陸九十四，陸淙八十五，徐勳、張樂俱八十四，董儒八十三，朱梓八十二，陸球八十一，居止不一二里，而耄耋相望，日杯酒談笑相娛樂。」昔歲仲山與余效唐人香山社故事爲九老會，余詩所謂「未免鄉人亦可傳」者也。今十年之閒，已亡者過半，然此雖同鄉里而不同族也。惟仲山高祖潤齋公年九十一，曾祖奕叟公八十四，父師柳公年八十，其壽鍾於一門，耆艾先後相繼，此古今海内所僅見，是爲稀有之盛。以此爲瑞，乃非異世、異地、異族所可與並。

君居鄉循循如也，無城府，與人言姁姁然，惟恐傷之。曾無疾言遽色，然亦無唯呵便佞詭隨之行。其於地方一切公事不立異，亦不退縮，率隨衆遵行。平日飲食寢興皆有常節度。子四人，皆馴謹修飭，無里黨之過。君常訓之以學喫虧，勿討便宜立心。孫五人，長者已登仕版。君精神完固，雖八十而行步不杖，蓄一杖乃反以贈余。膚革充盛，血氣腴潤，如少壯人。臉際常泛紅霞，如中卯酒然者，此非内有真積，安能符采外炳若是！嗚呼，可謂真誠君子人矣！

余性淺衷而氣輕躁，於語言喜怒易發，雖力自禁飭，而恆致悔吝。每遇有過愆，輒思君以之對治爲鏡，則媿悔絫日。非特余也，見古今名流，非不各才智自擅，而以聖賢之道衡之，即無不皆在過中，疵病百出。所以然者，皆以學問智能而滋生長裕之故，莊子所謂「智孽」也。然則君雖未學，而反得免學者飲藥加病之失，豈不懿與？君仕不過縣令，産不過萬金，名譽不出鄉里，惟獨行誼可欽，世壽克繼，爲他人所不知。余爲箸之，其亦足以慰君，而樂爲進一觴焉也已。

張君七十壽序

道光二十九年十月六日，爲吾友張君七十之誕辰。先是，君於三月閒忽感風疾，手足痺癉，不能轉側，不任步履，言語蹇塞不清，不特其家驚惶莫措，即余亦爲之憂疑，廢寢不能成寐。其後屢往候問，皆就卧榻前相晤語，如是者經兩月，竟得良醫良劑靈素之效，日漸痊愈。於是不特其家欣喜過望，即余亦爲之手額相慶。又數月，則漸能杖而起，閒命廝僕扶將，可以前至廳事，摒擋家務，接見賓友。余亟勸其毋過勤，仍宜簡事節勞，以自將護。昨日，竟乘肩輿過余，余驚喜延入，坐定，則以將届七十誕辰，欲開筵集客以慶更生，而命余爲之序文，將以張於堂以諗於衆。余曰：「然。夫以古稀之年，本應偁祝，而況君今以重疾獲復平康，尤爲喜慶中之尤喜慶者也。」不特其家及衆族戚以爲宜然，即余亦以於事於情於理決爾宜然。顧古無生辰祝嘏之禮，凡史傳中所偁上壽者，皆尋常飲酒隨時擇言致語，亦兼規諫，不專頌祝。至唐人始有令節之名，而民俗相沿，遂以生辰偁壽爲故事，然未有特爲文者。至明人乃有壽序之作，惟歸熙甫最擅其能，一集之中至有七八十首之多。余嘗取其文聚而觀之，雖詳略勝劣不侔，大抵以敘情好、述生平、美行誼、致頌祝，是故其事雖沿俗，而於義亦無倍。於是不特君欲得余之文，即余亦自以非余不能爲君作此文。何以言之？則以余與君交最久，而知之最深，而差又能言故也。

余少與君居相鄰，結契最早。君之尊甫及其母夫人皆習余，而先子及先慈亦習君，故兩家情誼至密。雖朋友也，而不啻骨肉親串焉。君才美而又通習時務，老成諳練，性忠信勤敏，人屬之事，靡不盡心。或告之難，無不救恤，力與維持。即邑中一切大小公事，興建、工役、賑濟等務，前後諸邑宰莫不倚辦。少時家貧，既久試不利，則橐筆游幕，翩翩書記，遠近諸公皆傾風倒屣，無不欽重契合。既去，猶悄思之，故其與人交久益堅而不替。家本貴族，其先世墳園、墓田、丙舍、祠屋至廣，每歲租入經費支用甚鉅。苟或經理不善，多生弊端，於是其族長公議推君爲都管。既任事，則矢勤矢慎，不避勞怨，一二十年，百廢具修，害去利增，悉臻美善。夫行修於一國謂之國士，若行修於一鄉，豈得謂非一鄉之彦士乎？君於是爲偁其名字矣。余年長於君，而材朽不逮。今君疾既復平，自今以往，將日進康彊，彌天性，歷期頤，以利一鄉。不特如鄙文私所偁述如此，將見後來一鄉之人，皆羣致其頌美相爲慕效。《詩》曰：「心乎愛矣，遐不謂矣。」豈虚也哉？

考槃集文録卷九

傳

明山東濱州州判甘君家傳

君姓甘氏，諱正三，字世隆，晉于湖敬侯卓之裔也。敬侯墓在江寧之南鄉，地名小丹陽，其子孫聚族居此近千餘年，今世所呼甘邨者也。當明宣宗之世，有曰尚文者，是爲君考，實生君。君生而樸愼篤厚，至性過人，自其少時，固已有高世之概矣。始以庠生就職，待選銓曹。適父遘病且篤，君聞未審，不待家報，即日奔歸，時人比之阮孝緒之心動念母，無以過是焉。初選通州衛經歷，後遷莒州州判，所在皆有惠政。繼又改濱州。濱州當武定府之東，爲山海要衝，號偁繁劇難治。州判職雖副貳，而所以佐其牧以理農田、水利、寇盜者，厥任至重。君盡心講求，凡可以便民，悉言於牧，而次第推行之。於時上下莫不翕然偁君之賢，以爲濱之民人是賴。越四年，是爲孝宗之弘治二年己酉，君以歷仕於外，久違丘墓，因固請乞歸鄉里。君歸而優游林泉者凡二十三年，而歿年八十三歲。遺訓以耕讀惇謹爲家法。娶朱氏，生四子。嘉慶辛未年，樹寓居江寧，君十世孫福字夢六，愿篤君子人也，始持君狀略乞爲之傳。

論曰：吾桐之世家多徽州籍，其興盛於桐自元明始。而在徽者，則自漢唐以來之族望也。是其遠者千年，近者亦不下三四百年。至江南閩、浙各郡，往往求所爲明季之故家不多可舉，説者謂山川之性，流聚有不齊，居水鄉者恆短。然獨江寧甘氏自東晉迄今千餘年，子孫弗替，此固其祖宗枏垂功烈之盛，抑其嗣多隱德培溉以致於兹。若别駕君者，非其人也與？

甘節婦傳

節婦，江寧金智洪之女，江西進賢縣巡檢甘名棠次子元勳妻也。初，棠娶陳氏，生子元勳，陳氏卒，繼室劉氏生元勳。節婦年十七歸元勳，不及事舅，獨逮事孀姑，勤苦操作，婦職克修，其姑亦愛憐之焉。居五年，而元勳以疾殁，遺一女，無子，立族子文陞爲嗣。節婦教養之，以至於成人，爲之娶婦劉氏。甫少年而文陞又死，於時一門三嫠婦相依爲活，而節婦勤甘旨，應賓客，接戚族，皆盡道理，俾其姑與婦若俱忘其無子與夫者焉。家貧，有田二十畝，節婦念宗祀先祖雖有伯姒，而他日吾夫之祭祀終闕，乃捐其半以入宗祠，俾爲春秋享祭之費，其明大義慮長久類如此。然而節婦亦遂以經營門户積勞成疾，於嘉慶某年月病卒，年四十八歲，於是守節二十八年矣。先是節婦病革，謂其子婦曰：「吾病殆不起，吾死無恨，獨恨不獲終事吾姑也。」及卒，家人頗見其形如生時。蓋其摯孝之性，雖死不泯云。其女適太學生劉起鎮，文陞無子。

方東樹曰：余識甘君夢六，夢六爲余言其族子婦金氏事甚悉，且言曰：「今年太守吕公重修《江寧府志》，幸已爲請於官而得旌，且載入府志矣。然府志所收人衆，例不得獨詳一姓，敢乞君爲之傳。」余悲節婦之志，而又以嘉甘君之高誼也，因爲箸傳，俾列於家乘云。

吴貞女傳

吴貞女者，亡友姚君錫九之聘子婦也。父荆園，與余居同巷而相善。貞女生一歲，許字錫九次子元蓉。錫九以戊辰中式，辛未成進士，用内閣中書，改就實録館，議敘知縣，攜元蓉之官湖南，未至，中道病卒。元蓉弱孤，遽遭變，歸途復覆舟，驚哀致疾，旋亦卒，時嘉慶十七年某月也。

貞女先聞舅卒夫疾，則已不食。及元蓉訃至，乃跪泣，而請於父母，願歸夫家持服，父母弗忍也而拒之。貞女刲行固請，三日，血漬巾舄，父母又弗忍也而許之，謂曰：「許爾守，歸不爾許也。」貞女拜謝，起入房，屏服飾，自是身不登堂，非骨肉不得見其面。歲餘，或竊有議婚者，貞女聞之，遂絶粒七日，幾殞。家人惶感，荆園泣而撫之曰：「吾固從爾志，何自苦爲？」貞女躍起伏謝。於是貞女居室七載，嘉慶二十三年某月日，姚族始議以錫九長子元芙之子某爲之嗣，而敬迎貞女以歸。入門，拜姑，易服，哭奠其夫，立受其嗣子朝。是日，姚氏親戚内外尊卑及僕婦在者，莫不失聲隕涕，不能仰面。元蓉卒之年，貞女年十有六，至是蓋年二十有二，卒成其志焉。

方子曰：古今之遠，四海之大，女子之箸貞烈者衆矣。其姓字不同，而其行與事大略皆同，然獨一二人其傳最盛，則又視乎傳之者其人之文有箸不箸以爲顯晦焉。雖然，欲傳之心，丈夫之苟名者則爾，若夫貞烈女子，其純明堅確之操皎皎乎，皜皜乎，豈計其名之傳而後爲是哉？嗚呼！是可風也已。

徐静川傳

山陰平君默庭爲余言其友徐君曰：「始吾與徐君交，自柯橋章氏，文酒之從，旦夕未嘗稍閒也；晤言之誠，心腹未嘗少隱也。處相聚，出相思，如是者蓋二十有八年。歲甲戌，余奉先君諱歸里，二三戚誼與嘗相識者無遠近皆弔，而徐君不至，余心詫焉。既而詢之，則徐君已前死矣。」徐君名熒，字静川，蕭山人。少爲諸生有聲，屢試場屋不得志。行誼文章既無由見於世，乃悉以其學教子，卒其子四人皆成，能繼父之業。平君曰：「君性純孝，自其少，事其本生父母及繼父母皆有過人之性。君歿之先一年，其母夫人歿，數月其長子又卒，君以此過致悲哀，遂感疾且死。」嗟乎，士之不遇於世久矣，其文與行之不皆傳亦衆矣。獨其友人所嘗與相知而親厚者，感歎悲思，有不能已焉，而必欲宛轉託諸世之能言者以箸之。若平君者，其亦可謂篤於交友者矣，君幸可以不恨。余故爲傳之，以見世之能取友者，必非恆人也。

解淑人傳

淑人姓解氏，世爲山西朔平人，廣西柳州提督遜之女，嫁雲中任氏，爲四川重慶鎮總兵贈提督勇烈公諱舉之介婦，而京營游擊承緒之室也。勇烈二子：長承恩，以難廕補二等侍衛，仕至福建泉州提督；初，承恩補侍衛之年，高宗純皇帝念其門功，復用承緒爲京營千總，再擢南營游擊。乾隆三十七年正月，都城西市火，承緒奔救，撤屋表火道，排牆顛壓卒。淑人年十八嫁，嫁十年而寡，無子，生一女，適介休范光復，今爲廣東白石場鹽大使。淑人之歸也，逮事太夫人。及承緒卒，太夫人已先歿，淑人遂依伯姒以居，凡歷山東、江南、福建，皆隨之官所。嘉慶三年，承恩以臺灣失機逮問。及事解復職，旋以病歿於京師，亦無子。自是淑人遂無依，乃就養其女於杭州。又十年，隨其女壻改官廣東，而其女復卒，是時淑人蓋年七十矣。

論曰：吾讀史《列女傳》，而見古之表列女者，無論爲賢、爲孝、爲節、爲烈、爲慈、爲才，然考其所遭，大抵多出乖變不祥，有令人讀之濍然不勝其傷心者。方解淑人以顯貴之女，歸於盛族忠孝之家，榮名烜赫，可不謂得其所哉！及其遘罹閔凶，愈老愈窮，迴思數十年閒，前後所歷，如隔世人。當此之時，求及於尋常士民之婦，得以偕老其夫，育子蕃孫，以保聚其骨肉，而不可得，又何其悲也！嗚呼！天命不齊，自風詩以來，古今若此者可勝悼哉！可勝悼哉！

方母張安人家傳

安人姓張氏，漢軍鑲白旗人，前安徽和州知州諱廷勳之女，江蘇松江府水利通判方南湖先生之繼室，四川彭水縣令霽園之母也。安人來歸通判君，撫前妻子如己出，飲食教誨倍極懇摯。其隨通判君居松江署也，縞衣布裙，非喜慶事不加服飾。松江故濱海，盜賊充斥，通判職捕緝。通判君每訊盜，安人輒從容進曰：「盜賊之死，死於法也宜也，就不得其實，則有非法而死者矣。惟君盡心焉。」以故通判君終任無冤濫。通判君病，安人侍湯藥刲股肉進，卒不愈。通判君殁，安人時年二十八，生一女一子，女後適同里舉人宿州學正程翰，子即霽園明府也。安人忍死撫孤，艱瘁萬狀。迨孤能讀書，安人教之嚴，每自塾歸，必詢所學，有進益則喜，否則即加鞭撻。時太息垂涕曰：「汝不力學，何以慰先人於泉下？」霽園弱冠，補縣學生，旋中式乾隆癸卯科舉人，後任四川彭水縣令。安人卒於乾隆某年，享年七十有二，凡苦節四十四年。道光八年，始請旌於朝。霽園名懷蘐，爲海峰先生弟子，嘗手書海峰詩文集栞行於世。

方東樹曰：余聞之友人潘司馬相曰：「嘉慶初，相候補蜀中，識霽園。一日與衆偕謁方伯，有同官某陳請困苦，求得補缺，因長跪以乞，方伯掖之不起。君怒曰：『不得缺，窮死常耳，此成何體面！』拂衣逕出。方伯起，追謝而送之。越數日，遂委君攝彭水篆。」觀霽園意氣如此，知安人之教之有素也。嗚呼！豈非賢哉？

舒保齋家傳

舒采願，字守中，保齋，其自號也。金谿楊中丞䕶作《雙谿兩賢傳》。雙雞，江西靖安縣也；兩賢，謂東軒、補亭兩舒公也。東軒名亮襄，補亭名亮衮，兩人孿生，岐嶷夙慧，同以奇童補邑庠生，又同中雍正癸卯江西鄉試舉人。東軒以丁未會試歸卒，年三十六。補亭仕爲四川永川縣知縣，有惠政。

君爲補亭第五子，屢困埸屋，援例除甘肅渠寧巡檢。巡檢固卑官，爲之者或降志取安，君獨以方耿自飭，手書「孝弟、忠信、禮義、廉恥」八大字揭堡城樓扉上，而時與士之知學者吟詠其閒，爲勸講田渠水利，民大悦之。有武舉漁奪鄉民，横爲不法，君命健役執之來，曉以義，不服，則按而笞之如律，而自檢舉。會上官欲兩全，其事遂寢。偶郡守之妻過渠寧境，屬吏當拜迎，君獨長揖道左。守聞而怒，屬令求其短，令曰：「此彊項書生，忍飢奉職，未嘗有過也。」守乃檄君送秋審重囚數十人於蘭州省，而不給長解車役，欲因以誤差失陷爲其罪。或謂君：「曷往謝守而蘄免焉？」君曰：「行矣，余幸蘄免，而改檄他人，是余移之禍也，吾不爲也。」於是質衣裘，爲囚賃車。行數程，而貲罄，囚皆步行，鋃鐺躑躅，踣躓血出。君不忍，乃屬囚而語之曰：「吾誠哀若，今欲盡釋若等桎梏以載於吾車，吾與若皆徒步徐行，可乎？若曹有罪，我無罪，諒不以脱逋絫我。即若曹逃而皆得遂其生，殺余而活數十人，亦余心所願而不悔。」於是囚皆感泣，相許誓不敢負。既行，囚則左右衛君。值津險處，扶者，掖者，敷茵褥以待憩者，爇松瀹茗以止渴者，煙邨荒磵中依依若子弟之捍父兄者。然一日日晡，行至六盤山，崎嶇萬仞，麓無居民。他邑解役，皆畏難而止。君與囚喘息登，未及半嶺，而颶風作，涼西之颶比海颶更暴惡，色黑而氣剛，作則正晝如夜，陰霾潮湧。大輿千鈞，遭之輒覆，飛石如拳擊人頭面。衆囚值風起，皆紛竄。君坐樹閒，但聞崩崖折木，石破雷吼，如是者數十刻，風勢漸殺，微見星光，則車子爲覆車所壓，幾折股。尋聲往迹，見騾伏艸中，幸無恙。風際遥聞呼嘯聲，稍稍相近，則數囚埋面土中，風息而起，相與追尋而來者也。於是囚抱車子置車後，扶君坐車前，並駕騾而推輓之，且行且歇。復見有執炬者遥呼而來，則斬罪某囚也。夙夜無行客，深山呼嘯聚立而相待者，皆死囚也。戌夜至山麓，去旅店里許，又有鞚蹇騾而來者，近之，則殺人鉅盗某犯也。君乘之入店，按名對文，只少一斬梟某。衆曰：「渠罪十惡，知不宥，是必逃矣。」君不語，弟與衆相對啜粥。荒雞亂號，忽聞剥啄叩關，入之，則某也。君望見，泣下，囚亦泣，曰：「人誰不願逃死，實不忍負我生佛耳。」先是，君見車子時，衆囚無一在者，車子曰：「此天假之緣，不逃何待？行速者，將百里矣。」君曰：「我實縱之，復何尤？」至是，衆囚畢至，故君感之而泣下也。及至蘭州郭外浮橋下，囚皆坐待。君後至，謂曰：「何不先入？」衆曰：「省會官兵多見小人等徒行，公且得罪。」於是各向車中認取刑具，互相鈕鎖。君見之，更爲涕泣不禁。及君公事畢，將歸，不謁客，先赴監中别囚，與囚對泣，如母别子。囚之知必決而有老親者，求君寄聲身後事，君皆一一疏於紙，歸途迂道往致其家。其或有梟示近地者，仍爲之瘞其首焉。

新疆地多浩壤，戍邊之將各以部卒及謫犯開屯田，無限制，故武職多富。其應給軍糧，則設糧廳爲收放，尖入平出，謂之耗羨，以供差徭雜費。初未設州縣，其各屯糧廳必揀調内地之彊幹者，謂之調口。每遇當調，不願往者必多方求免。至是烏魯木齊呼圖壁糧廳員缺。時適有遣犯戕官作亂事，人尤畏之。郡守方忌君送囚而囚不逃也，則僞以彊幹有爲薦君調口。爲君憂者皆勸其以疾辭，否則宜送室家歸，隻身赴邊。君夫人吴恭人謂君：「是不可辭，辭且獲譴，且必偕行乃相安，死生有命，奚懼焉？」於是渠民之送君者哭聲相續，皆慮君不生還矣。君行出關七千里，始至屯所。適值嚴冬，朔風苦寒，墮指裂膚，積雪中人首纍纍，逆旅之犬銜之入牀下。呼圖壁城戍兵千餘，守備數十員，統於一都司。屯田徧野，例交文倉收管者若干，貯都司屯倉以備徵調者若干，餘皆入營員私橐。蓋漠外無運道無蓋藏，民食仰屯餘之蓄。歲祲麥貴，都司往往盡糶其備徵之糧，獲利倍蓰。次年則補之有餘，亦未嘗有所徵調也。故事，凡祭祀拜次，文東武西，定位也。君到官，與都司祭武廟，都司欲拜東，君與争儀注舊制，都司怒，自是事事相掣肘，且時命其軍校尋隙。一日，有遣犯竊商旅，君緝得其人，拘繫之，都司率弁卒奪去。君申提督，提督亦不理，於是釁益深。都司令其營校邏守文倉，雖遵例支放，而耗羨則不許糧廳出糶，以窘困之。閉糶數年，耗糧充棟，積而勿用，賴新畺雜職養廉厚，得不飢寒而已。乾隆三十六年，吐爾扈特率衆數十萬來降，奉旨計口給糧以安插之。伊犂將軍所部數千里，降人咸在將弁屯倉所儲備徵糧以供數。羽檄下都司，文到即速運，後期者以乏軍興論。都司得檄，憂怖莫知計之所出。蓋是年麥價踊貴，凡諸屯之儲盡糶，積金雖多，而千里内外無市糧處。於是有爲都司謀者，是非求舒某不能解。都司慮君懷怨已深，將必不許。其人曰：「吾觀此人輕利上義，膽雖大而心甚慈，宜可以誠禮動也。」於是都司乃率羣弁造門請謁。君方習射後圃，釋弓矢，出見之，則長跪乞救死。君再三掖之起，詢知所急，慨然曰：「蒙君數年爲我守，用有此積，我亦豈乘人之急者。事不可緩，今盡以管鑰付君，即自發運，以成數報我可耳。」都司竦悦出於望外。

於時金川用兵，詔許有能運糧餉軍者，敘勞授官。君乃命其長子慶雲應詔，得議敘同知加二級，封君爲中憲大夫。適君兄來視弟，道歿於山丹，君遂辭職，往護兄喪歸里。瀕行，念塞外貧交多謫戍而無依可愍者，取槖中糶粟價三千金悉分贈之而後别。既而慶雲除廣西慶遠府同知，攝永寧牧，迎養君至署。己亥，終於州廨，年五十有一。

舒固世族，今慶雲仕爲浙江金衢嚴兵備道，其羣從子姓爲牧令者甚衆，人以爲隱德之報云。君初至塞外貧甚，都統索公憐之，以監照百紙發君備賑，君辭不受。後十年，口内外監照冒賑案發，而君獨免，非先識乎？君第三子夢蘭，世偁白香先生，以才俊名，所箸《天香日記》《湘舟漫録》、詩文集皆行於世。嘗在怡賢親王邸爲上客。甲辰應江南召試，一時如紀文達公、趙文恪公、胡文僖公、楊中丞蘐皆與游好。白香子普即文僖壻也。

方東樹曰：余讀史，嘗刺取古人縱囚者十餘事，皆奇偉。而歐陽永叔獨議唐太宗爲好名，豈盡然與？夫子語或人「以德報怨，何以報德」，而又偁伯夷、叔齊「不念舊惡，怨是用希」，夫言豈一端而已？豚魚可格，而仁之爲道遠，亦義各有當焉耳。余未識白香，而顧嘗辱與之書，極相慕悦。且願與余談，顧與連日夕談而不一談。嗚呼！是可想其風期矣。道光十七年，余在兩粤制府幕，而普仕爲廣東鹽場大使，示余以楊中丞所爲《保齋逸事記》，余因爲點竄爲《保齋家傳》。是年冬十二月，白香卒，而余遂終不得與相見，故並及其梗概焉。

都君傳

當吾世而有篤行誠孝者，曰都君。余敬之慕之，因爲之傳以警世，而使知鑒焉。孝者，庸行也。自衆人能盡其道者少，而視之遂若奇行焉。若夫衆人所共難以爲奇行者，而君子行之祇若庸行，衆人於君子所易者而難之，君子於衆人所難者而易之，若行其所無事，無他，直所以用其恩者，有推與弗推耳。

君名某字某，世爲桐城人。始君生而父客游於秦，君之叔祖父及羣伯叔咸挈家偕往，君煢然依母家居。未幾，而母亡。又未幾，而父繼歿於客所。於時，君甫五齡，無所依，則就鞠於外氏，隨羣兒力樵采以供薪爨，恆冬無緼絮，夏無絺葛，餐蓼茹蒿，朝夕負荷，以自食其力，以自脱於飢寒。及長，娶婦倪氏，倪亦賢淑，日勤紡織，以佐乏匱。君傭力以給生計三十餘年，備歷苦艱，卒無能多所贏蓄。

居常早夜西向號泣，以不得歸其父骨爲痛，一旦決意欲往，因告貸於素所親愛者，爲販茶以佐資斧。於是由舒蓼徑商雒，徒步二千餘里，忍飢露宿，得達關中。至則覓得父棺所埋葬處，殮其骨，載以歸。歸至中涂，每夜若聞哭泣嘈囋聲甚衆，相隨於後，君悟，因泣而祝曰：「某歸，若能自存，當復來迎叔祖父暨羣伯叔柩，終不使久淹於異地矣。」祝畢，而哭聲隨息。越數年，復徒步盡取叔祖父母等八柩，悉改殮其骨以歸，因買地爲三分而族葬焉。嗚呼！此一事也，是士大夫讀書仕宦而莫或能爲者，而君以一窶人，再行而畢葳焉，豈必其力之能裕與？亦竭其心所不容已焉耳。

先是，君少孤，不能省其先祖父墓，每春秋祭，輒攜香楮望冢之屹然高大者而拜之，人皆笑其非。君志窮，乃傭於其山下之人家，不取其工值，求之一年，始得諸夌隴之中，因買田置祀而廣其界。又有祖山爲他姓盜佔而葬者，君踵門哀求，以大義動之，其人卒感其誠，而自行起阡焉。君少所鞠外氏已衰薄，有柩久淹不舉，君購地代爲歸窆，以報其豢育之恩云。其於他親疏及戚墳墓，苟其子孫不克振者，歲時必徒步親往代祭，極其誠敬哀思之情。里有殷某，挈家之秦，而託其鄰爲視其親柩者。及遇君於秦，詢知其所爲，則大慟，因以屬君。君歸，視其柩，則前和已壞，力爲捐貲而葬焉。

君生於乾隆辛卯年，卒於道光庚子，享年七十有一。生二子：某、某，遺命子周卹族人惟厚。

論曰：古人一事得力，其心遂以數十百用而終身不盡，他事類然，況其爲至情之所發與？迹君之所爲，多在於親喪追遠之事。《詩》曰：「永言孝思，孝思維則。」又曰：「孝子不匱，永錫爾類。」若君者，信乎其不匱而可則焉已。余撰君事，輒爲太息泣下云。

先友記

東樹嘗欲倣柳子厚作《先友記》，顧惟先曾大父友計四方近遠無慮都數百人，其在同邑固已百餘人，皆當時知名奇特士。東樹生晚，遠方諸人既不克究知其行義爵年，即同邑所知聞，多有用無世而泯滅者，獨謹識其名氏而已。至於先子，不好聲氣交，平日相往來樂晨夕者，止鄉曲束髮友數輩，至老莫替。懼流風遺韻之不聞也，謹記傳之。

左堅吾，字叔固。父周，由御史爲浙江寧紹台道。君口不言官位，不應科舉，平生不與要人通一書訊。母，劉海峰先生女也，早歿。君痛母死時貧乏，泣血三年，坐處左右地恆溼。少長外家，習聞緒言，隱然以楊子幼之於司馬子長自處。性多通解，精葬術，有來請者一無拒。又習知海内氏族年婣故舊，並其行輩親疏遠近，酬對所及，幾擅李守素《肉譜》之能。工書法，俊逸倜儻，兼徐季海、歐陽詢二家筆勢。姬傳先生最重君，每論詩文，輒曰：「叔固評是，吾復何云？」君舉止儀度吐屬似魏晉閒人，當衆人羣聚，君至，恆如仙儒高士蹁躚從世外來，一坐皆傾。每發言，必歎言絶凡近，多出人意表，去則皆如有失。東樹幼即知愛敬君，每來與先子言，則追侍不欲暫離，惟恐其去。然性偏不喜伊川程子，常極口詈之。中年忽自服硫磺致疾，卒年四十八歲。平生無箸述，雖先子至密從，未嘗見一字。

孫起峘，字岦之。六世祖節愍公臨爲楊龍友監軍，同死仙霞嶺之難，《明史》坿傳。祖建勳以武進士爲御前侍衛，仕至陝西興漢鎮總兵。父顔，乾隆辛巳進士，未仕。君中嘉慶辛酉進士，選授蘇州府儒學教授，告歸卒。君爲人短身細弱，而清高之氣、不屑之韻，翛然出於儕類。被服修潔，儀止天逸，音詞亮越，博學彊識，性冷峭不言，而寒光逼人，人亦以是避畏而疾忌之。喜藏書，多得佳本，手自校勘，籤識精良，人有欲假之者，弗與也。箸有《榷經齋劄記》。君與先子交密，東樹幼時樂親父執，最爲君所愛，故以謳於其兄與嫂，而以其猶子妻予。君一子，早卒，有孫四人。然藏書久散迭矣。君不工爲程式文，其鄉、會試卷皆雜以經古語砌成之，人或以爲誚，不屑也。

張元輅，字虬御，祖桐，山東萊州府知府。父曾份，直隸南路同知。君容體骯髒，氣貌矜高，平生未嘗屈於人。其服食言笑起居，無往不挾帶貴氣而不自覺，其實君非至貴，亦非有施施於驕伉，蓋真性天發自率，其本量如此。中年以例選授廣西州吏目，夫以至貴之性，而就至卑之職，豈退之所云「物各有分，非天使然乎」？居廣西三年，適中丞南康謝公修省志，請君爲分纂。事畢，旋以病免歸，歸後二十年而歿。君工書，雄古奇縱，全得晉、唐人筆法甚備。當嘉慶之季，逮於道光之世，海内書家未之有或過者，以名位卑，故不顯。小篆逼秦相，快劍長戟，頗自矜貴，嘉定錢坫、陽湖孫星衍極所嗟服。君厨饌最精，性善飲，每醉後，容態言笑愈雅，適可愛慕，東樹每樂觀之。醒時，反不若也。嘗邀先君飲，亦召東樹，父子咸暱親之。君通小學，精《説文》，無箸述。自先子殁後，君彌親愛東樹，恨莫有報焉，每念之則泣。

馬宗璉，字器之，嘉慶己未進士。母，姚姬傳先生妹也。少學於舅氏，長游京師，改攻漢學，益治經，箸《春秋左氏傳補註》行世，最爲儀徵阮相國、高郵王尚書伯申所重。君性真率，東樹已受室，君來，猶呼東樹乳時小名，近今無復此古風矣。君子瑞辰，嘉慶乙丑進士，官工部都水司郎中，箸有《毛詩傳箋通釋》。

方相褒，字揚廷。父輔讀，江寧上元縣知縣。君中乾隆癸卯舉人，爲直隸宣化府保安州書院山長數十年，遂卒於彼。無子，季弟相宸以仲兄難蔭世襲雲騎尉，官至廣西參將。先子之交，惟君與馬丈器之最早，而喪逝之早亦惟君與馬丈略相等。君性慈祥，遇人無親疏，皆待之如骨肉，言論坦誠無城府。夫人顧，喜書能詩，恆呼先子爲兄，呼東樹爲姪。東樹每至君家，則聞歌詠聲滿室，或就爲東樹講授之，視之如子。君與東樹不同族，而君與顧夫人視予父子不異家人也。

王灼，字濱麓，居樅陽，海峰弟子也。乾隆丙午舉人，爲池州府東流縣教諭，箸有《晴園文集》《詩集》。先子與君論詩文最相得，大約皆宗海峰也。東樹在江寧時，每鄉試之年，君例來送諸生録遺科舉，東樹必往謁。其後君歸，東樹過樅陽，亦必謁於其家。君爲人方嚴静重，不苟笑言，持身刑家一率以禮。樅陽一鎮之人，無不嚴憚王先生者。儀徵阮相國與君爲同年，然以文行獨最重君，他同年不及也。

左眉，字良宇，堅吾從父兄也。少聞海峰緒論，長習姬傳先生，於文章學問皆早識塗轍，用功甚專苦。君軀幹短而黑肥，性慓直，遇事率言無所避，當其發口，如鯁在喉，必吐之而後快，人多憎其戇，恢如也。女適姚元之，夫人戀女，遂挈家之京師，然非君意也，乃獨客山西潞安，竟卒於彼。先君集中云：「聞其晚學詩，而未見也。」

潘鴻寶，字鼎如。父洵，由知縣洊擢浙江杭嘉湖道。君儀止清修，雖席豐厚，而行己居學，矩矩然儒士也。師事姬傳先生，工書能詩，喜手鈔書。二子相、羣，皆從先君受學。相，仕爲緜州州判，迎養君與夫人至蜀，遂皆卒於緜州。相今爲直隸順天府東路同知。羣，胡虔壻也，更名光泰，以舉人選貴州天柱縣知縣。君在當時，若無以大過人者，然以東樹少所親敬俯仰數十年至於今日所覯，求復有如君之居身檢素、言論無陂、信讓校然，如思古人也。

吴庭煇，字正行。父貽詠，乾隆癸丑會試第一。兄賡枚，官御史。君嘉慶辛未進士，官止四川涪州知州。種之先生暨侍御君，皆與先子厚，而君尤親昵。君居身檢迪，居家肅整，居官惠勤，居鄉介和，不絶俗，不徇俗。東樹嘗謂其門内有萬石傳家則也。

馬春田，字晴田，號雨畊。君於先子年輩少先，平生宦游，晚始歸里。於時，同輩喪逝略盡，故於先子尤親昵，游必共詣，吟恆同韻，今兩家集内所存尚可考也。君箸有《雨畊詩集》三卷。

胡虔，字雒君。父承澤，字廷簡，號蛟門，雍正丙午舉人。己酉，聘充山東鄉試同考官。庚戌，成進士，授刑部主事，改山西靈石縣知縣。有惠政，修隄防河，民偁爲胡公隄。蛟門先生與先曾大考友，晚始生君，故君年齒少而行輩爲長。先子少與君友，蓋扳以相接也。君少孤，生母朱早卒，適母戴教養以至成立。性至孝，好學，刻苦自成，師事姚姬傳先生。家貧，客游爲養。乾隆丙午，翁學士方綱視學江西，君在其幕。時南康謝公啓昆居憂在籍，因得與訂交。謝，故學士門生也。其後謝官江南河庫道、浙江按察使，皆邀君至其署，惟任山西藩司，以道遠不獲同行，遂入秦觀察瀛幕。及謝調浙藩，以至巡撫廣西，自是君皆相從，與之終始焉。謝所纂《西魏書》《小學考》《廣西通志》，皆出君手。嘉慶元年，恩詔保舉孝廉方正，時朱文正公爲安徽巡撫，儀徵阮相國爲浙江學政，同謝公首致書推薦君，以不與試，賜六品頂戴。先是畢尚書沅督兩湖，日聘君纂修《兩湖通志》及《史籍考》等書。君平生撰述，多他人主名，故己所私箸罕卒業。嘗刻《識學録》一卷。其餘殘稿散佚，盡爲鄉里小生竊取去，今其家藏書手墨蓋無隻字存者。君爲學勤，留心掌故，桐城新修邑志，所載《蓺文目録》一卷，亦本君稿。君三子：長傅，少從先子受學，今老而旅困在粤，不能自振；仲子某，出嗣君弟，亦奔走無定在；少子某，依其婦家在楚北，數十年未嘗返鄉梓。往年，君仲子以君所箸《柿葉軒筆記》一卷見示，東樹鈔而藏之，以君之箸罕存也，輒代付梓，並撰君行歷以傳。

學者因牽連而識先君所尤厚者，爲《先友記》，存情好，敘宿尚，凡十有一人。

考槃集文録卷十

墓誌　墓表　祭文

贈通奉大夫姚君墓誌銘

君諱某，字襄緯。自考以上，官世行治既皆有銘紀於家乘，則君之子瑩所爲《麻谿姚氏先德傳》者也。少卓越自喜，性伉直，不爲苟容。當其義所在，決爲之與所不爲，如風雨之疾至，勃然不可遏抑，雖犯難無所避。先君子嘗受其贄，當是時，君之羣從昆弟託絫世交皆從先君子游，而於君尤以氣誼相驩。君世禄仕，而家匪豐，既又遭中落，遂廢學，以書記游幕。歷廣西、江蘇、浙江、山西、江西以至廣東，率皆以伉直疾惡困而寡合，常鬱鬱以不得行其意以養以祭、以厚其族戚惠及民物爲恨。居常盱衡時事，每抵掌忿激，酒酣怒駡，或繼之以泣，人或憎畏之以爲狂。嗚呼，是烏知君意之所在邪？

粤俗嚴捕盗，冒得者率妄搆不辜邀功擢。有鹽大使某將踵行其智，君力争得寢。其他所居幕，遇獄有枉者輒不避事司，危言救諫。久之，子瑩成進士，君始自粤歸。居里六年，瑩得選爲福建平和縣令，公就養官署，嘉慶丙子也。由是君之志事，瑩壹稟君意，究而行之，然後君之意氣乃稍稍發舒矣。

及瑩調臺灣，君隨之渡海。瑩以事罷職，將内渡，君疾作，卒於舟中，實道光二年十一月某日，距生於乾隆二十九年八月某日，得年五十有九。公未歿時，以子瑩貴封奉直大夫臺灣縣知縣加三級，卒後贈通奉大夫福建、臺灣兵備道，加三級。

娶張夫人，故太傅文華殿大學士謚文端元孫女也。祖若霳河南武安縣知縣，父曾輒雲南尋霑司吏目。夫人三歲失母，能讀書，曉經史大義。年二十歸君，逮事舅姑，以孝偁。勤苦持家，親課子，卒成就爲名賢，以文學、政事聞當世。夫人之歿也，後君五年，時瑩奉部檄入都。故事，改降復官者，例還原省，故夫人留待，遂卒於閩。子四人：朔、鑾、瑩、和。鑾、和早卒，朔監生，瑩嘉慶戊辰進士，今任福建、臺灣兵備道加按察使銜。孫四人：繼光、啓昌、應昌，朔生；濬昌，瑩生。

朔、瑩將以年月日葬君某鄉某原，張夫人祔，而命其故人方東樹爲之銘。初，君之自粤歸也，樹亦自外返，居宅鄰近，朝夕數過從。維時先君子衰老，君之昆弟及與昔日同學者死亡過半，其存者或流離窮困，居行靡有定止，每相與欷歔感歎不能自勝。雖有時興發，對酒縱談，劇語如平生，然微窺君豪雄奮猛之氣亦少衰矣。嗚呼，蓋自是不復見君矣。既追念疇昔，又與朔、瑩久故，其何顧而辭？銘曰：

士不用，賫厥志。歿以泯，疇知悲。獨有子，究以施。尚君見，及慰之。人之惡，天之私。得我直，無怨疑。訂君實，昭銘詞。

張石徛先生墓誌銘

先君子有友六七人，皆以俊才明識高於一邑。其平日論議風軌，邑之人咸望而避下之，無敢抗謂能與同趣者。而先生尤高岸有氣，率常絀人而不絀於人。少隨父南路君官直隸，即知爲古學，工書，兼精小篆法，同時以書名家者莫及焉。南路殁，先生扶柩歸，後往客直隸十餘年。嘉慶己未，援例授從九品，分發廣西爲巡檢。廣西大吏皆欽重之，不以末秩相遇。會中丞南康謝公修省志，獨令先生與纂修。先生既以氣高世沈困下位非其志，又適得髀癰，弟元輈遂迎歸，析己資奉養以終。先生善飲，數爵後，談笑神情愈灑然可觀愛。與先君最昵，而尤親愛樹。樹每自外歸，先生必爲美飲食相召，忘年輩而降色笑焉。先生歸，日手寫古書以課子煒。有招飲者，亦輒往而不拒。閒攜杖偕一二相好出游郊外，以寄其散適之興，而其胸之所懷不可得而見矣。

君諱元輅，字虬御，其先世行歷具於姚姬傳先生所爲《南路君誌》，生乾隆某年月日，卒道光某年月日，年六十有八。初娶顧孺人，生一女，無子。繼娶趙孺人，直隸武清縣乾隆庚寅舉人陝西府谷縣知縣諱盼女，生一子煒。君母弟三人，元輈出繼伯父，至是元輈復無子，以煒嗣。煒將以某年月日葬先生於松山之金石原，樹追維平生，最其志行，而爲之銘曰：

生志弗伸，殁名弗振。惟其直氣，藴結弗淪，鬱此高墳。

朝議大夫廣東嘉應直隸州知州加知府銜金君墓誌銘

君諱錫鬯，字秬和，一字伯卣，號倩穀。金氏系出漢秺侯，世居安徽休寧縣之七橋邨，八世有曰龍沙者始遷居浙江嘉興府桐鄉縣，遂隸籍焉。康熙己卯舉人、庚辰進士、官工部都水司主事諱樟，是爲君之曾祖。主事復由桐鄉遷居江蘇之太倉州，而仍籍桐鄉。樟生烈，官廣東惠潮嘉道，調糧驛道，是爲君祖。烈生埴，官廣西新寧州知州，是爲君考。君生而穎異，三歲識字，試之輒不忘。五歲就傅，誦讀倍常童。九歲，其從祖某授以史鑑，即知欣喜，朝夕披閱。十二歲，隨侍新寧任所，習舉業。君昆弟七人，第三弟錫璐出嗣君叔某，官廣西象州知州，象州迎養繼母朱在任。新寧命君送錫璐往象州，兼省祖母。至則象州猝遘風疾，歿於官。君時年十五，爲經紀喪事，悉合禮義。新寧嘗以催繳鹽課不力，詿吏議，罷職歿産，後雖復官，而家業蕩然。君侍祖母，經理家務，閒爲人佐書記，或教讀謍菽水爲養。由是終新寧之世，及得官之前，恆幕游四方，而交日益廣，學日益進。故君之究心考證、收藏彝器古泉，由交山東桂未谷馥、吴江陸直之繩始；君之講論經史小學，由交嘉定錢宫詹竹汀、徵君可廬及錢氏羣從東垣同人輩始。南康謝中丞啓昆爲浙江方伯，日輯《小學考》《史籍考》諸書，招致名宿，如桐城胡徵君虔、鄞縣袁徵君鈞、海昌陳孝廉鱣、南城王聘、嘉定張彦曾、仁和朱文藻，君皆與之上下議論，相得無閒，殆有如歐陽永叔、張堯夫之在錢文僖河南幕焉。君之補博士弟子員也，朱文正公實爲學使。其食廩餼也，今相國阮儀徵公爲學使。辛酉選拔，諸城劉文恭公爲學使。戊辰之舉京兆也，出曹文正公門下。又嘗主協揆英煦齋家，而於劉文恭公契尤深。此數公者，皆碩賢也，其門下幕府，號爲天下之盛，而君皆參著於其間，聲望略等，可謂賢矣。

先是君以丁卯科秋試不弟，挑補會典館謄録。戊辰，仁宗巡幸淀津，君獻迎鑾七言詩二百韻，列一等。及試行在，以脱去補字不取。至是以《會典》告成，議敘奉旨以知縣用，選廣東恩平縣知縣。下車，改建文廟，興修書院，凡邑之宿案紊年不結者，次弟清釐，輿情大洽。癸酉，充本省鄉試同考官，所取八人皆知名士。明年，以疏脱要犯，被劾革職。既開復，旋又以獲鄰境盜犯，送部引見，奉旨發原省儘先陞用。是年冬，奉委駐澳門查緝鴉片私販，先後獲犯二十餘起。明年，署廣州海防同知，訪緝益嚴，有以鉅金賄進者，峻卻之。同知駐前山寨，距澳門一十五里，所司民夷交涉事，彈壓大西洋駐澳夷人，雖閒曹而責任綦重。澳夷向設兵總夷兵，其番差夷目，該國例由小西洋撥遣更調，有喍嗹吒等脅衆抗拒小西洋換班，兵總及夷兵等不許進澳。君信義素箸，外夷讋服，於是親往曉諭，宣示天朝成憲法度，衆夷畏從，仍遵舊章。制府今相國阮公奏君撫馭有方，隨陞知州，補嘉應直隸州知州。州俗質樸勤儉，文物冠冕，第土瘠民貧，錙銖重利，匪徒以借貸爲名肆行搶劫。君開誠勸導，詳請平糶，境以帖然。嗣以平反長寧盜案，中丞盧敏肅具奏，恩加知府銜。君先後莅嘉應八年，勤政愛士，百姓畏懷。後以接緝盜案四參限滿，降一級調用。卸篆寓居州城，以道光戊戌正月終於州寓，距生於乾隆某月日，享壽七十有二。

君於昆弟最友愛，禄俸所入，悉以周濟諸親戚誼，罷官之日，宦槖蕭然。嘗訓諸子曰：「經一番折挫，長一番見識。多一分享用，減一分福澤。加一分體貼，知一分物情。」又謂「居家之道莫善於忍，然必思所以善處之方」。初聘汪氏，休寧文端公曾孫女，早卒。繼聘錢徵君大昭女。子四人：鳳沼，兩廣鹽運司知事，錢恭人出；濤，錢塘縣學生，鶴清，邑庠生，鳳清，候選主簿，女一，皆戚孺人出。君箸有《説文引經考》六卷、《澹虛齋詩文集》十二卷、《古泉記》十二卷、雜録自記等若干卷藏於家，鳳沼等將扶柩歸葬君於某鄉某原，而豫乞桐城方東樹爲之銘。銘曰：

其生豐也履輒窮。其施通也用弗終。其蹇躬也道則宏。其封崇也後必隆。

中憲大夫候選道前兩淮鹽運使廖公墓誌銘代

公諱寅，字亮工，姓廖氏，明德慶侯裔。始侯次子曰德有者，遷四川，其後有曰錠者，再遷鄰水。當明季流寇屠川，有曰明命字朝拱者，屢扞城禦難，邑人賴其保障，是爲公五世祖。明命生良碧，良碧生廷玉，廷玉無子，以弟廷獻子能容嗣，是爲公考。自公考以上三世，皆以公貴，贈如其官。

初公考之生公也遲，常昵愛之，年十六已受室矣，始出就傅。公爲學自力，中乾隆己亥恩科本省鄉試舉人，屢應禮部不弟。乙卯挑發河南知縣，初任葉縣，下車之始，即有善政，民咸偁便。嘉慶改元丙辰二月，湖北教匪滋事，葉當孔道，公承辦兵差一事無誤，而民不擾。戊午三月，楚匪焚掠葉之保安，戕驛丞，公撫定賑恤，事咸得宜。五年庚申，以獲劉之協功擢升知府，並賞戴花翎。劉之協者，邪匪之首逆也，倡亂惑衆，爲諸省教匪之魁，屢奉嚴旨，責捕甚急，至是獲之。大吏奏聞，奉旨嘉奬，遂於嘉慶六年補授江南鎮江府知府，署江蘇常鎮道，旋擢江西吉南贛寧兵備道。居三年，署理江西布政使。復任中途，訪聞會昌縣民有習邪匪糾黨、彊逼鄉民入會者，即密飭信豐令、贛縣令會哨掩捕，得首夥等，置之法，會昌以安。逾年己巳夏，安遠太平堡匪徒聚衆，公從數騎馳往，道念匪徒多鄉曲愚民，被誘罣誤，思有以開其蒙而散其衆，乃於路占爲三字歌，疾録數十紙，選幹役分赴上魏一帶，徧帖衢衖。上魏者，太平堡之大聚也。鄉民見之，果相引去，而匪徒遂孤。公明日至，縶縶首匪，事遂定。先是，公在葉有翟家井者，爲邪匪煽惑，公聞信即往，值其正歃血盟衆，遂禽其首惡，餘黨解散。蓋公習事久，達知民情，善於應變多此類。

居贛九年，俸滿，升授兩淮鹽運使。兩淮額銷鹽引百數十萬，財賦所匯，甲於天下。公盡心整頓，生理蕃殖，嘗值歲除，一夕納課至二百餘萬兩，實爲向來希有之盛。逾年，護理兩淮鹽政。值滑縣用兵，軍費繁殷，督各路兵饟甚急。公曉夜籌計，勸諭衆商趕運，兩匝月得軍饟六百餘萬兩，軍用頓饒。在任三載，前後調撥兵饟、河饟一千數百餘萬兩。甲戌，兩淮所屬告裁，殍亡相接。公率厲場屬勸勉各商捐穀數十萬石，親定給散章程，全活不可數計。而公旋以失察劉第五事，鐫降去任矣。淮揚爲東南都會，四方名流鉅公人文駢萃，公接待加禮，一一優厚之。揚州舊有安定、梅花兩書院，公與鹽政阿公又特剏立孝廉堂，樂育獎勸，人至今頌之不忘。

在京逾年，奉旨準其降捐道員用，然公亦遂無仕志。明年丁丑，乞假歸里，復以長孫均官江安糧道，就養南來。未幾，仍回四川。道光四年甲申正月日，歿於里第，距生於乾隆辛未年四月，享年七十有四。

公在河南一充戊午科鄉試同考官，在江西再充甲子丁卯文武闈提調，戊辰、庚午文武闈監試。配邱淑人，覃恩誥封恭人。子二：長思芳，前江蘇候補道，先公七年卒；次思莊，候選同知。女二：長適某，次適某。孫六：長均，嘉慶庚午科順天鄉試舉人，前江南江安糧道；次圻、增、培、堪、域。曾孫幾人某某。銘曰：

官世厥德也，功能厥職也。我銘其藏，載詞無飾也。子孫引之，不朽徵石也。

浙江道監察御史陳君墓表

君諱希祖，字稚孫，玉方其號也，江西新城人。曾祖諱道，乾隆戊辰進士，講學宗朱子，有《凝齋集》，學者偁凝齋先生。凝齋生五子，浙江分巡金衢嚴道諱守誠，其長也，是爲君祖。金衢生光禄寺署正元，是爲君考，蚤卒。初，凝齋遺貲鉅萬，分授五子。金衢公輕財好施，遽罄其所授，而五分之。金衢殁，光禄率而行之益力，所居中田邨千餘家，多待其舉火。及其卒，鄉人争赴神祠籲乞，願以身代，而卒不起，年僅三十云。光禄生君及仲季希曾、希孟。希曾，己酉舉鄉試第一，癸丑以第三人及第，歷官工部侍郎；希孟，選拔貢士，候選同知。

君少孤，與其弟及從叔用光等從鄉先輩魯九皋學。九皋固名儒，君受其學，故童丱爲文即有聲。丙午，中本省鄉試舉人。庚戌，成進士，改刑部主事，迎母黄太夫人就養京師。某科典河南鄉試，某科分校禮闈，所得多知名士。居刑曹二十餘年，以弟希曾爲刑部侍郎，迴避，改户部員外郎，遷吏部郎中。尋希曾、希孟相繼殁，太夫人南歸，君時記名以御史用，未引見，不獲侍母出京。既擢浙江道監察御史，即乞終養。行至杭州，以疾留旅次，卒，嘉慶庚辰七月也，得年若干。黄太夫人年三十一守節，凡三十年，至是先君一月卒，而君竟不及知矣。君工書，聚古今名家法帖，妙悟而師其意。其運筆於沖淡中取神采，人謂有得於《黄庭》之法。配魯恭人，前兵科掌印給事中蘭枝之女。生一子，延恩；女一，字戴氏，殤。妾趙氏，生一子三恩。孫一人。

翰林院編修陽湖徐君墓誌銘

君諱賡颺，字性甫，先世義興徐氏，明大學士諱溥謚文靖公之孫埛始遷陽湖，故今爲陽湖人。君祖諱某，考諱某，皆以君貴封贈如其官。君少穎敏，讀書自刻厲，舉乾隆乙卯順天鄉試舉人，辛酉成進士，選庶吉士。仁宗幸翰林，禮成，獻詩併旨，賜《味餘書室全集》、《九家注杜詩》、高宗御銘八稜硯墨、蟒緞絹箋。壬戌，散館授編修，歷充實録、方略、功臣館纂修協修官。故事，纂修館書有脱誤字未籤正者，予奪俸。君時病喀血，力疾蕆事，未以一字罣吏議。戊辰冬，保送御史，特旨試修己治人論、明刑弼教策，奉旨記名四人，君次第二。引見日，君病適初痊，值大寒，遂劇不起。君生乾隆戊子某月日，卒嘉慶己巳某月日，得年四十有八。配袁氏。子二：廷幹，廷華。廷華出嗣君弟某後。女一，適吴縣廪生沈秉銓。

君性仁孝端謹，好奬掖士類。箸書若干種，皆散佚不完。嗚呼，以君之才，使天與之年，以就其志，以成其書，以效於事，詎止於是而已邪？然尚能致通顯，以文字結知主上，以較夫世之懷奇不遇，轗轗槁死萬分不一見，而或又無子以承其世與學者，猶若有愈焉。君子廷幹等以君卒之年冬十二月，葬君於某鄉某原。越二十有八年，廷華乞桐城方東樹追爲之銘，銘曰：

仕與壽，嗇厥命。才與名，景厥行。宋二王，回與令。絜之君，亶與并。吾銘不磨，與安石競。

管異之墓誌銘

管異之卒後三年，其友人桐城方東樹念異之孤貧於世，事蹟無可述，獨其文章震耀於當時，而可以不泯於後世，兼以平生游好之密，不可以不銘，乃從其孤嗣復求得其遺書，因次其世以爲之誌。

君諱同，字異之，江寧上元人。父文郁。祖霈，官潁上教諭。君以乾隆庚子十月十六日生潁上教諭之署。年九歲，祖與父相繼殁。母鄒太孺人奉其祖母葉太孺人歸里，鄒太孺人賢，上事姑，下教子，其所以支持死喪，備極苦艱，卒成就君爲名士。

嘉慶初，姚姬傳先生主鍾山書院，君與梅君伯言最受知。其後君苦力孤詣，學日以進，名日以大，四方賢士争欲識君矣。道光五年乙酉，新城陳侍郎用光典試江南，力拔君得中舉人。陳固姬傳先生弟子，既得君，不敢以世俗門生之禮待君，其文字苟有偁，必曰丈。同邑中丞鄧公巡撫安徽，延君課其子。後六年偕鄧公子入都，道卒於宿遷旅次，年五十有二。始余自推星命，不利卯年，君與姚君石甫嘗豫爲之作輓詩。嗚呼，孰知君竟先余而逝也。

乾嘉中，海内學者以廣博宏通相矜放，而言古文獨推桐城姚氏，自中朝搢紳及於鄉曲後進無異詞。君與陳侍郎久親指授，最承許與，侍郎貴仕於朝，名最顯，君以窮士在下而與之抗，知者以爲實過之。鄧中丞暨梅君伯言爲君梓遺集，讀者亦足以知之矣。所箸《孟子年譜》《七經紀聞》《大學説》《文中子考》《戰國地理考》、詩集、《皖水詞存》，俱未刻。君娶朱氏。子一：嗣復。女子二，適某、某。嗣復將以某年月日葬君於某鄉某原，預爲之銘，銘曰：

君之行孚於人，君之學足於己。君之文足以永，君之名斯已矣。

贈朝議大夫山東濟寧直隸州知州張君墓誌銘

君諱䋧，字惠常，桐城張氏太傅文端公之曾孫，工部侍郎諱廷瑑之孫，雍正乙卯副榜贈朝議大夫諱若渠之次子。年十三失怙，奉母事兄，克盡子弟之道。讀書警敏兼人，弱冠入泮，兄曾敭中乾隆戊子科鄉試第一名舉人。後十年丁酉，君應順天鄉試，中式第二十一名。先是里有鬻妻以償親喪之費者，君聞之，私出金代償，完其夫婦，至是夢神人若示以宜入北闈，遂獲售，人以爲陰德之報不爽焉。辛丑，充覺羅官學教習，期滿引見，奉旨以知縣用。丁未，揀發山東，試署新泰、嶧縣等縣事。戊申，題補兖州府寧陽縣，充本省鄉試同考官。己酉，調汶上縣，逾年署濟南府歷城縣，旋陞署濟寧直隸州知州，卒於任所。

君才識敏練，宅心仁厚，所至興利除害，惠洽民心。其在汶上，政績尤箸。汶水南注會通河，洪波漲激，舊築煞汶壩以束水勢，歲費椿木藍料數千，皆取給民閒。君悉知其艱，詳準大府以藍料改爲官辦，永行蠲免，不以絫民。復捐廉五百金，自行采買椿木，民困以甦。是歲五月，因運河水淺，大府飭挑汶河，自縣北界寧陽皮山岸起至分水口止，計長一百二十里，需派夫一萬六千名。君察其非要害，親見大府，陳其形勢，懇行停止，省民閒數萬金。七月，又奉飭挑石頭口引渠，工長三千六百丈，計土九萬七千六百餘方。君復詳請緩辦，省民費數千。又民閒歲出軍需車輛，君洞悉其絫，改爲自行運行，免出里下。在汶一年，善政絫絫，故君去任，而汶人感思尤切，爲立碑頌德焉。

君歿於乾隆五十六年三月，年五十歲。以從子元儁官貴州思南府知府，貤贈朝議大夫。元配姚氏，江南河庫道諱廷棟公長女。繼配姚氏，即前恭人妹，俱贈恭人。子二：長世南，次元奎，元配姚恭人出。元奎早卒。女一，繼配姚恭人出。孫一人，孫女一人，曾孫二人，曾孫女二人。道光丁酉二月，君之孫聰度葬君於某鄉某原，而乞同里方東樹爲之銘，曰：

煜煜世胄，抱奇懷仁，曰自少幼。成名入官，效於治事，功用以茂。驥足千里，中道而蹷，遠猶不究。銘是幽宮，龜言告吉，克昌厥後。

文林郎山西陽城縣知縣前户部主事徐君墓誌銘

君與余居同巷，學同術，少小相知，及壯而反疏，則以升沈之塗異，而蹤迹遂以契闊。幸老而同歸鄉里，方將與君燕談樂飲，朝夕過從，而續夫少日親知之好，以補中年睽别之情。胡僅七十日，初服未及理，而桑户遽返於真，在日之善不可忘，既歿之哀奚以塞！然則宜銘君者，非余而誰讓也。

君少好學問，於書靡所不窺，矻矻鑽研，期爲不朽之業。伯兄眉以經行偁於時，君少從受學，固已超出儕輩。及成進士，起家爲京外官，宜以文學名，而君顧復以政事顯。賢者不可測，君子不名一器，於君信之。其爲户部主事，本司職兼漕務。君到部未久，句稽出蘇松積年蒙隱未解銀七十餘萬，咸偁其能。凡官部曹，缺有定而人衆，補實恆稽遲，非十餘年不得。然雖淹滯，固監司階也，故士亦多樂留焉。君學習報滿，當留部，念親老獨不顧，決辭而歸，爲近地游，以資菽水。歷主亳州、徽州書院，因覽黄山之奇，箸《黄山紀勝》。旋以伯兄、仲兄皆歿，亟謀禄養，乃乞改官，選授山西陽城縣知縣，以例改近省，授浙江壽昌縣。壽昌距桐城水程非遠，遂迎母太宜人於署，左右奉養者八年，年九十六終於署。服闋，仍補陽城。居陽城六載，年甫踰六十，遽引疾歸。

君性彊植，不能與世俯仰，尤不善伺應長官，故不樂終仕。嘗自偁曰：「性不隨時，才不周務，不堪世用也。」然居心仁恕，爲政寬平不苛。其在壽昌也，勸民墾山地，興立書院，修廢舉墜，事無滯者。在壽昌五年，調任臨海。臨邑獄訟殷繁，君處之裕如，反得以政閒箸書。其在陽城也，邑有蝗，民以爲神蟲，弗敢撲。復有惡獸傷人甚衆，民又以爲神獸，而不敢捕。君吞蝗，以示無畏，禱於神而捕惡獸，而兩害悉除。邑有析城山，即成湯禱雨處。山有神泉，旱歲禱之，輒應。營卒牧馬於山，污神泉而蹂民稼，民苦之，而不敢抗。君詳陳其害於撫軍，遂得禁止。故去官而民思之，生爲立祠於山下。前去壽昌，民亦爲立祠云。

君諱璈，字六驤，號樗亭，上世於元至正中由婺源遷桐城。十四世祖諱良佐，明初由進士仕至陝西左布政使，事蹟載邑志。曾祖諱鋐，國子監生，妣石氏。祖諱志沅，贈文林郎臨海縣知縣，妣張氏，贈孺人。考諱之柱，贈奉直大夫户部候補主事加一級，妣王氏，封太宜人。君中嘉慶十二年丁卯科江南鄉試舉人，十九年甲戌科二甲進士，授主事，分户部雲南司行走。二十四年爲會試彌封官，道光五年在壽昌爲浙江鄉試同考官。生於乾隆四十四年四月日，卒於道光二十一年正月日，享年六十三。配王孺人，生子二人：長某殤，次某早世，無子，以從兄子某嗣。女一人，適縣學生葉某。側室李生一子，周晬而殤。

君箸《詩經廣詁》三十卷、《牖景録》六卷、《河防類要》六卷、《黄山紀勝》四卷、《樗亭文集》四卷、《詩集》八卷，皆已栞行。又選鄉先輩詩四十二卷，名《桐舊集》，刻未成而君歿。其餘所撰尚夥，未刻者六種，未卒業者四種，皆藏於家。將以某年某月日葬於某鄉某原，豫來請銘，銘曰：

其任雖未究，而能則已試也。其書雖未顯，而皆足名世也。我銘其幽，以永之於來禩也。自

記云：望谿先生云：「起家，自家起而尊用也。自荆公誤用，而明代人遂有云以《尚書》起家、以《毛詩》起家者。」姬傳

先生云：「按在家曰居，出仕曰起，非爲尊用。荆公《蘇君》曰『起家三十二年』，❶猶云仕三十二年，其義自爲可通，不必以明人之誤追貶荆公。」先子云：「按此誤實始荆公，觀《金谿吴君誌》曰『以儒起家，世晃黻』，可信望谿之言不謬也。」

朝議大夫貴州大定府知府姚君墓誌銘

道光二十七年九月六日，前貴州大定府知府姚君歿於江寧之僑舍。越明年，將即葬於句容縣新扞先塋兆域，其孤世憙先於七月返桐城，以狀來乞銘。噫，吾故人也，義不可辭，乃按狀次其行歷，並以余所夙知者爲序而銘焉。

君登道光二年壬午恩科進士，以知縣分發河南。三年癸未，補臨漳縣知縣，中膺卓薦回任候升，故在臨漳久，凡七年，前後嘗兩次兼攝内黄縣事。九年，丁母憂，扶柩南回，以桐城墳山禁嚴，動礙他人墓界，往往涉訟，乃卜兆於江寧府屬句容縣孝義鄉大柯邨之饅頭山，並迎其祖若父之柩於桐而聚葬焉。十二年，服闋赴銓，改發廣東，補揭陽縣。在揭陽三年，十五年升連州綏傜廳同知。以前辦普寧縣鐙匪案被臺臣誤劾，經欽使辨明，旋署肇慶府知府。用太史保奏，擢升貴州大定府知府，在大定六年。君尚氣負才，敏而敢爲，遇事執義彊争，上官寖不悦，君以道不合則去，遂決意引疾歸，道光二十

❶「蘇君」下，《儀衛軒文集》本有「誌」字。

四年甲辰也。

君生有異稟，自少讀書，軒輊非常，族伯祖以詩古文詞爲海内所宗，世所偁姬傳先生者也。君早聞緒論，亦欲以箸撰學問文章名世。時會所際，乃反以吏能顯其仕。所歷之地，悉號繁劇難治，而君所至，鋤姦辨獄，禽獮艸薙，卓箸威聲。嘗兩辨冤獄，八鏟賊巢，其餘興利除害，不可殫述，赫然與古功名之士競能，有漢西京張、趙之風焉。初，君至河南，值撫軍程公祖洛與署開封府，後爲河督張公井清審積案，檄君入局。其時共事諸公，皆素負折獄才，君以新進居其閒，見同意合，皆相引重。君每讞一案，推明律意，揆情度理，務使兩造誠服無憾。於時滯獄皆決，悉偁無枉，則君之才得於所授天分者不可度量也。在臨漳，有邑民張鳴武控妻被賊殺，前官將以賊成獄矣。君閲讞牘，偁賊攀折二窗櫺而入，君念北方窗多窄，僅折二櫺，何由能入？且其所居非呼無人應之區，其夫又未遠出，情皆可疑。即往覆勘研訊，果其夫因逐賊誤斫殺妻，懼罪誣控。又有常姚氏被殺，罪人不得，獄久不決。君察是年縣試有招覆第一名文童楊獻子不到，而常姚氏被殺之夜即招覆前一日，心疑之，乃召獻子至署，而察其神色舉動多恍惚。又查得獻子之居，與常姚氏居中隔一家，爲獻子孀嬸，老而瞽，乃以計賺至署。又傳其胞嬸楊越氏誘訊盡一日，夜引至城隍廟，得官媒似常姚氏者，使以血污面，俟人静潛躡其後，楊越氏見之以爲鬼也，與語辨因，遂得實，乃獻子夜至瞽嬸家，借梯圖姦，不從，行彊所殺。邑多無賴，恃彊擾肆，民因不敢設肆，凡日用所需，多遠購之郡城。君廉得故，親巡街市，遇則嚴懲之，期年風革，市肆遂興。俗又好訟，君每因公事赴鄉，遇生童即爲講説義理，見婦女之勤織紡者勞以束布，童子在鄉塾者獎以筆墨。四鄉之民習熟相親，或請赴其家，訴以事者，即爲辨其曲直，或勸令不必結訟，或令其補結存案，歡埘如家人父子，情僞盡顯，無敢作姦，由是訟獄遂稀。

癸未，漳、衛、洹、蕩並漲，漳水改道東趨，抵内黄入衛縣等屬，邨莊盡被沖没。君乘水正發時，齎糧赴水所，且賑且勘，民歡呼感動。幕賓或言當待勘報而後賑，君言：「棄一官而可全萬命，吾何惜！」及撫軍來鄴，遂檄君承辦栽務，全活甚衆。彰屬惟内黄俗最悍，上控罷漕之案，無歲不有。上官擇賢令陳君鳳圖宰是邑，謂能獲民也。會漕務正殷時，陳君以憂去，大吏以君爲彰郡六屬民所素服，乃檄君兼攝内黄事。君至，民果輸納恐後，漕事獲濟。君不取内黄一錢，故陳君亦得無困。内黄有賊藪，其邨四面設壕塹，聚黨羽，具矛銃，兵役莫敢攖。君率兵役乘夜往入邨，搜捕撲滅。臨邑毗連大名境，有積匪聚賭博，不畏官法。君致書大名鎮及大名令，撥兵役堵要隘，會營往捕。匪徒洶洶將抗捕，君大張聲威，驚使散，大名兵役合勢犄逐，遂全數就獲。北地博徒多掘地窖，聚盜其中，其門僅容一人出入，内排鎗矛爲拒捕計。君令以煙薰之，衆争出逃，遂被獲。於是合邑賭窖俱盡，盜賊無所容，皆君調度適機宜所致。

在揭陽，揭陽爲粤省箸名第一劇邑，其民兇悍，積鉅貲爲械鬬費，世相仇殺。城以外，民各距隘守，無敢踰境一步。人有被擄，勒財以贖，不贖，即臠割食之。良民禾稼歲被搶奪，故賦無所出，彊者自祖若父以來不知有納賦事。截奪商賈，勒取其税，名曰「打單」。官斯土者，恐激之生變，率因循苟且，以隱忍爲得計。君下車，召吏民矢之曰：「吾來治斯邑，不要錢，不要官，並不要命，有梗吾治者鋤之。」集壯勇，教以坐作、步伐、擊刺之法。搆崇臺西郊，上揭楹帖，下樹大旆，示以保護善良與民更化之意。集紳耆會臺下，爲若設筵約和者，皆辭以懼仇不敢赴，則命人護之來，俾共知振作本意。初，揭邑有戕官事，民賄和之，不以實報。又昔年鎮道督兵至揭，見其勢洶，乃夜遁，故民益不畏官。邑之河婆司巡檢屬有地名下灘，林箐深密，匪徒匿其中，土豪開張質庫爲之囊橐，盜賊所聚，公肆搶劫，人無敢出其塗者。君會營往捕，其人皆赤身持銃，裹頭脱袴，揭俗亡命者，每以此示必死以嚇人。君調撥兵勇直前衝突，或死，或被擒獲，即時撲滅，於是威風大振。捕一盜，積犯十八案，乃召被害十八家環觀之，轟以火鎗十八出如其案數，被害家皆感泣，民咸偁快。有正兇居錢坑不出，君率壯勇往擒，其地四面皆山，仰攻不可。君入其邨，邨人共奔高山以覷動靜。潮州故事，凡官兵赴鄉剿捕，如人逃避，則爇其室廬，空其積聚。君戒毋焚燒，書示於門，令其耆老見官諭話，限以日，勒壯勇駐河干以俟。至日，耆老不來，君書示復如前，耆老仍不出，君令人入邨見耆老，傳諭述官長意在勸化，無惡意，而耆老終懷疑不敢出。復令一同鄉門生入見耆老，耆老言感官長厚恩，惟負罪太多，故不敢見。某爲一一解釋，復婉導再三，耆老願請官一人獨進邨，勿帶兵勇。報君，許可。次日，君乘輿張蓋入邨，隨行廝役僅數人，耆老接見。君一一慰勞，耆老流涕而言昔年被絫情事，君告以願與更始。諭令將正兇送出，耆老許諾，並請質子以明信，君諭止之。維時民有在四山高望者皆歡呼，偁曰「好官」。君返至河干，耆老知無相罪意，皆送至舟次。君書數箋，分給耆老，以示戢安意。越日，果將正兇獲送，遂置之法。蓋自下灘示以威，錢坑懷以德，而恩信大箸。有罪人潛來城探官消息，役拘以來，君以不能拘人於鄉而拘於城，是使民畏而不敢進城也，縱之歸，並責役。數日，其族長縛之來，乃按論焉。初，差役不敢赴鄉，每奉有票拘，俟其鄉之人有入城者輒拘之，令其以正犯來，始釋放還，故民不敢進城。自此次整頓而後，鄉城始通，其弊乃革。揭邑有榕江書院，久廢，君復興之，作意培養士子，課餘回鄉，皆以官長新政告其鄉人。若聞其鄉有將械鬬者，密先以告，君聞即馳往爲之排解，其不遵者，則併力治之。君置「催科」「止鬬」二旗，於收穫時，懼良善或被搶奪，親督勇壯巡行四鄉，爲之保護，樹「摧科」旗使民無驚。械鬬者，則樹「止鬬」旗以往，未至，而械鬬者懾於威，無不止散。一日，遇持火鎗者結隊行，望見君至，悉没水中。君命以漁網取之，得五十七人，訊爲受僱助鬬者，悉按以法。自是民乃不敢助鬬，而械鬬之風浸息。民間張鐙慶賀，揭牌書古諺語曰「官清民安」云。揭邑之不完賦者已三四十年，至是輸將恐後，雖揭民亦詫爲意想不到也。君將去揭，揭民具公呈赴大吏籲請乞留，呈中歷敘君治揭之政，揭民向德之殷，後引《豳》詩「無使公歸」語，以愛周公者相比況。時總督盧敏肅公閲之，優語批答，準其回任。四境之民聞君復至，演劇以迎，自入境至縣治數十里不絶。先期共揭示曰：「合境共迎縣主復任，有敢乘此爲逆報私仇洩私忿者，通邑大小七百餘邨，共往洗蕩之。」自後民益馴擾親坿，彊梗之俗遂化。新會令陳君鳳圖前署揭陽，爲團練鄉勇犒賞諸費，挪用墊款數至三萬。及是卒於新會任，或有勸君揭參陳君虧空者，君謂「陳君好官，止有一子，又窮乏，吾何忍令其入囹圄受追比之絫？徐圖籌補可耳」。陳君前令内黄，後令揭陽，皆與君相接，似有因緣，然亦可見君厚待同僚，不以財利、死生易心也。

十五年，升連州綏傜廳同知，是冬，奉檄普寧察案。先是普寧令周君赴鄉相驗，令事主一人在己轎中閒行走，蓋亦慮有不虞也。行至大埧，兇徒追至，殺於官前，並殺夫役二人。又有鹽曹官晉省，中途突有匪衆出，傷其輿夫，隨從行李悉被搶奪。大吏奏明查辦，飭潮州鎮惠潮道同帶兵五百名前往督捕，委君隨同辦理。鎮道先赴大埧搜捕羣兇，有遠颺者，有就獲者，乃命君就現獲各犯研鞫，究出有龍鐙會事，同盟有厝寮各邨，以某邨暨涂洋爲巢穴，以磨盤山暨某邨爲聲援。君以涂洋自宋以來未有能攻取之者，因與鎮道謀議必計出萬全。乃遣人至揭陽，借鄉勇百名聽用。至則令屯大埧，防會匪復聚。復令門闞司巡檢劉某同揭勇自大埧，潛捕磨盤嶺，又別遣帶兵勇同日分行潛捕某寨，以先絶其援。次日，君與鎮將整隊伍趨涂洋，令都司趙某攻其東都，司馬某扼其後，揭陽鄉勇自磨盤嶺來亦自成一隊。賊寨中鎗礮並發，揭陽鄉勇從煙火中冒死先進，各路兵繼之，遂大破之，羣匪以次就擒。乘勝復圍捕某邨，傾其巢穴，取獲大礮、鳥鎗、長矛，計前後其獲首從六百餘名。是役，惟傷揭陽先登鄉勇一人，廝役一人。二月，事竣回省，因湖南傜匪藍正樽滋事，恐逆匪竄入連山，乃奏令君先赴綏傜防範。其時，君遣弁目入傜排嚴查，而潮道及三江協及湖南皆有委員，紛紛入排，傜人不勝疑懼。君查明確無潛匪，稟明大府，出示曉諭，八排傜情乃定。君在連州，遇民傜搆訟，於判決時每防微杜漸，必使民傜相安，故以無事十六年。丙申，以前辦普寧案被臺臣誤劾，奉旨交欽使之本先在粤察案者，就近查辦，所劾皆誣，乃得解。初，君自連州被逮，揭陽民聞之，絡驛遣子弟至省探問消息，忽訛傳君已得罪，城鄉驚擾，經潮郡文武出示諭之乃止，此亦可見斯民三代直道之公也。

十七年五月，署肇慶府。端谿大水，城不没者數版。君立城上，率吏役堵守，與水敵不去。吾時作詩貽君，謂似漢王尊云。君以郡爲總督劄所，營伍最大，兵額最衆，乃與營將商預放兵糧一月。時米價騰貴，一經支放，民不知戕。是冬，卸肇慶事，回省，適東莞縣有懷德、北栅、赤岡等鄉陳、何、鄧三姓械鬭滋事，仇殺多命，大吏委君會同督標、中協、都司、守備等帶弁兵五百馳赴東莞，會縣營圍捕。至則各兇聞風逃匿，圍無可圍，捕無可捕。君謂此次督撫會商，大兵壓境，警惕兇頑，若不得民之情，服民之心，空舉而回，何以示懲？乃暫駐城内，諭令送兇以緩之，一面排列船隻以張軍威，以寒匪膽，潛選員弁分途踹緝，遂將首從各犯先後全獲。

十九年，升貴州大定府知府。大定爲苗疆繁要之區，轄三州一廳一縣，其繁甲於通省。其俗好訟，每訟必牽書役，一案變成數案。或藉命、圖詐、賄和、私埋，一切雞豚細故，皆可釀命案，以致良民不能自安。君每逢告期，必親坐堂皇，且閱且批，或當即擲還，或當即斥責，應訊者即日帶訊。每結一案，必有判單，使兩造不能再進一詞。有一批即結者，一訊即結者，無案不辨，無案不結，故吏民咸畏之。其始至，每告期，呈詞必百餘起。期年，僅十餘起。其起解之案，悉依犯者原供，不增減一字。上官或有意挑駮，逼令改供，而犯者自謂情實如此，不肯改。大吏或下一令，君必斟酌地方之宜，不使受新法之紊，見多不合，故卒以齟齬去。郡有白蟒洞，係荒僻之區，無塘汛，墩舖山有岩硐，硐口寬約十餘丈，深約五里，可藏數千人。中産煤鐵。有汪擺片者，招集匪類聚於此，燒香拜盟，結老人會，擾害地方。君已訪聞，及是又有搶擄民人謝石沅妻謝趙氏事。君隨會營往捕，並密諭土目分塗踹緝，旋將汪擺片等五十餘人先後全數弋獲，訊出匪等立有名單規條，約定先搶三江苗寨，後八大户土目，再搶各塲。勘得此地有穴可以容人，有鐵可以鑄兵，有廩可以貯穀。定郡民苗雜處，界連川滇，其被惑及誘協之人更易更多，非他郡可比。今迅速破滅，不致滋蔓，微君之力，將遺無窮之患。

初，君在臨漳，值漳水漲爲裁。是冬，大庾戴相國奉命來勘漳河，時有議復漳流故道者。君考全邑皆故道，故道不可復，乃箸《漳水圖經》。及在連州，君以綏傜乾隆間始設官，其時連山尚爲縣轄併不久，畺域錯處，人多未知，乃刱爲綏傜《廳誌》，二書俱已栞行。文集若干卷，詩集若干卷，俱藏家，世憙等將即爲付梓。

君性好奇，喜大言，行多不掩，人或誚之，君亦無怍容。余嘗面質君，謂君大言不慚，似李鄴侯，君笑不顧。然察君行事，凡有所處，若省括於度，必獲而後釋，非擣虛者所能爲也。嘗與君同宿逆旅，命酒縱飲，劇談至深處，君忽放聲大哭，衆皆驚駭，走集户外環觀。君徐收涕，謂余曰：「吾之哭，豈惟若輩所不解邪？」凡君平生言動，一切率多類此，人咸目爲狂，以比蓋次公沈昭略。昨歲，《答友人書》内，言植之瞋念未除，乃圖欲作佛，亦奇士矣。蓋友人以是謗余，故君因其語以爲誚也。是不知菩薩慧多定少，必至道樹下始斷絶，而白衣在家修行者不受具足戒，是乃佛理至深妙之法，二乘及辟支佛所不能證，餘人那得知？嗟呼，安得起君於九原而與共論此？是故余不可不銘君，君捨余莫能得銘，即銘亦必不當君意。

君諱東之，字佑之，號伯山。七世祖諱文燧，爲刑部尚書謚端恪諱文然公再從弟，仕爲雲南開化同知，負奇才，有聲，康熙時遂爲名家，畫入妙品，號黄檗山樵。黄檗山在東西兩龍眠之閒，故君亦號檗山。後官連州，見山壁閒有宋蘇文定公潁濱石刻「且看山」三大字，故又號「且看山人」。君生於乾隆五十一年乙巳，享年六十有三。高祖諱孔鉞，康熙乙卯舉人，内閣中書，欽旌孝子。配莊氏，封安人。曾祖諱興瀛，監生，贈登仕佐郎，候選從九品。配張氏，繼配馬氏，封孺人。祖諱培致，府學增生，貤贈奉直大夫河南臨漳縣知縣。配張氏，贈宜人。考諱原黼，誥贈奉直大夫河南臨漳縣知縣、例晉朝議大夫、貴州大定府知府。配張氏，誥封太宜人。欽旌節孝，例晉太恭人。君初娶張氏，同里壽州學正諱裕術公女；繼配徐氏，武進縣順天糧馬通判諱準宜公女，俱例封恭人。初納側室周氏，俱前卒。繼納側室楊氏，君歿，殉節，呈報待旌。子六人：世恩、世悳、世憙，俱張恭人出。世悳早歿。壽愷，周氏出。恭懋，徐恭人出。懋恬，周氏出。楊氏所出殤，君命以懋恬爲楊氏後。女二：長適浙江錢塘汪錫智，夫死絶粒以殉，奉旨旌表；次適同里方之穈。孫男四：昶、晨、晷、昞，孫女二。銘曰：

謂學未究，傜簿漳經，用諗厥後。謂仕未究，節錯根盤，功喧萬口。謂君無奇，跌宕縱横，執居君右。彼庾元規，其風涴人，嗟嗟某某。我銘君幽，慰君地下，掀髯拍手。百世而遥，石可泐磨，載詞不朽。

自記云：章法完密，於敘事中一一點綴，風韻焕發，韓、歐、王法也。或言艾繁，不可删者亦有説。念此爲伯山平生第一得意，第一功名，英姿颯爽，毛髮俱動，平心而論，實多有足爲後來治劇之譜。若貪惜筆墨，裁損字身，縮減文句，以求合所謂義法，則伯山面目性情不出，文章精神亦不出，如宋子京《新唐書》，反成僞體。墓誌即史家紀傳，宜實徵事蹟，如太史公諸列傳，各肖其人，描寫盡致，自成千古。故韓、歐、王三家誌文，皆學史遷法。若但以長短爲勝劣，則子由誌東坡亦六千字，東坡狀温公至萬言以上，雖昔賢之論蘇氏文不登金石之録，然二公亦尚非全流俗門外漢也。且伯山之爲政，與吾之爲文，自行意而已，固不規規傍人門户，指前相襲用，一律作優孟衣冠也。此意何當與吾伯山地下共論之。

劉君應臺暨夫人吴氏合葬墓誌銘

道光二十三年十二月十八日，亡友劉孟涂之子繼將合葬其祖父母於邑西挂車山保孫家灣，來乞銘。余實與孟涂久，故不可以不文辭，即取吾所素知者爲序而銘焉。

君姓劉氏，諱宿光，字應臺，國學生。曾祖諱中芙，祖諱拔，父諱廷灌，俱爲名諸生，有學行。妣氏王，生芸臺、上臺及君，繼妣生菊如兄弟四人。君幼孝謹，性嗜學，以勤苦過甚成勞瘵，早卒，年甫二十五歲。夫人吴氏，世大姓也，父音，金邑諸生。夫人自少善事其親，以孝偁，在室處羣，聰明順善，動有禮法，以淑慎偁。年二十歸君，歸四歲而君卒，夫人痛甚，自墜樓不死。是時，孟涂生甫半歲，衆咸勸以舅姑在堂，奉事不可闕，且撫育遺孤，亦所以慰安泉下之心。夫人聞，乃忍死復食，終盡其孝養之職，數十年茹苦歷艱，卒成就其子爲名士。夫人之歸也，姑王早殁，繼于、繼嚴、繼高皆事之如姑禮。舅性喜蒔花竹，夫人助之，裁種護惜，其至誠感應，嘗有枯木復生之祥。於時家貧甚，夫人日事女紅佐薪水贍朝夕。一子雖愛，然課之甚嚴，及壯大，猶不免楚撻焉。

孟涂生有異稟，始學爲文，輒驚其長老。夫人慮其盈滿弗進也，則教之事賢取友以自益。鄉先達姚姬傳先生以文學爲海内宗，孟涂上書自通，姚先生見而驚異，因授以文章義法，爲之延譽，由是知名，一時名卿鉅公及四方有聲聞之士咸與孟涂納交。最後在亳州纂修州志，刺史任君尤所親善，敬待加禮，相洽甚歡。方以平生游好最兹倆意，忽一日飲刺史署，歸而無疾遽卒，道光四年七月也。夫人聞信，驚怛欲絶，而婦倪氏復自經於房。當是時，如舟行遇風，猝遭覆没，篙櫓頓折，所親連亡，流屍近遠，號呼莫救，《鴟鴞》之詩所謂「漂摇毁室」者，殆不是過也。

初，孟涂娶於望江倪學博之女，生女子二，皆早殤。倪乃進婢，生一子繼，時甫三齡，亦如夫人撫孟涂之年，於是夫人復以撫育孟涂者撫孤孫焉。嗚呼，夫人少遭閔凶，幸而有子克成立，又才且賢，乃至暮年，天復中路奪之，是何其觸造物者之忌而酷極之若此？雖然，夫人遭命不辰，誠有生人所不堪之憂，然一時名卿鉅公及四方賢士皆知有孟涂，又知孟涂所以克成爲令器，悉由夫人之賢明教育所致。夫人與其婦俱以節行蒙朝廷旌顯，一門再世，賢懿爛然，邑乘省志交載其事。孟涂之文與詩，又自足永其傳於後，以視世之龐眉齊壽，愚不肖子孫成行，死而與艸木同腐，千百億而無算者，其得失何如也？古今婦人，名行多成於慘酷不如意之遭，豈不然哉！豈不然哉！然則夫人之不幸也，乃所以成其不朽也。

夫人生於乾隆壬午年四月二十二日，卒於道光癸巳年四月十二日，享壽七十有二。其所撫孤孫繼，今亦成立授室矣。孟涂少孤，其尊人早世，行事無所傳，吾故獨銘其母夫人之行，以爲後世觀。銘曰：

夫不偕老，子不送終。蹇蹇連連，迭告於凶。生欠身殉，殁無媿容。越六十年，同穴幽宫。誰其成此，在後之侗。瘞石可泐，令善無窮。

王君學儒墓表

君，徽之歙縣人，姓王氏，諱某，字某，援例授布政司理問諱震者，是爲君考。始自徽挈家業鹺於常，故遂爲常之寓公。君兄弟三人，君居次，其隨理問君至常時，年方九歲，已岐嶷異常童。稍長，自敏於學，爲文沈深雅正，復游學浙東，名譽日起。常故多文儒彦士，君遂與頡頏角立，顧數奇試輒不利。既失怙，後遂不復應。然未嘗一日廢學，居恆取諸子百家丹鉛甲乙以自遣。喜作詩，不拘格律，或數月不箸一字，或一日得十數篇，皆自抒胸臆，不欲與世競名，嘗自署其稿曰天籟。每曰讀書貴明理，功名得失自有定命，不當措意。其論詩文曰：「詩文貴有性靈，若徒事剽襲，皆古人糟粕，自家面目不存焉。」酷嗜惲南田書，嘗購得數十紙以泐諸石。尤多蓄元明人書畫，嘗坐齋中，晨夕展翫，謂人曰：「余老不能游，即此以當自放於山巔水湄，其誰曰不然？」然人有愛者，即慨以持贈，不少吝，其寓物而不滯物類如此。常州錢伯坰魯斯固以善書名天下，君乞爲書方正學四箴以揭於壁，因以示其子曰：「骨肉閒存一爾我心，即是不孝，我其以此爲遺命矣。」嗚呼，觀此數者，君之風義可想矣。

同里朱太史文瀚，其先本與君爲同宗，君之殁也，朱實爲其誌銘，極言君之孝友，至性過人。太史固一時名宿，其文章議論，足使君之姓名學行有載，可以信今而傳後矣。乃君之子國棟復以書達桐城方東樹，乞爲之二碑。樹以埋石於君之世次行誼已詳，因揭其大概，以表於隧門之外，使過者讀之，知君之蓄積，以慰國棟之孝思云爾。桐城方東樹表。

張大令勖園墓誌銘

張竹狀其先人，來乞銘，其言曰：「葬未有期也，以君與先人交最契，知最深，齒又耆艾，幸及賜爲文，得藉以不朽焉。」讀其狀，則自君少日爲學之敏、長而孝友易直行己温恭惠恕，及居官之勤民、興利除害，往往異於庸常鄙瑣闒茸者之所爲，如吾所知不爽。

君以乾隆乙卯科舉人考取高宗純皇帝實録館謄録，部選江蘇奉賢縣知縣，前後凡兩任。後丁父艱，服闋起復，選甘肅之漳縣，以目疾引退，遂喪明。本無宦槖，家居食貧，辛卯、癸巳迭遭水澇，境益窘，冬無裘、食不飽者十餘年，而卒困飢寒以死。嗚呼，其可悲也已。謂君不達邪，則既已仕矣；謂君嘗貴仕邪，則校君莫年所遭，有不若農民工賈擁百金之産者，猶足以自存活，可不謂之命邪。

桐城固以文學雄江北，而樅陽自海峰先生以詩鳴於世，後起者凡數十輩，惟君與王晴園灼、朱芥生雅偁尤名家。所箸《問花亭》前後集，海内名流争歸慕焉。配方孺人，今年亦八十。女子一人，子二人，長早卒，次即竹也。銘曰：

諱敏求，姓張氏，勖園其號燮父美。籍世婺源連城徒，銘以奠系繇厥祀。

祁門五品贈職黄君偉齋墓誌銘

君諱廷杰，字士豪，號偉齋，系出漢孝子香。東晉時有名績者，由國子祭酒出爲新安太守，子尋廬墓於郡西黄墩，遂居焉。至唐有名儀者，以郡人任祁尉，有惠政，因家邑東之左田。至元初有名應祈者，任本縣教諭，子叔英贅城西陳氏，遂居城之正街。厥後，仕宦甲科不絶。我朝定鼎之初，順治五年開拔貢恩科，有名道光者首膺是選，考授知州。祁學拔貢自黄氏始，君即道光之來孫也。高曾祖皆隱德不仕。考諱啓球，生君，敏悟過人，植行端厚，言動不苟。以家貧不能業儒，年十三隨父友孫瞻雲翁往池陽習賈，翁深器愛君，以女字焉。君年二十歸娶，婚後即出，年二十四一歸，二十八又一歸。逾年生子雲海。甫三月，而孫以産後得疾，遽殁。是時，君客於皖之高河埠，始自立一肆，不復依人。居頃之，肆中偶有折閲。君以治生爲亟，乃命子雲海棄儒習賈。海居肆五年，不甘貿易，泣請於君，願仍習舉業。君許之，命從師受學，業日益進，遂得補博士弟子員。所爲文清真高潔，有前明隆萬人風格，一時遠邇卓然有聲，爲名諸生。

君居常念數代祖棺未葬，於是發憤習形家言，遂精其術。登涉險阻，不憚辛苦，卒獲吉壤，安葬高曾祖考妣。此後家計漸裕，遂命海居家侍奉父母，俱年至八十有五始相繼徂逝。君時年六十矣，奔喪後復出，至七十歸老於家，凡十有六年。海亦精地學，覓得青蘿山吉穴，扦葬君之父母。於是君之志事，俯仰悉畢，可謂存順殁安矣。

君爲人寬厚誠篤，博覽知書，最愛閲史鑑，通星命卦理，尤善醫術，箸有《傷寒歌訣》《雜症詩括》。其在皖肆，遇貧病求治者，必資送藥劑，不取其值，皖人至今德君不忘。士固有混世同俗，獨行其德，不託飛馳之勢，不假文章之聲，不争耳目之名，而孝於親，友於弟，敦於九族，孚於鄉里，不媿於天地鬼神，自足以久於世而不朽者，斯固子夏所云「必謂之學焉」者矣。如黄君者，顧不足賢乎哉？先是，君以孫夫人早卒，又感其賢淑，誓不更娶，至是守義四十有九年，卒以是膺朝命旌揚焉。君生於乾隆二十二年九月初十日午時，卒於道光二十一年閏三月二十四日申時，壽享遐齡。子一，雲海，縣學增生，即選訓導加鹽提舉銜。孫五人：長光照，候選府經歷加五品銜，次光達、三光普，俱邑庠生；四光宇，國子監生；五光祖，尚幼。曾孫理中，邑庠生，正中六品軍功。餘幼。將以某年月日葬君於某鄉某里某原，銘曰：

其急務之先也，其持志之專也，其蓄德之全也，其吉佑之天也。我銘其藏，視石之堅也。吾宗望谿先生有言：古者女子不甚重節行，故出妻改適無禁焉。自程子有「餓死事小，失節事大」之語，而後婦女以改適爲恥，風同俗一，湛於人心，如四時寒暑之不忒。以爲儒者立言，有功名教，其益如是。然獨未聞有表揚義夫者。以予行四方久，從未聞縉紳士流言有及此。至於朝廷旌命，亦惟忠節孝子爲多，義夫無聞焉。今於祁門黄君始特見之，然後識聖人之治，恩至周密，非庶士淺知所能量。及讀黟人俞正燮《癸巳彙稿》，於心戚戚，益知不可奪也。其言曰：「《禮·郊特牲》云：『一與之齊，終身不改。』故夫死不嫁。《後漢書·曹世叔妻傳》：『夫有再娶之義，婦無二適之文，故曰夫者，天也。』按：婦無二適固也，男亦無再娶之義，聖人所以不言此義者，如『禮不下庶人，刑不上大夫』，非謂庶人可不行禮、大夫可不懷刑也。自禮義不明，苟求婦人，遂成偏義。古者，夫婦合體，言終身不改，身則男女同也。七事出妻，則七改矣。妻死再娶，乃八改矣。男子禮義無涯，而深文以罔婦人，是無恥之談也。」余故取以箸此文後，使知大道體物不遺，未容以偏闕者不中其實而款言之也。

祭姚姬傳先生文

嗚呼，惟古之時，道出於一。德行文學，並曰儒術，四科既判，其流遂歧。匪惟儒蔽，亦見文枝。立之標準，漢差近之。而道不明，徒存其詞。繼周八代，紐芽於唐，韓徒始作，宋乃大昌。茫茫晦迹，如日中天。凡有血氣，畢被昭宣。惟文於道，其用相輔。有昌其運，同復於古。在唐韓、柳，在宋歐、蘇，曾、王翕奏，如笙管竽。譬濟滄海，必浮河江；如登泰岱，曷舍魯邦？有或越是，斯悖斯龐。昔吾先祖，奉是以教。先生受之，益宏其覺。近世俗士，黨崇漢學。醜詆紫陽，門户是角。搜抉細碎，違離道本。苟肆其心，譁衆取寵。遂及文章，羣喙沸騰。土苴韓、歐，放言云憎。孟某好辨，懲是淩暴。洪水猛獸，處士同悼。先生之學，先生自深。用力之久，益精於心。郁郁其文，播是雅言。近維俗敝，遠繫道根。四方之士，既止其門。如何不信，有聞不尊。或進不至，短垣自藩。或牽異説，中道改轅。緊維賤子，函丈夙依。二十年來，不遠以違。食我誨我，除舍分衣。閔兹孱弱，長貧兼病。先生顧之，憂心怲怲。歲在乙亥，梁木其萎。遠承凶問，日冽風凄。中丞之幕，用權吾寢。餘哀不忘，有淚在枕。追維平昔，無善以報。庶賡微言，以覺詔告。嗚呼，嫚嫚妹妹，陋士之羞。先生之守，實惟道周。後有大儒，旦暮相求。論世考言，知非謬悠。奠醑陳詞，敢質諸幽。尚饗。

祭姚伯符文代

緊吾宗之在桐，承吴興之遠祀。歷載年以四百，象緜瓜與蟠李。惟忠厚之世積，克寖昌而大啓。紷重德於鄉祊，並學優而從仕。及端恪之應期，當五百而名世。慎良刑於皋蘇，記功宗於敦史。比文章於虎豹，斑炳蔚於孫子。探經義於漢家，埽淫哇於闤市。追鄭、賈以比肩，戰揚、馬而摩壘。海内仰爲儒師，百代欽其文軌。我藉榮爲宗光，君親爲其苗裔。余屬長而輩尊，實生後而稚齒。不見君於盛年，僅相親於暮□。挂見聞之一二，不足究君之終始。君少貧而作客，奔衣食而靡止。壯從季以宦游，無恆安於梓里。惟一嘗爲户尊，綜凡百而獨理。既族大而寵多，糅良莠而順比。君秉直以明罰，咸悦服而靡毁。葺祠屋以十數，皆工固而無圮。復樽節其貲費，使常嬴而有庤。蓋識敏而心平，迺恩明而誼美。諸設施之大者吾不知，就余所可見者有如此。余忝繼於君後，恨智闇而能庳。固萬分之不及，幸良規之在咫。奉成法以周旋，庶幸免於罪悔。敬舉觴以奠侑，冀來嘗其旨否。

祭李守戎文代

嗚呼，凡今之人，多與古異。考行靡堅，聽言則易。臨危瑟縮，安平贔屭。維子險夷，摯性無二。及兹成仁，不欺厥志。子之死事，匪由人基。殺賊致果，何諉何避。衆寡不敵，猝遇凶鋒。甲士三百，駢骨胥從。矯矯毅魄，卓爲鬼雄。陰相羣帥，卒殲醜兇。門功等閥，祠祭昭忠。西延山下，有赫英風。子既能爾，予又何恫。緬惟疇昔，莫釋余衷。維我與子，居同閈廛。我游我釣，結髮比肩。壯聚京師，十載式遄。文武異選，各就所銓。甲辰之春，子擢營員。余忝縣宰，黄綬是搴。我難其任，子曰不然。官無卑小，率職則賢。治兵親民，曷共勉旃。回顧乳者，出抱幼細。置予厀上，曰爲予壻。子實命我，敢或覆戾。愛敬篤施，骨肉兄弟。若將長别，爲寄孥計。平生交親，於此彌契。予於是秋，需次至皖。明年子亦，守備桂管。便道來過，舊歡重纘。官程匆淹，暫予賓館。謂言禄薄，室家宜緩。止攜一子，作苦相伴。必嚴課之，俾毋習嬾。藉歷營卒，使識將款。凡子用心，克貞克亶。至於逮賤，仁欲必滿。皖江有亭，名曰大觀。二儀高下，極目遼寬。元有忠臣，夙此埋棺。君亟拜謁，顏慘不歡。載讀碣刻，泣涕汍瀾。至心所感，異世同丹。把酒泛論，益攄肺肝。余志循分，不急弊剜。君聞起立，植髮衝冠。謂言立身，不比處境。境可隨時，枉生毋幸。必若拔俗，端由介耿。心堅轉石，名唏畫餅。我喻君忱，冥昭瞢憬。日月其慆，丹青長炳。子今完節，我猶爲人。忝爲民牧，何裨於民。負子所期，媿子所云。君雖謝世，在天有神。旨酒欣欣，燔炙芬芬。陳詞奠斝，君諒知聞。尚饗。

考槃集文録卷十一

族譜序　家傳　哀詞　終制

族譜序

人之生也莫不本乎祖，即莫不各求詳其祖。不幸遭世多故，遷徙靡常，或微而亡其世焉，猶必本受姓之始以箸其宗，此人之常情，亦古今之通義也。然而宗之亡即由乎此，非亡於求詳，正由夫求詳之過而轉亡焉。蓋古今氏姓之亡，其初亡於世變，其後亡於書。何言之？蓋自秦、楚之際，天下大亂而姓失。漢徙豪右實關中，大姓去其土箸，而姓又失。兩晉雲擾，中原混淆，而姓又失。唐人多新族，而姓又失。五代之亂，而姓又失。宋之南渡，迄於金、元，而姓又失。故雖漢、宋、明三代之祖貴爲天子，而皆莫能指其高、曾焉。若是者，世變爲之也。古今氏族之書如林，其一二出於古，而可信者既亡，於是私譜家狀始多誣坿不可信。惟私家譜狀不可信，故官爲之正其失，而官書之疏妄更甚於私譜，由是天下無復有千年可徵之氏族矣。昔在魏世，置九品中正，州郡各有簿狀，以備選舉。晉、宋、齊、梁因之，家有譜牒，官有圖譜局，置郎令史掌之，以制婚姻，故《世本》及《鄧氏官譜》雖亡，而天下猶得因應劭《風俗通》、杜預《公子譜》、王儉《百家譜》、何承天《姓苑》、魏收《河南官氏志》等書，以存《周官》宗人之遺法。及至北朝，有以二字三字複姓改爲一字，如「破多羅」改爲「潘」。與古姓相亂，於是有中原古姓，有代北姓。唐以後，又有通譜，有賜姓，有改姓，如「理」改「李」。有冒姓，離合出入，遂不可稽。唐人最重譜牒，太宗命儒臣撰《氏族志》，而國姓卒無定論。林寶撰《元和姓纂》，而不知己姓所由來。孔至撰《姓氏類例》，欲剟去張說；《新唐書·宰相世系表》，學者多摭其誤；而李延壽、沈約、白居易等自述其先，皆取世譏嘲，又何責於杜正倫、郭崇韜猥鄙庸人乎？鄭樵偁唐人譜牒書如《氏族志》《姓系録》《衣冠譜》《開元譜》《永泰譜》《韻略姓解》等，或主地望，或主音聲，或主偏旁。夫音韻偏旁，止可爲字書、韻書，初無與於姓氏。若夫貴賤無常，地望安可專主？然而後世爲家譜者，率單主李林甫郡望之書爲據。若是者，皆書之失也。以世變若彼，以書若此，由是天下無復有千年可徵之姓族矣。且夫郡望所繫，大抵斷代自秦漢以後，其善者固有合於祖有功、宗有德矣，而於神靈之裔司商所協蔑如也。世俗之人所見陋，不能遠覽古今，詳考厥世，又不能闕所疑，而惑於相沿陋説，偁引無稽，不亦蔽乎？即所望不謬，而所望以上得姓受氏之祖或弁髦相忘而莫之稽，所望以下中閒數百千年絶續遷徙之蹤莫之考，所望之人同時尚有諸族，一概置之而勿之道。其尤異者，本非同望而或扳重門蔭，或貨鬻先祖，因緣以爲賄利。總之，郡望之失，其始偏重閥閲，貴近遺遠，其後依托謬妄，以異爲同，欲由此考信要難，故不得與古者宗法同善。

顧氏亭林謂古者以祖之所自出謂之姓，姓本於五帝，若嬀、子、姬、姜之屬。春秋諸侯於公子公孫卿大夫有賜氏賜族，氏、族本於春秋，若以字以謚以官以邑以伯仲之屬，《通志》第爲二十七類。戰國猶偁氏族，漢人則通謂之姓，於是姓、氏、族混而爲一。竊謂族也者，本以昭穆親近相類聚而得名，《書》所偁九族也，故得與姓、氏同文。若夫得姓受氏之始爲祖，別子亦爲祖，氏姓所同出爲宗，繼祖者亦爲宗，故有遠祖焉，有近祖焉，有大宗焉，有小宗焉。先王因而制爲義與禮，以綱維而紀屬之，是故由身而上至高祖爲近祖，自高祖而上爲遠祖。遠祖親盡服絶，而於其中有盛功德而爲不祧不遷者，則凡同出其後者，共祖之，共宗之，所謂大宗也，次於始祖。是故同姓而不同望者有之矣，未有同望而不同宗者也。同姓而不同望者，謂同此字與音，而不同氏族所自出，如瑯琊、太原、京兆之王，楚公族及姬姓代北之潘是也。又有同宗而不同望者，則地望、房望之屬，如博陵之東崔、馬糞之別王是也，非百世不遷遠祖之望也。

方氏出於方雷，其望有三：曰河南，曰開封，曰丹陽，而大宗推河南。出於方雷，語見《風俗通》，而方雷氏見《國語》《大戴記》《史記》，信非妄矣。惟獨河南之望，吾且信之且疑之，而終莫能指其實也。何言之？六朝以前氏姓書吾不見，若唐以來官私所撰統志類，於本姓之下署曰某郡，或曰系出某郡，而皆不詳其所出之故，及其人名位功行之所由。惟私譜家狀歷歷言之，大抵造作名字，以實其誣，及考其時地事蹟，莫不牴牾無憑者。河南之望由來已遠，信則信夫氏族書之云皆然矣，疑則疑夫其時地事蹟之終莫可考也。林寶《姓纂》無方氏，惟於十陽出方叔姓，云鼓方叔，後引漢有功臣方叔無咎。謝枋得《祕笈新書》所引於十五灰出方雷姓云：「方雷氏後，女爲黃帝次妃，先玄囂。蓋古諸侯國也。」下引漢雷義諸人。鄧名世《古今姓氏辨證》於方姓下云「《風俗通》曰『方雷氏之後』」，下即引唐睦州人方干云云，而絶不及周、漢兩代人。《通志·氏族略》云「周大夫方叔之後，《風俗通》曰：『方雷氏後。』漢有方賀，唐有詩人方干，宋朝方氏爲箸姓，閩中多有，系出河南」云云。夫此數書，皆名籍也。鄭氏尤自矜其箸，以《氏族略》爲第一，而所詳不過如此。至於淩迪知《萬姓統譜》箸儲亦無絃，惟妄引何書，造儕儷之名，謂與儲倶仙去，至爲不根。其箸方望，既曰爲隗囂將軍矣，而乃以屬之晉朝，明人之陋，大抵若是，不足辨矣。竊嘗考之，傳偁黄帝之子二十五人，其得姓者十四人，爲十二姓，故言氏姓者，黄帝之子孫爲多，虞、夏、商、周皆是也。獨方雷爲帝子青陽之母氏，箸爲國姓。譜方族者，或偁方雷爲黄帝之子，殆不學之陋也。特方雷之裔，其族甚單，在虞有方回，爲帝舜七友。在周有方叔，爲宣王卿士。在《漢前書·百官公卿表》，哀帝時有廷尉方賞，乃東海人。《後書·光武紀》有方望，後爲隗囂軍師，以畫策不用而去，實平陵人。則不知此二族前孰爲祖、後孰爲宗也。若《五行志》，安帝時有方儲對策，不詳其爵里。《通志》云漢有方賀，其爵世亦未詳，賀或即賞字之譌。惟方氏之爲私譜者，向來咸偁西漢末有曰紘者，爲河南守，避王莽之亂，遷歙之東鄉，三世至黟侯。儲當章帝元和初，舉賢良方正，歷官太常卿，封於黟。及隋開皇閒有惠誠者，爲歙令，其子叔谻愛歙之山水，因家焉，距黟侯十九世矣。其後有自歙遷婺源者、遷環山者、遷巖鎮者，有自婺源遷嚴州者。嚴州之方，在唐有詩人干，干生三子，曰珠曰瑁曰理，最爲蕃盛。自是方氏散衍天下，閩、越、吴、蜀、楚、粤皆有，或本於黟歙，或本於婺源，或本於嚴州，或本於環山巖鎮，不暇一一考，要莫不各本其始遷之祖以箸爲族，而同以河南爲望，蓋自唐宋以來未有或易之者也。

吾以爲方氏在陳、隋以前不可詳，而在唐以後則可稽，其望河南也不可知，而其盛於黟、歙、嚴州則信而可知也。何言之？河南之望未詳所由，竊意郡望之始起於漢徙豪右實關中，大姓各繫其土著以自別，若曰此某郡之箸族耳。其後歷代南北遷徙，一時箸姓亦各相沿此制以爲偁，故陳、隋以前姓氏書因之，唐人不知，悉憑其私牒撰爲名字，以專其派。唐以後作姓氏書者益昧其故，而相沿不改。河南之望且不專屬之方氏，而方氏又豈必名紘者果嘗爲河南守而專之邪？且紘既遷歙而箸其望矣，而惠誠、叔滸又帶何望而來邪？淳安方氏譜曰：「紘與儲蹟用具謝承《後漢書》。」按七家漢史皆不存，而承在司馬彪前，彪不應不見承書，而所作《郡國志》於黟縣下不云爲侯國，則黟封實未可信。吾意方氏嘗有箸姓在河南官氏志者，其後衰微，而其子孫有帶望而遷於歙，襲河南之名，因鑿空紘與儲之爵位，以遠屬之漢世，爲若家於其封以夸榮當世。爲氏族書者不暇深考其本，於魏收書名之譌亦因相沿云爾。紘與儲爵位行蹟他傳籍皆罕記，而黟歙之族實蕃衍至今，惜乎吾不得隋唐以前之書而考之，以訂其是非，而姑以出於黟歙近而可信者敘吾譜，而河南之望則姑存而勿論可也。昔歐陽永叔爲家譜，不望渤海，蘇明允不望武功，皆慎言之也。而鄭樵悉彊箸之，又不能言其故，殆所謂疑以傳疑者與。

吾族自明初洪武閒由徽之婺源遷桐，而其始遷之祖以上載於徽譜者不可考。而前此有於宋元閒自徽之休寧遷池口，再遷桐城，而其始遷之祖以上載於徽譜者亦不可考。不可考，則各以其始遷之祖爲之小宗，而以徽族爲大宗之望，此固人心義理之大公，而亦後世私譜之通義，不獨方氏然也。厥後遷池口者居桐而族大貴，而吾族獨無達者。昔謝氏自受姓以來久微，而盛於晉、宋、齊、梁之代，遂爲天下望族。蘇氏自唐初遷於眉，至宋洵、軾父子而始顯。方氏自唐代以前，史傳箸氏姓者絶鮮，及宋而漸蕃，至明而大盛，此門運遲速所開，有天命而不可知與？將因形家之言，舉三代而後之貴賤、榮悴、隆替悉歸於先祖墓田之祥，如袁安之事者與？以吾方氏二族之在桐城者考之，益信不爽焉。

顧人之有世，譬水之有源，源遠而末益歧，是故人賢且貴者則箸，不賢而微焉者則不箸，亦如水之大者則有名，而其支流之微者經亦略焉。自黄帝時之方雷至虞舜之方回，三百有餘年，自舜之方回至周之方叔，千二百有餘年，自漢廷尉賞、軍師望、對策之儲至唐處士干，七百有餘年。以蘇明允之言計之，三十年而易一世，則爲百世矣。百世之久，而僅得此六七賢，則其餘之微而不箸，隨世磨滅者，固多矣。處士之祖由婺源而遷，吾之祖亦由婺源而遷，由處士之祖以及吾之祖又千有餘年，而其世之微而不箸，隨世磨滅者，猶之昔也。其不箸也，固由賢且貴者之少，而明允乃歸之譜之不立，其詞彊而其意則隱矣。吾則不然。夫世之不箸，由賢且貴者之少，其得存於今，則世固未絶也，不箸者，吾無如之何矣，幸而未絶，不至如眉蘇氏自高祖以上不可詳，則安得不爲之譜以紀之，以同吾一本之恩也。獨是以久微之世而爲之譜，不溯姓源則爲無始，紀之，則來遥遥華胄之誚，然後歎歐陽永叔、蘇明允譜法仁至義盡，爲萬世不易之良則也。其法斷自可見之世，即以爲祖，而凡遠而不可詳者截而置之。譜以紀世，非以紀貴；譜以紀信，不以紀虛也。

雖然，不考歐、蘇所以爲譜之意，與夫所以爲譜之法，而曰吾法歐、蘇也，則亦徒慕其虛名，實未覩其箸撰。蓋宋承五代之季，仕宦遭亂奔亡，失其世系，百餘年閒，士大夫茫然莫識其祖，又有私鬻告敕，亂易昭穆，族姓大淆。永叔、明允愍焉傷之，始刱爲族譜以紀其世，大抵皆有懲於誣坿之妄，而本其確信者譜之，求爲盡制，以盡倫焉。故其於得姓受氏，遠近分合，考信墳籍，不疑不惑，萬世爲昭。及其斷而爲之譜也，刱通新義，例法謹嚴，一出以精意，上法孟堅、子雲，而一洗魏晉以來之陋，皜皜乎爲千古不多見之作，所以可貴。世俗無聞，不足以知之，既未見其書，又不悟今俗所爲迥與其法相戾，而猥曰「爲譜必法歐蘇也」，此與耳食何異？

吾嘗綜詳其法，以與今俗相校，蓋有二失、七不同焉。歐譜例曰：「姓氏之出，其來也遠，故其上世多亡不見。譜圖之法斷自可見之世，即爲高祖，下至五世玄孫，而別爲世。」竊以夫人子孫相繼，人人有高祖，人人必爲人之高祖，奈何截以五世乎？此歐譜之失也。蘇氏爲高祖不可考，不得已而斷始於此，猶之可也。而使後世之得爲譜者，人人遷其高祖之父，別存先譜，則就此人之譜觀之，不疑於無始乎？此蘇譜之失也。蘇譜列序上世名德，遠自神靈，及於益州長史味道，皆以親盡，斷而不譜，而別録於後。今俗所爲，其於詳略之載，非失之誣，則失之漏，其不同一也。蘇譜橫敘各望如列屏，如模繡。今俗所爲，概統於一望，其不同二也。蘇譜斷始高祖，蓋無如何而不得已。今世爲譜者，莫不起於始遷之祖，而始遷之祖又不必適在五世也，其不同三也。蘇譜法曰：「必嫡子而後可以爲譜，爲譜者皆存其高祖，而遷其高祖之父。」今世爲譜者，不必嫡子，嫡子亦不必咸能爲譜，而高祖以上亦無可遷，其不同四也。蘇譜法曰：「凡今天下之人，惟天子之子與始爲大夫者而後可爲大宗，其餘則否。獨小宗之法猶可施於天下，故爲族譜者其法皆從小宗。」今世宗法不甚講，又一族之中爲大夫多有，且有父子兄弟同時相繼爲大夫，孰爲大宗？孰爲小宗？其不同五也。蘇譜獨詳且尊其所出，而其他則否，歐譜亦云：「詳其親者近者，而略其疏者遠者。」其所爲者，雖屬親支小宗私譜，而固已有詳略之殊，不如今人之譜詳則俱詳，略則俱略，壹視人之行歷以爲之準爲至公也，其不同六也。歐譜、蘇譜皆專主繫世，而後世之譜多載傳贊揚美虚詞，其不同七也。

最此二失七不同，而世爲族譜者終必託之以爲偁，首則以其反古斷始，因而實同剏也。故吾今爲族譜，雖本歐、蘇之法，而亦少變通之，兼用鄉先生姚姬傳先生譜法，期於世次易明，文簡易檢，册輕易挾。其法以始遷之祖爲之大宗，二世以下各從其支繫所出爲之小宗。小宗每九世爲一卷，從二世起盡今日而止，長房畢再譜次房，亦如之。以今日修譜之人爲斷，各於其本支推其長房長子一人爲嫡，如長房絶，則推其次長，蘇氏所謂「惟嫡子而後可以爲譜」也。自此人本身上至高祖，下及其曾玄，絫九世共爲一卷。又旁及其高祖之兄弟，每房爲一卷，曰此九族五服圖也。高祖以上又絫之，以及其高祖，至於始祖而止。今日修譜之嫡子，以十八世爲率，其下不及九世，其上必斷自十一世起，而虚其子孫曾玄焉。其有過九世者，則以所過之人别冠爲卷，此歐、蘇法也。但歐、蘇截以五世，吾法以九世；歐别爲世，蘇别爲譜，吾但别爲卷耳。别爲卷以便支族之易攜挾，此姚法也。但姚譜三格，吾依歐譜五格，此《史》《漢》表法，本無定也。約曰：凡同大宗始祖者，休戚慶弔皆必相問遺，同小宗者加密厚焉，同高祖九族者又厚焉。若不幸有裁禍，九族不能賑者，小宗同助之，小宗又不足者，大宗共助之。

所貴爲族譜者，爲將同吾一本之恩。譜爲盡倫篤親作也，非徒繫其名位、卒葬、婚媾而遂已也。吾族既無貴顯，不登朝列，則其功名行業已無可紀，惟其敦德懷仁、内行修美、學業優殊者，略敘數語以視子孫，而傳誌虚美之文概弗載入，此歐、蘇法也，亦姚法也。

族譜後述上篇

昔賢之論，皆俑自秦漢之際而宗失，自《世本》書亡而五代之氏姓不可考。秦漢之際，王者興於艸莽，將相出於屠牧，皆不能紀其先。《世本》書亡，故漢魏之人碑文所述氏族之始，皆不足據。及兩晉雲擾，而天下之姓益以淆亂。宋、齊、隋、唐最重譜牒，然大抵矜門户，崇郡望，啓世訌争，紛紛可鄙。於是由賤而貴者恥言其先，遠引名人求以自重，其閒灼然可稽者不過止於漢、晉。氏族之書多依託謬妄，海内名家，五音望族，流品雖高，其言姓源，率荒渺難憑，是故譜盛而宗愈失。昔姚寬及顧亭林皆嘗欲由唐虞三代分次其所從來，列考受氏之初，以類族而反本，意良善矣。究之姓源雖得，數世而後，盛衰崇替，遷徙不常，或絶或續，其世次仍不可考，於是而宗又失。然後知歐、蘇二家及近世姚譜法，爲天下萬世不易之良則也。

歐、蘇譜法，大抵就今日所確而可知者斷以爲譜，推其本同箸爲大宗，合其近屬聯爲小宗。凡爲族譜，其法皆從小宗，大宗雖遠，而得姓受氏之本，及歷代有德之賢，後人不可不知，則略録於後序，而不以入譜。姚譜之法，則各異其房支，使其九族近屬聯以相從，慮不幸而有離亂遷徙，子孫便於挾攜，故爲之小字十行本，以易夫方尺之鉅册焉。嗚呼，此其用意，非具有至仁之懷而兼有問學深思者，孰能與於斯？故天下不患宗之亡，而患無譜法。萬氏充宗乃謂宗法與譜法不相謀者，非也。其言曰：「一族可同一譜，一族不止一宗。」似也，則不知譜之所紀以何立法，其言亦甚疏矣。

方氏出於方雷，於虞有方回，於周有方叔，於漢有廷尉賞、軍師望、對策之儲，於唐有詩人干，宋以後漸蕃，達者漸衆，明以來幾於天下徧有其姓矣。而又忠節、儒林、文苑，貴爲節、撫、宰相者，接迹於搢紳，遂爲海内盛族。大抵皆出於歙、嚴所遷，而同以河南爲望。惟獨河南望之爲紘而遷歙，與夫儲之封黟，徒見於氏族書，而此外莫考，且歷魏晉六代數百年以來，而其世無聞，則未知果家於其封，歙、嚴之族果必其苗裔，果自漢世緜延以至於今，世遠莫能指也。

蓄此疑滯，久不得豁，欲得徽譜證之，而又不可通。方族出於徽，則徽譜曷爲不通？曰往者遷池口之方恪敏公問亭先生重輯宗譜，移書徽之宗人，以求其世，而徽宗不應，是以恪敏所修《桂林譜》，於其始遷之祖以上仍缺其世數，而不可詳。彼族至貴，而徽之宗人且不應，矧如吾之族寒望微，其何能得之？是故方氏之大宗在歙，而他郡縣所遷之族概莫得敘支派焉。昔人言北人重同姓，多通譜，南人則有比鄰而各自爲族者，信矣。吾族自明初遷桐，先世載徽譜者既不可稽，遷桐後支譜不幸又遭明季兵燹失之。八世叔祖吉生公僅有藏本，而殘缺過半，康熙己巳始重輯而增修之，據此本也。蓋賴是而先代之世次略可稽考，公之力也。公名學員，後棄家爲僧，號餐霞和尚。自康熙戊戌至嘉慶丁巳，族人嘗一重修之，閲今又四十餘年矣，小子東樹始得而論次之。

族譜後述下篇

氏族譜牒之系，其偁有三：曰郡望，曰地望，曰房望。郡望已見前篇，地望者，始遷所在之偁，如歙、嚴方氏之有麟鵝、巖鎮、環山也。吾族自婺源遷桐城，始居魯谼，其後亦散衍他邑及各鄉，而必以魯谼繫其望，不忘所自始也。魯谼方氏無顯者，族人或恥之，不以爲榮，則曉之曰：人之所以重於天下也，爲能有德與賢否耳，而豈以盛衰崇替殊優劣邪？古有始盛而後式微者，欒、郤、胥、原降在皁隸矣；亦有始微而終大者，則三代而後之氏族皆是也。然則盛衰崇替，政由於人，非以其世。矧吾族固本神靈之裔，越虞周而來者邪？馬糞王志、高平王沈、博陵崔顥、近世華亭放鵝莊王氏，皆傳於世，豈藉其宗而始顯邪？且亦人能榮宗耳，宗豈能榮人乎？是故同一盛族也，而或恃其門地恣爲惡行，則不特閭里皆賤之，雖其宗人亦醜之，而不願引以爲族矣。而如有人能勸學修身，積功絫仁，其行足以孚鄉邦，其學足以重當時，其名足以永後世，則其宗賴之以榮矣，而其鄉人亦且樂偁之以爲美也。斯義也，古今陳迹不可勝談，要稍知書者咸必能信之。是故人貴自立耳，立身而後可以教家，教家而後可以教族，教族而後可以教國，教國而後可以教天下，教天下而後可以教萬世。夫人之爲行，至可以教天下萬世，而不足以榮其宗乎？聖人復起，不易吾言矣。

今當纂修宗譜之日，凡吾族人尚其繹思吾説，而務勸學修身，積功絫仁，上有以承其先德，下有以蔭其子孫，久之不怠，後必有以魯谼易河南之望者，而何榮如之？既以應族人，又從而記其所聞先人之行。

蓋吾聞之先子曰：吾族自遷桐以來，世以耕讀教子孫，雖無顯達，大都敦固純實，無爲惡者。當明季天下多故，流寇躪舒桐間，六世祖諱柯字龍宇與其弟鳳宇、祥宇等五人，團聚堡砦於虎頭山，居鄰遠近相依者數百家，結和包陣以禦寇，頗多殺獲。自是賊之搜山者，畏之不敢入，比於古，亦所謂有功烈於民者也。有四子，皆早卒，竟無後。歿後，鄉里不忘公德，爲廟祀於本宅旁，立公及弟四人木主以報饗焉。至今有水旱蝗疫，禱輒靈應。其地在下澶沖保，土名石船底，公故與左忠毅公善，此廟亦與左氏松鶴菴相近。及我曾祖諱畯，好讀書。是時宗老閑阿先生，及諸耆宿老儒胡莫齋、孫華農、吴抱雪等講朱子學，刱尊聞精舍，祀朱子，而以《吕氏鄉約》教於鄉。曾祖既與諸人友，因命吾祖師事閑阿。曾祖母江氏，故舊族，性嚴毅，克謹於禮法，生四子，長即吾祖。吾祖内秉嚴教，又得諸耆宿爲之師友，故德器成就，卒爲名儒。吾祖爲學宿成，少有高名，所交盡一時知名賢士。當乾隆初，海内文章尚繁縟，吾祖獨師艾千子講論，因與其友張弼扆輔贇、吴井遷直選《江左同人文甄》及《盍簪集》，以崇起先正矩矱。金壇王太史罕皆嘗簡先祖及左廉、姚範、葉酉、王洛、張瑚、周芬佩、胡邦幹、江有龍、王師旦文，號「龍眠十子」。而宜興儲大文亦簡先祖及沈德潛、周日藻、曹階、王之醇、高炳、周振采、蔡寅斗、葉酉、江有龍文，爲《江左十子》，刻以行之。又嘗在金陵與韋謙恆、王鳴盛、吉夢熊、秦大士、蔣宗海、曹錫端等一百六十四人爲文會，而先祖年最長，執牛耳焉。寶山朱桓、嘉定汪廷璋同編爲齒録，名曰「秦淮文匯」。乾隆丁卯、戊辰，以優行貢入成均，祭酒陸㒬川先生銑欽其名，不敢以諸生禮接之。是時，海内昇平無事，深山窮谷遠方奇偉之士，皆出求仕，畢集京師，因益得盡交當時賢傑。丹徒王禹卿文治嘗以文贄見，先祖謂之曰：「君他日當以詩名世，文可不必爲之。」王自是遂不復爲文。《夢樓詩集》所偁舊游彭與方是也。彭，丹陽彭晉函也。在京師，初主北平黄崑圃叔琳家，後主少司馬觀補亭保，又嘗與友劉耕南同主吴荆山士玉。後爲八旗生教習。歲滿，詔以知縣用，先祖不樂就。温給諫如玉及葉庶子酉視學湖南，皆嘗延先祖至楚，所刻試牘盡小題，皆經先祖改定，號偁極佳。而先祖每題亦必自作之，其文深峭奇闢，似周秦子家，而壹發宋五子之奥藴，今此稿存家中。嘗箸《楚游隨筆》四卷，皆考證地理之言，爲黄認廬登賢借去，遂失之。先是己卯，觀少司馬典順天試，鋭意欲以第二人處之。故事，順天試南卷不得第一故也，因明告諸同考官。而常州劉編修某嘗有嗛於先祖，因屏匿其卷，及搜得之，已污抹不可用，觀公太息。後壬午，觀公再典順天試，先祖遂不試。明年，旌德吕光亨以給諫視學山西，因請先祖至晉，會病血症，不任勞劇。而同里門人姚羲輪時爲洪洞令，因請主其邑之玉峰書院，乾隆二十八年也。時余年十二，隨姚人赴山西，侍先祖讀書一年，而先祖病歸，旋殁。當楚、浙獄起，同里孫學顔，上元車鼎賁、鼎普皆牽連及於禍。先祖傾身經理，爲殮殯持喪南歸。門人姚刑部鼐所爲誌墓文嘗次述其事。姚編修範嘗偁先祖文似明羅文止，詩似宋楊誠齋云。先祖諱澤，字巨川，晚自號待廬，以乾隆三十二年殁，距生於康熙三十六年，享年七十有一。娶洪氏夫人，生三子：烈、述、訓。述早卒，伯父烈無後，以弟某嗣。吾父諱訓，好善能文，事親孝，與兄弟篤愛，與朋友篤信，鄉閭之人無親疏，皆愛敬之。生於雍正二年九月，殁於乾隆四十年二月。娶胡氏夫人，生四子，而吾居長。

此樹所聞於先子云爾。先子諱績，字展卿，晚自號牧青，生於乾隆十七年七月初五日，歿於嘉慶二十一年閏六月初四日。娶鄧氏夫人，生子女五人，惟樹獨存；繼娶姚氏夫人，無出；繼娶吳氏夫人，生子女五人，皆不存。先子少有異稟，十歲能讀《項羽本紀》，姚編修範贈曾大父詩所謂「千言畢覽十齡孫」也。其爲文清深雄傑，詩學退之、山谷，刱意造句必出於常人之境，皆栞行於世。坎坷貧困，抱志以終。先是，大母篤病久，是時家甚窶艱，藥餌旨甘不給，先子老而憂生，是歲主無爲州繡谿書院，歸感疾，數日而歿。時東樹在江蘇胡中丞克家幕，不及視含殮，其衣衾材木蓋俱薄。嗚呼，尚忍言哉！明年，大母歿，東樹旅困江寧，亦不及視含殮，其衣衾亦俱薄。嗚呼，尚忍言哉！聊書而藏之家，使知余之恨而已。

吾祖生四子，八叔父殤，三叔父早卒無嗣，七叔父未娶，以貧不能相保聚，致令客游半世，蹤迹無定，在丙子、丁丑先子及大母喪，皆嘗一歸而旋出，自是至今不知存亡矣。每一念之，痛纏心髓。身既迫家累，欲往覓之，又無從，使我永負罪於天地矣。叔父名茂元，字季默，生於乾隆丁亥八月十八日午時，長余六歲。幼同學，極相狎愛，生平無邪曲之行，汚下之心，惟性剛不能容物，可以質鬼神，而不諧於人，竟以是坎壈惋憒以終，魂靈不返，酷矣極矣。叔父工書，剛勁蒼古，無柔媚態，偁其性情。余自忖不獲久存於世，終不可得見，遂爲之立主，以祀於祖父母之側。嗚呼，其或相遇於九泉也。道光十一年五月日，小子東樹謹述。

曾大父逸事

大母嘗逮事曾大父，時爲東樹言曾大父事，曰：曾大父體貌甚偉，氣蓋儔衆，性嚴毅，不可犯。嘗於居宅旁搆書室十餘楹，遠方來學者悉主之。有六安鮑先生遠砦者，年四十餘矣，偶有小過，叱令長跪，鮑先生亦無幾微忤於言色。又有一生，偶背呼其妻父之字，其妻父故與曾大父爲執友，聞之，誚讓再三，固欲屏逐之，不使列於門。嘗邑中騎而歸，時日已暮，於路昏黑雨甚，度不可抵家，又不可返，遂啓道旁何氏攢宮，繫馬於外，坐於棺側達旦。又嘗昏晚聞門外馬騰躍，以爲與鄰馬相踶齧也，出叱而逐之，及牽馬不行，乃擁而抱之，歷階而上，及入，視衣皆血殷，然後知向爲虎所搏也。東樹既聞此，又觀曾大父自敘詩集云：「嗟呼，生平志氣之盛，豈屑屑託文業以傳？」然則曾大父胸中所懷，蓋未可量也。

大母胡孺人權攢銘

道光七年，東樹葬先考妣於武嶺龍井灣。先是，曾王父母歿七十餘年，大父歿五十餘年，皆浮攢，淹久未葬。東樹嘗以爲痛，立意首葬曾王父母，次大父母，次先考妣，非徒爲順世及之次，亦所以安先人之心者，謂必如是而後爲得也。及卜穴，術者言，山向於曾王父母不利，又是歲先考妣攢室生蟻，食棺皆穿，易材而改殮之，懼來歲蟻復生也，於是遂從權而葬先考妣焉。近日桐城卜葬最難，雖有大力者，且數十年不能得一穴。余家停棺三世，將事無期，東樹自忖生世無幾，思力舉之而後瞑目，然不能自期必，因各豫爲之志。

曾王父事行略見於《族譜後述》。大父處順境，事皆庸行，又其歿也，東樹始三歲，無所省，其略見於先子所述者。雖不詳，然有以知其爲篤行好善人也。大母姓胡氏，生於雍正七年己酉，而歿於嘉慶二十二年丁丑，嘗逮事曾王父母，以孝謹得曾王父母歡，性剛明仁厚，舉動有常，終身無疾言遽色。自大父之歿也，家益落，大母辛苦持家，備歷慤艱。其前不知，自東樹省人事，則見大母汲爨浣濯，縫紝灑埽，常日不暇給，前後更骨肉死喪二十餘，惟五姑及八叔父早殤，長姑適陸氏，三姑適洪氏，六姑適姚氏，皆先於大母二三十年而亡，皆有子女，而皆無存。三叔父娶而無子，早亡。惟吾父及七叔父存。而大母之歿也，吾父先一年亡，七叔父雖近在郡城，亦不及視含殮。是歲東樹旅困江寧，漂轉揚州，聞訃悲號，竟不能返。明年始歸，乃得殯大母於灣楊柳樹之墟。東樹少喪母，體羸多疾，凡衣履縫綻，頭足櫛沐，以及飢飽寒燠之節，疾痛痾癢之變，實大母辛勤撫育，以有此生。逮受室後，大母之勞始得休息，而亦既衰老矣。東樹迫生，故早客外，不能居侍。是時家尤窮空，飲食衣服之需不能備具，每在外思念大母仁慈辛苦而無以報，酸悽心骨，不知所爲。大母最憐愛七叔父，而東樹嘗爲百計營護，力卒不能保聚。嗚呼，東樹之不孝負恩，尚何處而可以贖此罪邪？胡氏世爲桐城人，有老儒莫齋先生，其子名田字雍則者，與曾王父交最篤，故締婣焉，是爲大母祖及伯氏。今其世絶，祇知外王父諱震蛟，其餘不可詳。銘曰：

瓶之罄兮恥維罍，思勞瘁兮哀逾滋。莪兮蔚兮同枯萎，嗟孫蒿兮又誤之。茹痛莫告兮永銜悲。

先集後述

先人詩集六卷，道光丁酉夏六月栞於嶺南，其貲則光方伯律原所佽助也。雕造既竣，其不肖子東樹謹述先人之言曰：

蓋昔人有偁鶴立雞羣者，世幾習聞其語，而莫喻其興物之妙也。如鶴也，則雖折足塌翼病頸，一望而知其鶴也，即三尺童子不能謾之。如雞也，則雖爲之金距赤幘，而其德情才性終不能改其爲雞也。夫爲人與爲詩文，亦若是焉則已矣。吾友恆病余閱人文字少可多否，嗟呼，余豈得已哉。蓋通城大邑或不見一鶴，而連郫比屋莫不畜雞，吾安能面欺以連郫比屋之恆畜，而以當夫珍禽之刮目哉？且夫鶴之貴於雞也，在胎與卵之時而已異，非修飾毛羽，習其音鳴態度而可彊似之也。古之詩人如太白、子美、退之、子瞻四公，含茹古今，侔造化，塞天地，如龍象蹴踏，如蛟螭蟠拏，當之者莫不戰掉眩慄，色變心死。降而若半山、山谷，沈思高格，呈露面目，奧衍縱橫，雖不及四公之燀赫，而正聲勁氣邈焉曠世。雲鶴戾天，匪雞所羣，不其然乎？

律原最嗜先人之詩，嘗謂其體導源於韓，其刱意清而愜，其造語堅而從，其隸事敏而給，有後山之沈鍊而去其拙鈍，有誠齋之警健而去其麤厲，使讀者如游芳林翫琪花，有愛賞而無厭憎，殆半山、山谷之亞也。且謂斯集也，後有精鑒如晁、陳者，必箸録；斯詩也，後有爲總集如殷璠、元結、高仲武者，必貴選，故亟促余栞行之也。先人之言嘗如彼，光君之言又如此，今不肖衰暮，旦夕且死，因編次遺稿，妄合取以名集，將並光君之論奉以質於地下，庶尚亦愉色而頷之與？夫鶴鳴則必有子和，惜乎不肖之弗克和之也，傷哉。不肖子東樹謹述。

先母行略

吾母姓鄧氏，桐城世族。外祖諱林，外祖母陳氏，乾隆丙子副貢生諱傅之妹也。陳爲邑中名宿，凡邑士之有名偁者，無不出其門，故爲先曾大父門人，而先君子又及其門，故以其女甥女焉。外祖無子，嘗繼弟之子以爲嗣，而不能振，生四女，而吾母序居長。吾母以乾隆十四年己巳七月十七日生，四十八年癸卯八月十九日卒，得年三十五歲。是時，吾父應江南鄉試，樹年十二歲，家無長年，大母率七叔父實主喪事。吾母性慈仁而訥於口，未嘗笞東樹，生弟妹凡四人，惟東樹獨存。憶歲壬寅，東樹年十一，初學作文，吾母喜，代以陳於吾父，識此而已，他皆不省。男東樹泣述。

繼母姓姚氏，外祖國學生諱興易，外祖母葉氏。母以乾隆癸未年七月十八日生，甲辰年來繼室先君子，丙午閏七月初九日殁。母來，東樹未終喪，憐東樹無母而多疾，年雖未久，而所以撫之者甚有恩。母殁時，東樹猶少，不能有報焉。先君子以母之無出也，揭葬之松窠尖祖兆近側。

繼母姓吳氏，外祖王父諱生莒，箸《孝義行事》，載邑志。外祖諱某，無子，外祖母張氏。母以乾隆戊寅年七月二十四日生，丁未年來歸先君子。是時，家久窮空，母來即值艱窶，常冬無絮衣，薪米日缺，惟以假貸給朝夕。先君子性卞急，見逋責多即誚讓，吾母則泣，已而又然，以爲常，蓋三十年未嘗一日寬也。及先君子殁，然後乃不任家事，然默念兩家不振及前後骨肉死喪之慼，常含悲哀。母性慈仁，見人苦者歎之不去口。東樹以家貧早作客，久不歸，歸則母必手治飲食或漿酒，以飲食東樹，所以憐恤之者甚，至今永不可復得矣。尤愛憐次孫，己丑年親見次孫受室，是時疾已動，及新婦始彌月，而吾母遂殁，十一月三十也。東樹事三母，惟與母相依最久，所更憂患最多，故思吾母尤無窮。丁亥冬，葬先君子於武嶺龍井灣，以鄧母祔，吾母無幾微介於意見於言面。東樹念無以慰母心，跪而告曰：「他日吾母百年後，當從大母以居，俾子孫無失祀。」母生弟妹五人，皆不存故也。道光十一年五月日，男東樹泣述。

姚氏姑哀詞

先君子女兄弟四人。五姑早殤，長姑適陸氏，其殁也，樹不見。三姑適洪氏，殁於乾隆四十七年，樹時尚小，無所省。惟姑幼在室，其相聚也久，其愛樹尤篤，其遇尤屯，其家之事尤悉，故爲之詞以鳴吾哀，比於魯義姑及杜甫之姑焉。

自吾母殁，樹依大母，以長姑憐余，所以提挈護視之者無異於母。乙巳，姑年二十一，適姚氏。夫名通意，字彦醇，佳士也，爲湖口縣知縣諱孔鈞曾孫，副貢生諱支莘之次子。支莘字諟伊，夙有奇才高名，於先君子爲前輩，而相善，嘗命通意從學，而其兄通昀與先君子交尤篤，故締婣焉。

姑於次第六，生於乾隆乙酉三月二十八日，性孝謹仁明，言動重厚，於事尤識大體。歸姚氏，周睦上下，無不敬愛。未數年，而其家運漸屯。舅患風疾，伯氏客廣東，遂益窶艱。無何而舅殁，無何其姒又殁，於是姑之夫亦出，客徐州，姑遂獨持門户。上事姑，下撫兩姪女，恩勤備至。其姑病困牀席纍年，典質既盡，假貸以贍朝夕，力不能多賃僕婦，凡汲爨浣濯縫紉饋食，悉身親之。及其姑殁，又力嫁兩姪女，竭力資送，皆僃情，無失禮文，而身衣襦補綴無一完善，食未嘗飽。初，姑之嫁也，吾家貧，所以資送之者，無一長物。當是時，吾幼不知，及是姑遣嫁其姪女，竭力爲之，始告樹以其意而泣，至今思之，恆痛於懷。姑食貧屢空，樹日往視，雖無慼容悲言，而竊窺其形日以瘠，其意色恆滲沮。癸丑之冬，樹受室，其時姑疾已動，而猶彊支爲言笑。明年甲寅二月，竟以貧餓而殁，年止三十。殁之日，竈冷無煙，一稚子在側，惟泣告吾父索棺而已。嗚呼痛哉！樹尚忍舉其詞哉！吾姑之賢明仁孝，而天顧慘虐之，使至是哉！

姑生兩子，幼者先亡，長者寄養吾家，踰年又亡。而其兩姪女嫁張氏者，未幾皆亡。姑之夫客徐州又亡，夫兄在粤東三十餘年，忽返至江寧而亡。於是其家遂絶。會其從叔姬傳先生贈以地，遂舉其家六喪聚而葬諸投子山下。憶樹少時至姑家，其家尊幼無不愛樹者，偶值食時，樹即佐之陳匕箸，若家人然。嘗作《慎火樹》詩，諟伊先生亟賞之，故其家皆以此愛余也。樹久客，屢欲一上姑之冢，竟未果。嗚呼，樹生平所負於骨肉及長老之期愛者多矣，況此冢内六人皆樹所嘗親事如大親者。歲月匪遥，泉途永隔，追念平昔，其將如此心何！因哀吾姑而並敘及之，豈漫述哉，亦所以寄吾悲悼之情，欲永之於來世焉耳。其詞曰：

姑之生兮罹百憂，姑之歿矣毒孔瘳。天屬盡兮無一留，煢魂歸來兮聚山丘。慝邪弗若兮盡優游，孰謂善人兮命獨仇。雖欲不以之懟於天兮將誰尤。

妻孫氏生誌

妻孫氏，生於乾隆己丑年九月十三日，年二十五歸余，今三十九年矣。憐其備歷愍艱，老病且死，乃豫爲之誌，道其苦並述其行，及其見之也，以慰其心。以妻平生知文字爲可貴，又樂余之能文也，謂庶可以箸其不朽故也。

妻以癸丑年冬歸余，逾二年喪其母，毁瘠幾滅性。一弟未受室，父遠客，乃歸，代理其家，居一年始返。是時，吾家尤窮空，先君子困處，大母老疾，無以贍朝夕。余迫生故，遂出游授經爲養，脩俸所入薄，不能兼顧，妻凡有所需，常典質自給。嘉慶己未，余客江右，是歲邑中痘殤，一月之閒，吾兩弟妹及兩女皆亡，妻抱其子而哭其女，撫其屍無以爲殮。妻嘗爲余述其事，而不忍竟其詞。以居隘卑溼，兼患氣中傷，得痺疾，不能良行。初猶扶杖彊起，醫者誤投方藥，遂致篤廢，手足俱攣，癸酉年也。丙子，吾在江蘇胡中丞幕，而吾父歿，吾母老疾不任事，妻以冢婦持家，責無旁貸，竭力以主大事，禮無違者。明年，余羈旅江寧，漂困揚州，而大母繼歿，妻所以治辦喪事者，校吾父之歿而備艱矣。頻年之閒，更兩大喪，余以不孝皆遠避，而獨以委於妻，是固私心所慘媿而無可言者也。又明年，余客粵東，妻又爲長子納婦。自癸酉以來至於今，凡十有九年，每朝則令人負之起，坐一榻，漏三下，又負之就席，以爲常。其餘終歲終日踞坐一案，凡米鹽所需，追呼所告，喪祭所供，賓親所接，紛至沓來，悉以一心一口運之。嗚呼，是健男子所莫能支，而以一病婦人當之，其亦可謂難矣。

妻知書，通《毛詩》，子未就傅，嘗自課之。性剛明厚重，有藴蓄，喜愠不形，雖甚急，無惶遽色，雖甚窮，無慼容悲語，轉側痛苦，未嘗呻吟呼天及父母。與人言以誠，無巧僞，哭死必哀，見人有苦常慈憫，行事有常度，明於大義，雖無財，而事所當行未嘗廢。

余賦氣弱，自少多疾，妻來時，余羸瘠不成形，又常喀血，妻常恐余死，以故無論在家在外，一心常念余。若在病者，常舍其疾以憂余之疾，數十年如一日。余偶歸，則所以視寒燠飢飽之節者甚至。余意有所欲行，但聞言必謹成之，從未有一事梗避齟齬怨阻者。常默計余所需，不待告語，莫不夙辦。余每念以妻之事余，若移之子事父母，可偁孝子，故雖非有古人異量德賢，而揆之婦行，實無所闕，其亦可以謂之君子女者矣。余嘗十赴秋闈不得售，妻謂余曰：「吾在室，望吾父，及歸，望舅，繼又望君，而終不獲一如意。」此雖俗情，而其言亦可悲矣。余性不深，固好直言人失，常以取怨。妻每諫余，迄未能改，以此媿之。余出在外，幸與賢士大夫交游，妻聞之樂，閒與商榷人士才性賢否及時事之是非，皆能解意表，故余不歸，歸則如對一良友焉。妻母弟仕於廣東，爲知縣，妻無幾微之念望其濡沫，及其弟所以待姊者甚疏，亦無幾微之念以爲怨，此則余亦服其度之不可及也已。

吾嘗謂妻曰：「汝勿死，待吾力稍裕，能爲若具棺殮而後可。」斯言也，因循十餘年未能酬，今歲辛卯始奮然決志，爲假貸購材木，使匠合成之，於余心爲稍盡矣。余痛先子之殁也，材木未美，又感姚氏姑及七叔父之事，誓於神明不許厚殮，用自罰以求安吾心，而於妻獨勤勤如此者，吾無符偉明之德，不敢以妻子行志，又所以報其代余當兩大喪之勞也。

妻桐城世族，五世祖節愍公諱臨，曾祖陜西興漢鎮總兵諱建勳，祖癸未進士諱顔，而邑庠生諱詹泰之女也。初，妻叔辛酉進士起峘與先君交最篤，愛余所作詩文，諈於其兄嫂，而以女焉。銘曰：

暇豫不敢望啓處者，生人之常。天罰酷於余，而以爲君殃。懵荼薺之匪固，性誠壹其如忘。銘余詞兮使睹，要後死之無傷。語徵實而無溢，允昭顯於德行。

書妻孫氏生誌後

辛卯歲，在宿松書院作家傳畢，爲妻作生誌，欲使見之，以慰其心。明年壬辰，困阸無聊，再入粤謀升斗，八月歸，墮瀧水，不死。妻憫余衰暮奔走不能息，忍恥違心而非得已，常太息涕泣。今年余在常州，旅處失意，妻聞之，加忉憤，病益增，蓋隱度内外人事，無有長策生意可冀以紓困者矣。余以二月二十五日出門，是日意惝怳荒忽，步徙倚似不任履行，妻勸余少息偃，余決然不顧，勉彊遂出。至東郊，將登車，瞥覩一道殪人新死，横尸車側，懼然知爲不祥。及至常州，意外遭拂逆。五月以來，心神不寧，憂念家室，腸若中絶，心如攢刃。晝窮無俚，迺卜迺筮，迺占夢禱神，不見吉端。八月八日，禱於于忠肅神，蒙示杯珓，不吉，反舍得家書，述妻病危篤。十四日，復禱於文昌帝君，亦不吉，反舍得家書，則報妻以七月二十九日棄余死矣。嗚呼！

妻事我四十年，無纖毫言語之過，惟日盼困阸之解，辛苦墊隘，備羅酷急。近歲衰羸，尫痃𤸇癃，言氣不屬，猶日張空拳，嘔心血，枝梧日月，以祭以養，以持門户，以保弱幼。余久客於外，不能裕所入，而室不毁者，妻之力也。常念三世先柩未葬，千金逋負莫償，一門十口資生無計，余老不支，故雖至疾亟，宛轉不肯自矜惜，醫藥餌饍之弗求以速於死。嗚呼，痛矣！人生有死，百年必至之常期，惟其貧賤同憂患者難忘，共貧賤同憂患而能賢者尤難忘。吾又寡兄弟戚屬，行止出入，惟妻能憫我疾苦，諒我端良，自今無有能憫我諒我者矣。

吾聞凶訃已一月，屢以事阻不得歸護喪，以盡其志，且聞其所以殮者皆薄。嗚呼，黔婁之婦之殮黔婁也，不肯斜其手足，以君之賢必能自怡，吾不及與之也。初吾聞報，自悼暮景淒涼如此，窮塗錯履，世路險艱，歸邪，死邪，生邪，皆不得。顧念身世，將有闔門殄絶之憂，不勝存歿哀懼之情，魄逝心壞，計日待盡。繼念門祚安危，冀緩須臾，尚在吾身，身死之日，此煢煢者益之速絶，必非君之明惠所善，以爲君地下之憂，故復乃忍情，彊自寬釋，百計以求澹吾哀。天乎神乎，其繼今而能久生乎？吾力能紓妻之死，乃不能以一哀酬其酷乎？頗聞弔哭者有餘哀，吾顧可以已乎！雖然，妻篤疾患苦二十年，吾在外嘗憂其死如未嘗生，則今雖悼其亡，冀其尚生也，或未嘗死。嗚呼，君之足哀見於吾言者如是，其不可以言見者，吾亦不能既言之也，無窮而已矣。君之歿距生享年六十有五，子二人，孫男三人。《傳》曰：「妻能成夫，則妻亦成焉。」余故竊取康子之義，轉謚君曰成子，冀後世有能知君之賢，悲君之遇也。道光十三年九月十三日，是日君之誕辰也。

終制

士君子行已素位而道中庸，亦曰行乎理之所安而已。使微有感激偏宕之意，則失中，失中則失道。失中失道，君子不由也。斯義也，蓋嘗有志焉學之而未能，亦遵之而不敢悖。念及兹衰暮，旦夕游泰山，恐不獲得正而斃，故及未瞑豫言，誓出誠心告汝，其尚以素位中行逆我，慎勿以偏激失道悖我。曾子不云乎：「人之將死，其言也善。」尚念之哉。

一、我生平有大感數端，不暇悉言，大約不孝居其最。居恆思之，無以自贖，惟欲一切自剋損用罰。今與汝約，我死則必無厚殮，毋用纊及帛，第布衾時服裹手足形，素棺，充木屑斷楮，校之楊王孫，已爲費矣。

一、我無名位，又寡親識，死之日，一二執友當相聞，外此毋用赴報。至於喪儀奠設，一切明器虚文概勿用，亦勿致客。古有會弔車幾百輛者，亦有老莊、黔婁、子輿無相而不以爲沾者。夫理無常是，事無常非，各安同異，毋所疑也。

一、我幼多疾且窶，雖資性尚非底下，而未嘗實用功讀書，故學無基址。長而乞食四方，顛沛患苦以紛雜其心，愈不暇精誦。中年以後，始稍稍悔，而已時過弗及，又羸不堪策厲。夜興自捫，德無可據，道不成章，行能鄙薄，爲人所忽，卒老無聞，尚何偁揚。即死，慎毋乞人爲誌傳等文，虚詞赧人，使地下增媿也。

一、我於文事，幸及承教先輩，龘聞緒言，亦幸天啓其衷，時有獲於思慮所開悟，但僅望見塗轍，實未曾專心深學之也。平日所爲，率牽事應付，冗陋凡下，慚恧不自信，已判隻字不存。至其中或有論議所及義理可取者，嘗欲别出爲一編，久而未暇，以爲與使人訾鄙憎棄，不如絶其傳，猶勝作詅癡符也。

一、《待定録》中頗有切言至論，牽人事少暇，忽忽未及修理寫定，又卷帙校繁，儻日力不給，則壹切焚之。嘗慨後人撰輯前人未成之書，不得其心，徒用己意羼亂之，往往謬誤百出，既失其本然，又以遺誤來學，最是一大恨事，故不如其已也。至所已刻行數種，雖無根柢，似於義理尚無大倍處，則亦聽後人之棄取可也。《大意尊聞》，家誡也，非以爲箸書，然於修己治人之方可得大略，用以教幼學，當不至差謬。《昭昧詹言》，皆作詩文微言奥旨，惟講解太絮，爲大雅所不屑，要當割去之。雜稿數篇，辨論學術道脈，似尚該審。古之哲人違世，言不及家事，非忍之不言，將爲不可言也。王僧虔誡子曰：「鬼祇愛深松茂柏，無預子孫榮枯事。」唐大曆中虎丘寺壁有鬼題詩曰：「雖復隔幽壠，猶知念子孫。」莊子言：「㹠子食於其死母者，少焉眴若棄之而走。」是三説者，吾嘗痛之。道光辛丑三月晦日，儀衛主人書。

考槃集文録卷十二

駢體文

跋彭甘亭小謩觴館文集

駢體之文，運意遣詞，與古文不異，椎輪既遠，源派益歧。悼先秦之不復，則弊罪齊、梁；陋駢格之無章，則首功蕭、李。自是而降，殊用異施，判若淄澠，辨同涇渭。嗟夫，臨潁劒器，曲舞公孫；河陽猪肉，案參荆國。不有子美、子瞻，孰辨其波瀾之莫二、妙諦之無上哉？高文典册，漢用相如，韓碑柳雅，集言鴻苑。咸能鏤介丘之泥，鑱燕然之石。亦可知自命作家，奄有百禩，必無有專執記序小文，陰何雜響，以懲羹吹齏，是丹非素者矣。唐人號偁熟精《選》理，崇賢之業，冠時獨出。珠囊金鏡，哲匠挺生，驅染煙墨，搖襞紙札。雖復文章淺言，不拘糟粕，而當其卓然合作，猶足書之萬本，人人肝脾。又況潁達序經，房、喬論史，貞元之詔，會昌之集，鴻筆鉅製，包嬴越劉者乎？某人某集，鬱律沈雄，陽開陰闔。遠蹈宗軌，仰稽前則。《鴻序》兼於衆體，蕭子顯賦題名。謚議美於碎金。誄掩安仁，書休曹植，論屈靈運，銘奪士衡。陸倕班掾，遠思前比。矯矯西京，自王筠舊手、蕭愷才子，方兹蔑矣。又昔人論仲文讀書未半，袁豹先生則器辨服匿，字析《凡將》。校讐落葉，無慚中壘；經田擷秀，不讓康成。詢所云「異人間出」，今日始見者與？樹世傳經術，肄業無忘追尋，平生頗好詞藻，而學步知慚，顰眉自恥。雖經殷侯之談，屢被陳王之誚。高文載覿，傾伫如何，堂下殿明，未能默息。豈謂一共商榷，解讀郊居，類彼汝南，論兹月旦也哉？

陶雲汀宫保六十壽序代

蓋聞堯咨四岳，則洪水澮其裁；舜命九官，則苗頑格其德。降而傅巖弼子，申甫蕃姬，左右咸宜，對揚不已。惟聖主必得賢臣，斯天工獲其人代。緬稽上世，聿等百王，《詩》《書》所偁，德賢所慕，其致一也。

我大司馬宫保雲汀夫子，珠躔毓氣，衡嶽降神，宇内榮光，人倫冠冕。陶唐受氏，賓虞在位；長沙作祖，灑字成公。杞梓本荆楚之材，瑚簋實廟廊之器。渾渾長源，洸洸世胄。丞相列表，通侯錫祚。醴泉芝艸，是有源根；鳳凰麒麟，同絶飛走。是以綺紈擅譽，羈弗蜚聲。雙黄童於江夏，兩郤詵於桂林。早游西序，已開毛羽之奇；纔步東堂，遂拔風雲之氣。故當其在文學侍從也，木天掞藻，掖垣封事，雍容揄揚，從容諷議。繡衣逐捕，暴公子名字傾人；驅馬來過，桓御史感風載路。其賦政於外也，厥志澄清，哀矜折獄，陳臬而法不秋荼，布政而嚴於夏日。肥親不掾，人知袁尹之賢；鄒湛□言，共信羊公之德。爰自觀察逮於開府，莫不道綜隆民，功資輔世，提衡惟允，風聲克樹，晉蜀皖吴，去思在口。

蓋其訏謨保大，素所蓄積如此。及乎勳隆望重，天子是毗。宫銜既晉，喉舌維允。節制三方，尊倖二伯。比之周家，淮南有錫召之命；方之漢室，河南來借寇之請。而公益内矢藎忱，外示静鎮。不懸不竦，措磐石於裕如；匪安匪舒，釋機張於省度。是故聖人奠川即以成賦，有國作爲隄防。方今又控引河淮，兼資飛輓，因舟楫之利，達倉庾之儲。苟河決而隄橢，必民咨而漕病。公乃綜攬三策，徵兹水土，既下淇園之竹，更修鄭白之功。或原或委，順彼朝宗，疏奠啓閉，各有法程。洪波漲澤，莫能騰害。功合二條，利垂百載。若夫鹽筴之利，由來自古，漢設牢盆，唐置亭户。蓋以事存乎桓寬之議，實制美於劉晏之祖。末如何矣，法敝變生；有可恃焉，人存政舉。將欲姑息在官，則榷税攸關國用；將欲督責過急，則下情中於疾苦。聖心之軫念，屢及於兹；邦伯之分憂，敢或貽誤。公乃取財於地，置法以人。商民交恤，南北異經。閶閻罷淡食忤嗟，公私得從容之計。是皆名與功偕，事將時會，驅蒼生於仁壽之域，奠佔危於衽席之際者矣。而公與物無忤，居身自厚，不矜己以伐善，不陵人以取惡。莊敬日彊，精神純固。樗蒲是擯，木屑有貯。而且禮賢下榻，延賓吐哺。俊民莫不景從，單門極於善誘。風流四聞，仁聲遠布。

歲之十一月，值我公六十嵩辰，天壽平格，永錫純嘏。朱衣獻八州之祥，黄鐘居一歲之首。國恩榮於家慶，令德宜而凱壽。□□舊仕江左，實以菲薄見知，趨步最親，□□彌切。雖側想淵深，罕窮窺映，而游泳和氣，曾無閒阻。乃者馳心休禮，躋堂之願無由；徒罄褊詞，清風之誦何有。竊比古人，擇言侑壽，敢云導美，聊以侑觴云爾。

水烖募捐啓代

蓋聞旱乾水溢，盛世不免凶烖，任卹睦婣，王政急爲先務。救荒雖無奇策，要必在於撫綏。保赤本於推恩，義莫先於鄉里。桐邑本屬山城，亦瀕水國。頻年以來，荐臻凶潦。聲明文物，依然足蓋夫他邦；殍轉流亡，不幸適遭於此日。本縣下車伊始，目擊心怦。歷考前令尹德政之所施，備聞都人士仁心之所洽。一切措注，具有章程，勿事圖新，惟期率舊。今昔不無通變，故當移步換形；豐歉詎可平衡，惟在度情量力。爰設印簿，徧走高門。老吾老，幼吾幼，在推此心；飢我飢，寒我寒，冀宏斯願。昔漢伏湛、三國駱統遭歲大歉，皆曰「天下皆飢，我何心獨飽」。嗟呼，苟人人共舉斯念，而仁不可勝用矣。夫保富所以安貧，敢同手實而爲浚削？念衆擎斯克易舉，式呼將伯而切助余。此啓。

孔雀賦擬

臨淄侯與楊修共載，觀乎池沼。睹一孔雀遮楯檻而止，愍其羈絆不去，喟然而歎，顧謂楊修曰：「愚士繫俗，亦若此矣。董生有云，屈意從人，非吾徒矣。悠悠偕時，祇增羞矣。且未睹者，覽傳記而遐思，恆畜者，與常禽而何異？使鳳凰而可羈兮，亦將同乎此孔翠？寡人不憙，子言其意。」

修曰：「唯唯。偉炎方之越鳥，稟火德於明離。挺文章以爲質，麗毛羽而偁奇。性矜高而難抑，貌端正而自持。視宣尼其猶父，字文舉爲大兒。含淑靈以表暈，象中禮而利用爲儀。故其頸細如鸞，背隆似龜，行步翔序，和鳴知時。金花戴弁，綷羽連錢。珠毛一寸，錦㲧三年。擢修尾以自奮，暈五色而重圓。林木翳薈，艸樹交妍。剽冠距足，眄睞而前。固宜指崑閬而遐逝，巢雲海以孤騫。侶鸞皇而爲友，邈衆羽而超然。夫何厭江海，徙芝田，背赤霄，下寒泉，嬰繒繳，觸虞羅，千絲罥，一目加。娉目駭顧，紺趾紛挐。惜巽禽之自斷，遂低徊而就筴。網西施於越國，遷賈誼於長沙。唯飾表以招纍，懵潛身而遠辱。仰天路而靡救，雖百悔其焉贖。蓋患莫大於有身，而咎恆生於失足。爾乃窮如趙壹，縶類鍾儀。雕欄塊閉，故國哀離。栖跱逼畏，飲處喧卑。縱軀委命，韜伏明姿。終懷惠養，畢守階墀。於是思飛不得，欲逝不可。舉頭畏觸，摇足恐墮。内獨怖急，乍冰乍火。長鳴延佇，顧影咨嗟。飄飄羈旅，渺渺關河。動莊舄之越吟，感靈均之楚些。悼翰流而遷徙，悟鞿羇以修姱。雖容止之若暇，實顛頷之已多。隔母子而不見，念將雛而實遐。窺户牖以騰盼，汨余舍而日將斜。翔悲心於寥廓，止一隅以爲家。若乃春秋殊氣，寒暑敚次，景物澄廓，池館清秘，衆變繁姿，不可殫記。抗遥怨以增悲，聊容與而般肆。迺下丹梯，迺步櫳房。矯鳳旍之蔚茂，紛旖旎以修長。開宮扇而滿月，疊屏錦而高張。徐迴身而端盼，若好女之靚妝。纚摻揹而軨匝，灼爛爛以流光。既而斂翮韜霞，整容罷彩。體步姸閒，貌如有待。君子尚其有文，衆族慚其瑣猥。順馴養而啄宿，慎不矜以遠皋。何𦑝葪之足疑，識知止之不殆。託陋質於隆恩，期効愚而無怠。鵬鳥從而陋之曰：何兹禽之安德，亦縶俗而蒙羞。將厝身之未遠，豈賦命之不由。務舒采以蘄顯，履危機之拘囚。趨東西而怵迫，徒辱己而罹憂。守硜硜之小諒，失曠曠之遠游。嗟隨世而流轉，等生浮而死休。媿至人之遺物，泛不繫之虚舟。苟翱翔於恬漠，孰栽纍之能酬。悼苑風之不作，藴至理而誰求。爰感類而增歎，奚此鳥之獨尤？」於是臨淄侯偁善而罷。

學海堂銘并序

昔在堯命羲和，宅是明都，帝嬀巡方，興於韶石。聖化所被，文明大啓。南土之賓，自此始也。秦置桂林、南海、象郡，荒裔内屬。趙佗起番禺，懷服百越之君。然珠官之南在九甸之外，論者以爲山川長遠，習俗不齊，言語同異，重譯乃通，椎結徒跣，不識學義。漢武帝誅吕嘉，開九郡，始設長吏，頗使學書，觀見禮化。及後任延、錫光繼爲太守，於是教之耕稼，制爲冠履，建立學校，導之經義，故史偁「嶺南華風，始於二守焉」。

由此以來，沐浴涵濡，郡遂有儒雅之士。故楊孚爲議郎，擢英於省署；黄頴爲儒學從事，覃思於義畫；董正通《毛詩》、三禮、《春秋》，潛精於聖文。此三士者，高行殊軌，雖或緬焉未之能詳，然皆擔世主之珪組，究六蓺之秘奥。澡身文淵，宅心道壼。湛漬於儒學之埸，游泳乎篇籍之囿。則明分爽，探賾洞文，以茹其實而發其華。道光乎前聖，業炳乎來兹。名垂册籍，聲流千載。古偁不朽，斯非亞與？

若乃陸公騁其高談，虞翻留其經苑。名賢所涖，風流津逮，綴學之士，祖述所傳。邈彼前良，思皇曩哲。永瞻先覺，顧惟後昆。豈非聞所不聞，允爲伊人之表鏡也？是以斯文未替，並有所承，轍岐派别，專門亦興。越嬴傃劉，洎吴徂晉，更興迭盛，以迄於今。孾經者，味道德之華滋；測理者，分窔奥之熒燭；發藻者，搴蘭芷之芬馨；采韻者，激絲磬之宫徵。天鍾其瑞，地毓其靈，方以類聚，物以羣分。野馗風動，都莊雲興。家自以爲鄭、孔，人自以爲堅、雲。莫不枝坿葉著，猋飛景從。含精吐芒，霅煜流光者，蓋不可勝記。

然而士有常習，俗有舊風，運有隆替，化有澆淳，時有升降，器有濁清。精麤殊會，通蔽相徵。千載不作，淵源莫澂。浚明爽曙，祖構雷同。學者蔽暗，師道又缺，虚張流宕，優劣非一，亦不可同年而語矣。夫立乎豫圃，百夫趨反，争爲决拾者，以有夷羿之善也；處於高唐，千人撫拍，其相唱和者，以有緜駒之工也。游五都之市，而斤削之伎莫不良者，以鼓鞴者多也；擊大昕之鼓，而俊造之士莫不臻者，以奉帙者衆也。何則？蓬生麻閒，不扶自直；素湛於涅，不染自淄。所以漸之者，勢也。是以鄭僑不廢其鄉校，而文翁特修其學官。彼豈徒爲虚文哉？道有不可易也。

方今國尚師位，家崇儒門。虞庠飾館，石渠炳文。懷仁者麕至，抱器者景從。纓弁匝序，巾卷充庭。風教上升，協於辰極。光炎絶遠，下照淵深。仁風翔於海表，玄化燿於丹垠。於時泰階衡平，景雲光潤，遐方徼裔，側聞邦教，靡然嚮風，同源共流，稟仰太和。通人仲彧追壟畔而傳經，高士侯君傭爨柴而箸述。是以達義之士，曜所聞，信所覿，執經懷槧，雲合霧塞，咸自娱於斯文。於斯時也，大司馬儀徵阮公以文武光朝，經綸宰世，秉列精之淳耀，降河嶽之上靈。海内儀刑，當世冠冕。歲路未彊，學優而仕。固以道綜天人，理窮墳索。入陪侍從，則嚴、徐、東、馬悪其文；出典圻封，則方、召、桓、文二其迹。乘理照物，抱神研幾。凡軍國遠謨，政刑大典，既道在隆民，則功歸輔世。而猶綴講不倦，述作無疲。陶士行之貞幹，乃惜分陰；王仲寶之升朝，仍成七志。對而爲言，孰云不及？況乃鉤沈小學，形聲必辨，研精篆刻，彝碣廣集。疇人謝其算數，羲獻慚其筆札。洵所謂「黄中通理，照鄰知十」者矣。而公雅言惟讓，未嘗顯己所長，詮論持平，未嘗形人所短。加之以宏長風流，許與氣類，善誘極於單門，品題榮於寒畯。雖謝眺齒牙，叔休毛羽，何以尚兹？平日所至，招攬秀髦，與之述業。含經味道之士，尋聲而響臻；雕章縟采之生，希光而景坿。英靈輻輳，才俊如林。莫不抑首人宗，北面資敬。督粤之八載，歲躔實沈，月應南吕。今皇帝御天下之四年也，函夏無塵，海外有謐。七曜循度，四序順軌。斯人揚和樂之聲，庶士騰醉飽之頌。公方膏以禮樂，沐以詩書，扇以和風，晞以文德。勤恁旅力，清澄島堠，尊賢接士，敬求損益。典文既洽，儒化大行。遐邇望風，莫不欣賴。樂在官之職，而中和之詩宣布；開集雅之館，而講德之士怡懌。昔巴漢太守曾穿石室，新城小宰猶建講舍，而況宗臣作牧，風喻令德，觀廪廪之容，偁莘莘之禮者哉？於是度崇基，練時日，儲財用，選匠量功，揆景正臬，礱石庀材，經營不日，乃搆學海堂於粤秀山址。依林結宇，背山築室，前臨交衢，旁隔市宅。啓重闉以爲門，包二山以爲曲。帶六脈之隱渠，抗雙門之巍闕。北睎庾嶺，巑岏之勢插天；南眺重溟，淼漭之届無際。扶胥浴日升其東，蒼梧横雲封其右。丹刻翠飛，階户離立。長廊廣平，飛檐齊直。肅肅焉，鍔鍔焉，業業焉，翼翼焉，信學範之鴻規，而禮堂之鉅制也。衛子産桂陽學校方此爲劣，雷次宗鍾山精舍曾何足云。於是玄冥暢月，水軫旦中，閤門晨啓，命車夙駕。嚴鼓雷動，五校星列。雲罕猋悠，霓旃轇轕。旄頭被繡，武夫戴鶡。儀衛容裔，虎戟交鎩。騕褭沛艾以騰驤，百金前驅而負箙。殷殷蹌蹌，躋躋闐闐，以涖乎兹堂。轅旌宿設，帟幕高張。僚屬旁戾，司存先至。位以職分，屏待交侍。公乃緩帶輕裘，弭節徘徊，遠覽山川，近周堂序。修容乎文囿，翱翔於蓺圃。右延經神，左内文虎。羣士陳書，俊民奉贄。升自東除，從容講對。寄之深識，致在賞意。教若風行，應如流水。勗以丹霄之價，宏以青冥之契。學無常師，道在則是。人無求備，一蓺畢取。等契者以氣集，同方者以類萃。士感知己，人盡其器，而南州蓋多士矣。且吾聞之，學者所以飾百行也，海者所以匯百川也。細流不擇，象於坎五；原泉不舍，終於放四。大海蕩蕩水所歸，高賢愉愉民所懷，豈不然哉？欽樂文軌，師稟前式。尚實之製，詞罔虚飾。休用我銘，庶彼浚則。其詞曰：

赫赫祝融，作配赤精。是宅是祀，位於南行。火德淳耀，山川文明。兆基上世，開國秦嬴。茫茫百代，視此畺理。有清函夏，暨訖四海。涓選師德，熙我道揆。其來繩繩，令問不已。嗣公承之，益休其光。姦僞不萌，亂邪伏藏。畏威慕教，遠人賓將。軌物作範，恍署文章。文章如何，烝我髦士。髦士未烝，公曰予恥。順彼長道，播告厥指。濯纓振冠，部人多有。粤秀之山，作鎮明都。左綴甌閩，右達黔巫。洋洋鉅浸，浴走天吴。時維形勝，邦之奥區。公曰熙哉，可用作黌。以居學生，資其高明。爰命審曲，經營備成。萬流之屋，蕩蕩靈平。乃瞻甍宇，甍宇有象。上連翠微，二儀昭朗。孔翠晨翔，山雞暮響。樹隱潮飛，窗延月上。既作學堂，羣士孔妣。凡我今徹，由公後譜。揭揭元哲，鼎來無貪。琛石贊始，永貞於南。

漢晉名譽考擬學海堂課

昔者三代之人才，非有意於榮其身，是以未嘗立名也。所可得而名者，惟循其實而加之以名而已矣。《傳》曰舜「必得其名」，武王「身不失天下之顯名」。《詩》歌太王曰「不殞厥問」，文王曰「令聞不已」。孔子疾殁世而名不偁，孟子貴令聞廣譽施於身，八元八愷即是肇錫之始，夷清惠和，用致到今之偁。古之人淳樸未漓，實先而名後，實至而名歸。是以所立甚大，以與天下萬世爲道德人倫之準。及乎孔氏之門，有德行，有言語，有政事，有文學，有狂有狷，是乃後世名譽所由歸也。

春秋列國卿大夫及於漢興將相名臣，出身効時，大抵争於功利。自孝武表章六經，師儒雖盛，而大義未明。賈、董數賢而外，如蔡義、韋賢、玄成、匡衡、張禹、翟方進、孔光、平當、馬宮及當子晏，皆持禄保位，被阿諛之譏，故新莽居攝，頌德獻符，徧於天下。光武有鑒於此，即位之後，崇尚節義，敦厲名實，羊裘釣澤，蒲輪賁廬。明、章以來，風喻彌盛，韓棱賜龍淵以表淵深，陳寵獲椎成而褒敦樸，遠近觀聽，争自濯磨。故傅毅有迪志之詩，趙壹有疾邪之賦，劉良有破羣之論，朱穆有崇厚之篇。抱玉乘驥，蹈義陵險，汲汲乎惟恐其汩没，而無以榮吾身也，是故皆喜立名。昔人謂漢人以名爲治而人材盛，蓋指東京言之也。夫東漢之名士，就其高者，或志在澄清，或功存社稷，或身繫名教，或才炳儒林，或濡足蒙垢，或詭時審己。若三君八顧之目，甘陵汝南之評，李郭神仙之慕，卧龍雛鳳之偁，荀里高陽，鄭門通德，袁雪風清，楊金節峻，黄香則江夏無雙，戴良則天下獨步，莫不淑質貞亮，英才卓礫，甄陶縉紳，藻績天地。至於獨行逸民之倫，及羊續、弟五倫之徒，或峭覈爲方，或可貞苦節，雖性尚分流，爲否異適，趣舍殊操，通蔽相妨，情品萬區，感致匪一，偏行一介，失於周全，而成名立方，照耀乎古今，不敝於天壤，良有不可得而磨滅者。名體雖殊，風軌足尚，雖僑、嬰佐時，蘧、史秉節，殆無以過也。自後帝德稍衰，邪孽當朝，清流所激，禍起鉤黨，忠臣義士，不容於朝。處子耿介，羞與卿相等列，羣伏艸野，至乃抗憤不顧，力爲險怪驚世之行，使天下豪傑奔走其門，願得執鞭，天下之士，囂然慕之。於是相與私竊虛名，誇上求高，一時如王符之所論，崔駰之所誡，李固之所諷，郭泰之所規。若謝甄、樊英、朱仲昭，顧季鴻、薛孟嘗、史叔賓、黄子艾、晉文經、向甫興之徒，並皆造作虛譽，妄生羽毛。釣采華名，庶幾三公之位；召徒譁衆，詭問四科之門。志意飈逝，驚遠動邇。而試之經用，言或不酬；求之素心，迹多乖謬。良由實之不副，本之則亡，故致毀謗布流，咎殃立至。古人云「士不妄有名」，又曰「嶢嶢易缺，皦皦易污」，豈非觀聽望深，而盛名之不易偁乎？故立名非真，純盜虛聲，雖致顯譽，終長華競。論者謂名如畫餅，良有然矣。其幸而未顯敗者，交游意氣，既足蓋之於生前，而豐碑鴻文，又復榮之於身後。良史栞落不盡，奕世傳誦如新。雖君子與人爲善，原不欲洗垢而索瘢，而學者雜物撰德，或有時據局以疑遠。蔡伯喈自言「平生爲人作碑，惟郭有道無媿」。今考其集，所箸文章百有四篇，而銘墓居其半，或曰碑銘，或曰神誥，或曰哀讚，率一人而有二碑三碑，及童子之誄，珉石自貞，諛製莫亶。故前人言東京之末，文章盛而氣節衰，自蔡邕始。此其風俗又一變矣。

三分之際，兵戈戰伐，籌略輜輳，事皆綜覈，不尚名譽。必若論其端倪，則魏吴之士可得而談。魏之人士，文章以鄴下爲盛，名理以正始爲宗。而陳琳《答張紘書》，偁河北率少文章，推奉二張，有小巫見大巫之喻。若夫輔嗣、仲翔，名業足以相敵；韋昭、何晏，華實亦可相當。至於諸葛孔明之偁殷往嗣，魯子敬之贊吕蒙，胡沖之衡樓玄，王蕃及薛瑩之對吴士，陸喜之論薛瑩，偁談品題，斟酌高下，流布箸聞，實競南風。則江左衣冠文物擅美六朝，其來舊矣。自是而後，風流彌繁。覈而論之，魏啓西晉之秀，吴成東晉之實，其大較也。典午初基，洛陽才盛，羣士響臻，翕宗正始。最其傑特，無如二十四友及太傅越所辟，而敗德類行亦莫此爲甚。袁彦伯作《名士傳》，以王輔嗣、何平叔、夏侯泰初爲正始名士，嵇、阮七賢爲竹林名士，裴叔則、樂彦輔、王夷甫、庾子嵩、王安期、阮千里、衛叔寶、謝幼輿爲中朝名士，大抵變漢苦節，樂就放曠，以清遠爲宗，虚無爲理，隆玄學而尚清談，疏禮法而賤名教，舌本潤於老莊，麈柄斷於小品。夷考其人，類皆馳鶩進趣，植私樹黨，嫗㛹名勢，撫拍豪彊，嗜慾之餤方熾，廉讓之源未鏡。高者多眦於喜怒，卑者直中於貪饕。俄而戎馬生郊，乘輿蒙塵，主臣併命，家國爲墟。尋韋衷、卞壼諸人之論，則誤天下蒼生者，豈獨一王夷甫哉？不特此耳。當時清言方競，一時高僧開士，咸與士夫酬酢，號爲大暢玄風。時以七上人比竹林七賢，然觀其意趣，亦不能斷諸情妄，多以勝壓爲心，所謂「般若觀空，漚和涉有」者，果安在哉？若夫士龍入洛，爲南士北徙之年；洗馬臨江，爲北士南遷之始。元帝初至江左，欲假譽於顧榮、賀循，以爲收服人心之計，甚至謝尚書裒求婚於諸葛恢，王丞相請婚於陸太尉玩，皆以非族見拒，不肯與婚，則江南士大夫高標峻格，略可想見。然渡江名士，若劉惔、王濛、褚裒、周顗輩，實海内之望，故褚自贊於金閶亭，而南士大驚；周割牛心炙以啖王逸少，而王以之發名，則江左之盛，借重於北士者亦多矣。當時南北互爲軒輊，其後乃漸合爲一。自是以逮梁、陳，江南人物聲華赫奕，遂爲天下第一，而北士或瞠乎後焉。顧生民之秀，不限坤輿。桓温一見王猛，謂曰：「江東之士，無卿比者。」沈慶之初輕北人，及自魏還，乃知洛陽人物衣冠，非江東所及。又其始，文采風流但箸美於本身，繼而婚宧功勳遂各矜其閥閲。落落高門，英英華胄，移牀遠客，造席無坐，天子所不能命，偁詔所不得進，亦云甚矣。

逮及李唐，而河北崔、盧，江南王、謝，屹爲氏族之望而不替，善乎裴子野之論曰：「二漢尊儒重道，朝廷州里，學行是先。雖名公子孫，還齊布衣之士。士庶雖分，而無華素之隔。有晉以來，其流稍改，艸澤高士，猶厠清塗。降及季年，專偁門族。三公之子，傲九棘之家；黄散之孫，蔑令長之室。」是知苟且之俗，傲慢之禍，當時識者，清議已爾。遠自漢魏三分，逮於隋唐一統，五百年閒，更姓易號者十數，君自挪垂，臣各名世，簪裾被宇，冠蓋雲浮，學者川流，處士山積。鉤深致遠，蓋未敢量。而較其風流，不甚相遠。其在星辰翊運，固以神功無名；若其河嶽鍾靈，亦復國華表瑞。斯爲上品，無待於言。獨是古今以來，闇契姱修者寡，暴智燿世者衆，但慕其華，不尋其實。雖佳傳穢於千斛，碑版照乎四裔，而並世譏評，後人檢括，妍媸真僞，無得而遁。無實而竊其名，雖揚子雲不免世議，而況不及之者與？是故張衡《思玄》，多傷闇惑；劉劭志物，有誚風人。論者謂三代而下無全才，豈非近名之害，而篤誠爲己者寡與？彼其勤志研學，遇會處際，風調文章不可一世，亦所謂斐然成章者；惜乎執德不宏，信道不篤，牆高基下，才豐識寡，率皆以其聰明辨慧之姿，飾其傾軼苟妄之情，不勝其私怨忿慾之懷，而坐昧夫明哲保身之誡。若諸葛恪隱蕃曁蘯，何晏、鄧颺、夏侯玄、殷浩、仲文、范蔚宗、沈約、王融、崔浩、唐八司馬之徒，叫呼衒鬻，汗血競時，甚或自比管、樂，及乎敗露百出，滅身致咎，猶以名士自多，豈非不知所以裁之乎？蘇子瞻有言，上失其道，民散久矣。天下之人幸而不爲阿埘苟容之事者，則務爲倜儻矯異，求如東漢之君子惟恐不及，可悲也已。

吾嘗論六代以來文士之論，及於魯連、子房而止，雖其庳識，未聞至道，亦豈不由倏潔矯曠不屑之韻，有以折服其心與？夫容容者固不能有所立，而翹翹者又非聖人之中道。《詩》曰「靡聖管管，不實於亶」，又曰「淇則有岸，隰則有泮」。俛仰古今世運升降、人才偏全之故，消息甚大，固將因天質之自然，誦上哲之高訓，攬孔氏之微言，究三代之絶德。夫豈揚子《淵騫》、班氏《人表》、劉氏《世説》臧否在予，唯世所議，謂撮其品題，人倫斯在，稽之九品，可得而盡與？《淮南子》曰：「乘舟而迷者，見斗極則悟。」《莊子》曰：「小人之所以合時，君子未嘗過而問焉；君子之所以駴國，賢人未嘗過而問焉；賢人之所以駭世，聖人未嘗過而問焉。」蓋乘雲行泥，棲宿不同，所履愈上，所遺愈下。故曰名可得恆士，而不可致非常。非常之人，非有意於名，亦非有意於逃名。進動以道則不辭執珪，貞期難對則甘是堙曖。全性守貞，不爲燥溼寒暑。淺深未臻其分，清濁未議其方。登山絶迹，神不箸其證，人不睹其驗。《詩》曰：「鼓鐘於宫，聲聞於外。」《易》曰：「或出或處，或默或語。」是君子所以存其誠也。若云徑路絶，風雲通，身彌後，名彌先，猶邀名之捷徑，非所云也。孔子曰：「齊一變至於魯，魯一變至於道。」使漢、晉之士矯易去就，則三代何遠焉。故鄒魯之統，千四百年至宋而始續。

謝鄧中丞啓

方東樹頓首謹啓嶰筠中丞閣下：程太守回考院，奉到頒還先人《屈子正音》一書，伏蒙擺落常調，手筆具書，子細詳論，究其巢穴，復命賤子率據胸臆見知，逐條申答，以求至是，不必迴隱。太守具道臺指，欲爲代槩。不圖盛德波恩，絶學獨出，遂使今世獲遇兹奇。祇聞之下，忻忭起舞，繼之泣下，謹將所下糾簽悉列注中，依以爲馮，庶覽者去疑無壅，宿滯豁如。

夫幽蘭生谷，惠風爲之傳其馨；菡萏在陂，杲日爲之發其色。蓋物理之精感，自然相遇；而造化之普氾，本出無心。若夫玄音奥眇，與天下之至精，絶學微茫，索解人之難事。知玄不作，切韻誰增？玄朗既興，經讀悉正。伏惟閣下，珠躔降德，辰宿儲精。濟北顔淵，關西伯起。半千作字，應五百年名世之期；四七傳封，衍廿八將通侯之祚。官曹扈聖，登黄閣於妙年；裘冕隆民，劀青萍於利器。建隼旟而臨千里，擁熊蓋而撫百城。固已道濟蒼生，功資元化。然猶仕優則學，海納歸墟，武庫文河，研幾探賾。張安世之闇誦，三篋無忘；馬賓王之論事，片言不易。争飛毫翰，則一品之集傳；精研書田，則七志之編作。加以倒屣下士，縣榻禮賢，汲引忘疲，奬提無倦。收泥沙之小善，振幽滯於寒門。塵路難逢，人寰罕遇。樹先人空山隱霧，幽谷潛姿，修行明經，澡身浴德。甘韋布以長年，竟松筠於歲晚。百齡飄忽，一命不霑，痾恙侵陵，遂從士隴。陳太丘之積善，羔雁無聞；王仲淹之爲儒，白牛空老。平生箸述，不無秋氣之悲；壯歲編摩，實動幽人之怨。人非龔勝，或帶楚風；迹異湘絫，偏吟騷些。比因

《九歌·山鬼》，翻新陌上之聲；蹇喔咿嘶，竄亂寒山之句。賈昌朝之不作，孰爲辨音？毛居正之不逢，誰能正誤？二百三十四字，不徒陳氏之疑；一萬七千餘言，用續垂白之注。職殊外史，匪達書名；事迫當仁，聊存簡策。

樹幼而失學，長更傷貧，蹤迹飄零，命途坎壈。或靡依如任彦昇之兒，或全生如鄭莊公之弟。惟班超能讀父書，徒自中夫狂疾；惟通子宜傳家學，迺不好於紙筆。是以遺編斯在，並積塵埃；手澤雖存，多從蠹簡。

每懷兹事，常積酸辛。何圖臺慈，遂垂存録。聽清音於爨餘，收夜光於赤水。明示題目，曲賜丹青。敬述淺聞，上酬來教。

樹聞音學之起，實本聲氣之原。擊轅拊缶，應風雅而感和；破斧登天，搆鬼神而寫韻。天籟地籟，纍吹萬之殊聲；笙均磬均，象奮雷而爲豫。輕清重濁，變出自然；喉舌齒唇，遞而相及。於是聯之以雙聲，紐之以疊韻。參差窈窕，標萬古興物之風流；燦爛錦衾，播千載懷人之雅韻。是知中天帝陛已傳喜起之歌，何必鑾府、參軍始辨娵隅之句？夫聖不虚作，六書固曰審音；而祕未全宣，兩漢惟傳讀若。設法以取之，立度以均之，反切由是而興焉，韻書因之以起矣。然而孫、劉釋音，雖精於耳學；或者馬、班作賦，仍病於聱牙。周、沈以來，四聲斯顯，平上去入，固神解之刱獲。天子聖哲，彌常語所易知。由是而吕忱、孫愐，則源流祖搆；李涪、沈重，或臆説滋訛。顔之推譏江南學士自爲凡例，魏華父誚魏晉俗師彊立兩音。疑今韻，求古韻，大輅椎輪，籃縷篳路，平心而論，吴棫之功，實維倆首。特四聲互用，猶昧於不煩改字之言；即兩界相通，終未達古音緩讀之故。夫古今斂侈有異讀，然後有協句叶韻之求；省轉、假借有本音，然後有字母等韻之法。要之，雙聲疊韻在前，字母等韻在後。有疊韻而後人因有二百六部，有雙聲而後人因有三十六母。四聲昉於六朝，不可謂古人不知疊韻；字母起於唐季，不可謂古人不識雙聲。祥符以還，韻書併省，日趨陋妄。守温而後，華梵争辨，益屬歧旁。爰及近代，通儒崛起。陳弟、顧絳，始溯源而精騖，江永、戴震，繼沿波而討論。本證旁證，《易》音《詩》音，並驅六經之中，獨立千載之後。其餘撰述，各足專家，莫不辨晰磝碻，讀通雎霓。蓋臻真境，自發天藏，不比狂華，徒生客慧。閣下神曜得道，闇解過人。凡兹發守而鉤沈，悉足匡繆而正俗。昔陸法言之定《切韻》，商榷者八人；許祭酒之作《説文》，覃精者二紀。未有政餘之下，旬日之閒，手揮目治，丹墨紛下，併部分部，了無遯形，从字从聲，具達神恉。足使李登失色，吕静歎嗟。雖荆玉抵鵲，多輕連城之珍；而阿膠清河，祇用一寸之寶。然猶衣成缺衭，式表志於謙沖；海絶河名，並忘心於勺寄。闡幽敷惠，垂雅契於遥年；同術興哀，託神交於曩日。年如可逮，風雲於杵臼之閒；道不虚行，慨侘於文昌之府。蓋取人之長，即是兼人之美；與人之善，即是同人之樂。《爰歷》《博學》，併合《倉頡》之篇；《急就》《凡將》，斟酌揚雲之手。沈隱侯之答陸厥，殆難言焉；徐騎省之得李舟，是有取耳。陋陽冰絶無讓德，莫化矜情；歎莒公未遇知音，徒開怨府。是本巨衡，用揣鈞石。將爲木鐸，以振聾民。後人未易雌黄，世閒等不可少。講之者曾不得其彷彿，傳之者豈能喻其精微？媿比善財童子，何曾義得真傳？儻遇采鸞仙姬，定復書成善本。式寶兹編，永與松楸而共感；竊推此志，真偕日月以争光。下情無任感激悲荷之至，申此謝辭，終知不盡。謹啓。

擬進安徽通志表代

伏以大圜在上，六合共仰，堯天中土，宅尊九州，攸同禹迹。曰漸、曰被、曰暨，遠登邁於帝風；爲墳、爲索、爲丘，實權輿乎地志。《夏書》五百里弼服邦教，當奮武揆文；漢家十三部牧師使節，在省風問俗。惟皇圖式廓，匪職方舊界之能包；故正域是畺，爲《江南通志》所難括。

爰考安徽之分省，實居江左之上游。州統維揚，兼帶豫、徐之域；鄉宩荆、楚，錯連梁、宋之郊。三十度四十五分，測北極之出地；十二舍二十八宿，紀南斗之分星。鈐轄不常，併唐、宋東西之道路；廣輪若計，半魏、吴南北之山川。塢濡須而堰涂塘，人謀昔惎；戍雷池而屯博望，天塹兹憑。横江樹於歷陽，和州舊名西府；聚米鹽於當利，姑孰夙號南州。控扼之雄，壽春實江淮屏蔽；瀕江之險，虎林亦兵馬要衝。雖恭逢一統之朝，無庸夸夫形勢；而坐攬千里之治，惡可昧厥提封。若乃虹縣開國，似封建之最初；相土名城，實王畿之僅見。盇山執玉，開貞觀王會之圖；灊嶽燔柴，肇漢武登封之祀。至於軒黄遺迹，天都特箸爲圖經；水道提綱，中江大書於《禹貢》。小孤大峴，襟江阻陸之奇；九華八公，選佛昇仙之地。渦濠汝潁，衍派者達淮泗而交流；漸淅滁淝，朝宗者匯江湖而分注。攸居陽鳥，巢湖疑彭蠡之名；不利逝騅，大澤陷烏江之路。觀其原隰沃衍，擅穀粟布帛魚鱉之饒；人庶殷繁，蓄商賈百工技藝之衆。古譙名壤，猶龍之所誕生；漆園近郊，蒙叟於焉寄傲。仰先賢於潁上，管氏望軼荀陳；

崛大儒於新安，徽國道齊鄒魯。又若席鄧艾之倉箱，建劉錡之旌幟，則名臣之功業可稽也。吟謝眺之青山，弔謫仙於秋浦，則文士之風流可挹也。至於鎖支祈於泗水，浸稻田於芍陂，會吴子於橐皋，盟宋公於鹿上。横江有渡，曾濟秦皇，小峴爲關，實奔伍相。粤溯秦周，而上聯十八國之封圻；下逮漢晉，而還綜二千年之事蹟。不有志乘，曷以參稽？況值重熙絫洽，久已浸潤澤而大涵濡；益惟懿典鴻謨，無非敷蕩平而流愷悌。移風易俗，一日而周百世之謀；立紀陳綱，一方而具天下之勢。蓋稽文武之政在方策，始知成康之化洽人心。世祖皇帝，膺受籙圖，肇造區夏。威弧震疊，命師而下江南；廟算綢繆，建官而設皖撫。聖祖皇帝，蠲租賜復，膏雨渥被於南邦。世宗皇帝，析縣升州，至計遠周於江國。高宗益鴻霈澤，寅紹詒謀，免江夫河篷之征，分文闈解額之數。仁宗亟觀成憲，遹駿先聲，加撫臣提督之銜，安客户棚民之業。凡兹列聖之經猷，悉關此邦之掌故。將欲敬宣夫德意，允宜首冠夫絲綸。是以前撫臣某先時陳奏，刱意抽言。臣某接任編摩，克終成事。竊思方志之采，本小史外史之司；聿考官撰之書，始元和、元豐之世，篇隨國立，放謝莊分理之圖；文與人增，踵樂史寰宇之記。事以述而兼刱，損益沿革，鉤鉅維詳；地本割以爲併，僑省合離，偁名慮混。紀八府五州之華實，田賦物産同登；副一揚二益之繁昌，城郭山川並麗。部分類别，風土職貢之周知；綱舉目張，謡俗官師之畢備。臣學術譾陋，性識愚蒙。未具三長，才詎論於載筆；庶幾一得，慮竊比於張羅。圖表志傳，摭百氏之遺編；文物聲明，考一方之成事。悉從論纂，刱前人未有之書；皆有依憑，昭盛代不栞之典。欽維皇帝陛下，堯勳巍蕩，舜德文明。赫日月之照臨，括宇宙而包冒。九服四表，遐邇仰光被之休；一道同風，上下格欽明之化。考制度，興禮樂，羣臣絶企於清光；開校序，觀人文，千載獨高於聖學。睿思冠古，涓埃何補於高深；健德同天，省覽彌勤於宵旰。徵文獻而上供史館，守土者職分宜然；飾疏庸而冒瀆宸聽，獻芹者心思終妄。成書異淮南之數，久淹歲月於三年；稽古匪涑水之精，敢望披尋於乙夜。臣無任瞻天仰聖激切屏營之至。

爲姬傳先生請祀鄉賢公啓

爲籲請詳題崇祀鄉賢，以彰學行事。恭惟聖朝，稽古右文，肇隆儒術。型方訓俗，首重崇賢。祭於瞽宗，釋奠爰偁先老；載在祀典，祭法惟報有功。蓋學行克助夫民成，斯馨香不遺於王制。

職邑已故原任刑部郎中、嘉慶庚午重燕鹿鳴、欽加四品頂戴姚鼐，誕茂淑姿，應期名世。弱不好弄，長賓素心。宏業厲翼，羽儀升朝。校書天閣，則妙盡國華；典試方州，則光昭髦俊。道不希榮，棄官從好。解體世紛，結志區外。國爵屏貴，家人忘貧。其爲道也，禮義是則，《詩》《書》夙敦，砥節勵操，直道正詞，和而能峻，博而不繁。承親則孝齊閔、參，友悌則和如琴瑟。然諾之信，重於布衣；敦睦之行，荄於至性。深心追往，遠抱惜素。秉彝秉直，不隘不恭。其爲學也，考覽六經，囊括百氏，鉤深探賾，測窔研幾，收斯文於在兹，拯微言於未絶。發明周、孔，和調漢、宋。多所撰述，於學無所遺；作爲文章，於詞無所假。飛辨馳藻，華繁玉振，如彼隨和，發采流潤，海内推爲儒宗，學者仰如山斗。於時州郡順風，名卿虛禮。纓弁之徒、紳佩之士，望形表而景坿，聆嘉聲而響和。雖泰山太守北面高密，瀛州學士師資河汾，無以過之。而且翰墨風流，則羲、獻矜其筆札；詩篇遠播，則甫、白共其歌吟。哲人卷舒，布在前載；先民既歿，德音猶存。迹其孝友温恭，懿行均淑，是有曾史之行也。學匪偭師，文取載道，是有韓、歐之望也。鄉評既協，儒林冠冕。有合祀典，無愆禮制。爲此公籲申詳題請鄉賢，以彰學行。庶幾仰叨崇祀，俾芳烈奮於無窮；渥荷褒嘉，自俎豆榮於奕世。相應備具事册，並鄉族甘結，呈送查核，詳請施行。

祭都城隍祈晴文代

竊聞《詩》歌有渰，《太田》登俶載之歌；《書》儆曰狂，《洪範》箸咎徵之應。蓋雲興膚寸，銘功則頌徧爲霖；蜺見崇朝，行路則怨深其雨。際穗城之維夏，正麥氣之迎秋，豈意滂沱，迥殊霢霂。濃雲潑墨，飛下地之爲雩；疾雨翻盆，疑高天之有漏。逾春期於一百五日，難希玉粒之滋培；匯洪流於三十六江，竊慮金隄之岌殆。職膺守土，念切憂民。疾人事之不修，維深内省；冀天心之垂愛，謹致虔祈。仰叩明神，代陳聰聽。伏願靈風轉旆，開眸而迅埽陰霾；杲日馳輪，舉首而攸瞻佚蕩。值鑾煙之息影，幸拯迷津；祝羲曜之騰輝，長游霽宇。五羊兆稔，願監觀薦幣之丹誠；三豕書年，勿屢見涉波之白蹢。上告。

鐙宮銘并序

道光壬寅三月，夜見鐙暈，徑尺許，圍三尺許。重輪其外邊，卵色如天青，約寬二寸。其内輪簇紅霞，如金在鎔，可六七寸。四面皆見，其象如宮，永夜不散。閒起挑之，則采翠倍鮮明，光耀可愛。自是常見，其暈益大，徑至二尺，圍至五尺。其外邊翠色外復加絳色一重，約五六分，如世俗緣衣闌干者。然念雖爲幻影，斷非妖異不吉之祥，但不得以情識非想妄逐，因名之曰鐙宮，作二詩以記之。頃時修證差精進於前，始憬然悟此，確如性光見象，乃系以銘詞。菩提薩陲三世諸佛，必當護念印可。

觀是鐙宮，如滿月輪。中無一物，及諸色塵。無相三昧，佛性法身。浄智妙圓，體自空寂。不起於念，受想行識。不取不舍，無箸無擇。如是我見，稀有奇特。性無生滅，此仍有之；性在作用，此實無之。以此云性，厥義猶疑。六祖親宣，三身四智。自成所作，圓鏡不異。偏周一切，應用無滯。但依此觀，五八共位。是爲戒行，是爲寂静。無相有相，即慧即定。合之無得，六宗並證。菩提不昧，般若常圓。太虚縣象，不滯中邊。依此證修，凡情際斷。禁自污染，他非莫管。

二心銘并序

自三月閒見此鐙宮，及此歲終夜夜見之，其有不見者，一月之内或三數夜耳。此鐙心火，吾本心之相，在佛氏謂之真如，謂之本性，謂之主人翁，謂之法身。其外重輪，吾之知覺靈明也，在佛氏謂之般若，謂之報身。近忽見其中心火，時分爲二，其一凝然不動，其一游移動走，相距一寸或二寸、三寸，乃至五寸不一，晃漾不定。恍惚之頃，復合爲一，須臾又分。吾始疑眼眵瞶障，瞠目凝睇，釐然二形也，固知浄眼不生空華。然火固一火也，今既分爲二，則必有一幻者。於是憬然悟曰：不動者吾之真心也，其動者孔子所謂「出入無時」者也，佛氏所謂百千億化身也。無明緣行，行即此物也。著境起念，念上便生邪念者，亦此物也。南陽忠國禪師在天津橋上看弄猢猻者，亦此物也。牧牛師曰一回入艸去者，亦此物也。然後始知范女及程子謂心無出入，指不動者而言，不如孔孟有出入者審諦圓到，成實不錯。然妄無自體，依真而成，何有無真之妄？居然獨立，是以諸佛上聖，皆務揀妄存真。因系以銘，以通儒、佛兩家之理，用自證焉。

心本一心，是一非二。因物有遷，隨析而離。其真漸隱，其僞益甚。邪妄熾結，離輪同病。無始劫中，積習相交。乃至未感，亦恆動摇。偶嗅荷香，一根已墮。六塵坌集，迺日搆禍。斯理既顯，毋爲物勝。操存舍亡，亦佛亦聖。

研銘五首

青花方研銘

質理縝密，體素宏正。式是清華，彌欽德潤。興文吐思，莫窺淵映。置之座側，水石雙鏡。

井字研銘

石田雖瘠，井共陌阡。以貽子孫，力亦逢年。

大方研銘

其心坦以平，其質廉且貞，其應虛而盈。舍之則藏，用之則行。

橢園研銘

乾没升斗水，錯磨廉貞性。徒言心不轉，斯文久吾病。

王廉訪長方研銘

内含玉潤，外表瀾清。立身貞固，載心坦平。以此書獄，常求其生。借蘇公語，當今自銘。

杖　銘并序

余年七十四，猶能彊步。家仲山以杖見贈，因銘之，以答其惠。

顛無與扶，危無與持。彊曰杖汝，仍力自支。履道坦坦，幽人敬錯。蹶者趨者，捷徑窘步。止險念忍，見真行正。始勉終安，於動得定。

「《儒藏》精華編選刊」選目

經部

周易鄭注
漢魏二十一家易注
周易注
周易正義
周易口義（與《洪範口義》合册）*
温公易説（與《司馬氏書儀》
《孝經注解》《家範》合册）
漢上易傳
誠齋先生易傳
易學啓蒙
周易本義

楊氏易傳
易學啓蒙通釋
周易本義附録纂注
周易啓蒙翼傳
易纂言
周易本義通釋
易經蒙引
周易述
周易述補（江藩）（與李林松
《周易述補》合册）
周易述補（李林松）
易漢學
御纂周易折中

周易虞氏義
雕菰樓易學
周易集解纂疏
周易姚氏學
尚書正義（全二册）
鄭氏古文尚書
洪範口義
書傳（與《書疑》《尚書表注》合册）
書疑
尚書表注
書纂言
尚書全解（全二册）
尚書要義

讀書叢説
書傳大全(全二册)
古文尚書攷(與《九經古義》合册)
尚書集注音疏(全二册)
尚書後案
毛詩注疏
詩本義
吕氏家塾讀詩記
慈湖詩傳
詩經世本古義(全四册)
毛詩稽古編
毛詩説
毛詩後箋(全二册)
詩毛氏傳疏(全三册)
詩三家義集疏(全三册)
儀禮注疏

儀禮集釋(全二册)
儀禮圖
儀禮鄭註句讀
儀禮章句
儀禮正義(全六册)
禮記正義
禮記集説(衛湜)
禮記集説(陳澔)(全二册)
禮記集解
禮書
五禮通考
禮經釋例
禮經學
司馬氏書儀
春秋左傳正義(全五册)
左氏傳説

左氏傳續説
左傳杜解補正
春秋左氏傳賈服注輯述
春秋左氏傳舊注疏證(全四册)
春秋左傳讀(全二册)
公羊義疏
春秋穀梁傳注疏
春秋集傳纂例
春秋權衡(與《七經小傳》合册)
春秋集注
春秋經解
春秋胡氏傳
春秋尊王發微(與《孫明復先生小集》合册)
春秋本義
春秋集傳

春秋集傳大全（全三册）
孝經注解
孝經大全
白虎通德論
七經小傳
九經古義
經典釋文
群經平議（全二册）
新學僞經考
論語集解（正平版）
論語義疏
論語注疏
論語全解
論語學案
孟子注疏
孟子正義（全二册）

四書集編（全二册）
四書纂疏（全三册）
四書集註大全（全三册）
四書蒙引（全二册）
四書近指
四書訓義
四書賸言
四書改錯
四書説
廣雅疏證（全三册）
説文解字注

史部

逸周書
國語正義（全二册）
貞觀政要

歷代名臣奏議
御選明臣奏議（全二册）
孔子編年
孟子編年
陳文節公年譜
慈湖先生年譜
宋名臣言行録
伊洛淵源録
道命録
考亭淵源録
道南源委
聖學宗傳
元儒考略
理學宗傳
明儒學案
宋元學案

四先生年譜
洛學編
儒林宗派
程子年譜
學統
伊洛淵源續録
豫章先賢九家年譜
閩中理學淵源考（全三册）
清儒學案
經義考
文史通義

子　部

孔子家語（與《曾子注释》合册）
曾子注釋
孔叢子

新書
鹽鐵論
新序
説苑
太玄經
論衡
昌言
傅子
大學衍義
大學衍義補
朱子語類
龜山先生語録
胡子知言（與《五峰集》合册）
木鐘集
西山先生真文忠公讀書記
性理大全書（全四册）

居業録
困知記
思辨録輯要
家範
小學集註
曾文正公家訓
勸學篇
仁學
習學記言序目
日知録集釋（全三册）

集　部

蔡中郎集
李文公集
孫明復先生小集
直講李先生文集

歐陽脩全集
伊川擊壤集
元公周先生濂溪集
張載全集
温國文正公文集
公是集（全二册）
游定夫先生集
和靖尹先生文集
豫章羅先生文集
梁溪先生文集
斐然集（全二册）
五峰集
文定集
渭南文集
誠齋集（全四册）
晦庵先生朱文公文集

東萊吕太史集
止齋先生文集
攻媿先生文集
象山先生全集（全二册）
陳亮集（全二册）
絜齋集
文山先生文集（全二册）
勉齋先生黄文肅公文集
北溪先生大全文集（全二册）
西山先生真文忠公文集
鶴山先生大全文集
閑閑老人滏水文集
郝文忠公陵川文集
仁山金先生文集
静修劉先生文集
雲峰胡先生文集

許白雲先生文集
吴文正集（全三册）
道園學古録　道園遺稿
師山先生文集
曹月川先生遺書
康齋先生文集
敬齋集
涇野先生文集（全三册）
重鐫心齋王先生全集
雙江聶先生文集
歐陽南野先生文集（全二册）
念菴羅先生文集（全二册）
正學堂稿
敬和堂集
涇皋藏稿
馮少墟集

高子遺書
劉蕺山先生集（全二册）
霜紅龕集（全二册）
南雷文定
桴亭先生文集
西河文集（全六册）
曝書亭集
三魚堂文集外集
紀文達公遺集
考槃集文録
復初齋文集
述學
孯經室集（全三册）
劉禮部集
籀廎述林
左盦集

出土文獻

郭店楚墓竹簡十二種校釋
上海博物館藏楚竹書十九種校釋（全二册）
秦漢簡帛木牘十種校釋
武威漢簡儀禮校釋

*合册及分册信息僅限已出版文獻。